Harchina 哈中 | 柏杜法考

曹兴明◎著

民法攻略（下）

2020年国家统一法律职业资格考试·精讲卷②

中国民主法制出版社
全国百佳图书出版单位

目 录

第二编 物 权

第三编 合 同

第四编　人格权

第五编　婚姻家庭

第六编 继 承

第七编 侵权责任

1.《中华人民共和国民法典·物权编》，本文中简称《民法典·物权编》。

2.《中华人民共和国物权法》，本文中简称《物权法》。

3.《中华人民共和国城乡规划法》，本文中简称《城乡规划法》。

4.《中华人民共和国建筑法》，本文中简称《建筑法》。

5.《中华人民共和国土地管理法》，本文中简称《土地管理法》。

6.《中华人民共和国城市房地产管理法》，本文中简称《城市房地产管理法》。

7.《最高人民法院关于适用〈中华人民共和国婚姻法〉若干问题的解释（三）》，本文中简称《婚姻法解释（三）》。

8.《最高人民法院关于适用〈中华人民共和国担保法〉若干问题的解释》，本文中简称《担保法解释》。

9.《中华人民共和国民法典·总则编》，本文中简称《民法典·总则编》。

10.《中华人民共和国民法典》，本文中简称《民法典》。

11.《中华人民共和国民法典·侵权责任编》，本文中简称《民法典·侵权责任编》。

12.《中华人民共和国民法通则》，本文中简称《民法通则》。

13.《中华人民共和国海岛保护法》，本文中简称《海岛保护法》。

14.《中华人民共和国村民委员会组织法》，本文中简称《村民委员会组织法》。

15.《最高人民法院关于适用〈中华人民共和国物权法〉若干问题的解释（一）》，本文中简称《物权法解释（一）》。

16.《中华人民共和国农村土地承包法》，本文中简称《农村土地承包法》。

17.《中华人民共和国民法典·合同编》，本文中简称《民法典·合同编》。

18.《中华人民共和国担保法》，本文中简称《担保法》。

19.《最高人民法院关于适用〈中华人民共和国担保法〉若干问题的解释》，本文中简称《担保法解释》。

20.《最高人民法院关于审理买卖合同纠纷案件适用法律问题的解释》，本文中简称《买卖合同解释》。

21.《中华人民共和国合同法》，本文中简称《合同法》。

22.《中华人民共和国反不正当竞争法》，本文中简称《反不正当竞争法》。

23.《中华人民共和国广告法》，本文中简称《广告法》。

24.《最高人民法院关于审理商品房买卖合同纠纷案件适用法律若干问题的解释》，本文中简称《商品房买卖合同解释》。

25.《最高人民法院关于适用〈中华人民共和国合同法〉若干问题的解释（二）》，本文中简称《合同法解释（二）》。

26.《最高人民法院关于适用〈中华人民共和国合同法〉若干问题的解释（一）》，本文中简称《合同法解释（一）》。

27.《中华人民共和国消费者权益保护法》，本文中简称《消费者权益保护法》。

28.《中华人民共和国食品安全法》，本文中简称《食品安全法》。

29.《最高人民法院关于审理民间借贷案件适用法律若干问题的规定》，本文中简称《民间借贷解释》。

30.《最高人民法院关于审理城镇房屋租赁合同纠纷案件具体应用法律若干问题的解释》，本文中简称《城镇房屋租赁合同解释》。

31.《中华人民共和国消防法》，本文中简称《消防法》。

32.《最高人民法院关于审理融资租赁合同纠纷案件适用法律问题的解释》，本文中简称《融资租赁合同解释》。

33.《最高人民法院关于审理建设工程施工合同纠纷案件适用法律问题的解释》，本文中简称《建设工程合同解释（一）》。

34.《中华人民共和国民法典·人格权编》，本文中简称《民法典·人格权编》。

35.《中华人民共和国民法总则》，本文中简称《民法总则》。

36.《中华人民共和国民法典·婚姻家庭编》，本文中简称《民法典·婚姻家庭编》。

37.《中华人民共和国婚姻法》，本文中简称《婚姻法》。

38.《最高人民法院关于适用〈中华人民共和国婚姻法〉若干问题的解释（二）》，本文中简称《婚姻法解释（二）》。

39.《中华人民共和国收养法》，本文中简称《收养法》。

40.《中华人民共和国民法典·继承编》，本文中简称《民法典·继承编》。

41.《中华人民共和国继承法》，本文中简称《继承法》。

42.《中华人民共和国民法典·侵权责任编》，本文中简称《民法典·侵权责任编》。

43.《中华人民共和国侵权责任法》，本文中简称《侵权责任法》。

44.《最高人民法院关于审理人身损害赔偿案件适用法律若干问题的解释》，本文中简称《人身损害解释》。

45.《中华人民共和国道路交通安全法》，本文中简称《道路交通安全法》。

46.《最高人民法院关于审理道路交通事故损害赔偿案件适用法律若干问题的解释》，本文中简称《道路损害赔偿解释》。

47.《最高人民法院关于审理旅游纠纷案件适用法律若干问题的规定》，本文中简称《旅游纠纷解释》。

第二编　物　权

第一分编　通　则

01 第一章 一般规定

物权，是指民事主体在法律规定的范围内直接支配一定的物，享有权益并排除他人干涉的权利，是人与人之间对物的归属和利用关系在法律上的体现。我国民法中物权的体系是：

- 物权
  - 自物权（完全物权）：所有权
  - 他物权（定限物权）
    - 用益物权
      - 土地承包经营权
      - 建设用地使用权
      - 宅基地使用权
      - 居住权
      - 地役权
    - 担保物权
      - 抵押权
      - 质权
      - 留置权
  - 准物权（占有）
    - 占有的分类
    - 占有的保护

考点 1　物的分类

1. 动产与不动产。

动产与不动产	
构成要件	**以物能否移动和移动后是否会损害物的价值为标准。** 1. 动产是能够移动并且不因移动损害价值的物，**如手机、汽车等**。 2. 不动产是不能够移动或虽可移动但却会因移动损害价值的物，**如土地、房屋等**。 3. 土地、附着于土地的建筑物及其他定着物、建筑物的固定附属设备为不动产。**比如尚未收割的农作物，就是不动产，但收割后的农作物就是动产**。

续表

区分意义	1. **公示方法不同**。基于法律行为的动产物权的变动，通常以**交付**为公示；而不动产物权的变动，通常以**登记**为公示，不经登记的不生变动效力。 2. **他物权类型不同**。物权中的用益物权，如土地使用权、地役权等，只能在不动产上设定，动产不能设定用益物权。在担保物权中，不动产得设定抵押权，而不能设定质权和留置权；而动产可设定抵押权、质权和留置权。 3. **不动产发生相邻关系**。 4. **地域管辖不同**。因不动产发生的争议，适用**专属管辖**。因不动产纠纷提起的诉讼，由不动产所在地法院管辖。

2. 主物与从物。

主物与从物	
构成要件	根据两个独立存在的物在法律效力中的主从关系作的划分。主物是指从物所辅助之物。从物是指非主物的成分，但常借助主物发挥经济效用，而与主物归一人所有的物。 1. **二者互相独立，非主物的成分**。例如房屋与窗户不构成主从物关系，因为窗户属于房屋的非重要成分，不是独立的物。 2. **从物在经济用途上辅助主物发挥效用，**即从物脱离主物将丧失其原有价值。例如上衣与裤子不构成主从物关系，因为裤子不具有常常协助上衣发挥经济效用的功能，不能认为上衣为主物，裤子为从物。 3. **二者归属同一人**。如果分属不同的人，则不能认为两个物之间为主从物的关系。 4. **二者在时间和空间上有一定结合关系**。 **典型的主从物：电视机与遥控器、汽车与备胎、房屋与车库、落地灯与灯罩、网球拍与球拍套、鼠标与电脑、眼镜盒与眼镜等**。 ［举例］下列各组财产中，构成主物与从物关系的是（　　）① A. 赵某的房屋和房门 B. 李某的手表和孙某的表带 C. 钱某的电视机和遥控器 D. 周某的汽车和车轮
区分意义	为了交易上的便利以及更好地发挥主物的经济效用，法律上确立了“从物随主物”的原则，**即若无相反约定，主物的权利变动及于从物**。 第320条：主物转让的，从物随主物转让，但当事人另有约定的除外。 1. 抵押：抵押前取得的从物为抵押物。 2. 质押：从物随主物交付的为质权客体。 3. 留置：债权人同时留置从物的，对从物享有抵押权。 ［举例］甲为担保对乙的债务，于2015年3月1日与乙签订质押合同，承诺将自己的越野车质押给乙。同年4月1日甲交付越野车，但未将随车工具箱交付给乙。问：乙对随车工具箱是否享有质权？②

① 答案：C
② 分析：甲未将随车工具箱交付给乙，对随车工具箱的质权未设立，乙对随车工具箱不享有质权。

3. 原物与孳息。

原物与孳息	
构成要件	依产生收益的物与所生收益之间的关系而对物作的区分。原物是指依自然属性或法律的规定，能够产生收益的物。基于自然属性能产生收益的物，如能结果实的果树、生幼畜的母畜等；基于法律规定产生收益的物，如能收租金的出租屋、生息的本金等。孳息物是原物产生之物。依自然属性产生的孳息称天然孳息，依法律规定产生的孳息称法定孳息。 1. 天然孳息特征有二：(1) **须与原物分离，是独立的物**。例如果树上已成熟的果实，只有采摘下来才能称之为天然孳息，未采摘之前只是果树（原物）的组成部分。再如，动物腹中胎儿也不是天然孳息。(2) **系原物依据自然规律所产生的物，收取孳息不会对原物造成破坏**。所以从牛身上挤出的牛奶，取得的牛黄都是天然孳息，但是牛皮、牛肉不是天然孳息。 2. 法定孳息，是依据一定的法律关系产生的收益，"不使用原本的对价"，**如租金、利息、彩票中奖所得的奖金（射幸孳息）**。注：购买股票所得的收益为投资性收益，而非法定孳息，因为"原本"股权一直被利用。
区分意义	1. **确定孳息物的所有权归属**。 (1) 第321条：①天然孳息，由所有权人取得；既有所有权人又有用益物权人的，由用益物权人取得。当事人另有约定的，按照约定。②法定孳息，当事人有约定的，按照约定取得；没有约定或者约定不明确的，按照交易习惯取得。 (2) 第630条：标的物在交付之前产生的孳息，归出卖人所有；交付之后产生的孳息，归买受人所有。但是当事人另有约定的除外。**注：买卖合同适用交付主义**。 (3)《婚姻法解释（三）》第5条：夫妻一方个人财产在婚后产生的收益，除孳息和自然增值外，应认定为夫妻共同财产。 (4) 担保物权人有权收取孳息冲抵债务： ①第412条第1款，自扣押之日起抵押权人有权收取该抵押财产的天然孳息或者法定孳息，但是抵押权人未通知应当清偿法定孳息的义务人的除外。 ②第430条第1款，质权人有权收取质押财产的孳息，但是合同另有约定的除外。 ③第452条第1款，留置权人有权收取留置财产的孳息。 2. **确定赔偿范围**。 (1) 当原物的所有权受到侵害，使孳息物的收取发生不能时，侵害人应赔偿原物的损失，并依法律规定，赔偿孳息物的损失。 (2) 第53条：被撤销死亡宣告的人有权请求依照本法第六编取得其财产的民事主体返还财产；无法返还的，应当给予适当补偿。**注：返还的范围包括原物及其孳息**。

典型真题

[例1] 下列各选项中，哪些属于民法上的孳息？(2005年卷三第52题，多选)①

A. 出租柜台所得租金　　B. 果树上已成熟的果实

C. 动物腹中的胎儿　　D. 彩票中奖所得奖金

[例2] 甲乙夫妻的下列哪一项婚后增值或所得，属于夫妻共同财产？(2013年卷三第23题，单选)②

① 答案：AD

② 答案：C

A. 甲婚前承包果园，婚后果树上结的果实

C. 甲用婚前的10万元婚后投资股市，得利5万元

4. 重要成分与非重要成分。

重要成分与非重要成分	
构成要件	1. 重要成分：非经毁损或变更其性质，不能分离的物之组成部分。**如车之油漆。** 2. 非重要成分：无需经毁损或变更其性质，也能分离的物之组成部分。**如车之发动机。**
区分意义	1. **重要成分会发生附合。** 2. 非重要成分则不会发生附合。

5. 特定物与种类物。

特定物与种类物	
构成要件	以物是否有特征或是否被特定化而对物所作的区分。 1. **特定物是独具特征或被特定化并且无从替代的物**。特定物既包括： （1）独一无二的物，如鲁迅某书手稿等。 （2）经当事人指定后被特定化的种类物，如经挑选的家具等。 特定物因其不可替代性，故也称不可替代物。 2. **种类物是以品种、规格、质量或度量衡确认的一类具有共同特征的物**。如1吨煤、20公斤大米等。种类物在交易时，具有可替代性，故也称可替代物。**种类物如经当事人指定后，也可成为特定物**。
区分意义	1. **民事法律关系的专属性**。民事法律关系，有的只能以特定物为客体，如租赁、借用合同等，而有的只能以种类物为客体，如消费借贷、货币借贷等。在租赁合同和借用合同期限届满时，承租人和借用人必须归还原物——特定物。相反，在消费借贷或货币借贷合同期限届满时，借贷人只要归还同种数量的物或同值的货币即可，因为所借之物或钱已被处分掉了，不可能也不需要返还原物或原币，况且原物、原币与返还的物、货币是具有共性、可替代的物——种类物。 2. **标的物灭失时的法律效果不同**。当特定物作为债履行的标的物时，该物于交付对方当事人前灭失的，债务人可免除交付义务，改负过失赔偿责任。而若以种类物作为债履行的标的物时，债务人不能以交付前物已灭失作为免除交付的抗辩理由，仍需以同样品质、数量的种类物交付。

6. 可分物与不可分物。

可分物与不可分物	
构成要件	依物能否被分割为标准而对物作的区分。 1. 可分物是指可以分割并且不因分割而损害其价值或性能的物，如一袋米可分为若干份，并不改变效用与性质。 2. 不可分物是分割后会改变性能或价值的物。不可分物有二：（1）自然性质上不可分，如一辆汽车、一架钢琴等；（2）依权利人的意思不可分，如在一定时间内不许分割的共有物。

续表

区分意义	1. **确立共有物的分割方法**。共有人在分割共同财产时，对可分物，可分割实物，各得其所；对于不可分物，只能作价值上的分割，而不能作实物分割，实物可归于一人，由其对他人所得作补偿，或者将实物出卖，分割所得价金。 2. **确认多数人之债的性质**。在标的物属可分物时，产生的利益或负担除法律有相反规定外，可作为按份债权或按份债务；在标的物属不可分物时，因产生的利益或负担属不可分债权或不可分债务，故在共有人之间发生连带债权或连带债务的关系。例如，楼房下水管因堵塞而需疏浚时，由于下水管是不可分物，属各层房屋所有权人共有，所以，对疏浚费用各层房主负连带债务之责。

7. 消耗物与不可消耗物。

消耗物与不可消耗物	
构成要件	依物能否重复使用而作的区分。 1. 消耗物是仅一次性有效使用就灭失或品质发生变化的物。物因一次性使用而灭失，如食物因吃而消灭，货币因使用而丧失所有权；物因一次性使用而改变品质的，如原材料经加工变为产品。 2. 不可消耗物是可反复使用，通过使用逐渐磨损其效用的物，如车辆、电器、服装、房屋等。
区分意义	**消耗物与不可消耗物决定民事法律关系的类型**。如同样是借物，所借之物为消耗物时，合同的性质就是消费借贷，借贷物交付时所有权移转，借贷人只要返还种类物即可；反之，所借之物为不可消耗物时，合同的性质就是借用合同或租赁合同，租借交付时仅移转使用权，租借人须返还原物。

考点2　物权的优先效力

（一）修改说明

《民法典·物权编》	《物权法》
第405条：抵押权设立前，抵押财产已出租**并转移占有的**，原租赁关系不受该抵押权的影响。	第190条：订立抵押合同前抵押财产**已出租的**，原租赁关系不受该抵押权的影响。~~抵押权设立后抵押财产出租的，该租赁关系不得对抗已登记的抵押权。~~
评析：增加"移转占有"意味着租赁权设立在先，租赁物须移转占有形成权利外观，方可对抗在后的抵押权。 2018年3月全国人大常委会法工委内部起草的《征求意见稿》（一审稿之草稿）曾规定，"抵押权设立后抵押财产出租并转移占有的，抵押权不得对抗善意承租人"。也就是说，此时连已经登记之抵押权也不能对抗善意承租人。该条规定是不妥当的，可以分两种情况来考虑：一是不动产抵押，如已经设立抵押权，则必然是已经进行了登记，那么此种情况下，在后承租人可能是善意吗？二是动产抵押，则适用登记对抗主义，抵押权设立却未登记，当然不能对抗善意第三人之权利，因此完全不必在此浪费条文；如果是抵押权设立后已经登记，则与不动产相同，在后承租人依然无法主张其善意。因此，该条中关于"先抵后租"之规定被删除。	

续表

<table>
<tr><th>《民法典·物权编》</th><th>《物权法》</th></tr>
<tr><td colspan="2">据此，“先抵后租”之规则应该是：不动产抵押和已经登记之动产抵押，在后承租人均不得对抗之，也无善意主张之余地；未登记之动产抵押，在后承租人恶意，依然是不能对抗抵押权（即便此抵押权未登记）；在后承租人善意，则可对抗未登记之动产抵押权，但此一效力本就内含于动产登记之对抗主义中，无须再行规定。</td></tr>
<tr><td>第414条：同一财产向两个以上债权人抵押的，拍卖、变卖抵押财产所得的价款依照下列规定清偿：
（一）抵押权已登记的，按照登记的时间先后确定清偿顺序；
（二）抵押权已登记的先于未登记的受偿；
（三）抵押权未登记的，按照债权比例清偿。
（新增）其他可以登记的担保物权，清偿顺序参照适用前款规定。</td><td>第199条：同一财产向两个以上债权人抵押的，拍卖、变卖抵押财产所得的价款依照下列规定清偿：
（一）抵押权已登记的，按照登记的先后顺序清偿；顺序相同的，按照债权比例清偿；
（二）抵押权已登记的先于未登记的受偿；
（三）抵押权未登记的，按照债权比例清偿。</td></tr>
<tr><td colspan="2">评析：补充了有关清偿顺序的规定，其他可以登记的担保物权参照适用抵押权的清偿顺位，该处修改统一了担保物权的优先受偿规则。</td></tr>
<tr><td>第415条：同一财产既设立抵押权又设立质权的，拍卖、变卖该财产所得的价款按照登记、交付的时间先后确定清偿顺序。</td><td><s>《担保法解释》第79条：同一财产法定登记的抵押权与质权并存时，抵押权人优先于质权人受偿</s>。</td></tr>
<tr><td colspan="2">评析：同一动产上抵押权与质权并存的，按照公示的先后顺序（先来后到）确定清偿顺序：
（1）先设立质权，后设立抵押权的：质权>抵押权。
（2）先设立抵押权，后设立质权的：登记抵押权>质权>未登记的动产抵押权。</td></tr>
<tr><td>（新增）第416条：动产抵押担保的主债权是抵押物的价款，标的物交付后十日内办理抵押登记的，该抵押权人优先于抵押物买受人的其他担保物权人受偿，但是留置权人除外。</td><td>——</td></tr>
<tr><td colspan="2">评析：对于抵押物价款的债权担保赋予优先效力。针对交易实践中普遍存在的借款人借款购买货物，同时将该货物抵押给贷款人作为价款的担保的情形，赋予了该抵押权优先效力，以保护融资人的权利，促进融资。
如甲将汽车出售给乙，6月1日交付，约定以汽车抵押担保乙欠甲之车款；6月5日乙又将汽车出质给丙，并完成汽车交付；6月10日，乙与甲办理抵押权登记。此案中，尽管丙之质权交付早于甲之抵押权登记，然而因甲之抵押权乃是为担保该抵押财产之价款而生，与该车存在不同于普通主债权之牵连关系，所以甲之抵押权仍然要优先于丙之质权受偿。此一规定类似于留置权，唯留置权由法定产生，该抵押权则由当事人意思产生。</td></tr>
</table>

（二）考点精讲

对外效力 物权 VS. 债权	**原则： 物权优先 债权**	例外：债权优于物权。 1. **买卖不破租赁**。（1）第 725 条：租赁物在承租人按照租赁合同占有期限内发生所有权变动的，不影响租赁合同的效力。 （2）第 405 条：抵押权设立前，抵押财产已出租**并转移占有的**，原租赁关系不受该抵押权的影响。 2. **预告登记（债权物权化）**。第 221 条第 1 款：预告登记后，未经预告登记的权利人同意，处分该不动产的，不发生物权效力。 因此，房屋所有权人在与购房者签订了房屋买卖合同并办理了房屋所有权移转的预告登记之后，该所有权人对房屋的处分权受到了限制，购买者虽然只是享有债权，但是该债权的效力强于所有权，否则不足以保障购房者将来取得房屋的所有权。 3. **承包人价款优先权**。第 807 条：建设工程的价款就该工程折价或者拍卖的价款优先受偿。
对内效力 物权 VS. 物权	**原则： 留置优先 公示先后**	1. **抵押权** VS. **抵押权**。 第 414 条：同一财产向两个以上债权人抵押的，拍卖、变卖抵押财产所得的价款依照下列规定清偿： （一）抵押权已登记的，按照登记的时间先后确定清偿顺序； （二）抵押权已登记的先于未登记的受偿； （三）抵押权未登记的，按照债权比例清偿。 其他可以登记的担保物权，清偿顺序参照适用前款规定。 2. **抵押权** VS. **质权**。 第 415 条：同一财产既设立抵押权又设立质权的，拍卖、变卖该财产所得的价款按照登记、交付的时间先后确定清偿顺序。 **（1）先设立质权，后设立抵押权的：质权>抵押权**。 **（2）先设立抵押权，后设立质权的：登记抵押权>质权>未登记的动产抵押权**。 第 416 条：动产抵押担保的主债权是抵押物的价款，标的物交付后十日内办理抵押登记的，该抵押权人优先于抵押物买受人的其他担保物权人受偿，但是留置权人除外。 3. **留置** VS. **抵押/质押**。 **（1）先设立质权或者抵押权，后成立留置权，则留置权优先于质权、抵押权（保护弱者），即留置权>抵押权/质权**。 第 456 条：同一动产上已设立抵押权或者质权，该动产又被留置的，留置权人优先受偿。 **（2）先成立留置权，后设立质权或者抵押权**。此时，关键在于质权或者抵押权是谁设立的。又分两种情况：①留置权成立后，若动产的所有人以自己的名义再设立的质权、抵押权，则先成立的留置权优先于后设立的质权、抵押权。**（先来后到）**②留置权成立后，若留置权人以自己的名义设立质权、抵押权，则后设立的质权、抵押权优先于先成立的留置权（**视为留置权人自己放弃优先地位**）。

典型真题

［例 3］同升公司以一套价值 100 万元的设备作为抵押，向甲借款 10 万元，未办理抵押登记手续。同升公司又向乙借款 80 万元，以该套设备作为抵押，并办理了抵押登记手续。同升公司欠丙货款 20 万元，将该套设备出质给丙。丙不小心损坏了该套设备送丁修理，因欠丁 5 万元修理费，该套设备被丁留置。关于甲、乙、丙、丁对该套设备享有的担保物权的清偿顺序，下列哪一排列是正确的？（2011 年卷三第 7 题，单选）①

A. 甲乙丙丁　　B. 乙丙丁甲

C. 丙丁甲乙　　D. 丁乙丙甲

［例 4］甲公司以其机器设备为乙公司设立了质权。10 日后，丙公司向银行贷款 100 万元，甲公司将机器设备又抵押给银行，担保其中 40 万元贷款，但未办理抵押登记。同时，丙公司将自有房产抵押给银行，担保其余 60 万元贷款，办理了抵押登记。20 日后，甲将机器设备再抵押给丁公司，办理了抵押登记。丙公司届期不能清偿银行贷款。下列哪一表述是正确的？（2013 年卷三第 8 题，单选）②

C. 乙公司的质权优先于银行对机器设备的抵押权

D. 丁公司对机器设备的抵押权优先于乙公司的质权

考点 3　物权法定原则

（一）修改说明

《民法典·物权编》	《物权法》
	~~第 5 条：物权的种类和内容，由法律规定。~~
评析：《物权法》第 5 条物权法定原则，由于《民法典·总则编》第 116 条已规定，因此《民法典·物权编》将之删除。总则将之规定在第五章民事权利中，实际上该章并不需要强调物权法定，而物权法定对于《民法典·物权编》则举足轻重，是其命脉所在。基于此，似应将物权法定原则规定在物权编中为宜。 同时，物权法定原则过于刚性化，理应有法条加以缓和。物权法定之缓和，一方面是尊重生活本身，在制度转型国家尤其重要，以利于不断有法外物权进入法内物权的过渡阶段；另一方面，物权法定原则之国家主义色彩太浓，对生活干预过甚，不利于民间自发健康财产秩序的生长，因此物权法定之缓和，实具有恒久之意义。从目的论之，物权法定将物权形式与内容固定化，无非为效率与安全着想，有些自发财产秩序诚为无效率且不安全者，然有些则完全符合效率与安全的要求；后者如因物权法定原则之僵化而得不到法律之认可，实为对财富创造力之窒息。当然，此不仅为物权法理论问题，更需对法典万能主义进行冷静反思。	

（二）考点精讲

种类法定	又称“类型强制”，指哪些权利属于物权，只能由法律规定。违反物权法定创设的所谓“物权”，不具有物权的效力，顶多具有合同效力。比如，我国法律只规定了三种担保物权——抵押权、质权和留置权。抵押权又包括不动产抵押权、动产抵押权、动产浮动抵押权、

① 答案：D
② 答案：C

续表

种类法定	权利抵押权以及最高额抵押权。质权包括动产质权与权利质权。因此，在这些法律明确规定的担保物权类型之外，当事人不得新设担保物权，如约定不动产质权或者不动产留置权。
内容法定	又称“类型固定”，含义有二：（1）物权的内容由法律确定，当事人不得约定与物权的法定内容不相符合的权能内容。例如，当事人不得约定某一所有权不具有处分效力。（2）当事人不得通过约定违反物权法关于物权内容的强行性规定。例如，当事人不得约定“流质契约”。
效力法定	物权法定原则应当包含效力法定。包括两方面的内容：（1）当事人必须按照法律规定的效力来确定物权的效力。例如，根据《民法典》第 374 条的规定，未登记的地役权不具有对抗善意第三人的效力，当事人如果约定未登记的地役权具有对抗善意第三人的效力，则当事人的约定对于善意第三人“不算数”。（2）当事人不得改变法律关于物权效力的规定。例如，根据《民法典》第 419 条的规定，抵押权人应当在主债权诉讼时效期间行使抵押权，如果抵押人与抵押权人约定，抵押权人可以在主债权诉讼时效期间完成后两年内行使抵押权，则抵押权的效力必须“缩短至”主债权诉讼时效期间内。
公示方法法定	物权法定原则应当包含公示方法法定。例如，根据《民法典》第 429 条的规定，质权自出质人交付质押财产时设立。如果当事人约定设立动产质权时无须交付质押财产，则当事人之间不发生设立质权的法律效果。
违反物权法定原则的，不发生物权效力（增添权能等于未增加，限制权能等于未限制），若无其他无效事由合同有效（可主张违约责任）。	

典型真题

［例 5］ 甲将其父去世时留下的毕业纪念册赠与其父之母校，赠与合同中约定该纪念册只能用于收藏和陈列，不得转让。但该大学在接受乙的捐款时，将该纪念册馈赠给乙。下列哪一选项是正确的？（2007 年卷三第 11 题，单选）①

A. 该大学对乙的赠与无效，乙不能取得纪念册的所有权

B. 该大学对乙的赠与无效，但乙已取得纪念册的所有权

C. 只有经甲同意后，乙才能取得纪念册的所有权

D. 该大学对乙的赠与有效，乙已取得纪念册的所有权

［例 6］ 甲公司向乙银行借款 500 万元，以其闲置的一处办公用房作担保。乙银行正好缺乏办公场所，于是与甲公司商定，由甲公司以此办公用房为乙银行设立担保物权。随后，甲公司向乙银行交付了办公用房。借款到期后，甲公司未能偿还，乙银行主张对办公用房行使优先受偿的权利。下列哪一选项是正确的？（2008 年延考卷三第 13 题，单选）②

A. 乙银行有权这样做，因其对标的物享有抵押权

B. 乙银行有权这样做，因其对标的物享有质权

---

① 答案：D

② 答案：D

C. 乙银行有权这样做，因其对标的物享有同时履行抗辩权

D. 乙银行无权这样做，因其与甲公司之间的约定不能设定担保物权

考点 4　公示公信原则

公示原则（使人“知”）	公信原则（使人“信”）
公示原则要求物权的产生、变更、消灭，必须以一定的可以从外部查知的方式表现出来。否则，因为物权具有排他的性质，如果没有通过公示方式将物权的变动表现出来，就会给第三人带来不测的损害，影响交易的安全。**民法上关于物权的变动，以“登记”为不动产物权的公示方法，以“交付”为动产物权的公示方法。**	公信原则包括两方面的内容： 1. 记载于不动产登记簿的人推定为该不动产的权利人，动产的占有人推定为该动产的权利人，除非有相反的证据证明。这称为**“权利的正确性推定效力”**。 2. 凡善意信赖公示的表象而为一定的行为，在法律上应当受到保护，保护的方式就是承认发生物权变动的效力（**可以善意取得**）。
公示原则仅仅适用于基于法律行为的物权变动，而不适用于非基于法律行为的物权变动。因为，只有在基于法律行为物权变动即物权交易中，需要通过登记或者占有将物权变动的结果加以展现。倘若物权是因为法律行为之外的事实而发生变动，由于该物权变动要么是直接依据法律的规定而生效力，要么是依据公法行为而生效力，故此即便不通过占有或登记向外彰显该物权之变动，亦无损交易安全。	公信原则也仅适用于基于法律行为的物权变动。不动产登记簿的公信力，其目的在于维护交易安全，提高交易效率。非基于法律行为的物权变动不属于物权交易，不存在维护交易安全、提高交易效率之必要。故此，在取得人通过法律行为以外的法律事实取得物权时，不适用公信原则，不发生善意取得的问题。①

① 王泽鉴：《民法物权》，北京大学出版社 2012 年版，第 87~88 页。

02 第二章 物权的设立、变更、转让和消灭

第一节　不动产登记

考点5　区分原则

第215条：**当事人之间订立有关设立、变更、转让和消灭不动产物权的合同，除法律另有规定或者当事人另有约定外，自合同成立时生效；未办理物权登记的，不影响合同效力。**

内容	区分原则，又称为物债两分原则，登记或交付是合同的履行行为，未登记或未交付并不影响债权合同的效力。而债权合同不成立、无效、被撤销的，也不可能发生物权变动的效果。 1. **法律行为是否成立与生效，依照法律行为成立与生效的规则判断。** 2. **物权变动是否发生，依照基于法律行为物权变动的规范判断。** 3. 因欠缺物权公示不能发生物权变动效果的，法律行为的效力不会因此受影响。 4. 负担行为有效，即产生债的履行效力，也即在当事人之间产生债权债务关系，如一方不履行，将承担违约责任，包括继续履行、赔偿损失等。
具体应用	1. **房屋买卖（赠与）中**，若未办理过户登记，物权未发生变动，买受人（受赠人）尚未取得房屋所有权，但房屋买卖（赠与）合同不因此不成立或未生效，是否成立与生效依照合同成立与生效的规则判断。 2. **手机买卖（赠与）中**，若未交付手机，物权未发生变动，买受人（受赠人）尚未取得手机所有权，但手机买卖（赠与）合同不因此不成立或未生效，是否成立与生效依照合同成立与生效的规则判断。 3. **不动产抵押中**，若未办理抵押登记，则抵押权未设立，但不因此影响抵押合同的生效，是否成立与生效依照合同成立与生效的规则判断。 4. **动产质押中**，若未交付动产（或者采用占有改定方式交付的），则质权未设立，但不因此影响质押合同的生效，是否成立与生效依照合同成立与生效的规则判断。 5. **预告登记后**，未经预告登记权利人同意，所有权人再处分不动产的，不发生物权变动，但不因此影响合同的生效，是否成立与生效依照合同成立与生效的规则判断。 6. **非基于法律行为而取得不动产所有权**，所有权人再处分不动产的，未经登记，不发生物权变动，但不因此影响合同的生效，是否成立与生效依照合同成立与生效的规则判断。

典型案例

确认合同效力纠纷案。①

［基本案情］2002年5月14日，程×柱将位于蚌埠市禹会区马城镇的房屋卖给程×怀，双方签订了“楼房转让协议”一份。协议签订当天程×柱就将所卖房屋交付给了程×怀，并同时将房屋所有权证交给程×怀，程×怀居住、使用房屋至今。程×怀要求程×柱协助办理房屋产权变更登记手续未果，遂诉至法院。

［裁判要旨］“当事人之间订立有关设立、变更、转让和消灭不动产物权的合同，除法律另有规定或者合同另有约定外，自合同成立时生效；未办理物权登记的，不影响合同效力。”本案中，程×柱与程×怀签订的房屋转让协议系双方当事人真实意思表示，不违反法律、行政法规的强制性规定，亦无恶意串通及损害社会公共利益之情形，应属有效。合同当事人应当遵循诚实信用原则，根据合同的性质、目的和交易习惯履行通知、协助、保密等义务。程×柱于2002年将其所有的房屋出卖给程×怀并交付使用后，程×怀在此房屋居住、使用至今，该房屋的产权至今仍未完成变更登记，程×怀要求变更产权登记手续，程×柱作为买卖合同的另一方有协助变更登记的义务。

典型真题

［例7］郑某开办公司资金不足，其父将3间祖屋以25万元卖给即将回国定居的郭某，但其父还未来得及办理过户手续即去世。郑某不知其父卖房一事，继承了这笔房款及房屋，并办理了登记手续。随后，郑某以3间祖屋作抵押向陈某借款10万元，将房产证交给了陈某，但没有办理抵押登记。下列哪些选项是正确的？（2008年延考卷三第8题，多选）②

A. 郑某的父亲与郭某之间的房屋买卖合同有效

D. 陈某对房屋不享有抵押权

［例8］甲继承了一套房屋，在办理产权登记前将房屋出卖并交付给乙，办理产权登记后又将该房屋出卖给丙并办理了所有权移转登记。丙受丁胁迫将房屋出卖给丁，并完成了移转登记。丁旋即将房屋出卖并移转登记于戊。请回答问题。

关于甲、乙、丙三方的关系，下列选项正确的是？（2008年卷三第95题，不定项）③

A. 甲与乙之间的房屋买卖合同因未办理登记而无效

B. 乙对房屋的占有是合法占有

C. 乙可以诉请法院宣告甲与丙之间的房屋买卖合同无效

D. 丙已取得该房屋的所有权

① 来源：《中华人民共和国物权法案例注释版》，中国法制出版社2019年版，第13—14页，案号：（2018）皖03民终227号。

② 答案：AD（本题答案有删减）

③ 答案：BD

考点6　登记/交付生效模式与登记对抗主义模式

	登记/交付生效模式	登记对抗主义模式
内涵	亦称为**形式主义**，指发生物权变动时，除了以产生债权债务关系为目的的债权合同外，还必须有物权变动的意思表示并履行登记或交付的法定形式方能产生物权变动效力的立法例。	亦称为**意思主义**。指不动产物权的变动，依当事人间的合意即产生法律效力。但是，非经登记，不能对抗第三人。
公式提取	1. **有效的合同+登记=不动产物权变动**。 2. **有效的合同+交付=动产物权变动**。	1. **有效的合同=土地承包经营权+登记>善意第三人（流转）**。 2. **有效的合同=地役权+登记>善意第三人（供役地）**。 3. **有效的动产（浮动）抵押合同=动产（浮动）抵押权+登记>善意第三人**。
具体体现	1. 不动产所有权：（买卖、赠与等）合同有效+登记=所有权转移。 2. 建设用地使用权自登记时设立。 3. 居住权自登记时设立。 4. 不动产抵押权自办理抵押登记时设立。 5. 以基金份额、股权出质的，质权自办理出质登记时设立。 6. 以注册商标专用权、著作权、专利权等知识产权中的财产权出质的，质权自办理出质登记时设立。 7. 以应收账款出质的，质权自办理出质登记时设立。 8. 普通动产：（买卖、赠与等）合同有效+交付=所有权转移。 9. 质权自出质人交付质押财产时设立。 10. 以汇票、支票、本票、债券、存款单、仓单、提单出质的，当事人应当订立书面合同。质权自权利凭证交付质权人时设立；没有权利凭证的，质权自有关部门办理出质登记时设立。	1. 土地承包经营权：从承包合同生效时取得，无需登记。但是在流转的场合下（互换、转让），从相应的流转合同生效时发生效力，未登记不发生对抗善意第三人的效力。 2. 地役权：地役权自地役权合同生效时设立。未经登记，不得对抗善意第三人。 3. 动产抵押：从抵押合同生效时发生效力，但是未登记不得对抗善意第三人。

典型真题

[例9] 甲向乙借款，欲以轿车作担保。关于担保，下列哪些选项是正确的？（2013年卷三第58题，多选）①

A. 甲可就该轿车设立质权　　B. 甲可就该轿车设立抵押权

C. 就该轿车的质权自登记时设立　　D. 就该轿车的抵押权自登记时设立

① 答案：AB

考点 7　登记制度

	预告登记	更正登记	异议登记
条件	指在当事人所期待的不动产物权变动所需要的条件缺乏或者尚未成就时，即权利取得人只对未来取得物权享有请求权时，法律为保护这一**债权请求权**而进行的登记。当事人自愿登记，防止“一房两卖”。	1. 不动产登记簿出现登记错误（包括权利主体、内容、客体错误）； 2. 权利人或者利害关系人提出更正申请； **3. 登记名义人书面同意更正或者申请人确有证据证明登记错误**。	1. 利害关系人未能办理更正登记。 2. 利害关系人可以提出异议登记申请。 3. 利害关系人提出异议登记的申请时，登记机构即应办理异议登记。
效力	办理了预告登记后，未经预告登记权利人的同意，处分该不动产的，**不发生物权效力**（但不影响合同的效力）。	1. 符合更正登记条件的，登记机关应当办理更正登记，消除错误登记。 2. 以更正后的登记确定不动产物权的归属与内容。	**1. 减损错误登记的公信力，阻碍善意取得的发生**。 2. 若登记名义人为真正的物权人，真正物权人之处分行为不受异议登记的影响。 **3. 异议登记不当，给权利人造成损害的，由申请人承担赔偿责任**。
失效	**1. 预告登记在下列两种情形下自动失效，即使没有涂销预告登记，预告登记亦不再具有前述效力：** **(1) 债权消灭**：买卖不动产物权的协议被认定无效、被撤销、被解除，或者预告登记的权利人放弃债权的，应当认定为“债权消灭”。 (2) 自能够进行不动产登记之日起**90 日内**未申请本登记。①	不动产登记簿记载的权利人不同意更正的，利害关系人可以申请异议登记。	登记机构予以异议登记，申请人在登记之日起 **15 日内**不起诉，异议登记失效。

［命题提示］甲乙婚姻关系存续期间共有一套房产，登记在甲的名下，乙如何确认其对房屋所享有的所有权。救济途径（1）：先向登记机构申请异议登记，再起诉；救济途径（2）：直接向法院提起形成之诉。这两条路径的差异在于：路径（1）显然成本高但风险小，路径（2）恰好相反。原因在于，在路径（2）的情况下，如在甲乙诉讼期间，甲有可能边打官司边变卖房，如出卖给丙，完成过户登记毫无法律障碍，其后即使乙赢得官司，可能面临

① 预告登记只是保障债权人的一种临时性担保手段，在条件具备时，它就要转为本登记。条件具备之时即“能够进行不动产登记之日”。具体包括：第一，就预购商品房的买卖或抵押的预告登记以及在建工程抵押预告登记而言，是指预购商品房或在建工程已经办理了所有权初始登记之日，进而为所有权转移或抵押权设立登记奠定了基础；第二，就现房的买卖或抵押以及其他已经登记的不动产物权变动而言，是指当事人之间约定的办理本登记的条件成就或始期届至之日。

要不回房屋的尴尬，因为此时丙可以善意取得抗辩，乙只能向甲主张房款返还或者损害赔偿。但在路径（1）的场合下，如将来乙赢得官司，丙无法主张善意取得。

典型真题

［例 10］甲公司开发写字楼一幢，于 2008 年 5 月 5 日将其中一层卖给乙公司，约定半年后交房，乙公司于 2008 年 5 月 6 日申请办理了预告登记。2008 年 6 月 2 日甲公司因资金周转困难，在乙公司不知情的情况下，以该层楼向银行抵押借款并登记。现因甲公司不能清偿欠款，银行要求实现抵押权。下列哪一判断是正确的？（2009 年卷三第 8 题，单选）①

A. 抵押合同有效，抵押权设立

B. 抵押合同无效，但抵押权设立

C. 抵押合同有效，但抵押权不设立

D. 抵押合同无效，抵押权不设立

［例 11］案情：甲欲出卖自家的房屋，但其房屋现已出租给张某，租赁期还剩余 1 年。甲将此事告知张某，张某明确表示，以目前的房价自己无力购买。

甲的同事乙听说后，提出购买。甲表示愿意但需再考虑细节。乙担心甲将房屋卖与他人，提出草签书面合同，保证甲将房屋卖与自己，甲同意。甲、乙一起到房屋登记机关验证房屋确实登记在甲的名下，且所有权人一栏中只有甲的名字，双方草签了房屋预购合同。

后双方签订正式房屋买卖合同约定：乙在合同签订后的 5 日内将购房款的三分之二通过银行转账给甲，但甲须提供保证人和他人房屋作为担保；双方还应就房屋买卖合同到登记机关办理预告登记。（2015 年卷四民法案例分析题）

（第三问）如甲不按合同交付房屋并转移房屋所有权，预告登记将对乙产生何种保护效果？

（第四问）如甲在预告登记后又与第三人签订房屋买卖合同，该合同是否有效？为什么？②

［例 12］某房屋登记的所有人为甲，乙认为自己是共有人，于是向登记机构申请更正登记。甲不同意，乙又于 3 月 15 日进行了异议登记。3 月 20 日，丙打算买甲的房屋，但是到登记机构查询发现甲的房屋存有异议登记，遂放弃购买。乙申请异议登记后，发现自己的证据不足，遂对此事置之不理。下列哪些选项是正确的？（2008 年延考卷三第 59 题，多选）③

A. 异议登记后，未经乙同意，处分该房屋的，不发生物权效力

B. 异议登记于 3 月 31 日失效

C. 甲有权向乙请求赔偿损失

---

① 答案：C

② （第三问）预告登记后，甲再处分房屋的，不产生物权效力。即丙对房屋的交付请求权具有物权性优先权，可以对抗所有的未登记的购买人。

（第四问）预告登记后，甲与第三人签订的房屋买卖合同有效，只是不发生物权变动的效力，如果甲不履行，将对第三人承担违约责任。

③ 答案：BC

D. 甲有权向登记机构请求赔偿损失

考点 8　借名买房问题（隐名登记+不动产登记的相对证明效力）

<table>
<tr><td colspan="2">借名买房行为是因为实际出资人不符合某种资格，或是不方便以本人的名义购房时，与登记名义人约定借用其名买房，将房屋登记在出名人名下，但仍保留房屋的使用权限。借名房屋造成法律层面的产权人和实际层面的产权人不一致的形态，从而引起诸多纠纷。
借名买房关系中，实际存在两个合意：
存在于借名人与被借名人之间的关于房屋所有权归属的合意
借名人与第三人之间达成的房屋买卖，并据此向登记机关进行房屋所有权登记的合意
上述两个合意在一般情况下是一致的，但在特定情形下则出现分离</td></tr>
<tr><td>物权说</td><td>1. 如根据当事人提供的购房款支付、房贷的偿还、双方之间关于借名买房及所有权归属的约定等证据，能够证明在双方之间形成了借名买房关系，则当事人之间的真实意思是借名人购买房屋并取得所有权。
2. 被借名人虽然根据相应的房屋买卖合同等文件，被登记为房屋所有权人，但这并非当事人的真实意思表示，据此作出的权属登记不具有原因行为基础，故而导致登记权利状态与真实权利状态不一致。
3. 此种情况，应回归真实权利状态，故当事人请求确认物权的，应予支持。</td></tr>
<tr><td>债权说</td><td>1. 在借名买房中，登记权利人与第三人之间的房屋买卖合同是真实有效的，并且已经基于这一基础法律关系完成了房屋所有权登记，故登记权利人是唯一合法的房屋所有权人。
2. 借名人与登记权利人之间关于房屋所有权归属的约定，只能约束合同双方当事人，没有直接设立房屋所有权的法律效力。
3. 借名人不能根据借名买房协议的约定，直接取得房屋的所有权。
综上：（1）不动产物权的登记，是一个权利公示的方式，具有公信力与推定效力，登记权利人应该被推定为物权人。（2）如果登记的状态与真实的权利状态不一样的，真正权利人可依据法院确认其为所有权人的判决请求登记机关变更登记，改变名不符实的状态。</td></tr>
</table>

典型案例

以他人名义购买并办理房产证引发的房屋所有权归属问题。①

［基本案情］邵×杰与邵×晓系亲兄弟关系，1998 年 9 月 20 日，邵×杰与邵×晓达成协议：由邵×杰实际出资，以邵×晓名义购买案外人程×斌位于某市某地居委会 C 区五排 06 号房产一处，并以邵×晓名义办理了房屋所有权证。邵×杰购房后对房屋进行了改造和粉刷，又于 1999 年 6 月 8 日将上述房产卖给了第三人魏×杰。

2011 年 10 月，因魏×杰请求邵×杰协助办理房产过户手续，邵×杰请求邵×晓提供身份证协助魏×杰办理房产过户登记时，邵×晓拒不提供证件并声称该房产属于自己所有。为此，邵×杰于 2012 年 5 月 3 日诉至法院，请求确认争议房产归己所有。在审理中，邵×晓对购房过程始终未能陈述一致，至今不能辨别房产的坐落位置，但一直坚持房屋登记

① （2013）南民三终字第 00168 号

产权人是自己的名字，因归其所有。

2012 年 8 月 12 日，第三人魏×杰申请参加诉讼，请求确认争议房产归己所有。

[裁判要旨]

1. 不动产登记仅是一种公示行为，它的目的是保护善意第三人的利益，使第三人知道物权的设立和变动，从而避免善意第三人的利益受到损害，以维护交易安全，但它并非一种赋权行为，物权登记的存在，并不能绝对排除他人对物权享有真正的权利。不动产物权登记的效力，也只是一种推定效力，与实际权利状况并不一定吻合。

2. 在不违反社会公德和社会公共利益以及法律强行性规范的前提下，允许当事人自由订立合同，借用他人名义买房合同应认定为有效。即使最终房屋权属登记在名义买房人名下，实际买房人也可以根据充分、有效的证据向法院主张变更房屋的所有权，然后再凭生效的判决书到房屋管理部门办理变更登记。即便在房屋产权主张不成的情况下，也可最低限度地确保当事人的合法债权。

3. 本案中因邵×杰提供了充分的证据证明了其购房的事实，故邵×杰是争议房产的实际权利人。魏×杰与邵×杰签订的房屋买卖契约，自合同成立时生效，其双方因房屋买卖合同关系引起的物权转让变更登记，可待本院对本案的诉争房产权属作出确认之后，依法予以办理。

典型真题

[例 13] 刘某借用张某的名义购买房屋后，将房屋登记在张某名下。双方约定该房屋归刘某所有，房屋由刘某使用，产权证由刘某保存。后刘某、张某因房屋所有权归属发生争议。关于刘某的权利主张，下列哪些表述是正确的？(2014 年卷三第 55 题，多选)①

A. 可直接向登记机构申请更正登记

B. 向登记机构申请异议登记

C. 可向法院请求确认其为所有权人

D. 可依据法院确认其为所有权人的判决请求登记机关变更登记

[例 14] 甲与乙签订《协议》，由乙以自己名义代甲购房，甲全权使用房屋并获取收益。乙与开发商和银行分别签订了房屋买卖合同和贷款合同。甲把首付款和月供款给乙，乙再给开发商和银行，房屋登记在乙名下。后甲要求乙过户，乙主张是自己借款购房。下列哪一选项是正确的？(2015 年卷三第 5 题，单选)②

A. 甲有权提出更正登记

B. 房屋登记在乙名下，甲不得请求乙过户

C.《协议》名为代购房关系，实为借款购房关系

D. 如乙将房屋过户给不知《协议》的丙，丙支付合理房款则构成善意取得

---

① 答案：BCD

② 答案：A

第二节 动产交付

考点 9 交付制度

（一）修改说明

《民法典·物权编》	《物权法》
第 226 条：动产物权设立和转让前，权利人已经**占有**该动产的，物权自民事法律行为生效时发生效力。 第 227 条：动产物权设立和转让前，第三人**占有**该动产的，负有交付义务的人可以通过转让请求第三人返还原物的权利代替交付。	第 25 条：动产物权设立和转让前，权利人已经**依法占有**该动产的，物权自法律行为生效时发生效力。 第 26 条：动产物权设立和转让前，第三人**依法占有**该动产的，负有交付义务的人可以通过转让请求第三人返还原物的权利代替交付。
评析：将简易交付和指示交付去掉"依法"占有之"依法"二字。以简易交付为例，物权法规定受让人之先行占有须为依法占有，无权占有者不得适用，此种规定不合情理。试举一例：甲之手机被乙偷走，乙使用一周后被甲发现，此时甲已购得新手机，乙则对甲之手机爱不释手，于是两人达成一致，甲将手机转让给乙。根据《物权法》规定，因乙之先行占有为无权占有，因此不得适用简易交付以完成权利转移。然观念交付之立法目的，不外提高交易效率、保护交易安全而已；此种情况下，先行占有虽为无权，然根本不会害及简易交付之立法目的，《物权法》将之排除，既不效率亦不安全！删除依法二字，体现立法对观念交付理解之深入。同理，指示交付也做相同之修改：甲之手机被丙偷走，甲将其返还请求权转移给乙，只要甲乙二人你情我愿，此时亦可于观念上完成交付。	

（二）考点精讲

交付即移转占有。① 交付的要件有二：（1）移转占有。现实交付与简易交付移转的是直接占有；指示交付与占有改定则创设或移转间接占有。（2）具有交付的合意。当事人之间就占有的移转达成协议。		
现实交付	事实管领力的移转，即双方在约定的地点，基于合意移转直接占有，使受让人取得直接占有，让与人放弃全部占有地位。	
观念交付	简易交付	即受让人已经占有动产，如受让人已经通过租赁、借用等方式实际占有了动产，则于物权变动的合意生效时，视为交付（**占有在先，物权在后**）。 第 226 条：动产物权设立和转让前，权利人已经占有该动产的，物权自民事法律行为生效时发生效力。
	指示交付	**又称返还请求权的让与**，即动产由第三人占有时，出让人将其对于第三人的返还请求权让与受让人，以代替交付（**物权在先，占有在后**）。如，甲将其出租的家具卖给乙，但是由于租赁期限未满，暂时无法收回，甲可以把其家具的返还请求权让与乙，以代替现实交付。 第 227 条：动产物权设立和转让前，第三人占有该动产的，负有交付义务的人可以通过转让请求第三人返还原物的权利代替交付。

① 崔建远：《物权法》，中国人民大学出版社 2011 年版，第 86 页。

续表

观念交付	占有改定	**包含两个合意**：（1）移转所有权的合意；（2）出卖人与买受人之间成立租赁、借用等债权合同的合意，基于该合意出卖人可以继续占有标的物，买受人为间接占有，**后一个约定（租赁/借用）生效时，视为交付完成（物权在先，占有在后）**。如，甲将其所有的书卖给乙，但甲还想留书阅读，这时甲可以占有改定的方式使乙取得间接占有，以代替现实交付。 第 228 条：动产物权转让时，当事人又约定由出让人继续占有该动产的，物权自该约定生效时发生效力。 **善意取得、质权不能通过占有改定交付**。
交付的法律效果："一交三转"： 1. 所有权移转。 2. 风险移转。 3. 孳息移转。		

典型真题

[例 15]　某宾馆为了 8 月 8 日的开业庆典，于 8 月 7 日向电视台租借一台摄像机。庆典之日，工作人员不慎摔坏摄像机，宾馆决定按原价买下，以抵偿电视台的损失，遂于 8 月 9 日通过电话向电视台负责人表明此意，对方表示同意。8 月 15 日，宾馆依约定向电视台支付了价款。摄像机所有权何时转移？（2004 年卷三第 10 题，单选）①

A. 8 月 7 日　　B. 8 月 8 日

C. 8 月 9 日　　D. 8 月 15 日

[例 16]　甲有一块价值 10000 元的玉石。甲与乙订立了买卖该玉石的合同，约定价金 11000 元。由于乙没有带钱，甲未将该玉石交付与乙，约定三日后乙到甲的住处付钱取玉石。随后甲又向乙提出，再借用玉石把玩几天，乙表示同意。根据上述事实，请回答：（案情有删减）

关于乙对该玉石所有权的取得和交付的表述，下列选项正确的是？（2009 年卷三第 91 题，不定项）②

A. 甲、乙的买卖合同生效时，乙直接取得该玉石的所有权

B. 甲、乙的借用约定生效时，乙取得该玉石的所有权

C. 由于甲未将玉石交付给乙，所以乙一直未取得该玉石的所有权

D. 甲通过占有改定的方式将玉石交付给了乙

[例 17]　甲公司将 1 台挖掘机出租给乙公司，因乙公司一直未向甲公司支付租金，甲公司便将挖掘机以 48 万元的价格出卖给王某，约定由乙公司直接将挖掘机交付给王某，王某首期付款 20 万元，尾款 28 万元待收到挖掘机后支付。此事，甲公司通知乙公司。（案情有删减）

甲公司与王某签订买卖合同之后，王某是否取得了该挖掘机的所有权？（2012 年卷

---

① 答案：C

② 答案：BD

三第89题改编，不定项）①

考点10　动产多重买卖所有权移转规则

出卖人就同一普通动产订立多重买卖合同，在买卖合同均有效的情况下，买受人均要求实际履行合同的，应当按照以下情形分别处理：

第一层次看**交付**：先行受领交付的买受人优先。

普通动产多重买卖：
- 第二层次看**付款**：均未受领交付，先行支付价款的买受人优先
- 第三层次看**先来后到**：均未受领交付，也未支付价款，依法成立在先合同的买受人优先

出卖人就**同一船舶、航空器、机动车等特殊动产**订立多重买卖合同，在买卖合同均有效的情况下，买受人均要求实际履行合同的，应当按照以下情形分别处理：

特殊动产多重买卖：
- 第一层次看**交付**：先行受领交付的买受人优先，出卖人将标的物交付给买受人之一，又为其他买受人办理所有权转移登记，已受领交付的买受人优先
- 第二层次看**登记**：均未受领交付，先行办理所有权转移登记手续的买受人优先
- 第三层次看**先来后到**：均未受领交付，也未办理所有权转移登记手续，依法成立在先合同的买受人

典型真题

[例18] 甲有件玉器，欲转让，与乙签订合同，约好10日后交货付款；第二天，丙见该玉器，愿以更高的价格购买，甲遂与丙签订合同，丙当即支付了80%的价款，约好3天后交货；第三天，甲又与丁订立合同，将该玉器卖给丁，并当场交付，但丁仅支付了30%的价款。后乙、丙均要求甲履行合同，诉至法院。下列哪一表述是正确的？（2013年卷三第11题，单选）②

A. 应认定丁取得了玉器的所有权

B. 应支持丙要求甲交付玉器的请求

C. 应支持乙要求甲交付玉器的请求

D. 第一份合同有效，第二、三份合同均无效

[例19] 甲为出售一台挖掘机分别与乙、丙、丁、戊签订买卖合同，具体情形如下：2016年3月1日，甲胁迫乙订立合同，约定货到付款；4月1日，甲与丙签订合同，丙支付20%的货款；5月1日，甲与丁签订合同，丁支付全部货款；6月1日，甲与戊签订合同，甲将挖掘机交付给戊。上述买受人均要求实际履行合同，就履行顺序产生争议。关于履行顺序，下列哪一选项是正确的？（2016年卷三第12题，单选）③

A. 戊、丙、丁、乙　　B. 戊、丁、丙、乙

C. 乙、丁、丙、戊　　D. 丁、戊、乙、丙

① 分析：甲是挖掘机的所有权人，甲将挖掘机出卖给王某，且与王某约定让与甲公司对乙公司的返还请求权，故甲公司与王某以指示交付的方式完成了交付，因此，王某已经取得了挖掘机的所有权。

② 答案：A

③ 答案：A

第三节　其他规定

考点 11　非基于法律行为的物权变动

（一）修改对比

《民法典·物权编》	《物权法》
第 230 条：因**继承**取得物权的，自继承开始时发生效力。（删除“或者受继承”）	第 29 条：因**继承或者受遗赠**取得物权的，自继承或者受遗赠开始时发生效力。

评析：遗产之继承因被继承人之死亡而开始，故继承人自继承开始时，即取得被继承人之遗产，无须继承人主张，更无须具备一定之方式，继承人是否知悉其事，亦非所问。因被继承人死亡后，其民事权利能力即告终止，权利主体归于消灭，其生前享有的财产权利包括动产、不动产所有权在法律上也归于消灭。因此在因继承取得物权的情况下，如果仍然适用物权变动的一般原则，要求物权的取得自登记或交付时才能生效，因登记或交付通常需要一定的时间，势必导致，在被继承人死亡后不动产登记或动产交付前，遗产处于无主状态。所以，被继承人于继承开始之际原享有的不动产物权，则由继承人承受，而不受关于不动产物权之变动须经登记始生效力规定之限制。

在我国现行立法采“区分遗嘱继承与遗赠”及“形式主义物权变动模式”之框架下，遗赠与继承无法相提并论。遗赠仅具有债权效力而不具有直接导致物权变动之物权效力，遗赠是一种民事法律行为，由此引发的物权变动，应依据以民事法律行为发生的物权变动的一般规则。亦即遗赠非属非依法律行为之物权变动情形。① 因此，删除是合理的。

（二）考点精讲

非基于法律行为的物权变动，既不以登记或者交付为生效要件，也不以登记或者交付为对抗要件，而以公法行为生效或者事件、事实行为的发生为准。

公法行为	第 229 条：因人民法院、仲裁机构的法律文书（包括法院、仲裁委员会在分割共有不动产或者动产等案件中作出并依法生效的改变原有物权关系的判决书、裁决书、调解书，以及法院在执行程序中作出的拍卖成交裁定书、以物抵债裁定书）或者人民政府的征收决定等，导致物权设立、变更、转让或者消灭的，**自法律文书或者征收决定等生效时发生效力**。② **此处“生效法律文书”要做必要的限制解释，仅限于形成判决，不包括给付判决**。也就是说，当事人行使形成权所产生的判决生效时，直接发生物权变动的效果（无须登记或交付）；但是，当事人行使请求权所产生的判决生效时，不能直接发生物权变动的效果（仍须登记或交付）。原因在于：形成权的作用在于依照形成权人单方的意思表示直接引起权利变动；而请求权的实现具有间接性，须依赖相对人依照请求完成一定的行为，请求权才能实现。

---

① 参见刘耀东：《论基于继承与遗赠发生的不动产物权变动——以〈物权法〉第 29 条为中心》，载《现代法学》2015 年第 1 期。

② 在比较法上，德国、日本等国民法典中都没有这样的规定。这一条主要是借鉴我国台湾地区“民法”第 759 条而设立的。台湾地区“民法”第 759 条规定：“因继承、强制执行、征收、法院之判决或其他非因法律行为，于登记前已取得不动产物权者，应当登记，始得处分其物权。”

续表

<table>
<tr><td>继承行为</td><td>第230条：因继承取得物权的，自继承开始时发生效力。
本条所指的“继承开始”是指“被继承人死亡”之时。这里的“死亡”既包括生理死亡，如老死、病死、意外事故致死等，也包括宣告死亡。</td></tr>
<tr><td>事实行为</td><td>第231条：因合法建造、拆除房屋等事实行为设立或者消灭物权的，自事实行为成就时发生效力。
1. 合法建造房屋。
（1）合法建造房屋，是指民事主体依照法律的规定建造房屋。《城乡规划法》、《建筑法》、《土地管理法》、《城市房地产管理法》等法律、法规，对于建造房屋应当具备的条件，有详细而具体的规定。比如，某房地产开发企业要建一栋住宅楼，它必须依法取得建设用地使用权，并经规划部门的批准，取得建设用地规划许可证、建设工程规划许可证、施工许可证等批准文件后，方能开工建造。倘若未经批准擅自建造房屋的，不仅要遭受相应的行政处罚，即便该房屋建造完成，也因其属于违法建筑，房地产开发企业不能取得所有权，无法办理房屋所有权的初始登记。
（2）合法建造房屋的，自事实行为成就（房屋封顶之时，无论门窗是否安装）时，建造人取得房屋所有权，无须登记（初始登记）。更准确一点说，应当是每一层封顶时，建造人就取得这一层的所有权（因为楼房中的每一间房屋都具有经济上与法律上的独立性，可以成为所有权的客体）。
2. 拆除房屋。
（1）法律并没有规定房屋的拆除必须是合法拆除。即便房屋被拆除的结果是因他人的侵权行为所致，只要该房屋在事实上消灭了，房屋的所有权等物权也应归于消灭，无非房屋的物权人有权请求侵权人承担侵权责任以及其他法律责任而已。
（2）拆除房屋的，将每一层的屋顶掀开时，该层的房屋所有权就消灭了，无须登记（注销登记）。</td></tr>
<tr><td colspan="2">第232条：处分依照本节规定享有的不动产物权，依照法律规定需要办理登记的，未经登记，不发生物权效力。
1. 非基于法律行为取得不动产所有权或者其他不动产物权（如抵押权）的，无须登记，即可发生不动产物权变动。
2. “处分”仅指法律上的处分，而不包括事实上的处分。法律上的处分如转让所有权、设立他物权等。
3. “登记”包含了两次登记，第一次登记为“宣示登记”，即将权利人在因法律行为以外的法律事实而取得不动产物权记载入登记簿中，向外界加以宣示，第二次登记为“处分登记”，即依据权利人对不动产的法律处分的类型不同而进行相应的处分登记，如转让不动产所有权时办理所有权移转登记、在不动产上设立他物权时办理他物权的设立登记。
例如，甲死亡后，其唯一的法定继承人乙依法继承甲对A房屋的所有权。由于，此种所有权从甲移转到乙不是基于法律行为而引发的，故此乙自继承开始时就取得了所有权，即便其并未将自己对A房屋的所有权记入登记簿当中，也不例外。但是，在乙要将A房屋转让给丙时，乙应当先办理宣示登记，即通过单方申请将自己对A房屋的所有权记入登记簿中。然后，才能与丙共同申请办理房屋所有权的移转登记。尽管理论上说，应当先办理宣示登记，然后办理处分登记。但是，在登记程序上，二者可以合并办理。</td></tr>
</table>

续表

4. 未经宣示登记（如移转登记、初始登记），该不动产所有权或他物权是不完整的权利，欠缺处分权，权利人处分该不动产的（如出卖、赠与、抵押等），不发生物权效力，但处分合同的效力不因此受影响。

典型真题

［例 20］中州公司依法取得某块土地建设用地使用权并办理报建审批手续后，开始了房屋建设并已经完成了外装修。对此，下列哪一选项是正确的？（2008 年卷三第 8 题，单选）①

A. 中州公司因为享有建设用地使用权而取得了房屋所有权

B. 中州公司因为事实行为而取得了房屋所有权

C. 中州公司因为法律行为而取得了房屋所有权

D. 中州公司尚未进行房屋登记，因此未取得房屋所有权

［例 21］甲继承了一套房屋，在办理产权登记前将房屋出卖并交付给乙，办理产权登记后又将该房屋出卖给丙并办理了所有权移转登记。丙受丁胁迫将房屋出卖给丁，并完成了移转登记。丁旋即将房屋出卖并移转登记于戊。请回答问题。

在办理继承登记前，关于甲对房屋的权利状态，下列选项正确的是？（2008 年卷三第 94 题，不定项）②

A. 甲已经取得了该房屋的所有权

B. 甲对该房屋的所有权不能对抗善意第三人

C. 甲出卖该房屋未经登记不发生物权效力

D. 甲可以出租该房屋

［例 22］吴某和李某共有一套房屋，所有权登记在吴某名下。2010 年 2 月 1 日，法院判决吴某和李某离婚，并且判决房屋归李某所有，但是并未办理房屋所有权变更登记。3 月 1 日，李某将该房屋出卖给张某，张某基于对判决书的信赖支付了 50 万元价款，并入住了该房屋。4 月 1 日，吴某又就该房屋和王某签订了买卖合同，王某在查阅了房屋登记簿确认房屋仍归吴某所有后，支付了 50 万元价款，并于 5 月 10 日办理了所有权变更登记手续。下列哪些选项是正确的？（2011 年卷三第 55 题，多选）③

A. 5 月 10 日前，吴某是房屋所有权人

B. 2 月 1 日至 5 月 10 日，李某是房屋所有权人

C. 3 月 1 日至 5 月 10 日，张某是房屋所有权人

D. 5 月 10 日后，王某是房屋所有权人

［例 23］甲、乙和丙于 2012 年 3 月签订了散伙协议，约定登记在丙名下的合伙房屋归甲、乙共有。后丙未履行协议。同年 8 月，法院判决丙办理该房屋过户手续，丙仍未办理。9 月，丙死亡，丁为其唯一继承人。12 月，丁将房屋赠给女友戊，并对赠与合同

---

① 答案：B

② 答案：ACD

③ 答案：BD

作了公证。下列哪一表述是正确的？（2013年卷三第6题，单选）①

A. 2012年3月，甲、乙按份共有房屋

B. 2012年8月，甲、乙按份共有房屋

C. 2012年9月，丁为房屋所有人

D. 2012年12月，戊为房屋所有人

① 答案：C

03 第三章 物权的保护

考点 12 物上请求权（物权请求权）

（一）修改说明

<table>
<tr><th>《民法典·物权编》</th><th>《物权法》</th></tr>
<tr><td>第 236 条：妨害物权或者可能妨害物权的，权利人可以请求排除妨碍或者消除危险。</td><td>《民法典（草案）·物权编》第 236 条：妨害物权或者可能妨害物权的，权利人可以请求停止侵害、排除妨碍或者消除危险。</td></tr>
<tr><td colspan="2">评析：因《民法典·总则编》、《民法典·侵权责任编》均将停止侵害、排除妨碍或者消除危险明确规定为预防性侵权责任承担方式，故《民法典（草案）·物权编》而加入“停止侵害”以保持一致。但物权领域中，本不存在排除妨碍和消除危险之外的“停止侵害”：妨害可能发生，消除危险足矣；妨害已经发生，则排除妨害即可，妨害一旦排除，侵害立即停止，二者从结果角度具有一致性。一般而言，只有在侵害知识产权与人格权领域，才有单独强调“停止侵害”之必要性。因此，在《民法典》中删除了“停止侵害”。</td></tr>
<tr><td>第 238 条：侵害物权，造成权利人损害的，权利人可以依法请求损害赔偿，也可以依法请求承担其他民事责任。</td><td>第 37 条：侵害物权，造成权利人损害的，权利人可以请求损害赔偿，也可以请求承担其他民事责任。</td></tr>
<tr><td colspan="2">评析：此处区别对待民事责任与物权请求权之要件，立法本意殊难捉摸。然而，我国立法既采用物权请求权与侵权（民事）责任双轨竞合模式，则此二条均应为独立请求权之基础规范，故此处增加之“依法”二字纯属画蛇添足，还可能引发歧义：权利人究竟可否依据本条而独立行使权利？还是必须援引其他法律规定才能行使本条规定之权利？</td></tr>
<tr><td>第 239 条：本章规定的物权保护方式，可以单独适用，也可以根据权利被侵害的情形合并适用。</td><td>第 38 条：本章规定的物权保护方式，可以单独适用，也可以根据权利被侵害的情形合并适用。
~~侵害物权，除承担民事责任外，违反行政管理规定的，依法承担行政责任；构成犯罪的，依法追究刑事责任。~~</td></tr>
<tr><td colspan="2">评析：立法技术为避免重复表达。因总则编第 187 条已规定“民事主体因同一行为应当承担民事责任、行政责任和刑事责任的，承担行政责任或者刑事责任不影响承担民事责任；民事主体的财产不足以支付的，优先用于承担民事责任”。</td></tr>
</table>

（二）考点精讲

1. 物权请求权与损害赔偿请求权。

物权请求权	损害赔偿请求权
物权请求权包括：返还原物请求权；停止侵害请求权；排除妨碍请求权；消除危险请求权。 （1）**物上请求权是独立于物权的一种请求权**。 （2）物上请求权是物权的效用。它以恢复物权的支配状态为目的，在物权存续期间不断地发生。 （3）**物上请求权附属于物权**。	损害赔偿请求权的目的在于消除损害，它是在不能恢复物的原状时，以金钱作为赔偿，补偿物权人受到的财产损失。**基于侵权行为的损害赔偿，必须是实际上受有损害，即标的物价值的减少或灭失**。 在物权因他人的违法行为受到妨害时，如果有标的物的实际损害，可以同时发生损害赔偿请求权，故物上请求权与损害赔偿请求权是可以并存的。

第 233 条：物权受到侵害的，权利人可以通过和解、调解、仲裁、诉讼等途径解决。
物权的民法保护，以是否通过民事诉讼程序为标准，可分为两种：
1. 物权的自我保护，即自力救济，是指物权人的权利受到侵害时依法自行行使其享有的请求权，侵害人依所有人的请求实施了一定的行为，如返还原物、停止侵害、赔偿损失等，所有人的所有权就得到了保护的救济方法。
2. 通过民事诉讼程序对物权的保护，也称为公力救济，是指物权人在其权利受到侵害时，有权向法院提起民事诉讼，请求法院予以保护，恢复物权人被侵害的合法权益。

典型真题

［例 24］物权人在其权利的实现上遇有某种妨害时，有权请求造成妨害事由发生的人排除此等妨害，称为物权请求权。关于物权请求权，下列哪一表述是错误的？（2011 年卷三第 8 题，单选）①

A. 是独立于物权的一种行为请求权　　B. 可以适用债权的有关规定

C. 不能与物权分离而单独存在　　D. 须依诉讼的方式进行

2. 返还原物请求权、排除妨害请求权与消除危险请求权。

返还原物请求权	**返还原物请求权是指物权人在物被他人无权占有时，可以向无权占有人请求返还原物或者请求法院责令无权占有人返还原物**。 （1）**请求人为物权人**。包括所有权人和他物权人，但是不包括抵押权人。 （2）**被请求权人为（相对于请求人的）现时的无权占有人**。此时的无权占有不再区分善意恶意，另外权利人不得对有权占有人主张返还原物。 （3）以基础权利受到侵害为前提。 （4）**以原物尚且存在为前提**；否则，只能转化为损害赔偿请求权。而损害赔偿请求权性质上属于债权请求权。 （5）**登记动产与不动产物权请求返还原物不适用诉讼时效，未登记动产物权请求权返还原物适用 3 年诉讼时效**。 被请求人应返还原物及孳息。

① 答案：D

续表

排除妨碍请求权	排除妨碍请求权，是指物权人虽然占有其物，但由于他人的非法行为，致使物权人无法充分行使权利时，物权人可以请求侵害人排除妨害，或者请求法院责令侵害人排除妨害。 (1) 请求人为物权人。 (2) 妨害人以无权占有以外的方式妨害物权的行使。妨害既可由妨害人的行为造成，亦可由妨害人的物件造成。如：在他人土地上堆放垃圾、在他人车库门口停放汽车、不动产登记簿上因他人行为产生错误登记、制造超出容忍限度的噪音、被大风刮断树木倒入邻人院内等。 **(3) 妨害具有不法性或者超越了正常的容忍限度。** **(4) 提出请求之时，妨害仍在持续中。** **排除妨害请求权可对两种人提出：行为妨害人和状态妨害人。**①行为妨害人是指具体实施妨害行为的人；②状态妨害人是指对造成妨害之物或设施有事实上支配力的人。
消除危险请求权	(1) 请求人为物权人。 (2) 物权的行使具有受到妨害的现实危险。 (3) 被请求人为对危险的除去具有支配力的人。 (4) 提出请求之时，危险仍现实存在。 **需要明确的是，排除妨害请求权与消除危险请求权，这两项权利的功能在于防患于未然，由于针对正在发生的事实，所以不适用诉讼时效期间。**

典型案例

物权被侵犯受保护案。①

[基本案情] 2016年下半年，原告王×明外出务工，被告××供电公司在未通知并征得原告王×明同意的情况下，将电杆安装在原告王×明的承包土地内。2017年3月，原告王×明外出务工回家后才发现其合法权益被侵犯，多次找××供电公司解决均未果。2018年2月6日，原告王×明将被告××供电公司诉至法院。被告××供电公司于2018年3月上旬将电杆从原告王×明的承包地内挪出。电杆挪出后，被告××供电公司重新安装的供电设备未对原告王×明的承包地造成妨害。

[裁判要旨] 物权应受法律保护。妨害物权的行为，权利人可以要求其排除妨害。本案中，被告××供电公司在未通知并征得原告王×明同意的情况下，在原告王×明的承包地内安装电杆的行为妨害了原告王某明的物权，但被告××供电公司在原告王×明通过诉讼主张权利后，在一审法院开庭前已经对原告王×明的承包地造成的妨害进行了排除。现被告××供电公司对原告王×明的承包地造成的妨害已不存在且在庭审中原告王×明也未提交证据证明被告××供电公司排除妨害的行为及重新安装的供电设备对其承包地造成了新的妨害，故原告王×明要求被告××供电公司拆除其承包地内的供电设备的诉讼请求，本院依法不予支持。

---

① 来源：《中华人民共和国物权法案例注释版》，中国法制出版社2019年版，第3-4页。案号：(2018) 川10民终482号。

典型真题

［例25］2007年4月2日，王某与丁某约定：王某将一栋房屋出售给丁某，房价20万元。丁某支付房屋价款后，王某交付了房屋，但没有办理产权移转登记。丁某接收房屋作了装修，于2007年5月20日出租给叶某，租期为2年。2007年5月29日，王某因病去世，全部遗产由其子小王继承。小王于2007年6月将该房屋卖给杜某，并办理了所有权移转登记。

请回答：

(1) 如王某生前或王某死后其继承人小王欲出卖房屋前向丁某请求返还房屋，下列选项正确的是？(2007年卷三第94题，不定项)①

A. 王某无权请求丁某返还房屋

B. 王某有权请求丁某返还房屋

C. 小王无权请求丁某返还房屋

D. 小王有权请求丁某返还房屋

(2) 如杜某向丁某、叶某请求返还房屋，下列选项正确的是？(2007年卷三第95题，不定项)②

A. 杜某无权请求丁某返还房屋

B. 杜某有权请求丁某返还房屋

C. 杜某无权请求叶某返还房屋

D. 杜某有权请求叶某返还房屋

［例26］叶某将自有房屋卖给沈某，在交房和过户之前，沈某擅自撬门装修，施工导致邻居赵某经常失眠。下列哪些表述是正确的？(2013年卷三第55题，多选)③

A. 赵某有权要求叶某排除妨碍

B. 赵某有权要求沈某排除妨碍

C. 赵某请求排除妨碍不受诉讼时效的限制

---

① 答案：AC

② 答案：BC

③ 答案：ABC

第二分编　所有权

《民法典·物权编》	修改说明
1. 第243、245条把《物权法》第42、44条关于征收、征用规定中的“单位”修改为“组织”，把“拆迁”修改为“征收”。 2. 第269、270条把《物权法》第68、69条规定中的“企业法人”“社会团体”修改为“营利法人”“社会团体法人、捐助法人”。 3. 第297、310条把《物权法》第93、105条规定中的“单位”修改为“组织”。	之所以作出上述修改，根本原因在于：总则编已以营业法人、社会团体法人概念更新了《民法通则》的企业法人、社会团体概念，并明确采纳了“捐助法人”“非法人组织”概念；另外，《国有土地上房屋征收与补偿条例》（2011年）已以“征收”取代了“拆迁”概念。
（增加）第248条：无居民海岛属于国家所有，国务院代表国家行使无居民海岛所有权。	该条系对《海岛保护法》第4条，“无居民海岛属于国家所有，国务院代表国家行使无居民海岛所有权”的吸收。
第264条：增补“集体成员有权查阅、复制相关资料”（关于集体财产的状况）的规定，作为第二句。	这实际上赋予集体成员一种查阅、复印集体财产账簿的权利，旨在与《村民委员会组织法》（2018年）第30条的规定保持一致。
1. 删除《物权法》第65条所作“私人合法的储蓄、投资及其收益受法律保护。国家依照法律规定保护私人的继承权及其他合法权益”。因为《民法典·总则编》第124、125条已作规定。 2. 删除《物权法》第92条规定中的“造成损害的，应当给予赔偿”。因为《民法典·侵权责任编》的规定能够涵盖此种情形。	

04 第四章 业主的建筑物区分所有权

考点 13 建筑物区分所有权

（一）修改说明

《民法典·物权编》	《物权法》
1. 第 275 条：建筑区划内，规划用于停放汽车的车位、车库的归属，由当事人通过出售、附赠或者出租等方式约定。 占用业主共有的道路或者其他场地用于停放汽车的车位，属于业主共有。 第 276 条：建筑区划内，规划用于停放汽车的车位、车库应当首先满足业主的需要。 2. 第 278 条第 1 款第（二）项：制定和修改管理规约。 3. 第 279 条：业主不得违反法律、法规以及管理规约，将住宅改变为经营性用房。业主将住宅改变为经营性用房的，除遵守法律、法规以及管理规约外，应当经有利害关系的业主**一致同意**。 4. 第 281 条：建筑物及其附属设施的维修资金，属于业主共有。经业主共同决定，可以用于**电梯、屋顶、外墙、无障碍设施等**共有部分的维修、更新和改造。建筑物及其附属设施的维修资金的筹集、使用情况应当定期公布。 **（新增）**紧急情况下需要维修建筑物及其附属设施的，业主大会或者业主委员会可以依法申请使用建筑物及其附属设施的维修资金。 （新增）第 282 条：建设单位、物业服务企业或者其他管理人等利用业主的共有部分产生的收入，在扣除合理成本之后，属于业主共有。	1. 第 74 条：建筑区划内，规划用于停放汽车的车位、车库应当首先满足业主的需要。 建筑区划内，规划用于停放汽车的车位、车库的归属，由当事人通过出售、附赠或者出租等方式约定。 占用业主共有的道路或者其他场地用于停放汽车的车位，属于业主共有。 2. 第 76 条第 1 款第（二）项：制定和修改建筑物及其附属设施的管理规约。 3. 第 77 条：业主不得违反法律、法规以及管理规约，将住宅改变为经营性用房。业主将住宅改变为经营性用房的，除遵守法律、法规以及管理规约外，应当经有利害关系的业主**同意**。 4. 第 79 条：建筑物及其附属设施的维修资金，属于业主共有。经业主共同决定，可以用于**电梯、水箱等**共有部分的维修。维修资金的筹集、使用情况应当公布。

评析：上述修改使法律条文显得简洁明快，并且为了与《物业管理条例》（2007 年）、《住宅专项维修资金管理办法》（2008 年）的规定在表达上保持一致。
新增的 282 条是对《最高人民法院关于审理建筑物区分所有权纠纷案件具体应用法律若干问题的解释》（法释〔2009〕14 号）第 14 条的吸收与改造。

续表

<table>
<tr><th>《民法典·物权编》</th><th>《物权法》</th></tr>
<tr><td>第 278 条：下列事项由业主共同决定：
（一）制定和修改业主大会议事规则；
（二）制定和修改管理规约；
（三）选举业主委员会或者更换业主委员会成员；
（四）选聘和解聘物业服务企业或者其他管理人；
（五）使用建筑物及其附属设施的维修资金；
（六）筹集建筑物及其附属设施的维修资金；
（七）改建、重建建筑物及其附属设施；
（八）改变共有部分的用途或者利用共有部分从事经营活动；（新增）
（九）有关共有和共同管理权利的其他重大事项。
业主共同决定事项，<u>应当由专有部分面积占比三分之二以上的业主且人数占比三分之二以上的业主参与表决</u>。决定前款第六项至第八项规定的事项，<u>应当经参与表决专有部分面积四分之三以上的业主且参与表决人数四分之三以上的业主同意</u>。决定前款其他事项，<u>应当经参与表决专有部分面积过半数的业主且参与表决人数过半数的业主同意</u>。</td><td>第 76 条：下列事项由业主共同决定：
（一）制定和修改业主大会议事规则；
（二）制定和修改<s>建筑物及其附属设施的</s>管理规约；
（三）选举业主委员会或者更换业主委员会成员；
（四）选聘和解聘物业服务企业或者其他管理人；
（五）筹集和使用建筑物及其附属设施的维修资金；
（六）改建、重建建筑物及其附属设施；
（七）有关共有和共同管理权利的其他重大事项。
决定前款第五项和第六项规定的事项，<u>应当经专有部分占建筑物总面积三分之二以上的业主且占总人数三分之二以上的业主同意</u>。决定前款其他事项，<u>应当经专有部分占建筑物总面积过半数的业主且占总人数过半数的业主同意</u>。</td></tr>
<tr><td colspan="2">评析：
1. 强化业主对共有部分共同管理的权利。实践中，一些物业服务企业未征求业主意见擅自改变共有部分的用途或者利用外墙、电梯张贴广告等营利。对此，增加规定，改变共有部分的用途或者利用共有部分从事经营活动应当由业主共同决定。该规定回应了现实需求，主要受到了《最高人民法院关于审理建筑物区分所有权纠纷案件具体应用法律若干问题的解释》（法释〔2009〕14 号）第 14 条的启发。
2. 为了解决物业管理活动中业主作出决议难的问题，适当降低业主作出决议的门槛。①
经此种修改后，重大事项（涉及维修基金、建筑物改建或重建、共有部分改用或商用）的决定，实际上只需要经过专有部分占二分之一以上的业主且占总人数二分之一以上的业主同意；其他事项的决定，经专有部分占三分之一以上的业主且占总人数三分之一以上的业主同意即可。这确实大大降低了业主作出决议的难度。</td></tr>
</table>

（二）考点精讲

建筑物区分所有权，指业主对于一栋建筑物中自己专有部分的单独所有权、对共有部分的共有权以及因共有关系而产生的管理权所形成的“三位一体”的权利。

① 参见沈春耀：《关于〈民法典各分编（草案）〉的说明》，http：//www. npc. gov. cn/npc/lfzt/rlyw/node_ 35177. htm 访问日期：2020 年 2 月 10 日。

	权利范围	义务及权利限制
专有权（独立所有权）	1. 建筑区划内符合下列条件的房屋，以及车位、摊位等特定空间，应当认定为专有部分： （1）具有构造上的独立性，能够明确区分； （2）具有利用上的独立性，可以排他使用； （3）能够登记成为特定业主所有权的客体。 2. 专有部分在区分所有权中居于主导地位，包括： （1）业主专有的住宅或者经营性住房。 （2）业主单独享有的车位、车库、绿地。 （3）业主单独享有的露台。 （4）具有构造、利用上的独立性，能够予以房屋登记的摊位。 （5）规划上专属于特定房屋，且建设单位销售时已经根据规划列入该特定房屋买卖合同中的露台等，应当认定为专有部分的组成部分。	1. 业主将住宅改为经营性用房（**“住改商”**），应当经有利害关系的业主同意。在这里，**“利害关系业主”包括：（1）本栋建筑物内的所有其他业主。（2）本栋建筑物之外，应证明受到或者可能受到不利影响的其他业主。** 2. 行使专有权不得危及建筑物的安全。否则其他业主可以行使物权请求权。 **3. 业主转让其专有权时，其他业主不享有优先购买权。**
共有权	1. 全体业主共有：**上**（楼顶）**下**（地基、承重结构）**里**（大厅、物业服务用房、照明设施、各种管道等）**外**（外墙）。 2. 部分业主共有：如三四层之间的楼板（天花板）由三四层业主共有，其他业主无权。 **3. 车位、车库：** 占用业主共有道路或其他场所用于停放汽车的车位——全体业主共有。 开发商规划用于停放汽车的车位、车库——开发商所有，先满足业主需要（出租、出售、赠与）。	**共享权利、共担费用：** 不得以放弃权利为由不履行义务（权利可以放弃，义务必须履行）。
管理权	有权设立业主大会，并选举业主委员会。可以自主管理，也可以委托物业公司管理。	1. 共同事项①**“双 2/3”**以上表决（专有部分面积占比三分之二以上的业主且人数占比三分之二以上的业主参与表决）。 2. 一般事项②**“双过半”**决定（参与表决专有部分面积过半数的业主且参与表决人数过半数的业主同意）。

① 共同事项=一般事项+特别事项。

② （一）制定和修改业主大会议事规则；

（二）制定和修改管理规约；

（三）选举业主委员会或者更换业主委员会成员；

（四）选聘和解聘物业服务企业或者其他管理人；

（五）使用建筑物及其附属设施的维修资金；

续表

	权利范围	义务及权利限制
管理权		3. 特别事项①**“双 3/4”**以上决定（参与表决专有部分面积四分之三以上的业主且参与表决人数四分之三以上的业主同意）。
建筑物区分所有权与共有的区别：共有是多人共同享有一个所有权；而建筑物区分所有权，每一个独立部分是一个所有权，即有多个所有权。		

典型真题

[例 27] 王某有一栋两层楼房，在楼顶上设置了一个商业广告牌。后王某将该楼房的第二层出售给了张某。下列哪些选项是正确的？（2008 年卷三第 58 题，多选）②

A. 张某无权要求王某拆除广告牌

B. 张某与王某间形成了建筑物区分所有权关系

C. 张某对楼顶享有共有和共同管理的权利

D. 张某有权要求与王某分享其购房后的广告收益

[例 28] 蒋某是 C 市某住宅小区 6 栋 3 单元 502 号房业主，入住后面临下列法律问题，请根据相关事实予以解答。

（1）小区地下停车场设有车位 500 个，开发商销售了 300 个，另 200 个用于出租。蒋某购房时未买车位，现因购车需使用车位。下列选项正确的是？（2017 年卷三第 86 题，不定项）③

A. 蒋某等业主对地下停车场享有业主共有权

B. 如小区其他业主出售车位，蒋某等无车位业主在同等条件下享有优先购买权

C. 开发商出租车位，应优先满足蒋某等无车位业主的需要

D. 小区业主如出售房屋，其所购车位应一同转让

（2）该小区业主田某将其位于一楼的住宅用于开办茶馆，蒋某认为此举不妥，交涉无果后向法院起诉，要求田某停止开办。下列选项正确的是？（2017 年卷三第 87 题，不定项）④

A. 如蒋某是同一栋住宅楼的业主，法院应支持其请求

B. 如蒋某能证明因田某开办茶馆而影响其房屋价值，法院应支持其请求

C. 如蒋某能证明因田某开办茶馆而影响其生活质量，法院应支持其请求

D. 如田某能证明其开办茶馆得到多数有利害关系业主的同意，法院应驳回蒋某的请求

---

① （一）筹集建筑物及其附属设施的维修资金；
（二）改建、重建建筑物及其附属设施；
（三）改变共有部分的用途或者利用共有部分从事经营活动。

② 答案：ABCD

③ 答案：C

④ 答案：ABC

考点14 物业服务合同

（一）修改说明

《民法典·物权编》	《物权法》
第285条：物业服务企业或者其他管理人根据业主的委托，依照本法第三编有关物业服务合同的规定管理建筑区划内的建筑物及其附属设施，接受业主的监督。**并及时答复业主对物业服务情况提出的询问。** **物业服务企业或者其他管理人应当执行政府依法实施的应急处置措施和其他管理措施，积极配合开展相关工作。**	第82条：物业服务企业或者其他管理人根据业主的委托管理建筑区划内的建筑物及其附属设施，并接受业主的监督。
评析：与合同编中"物业服务合同"的内容相呼应。该规定进一步明确了物业服务企业或者其他管理人对业主的义务，为了解决物业管理企业管理不规范的问题。	
第286条：业主应当遵守法律、法规以及管理规约，相关行为应当符合节约资源、保护生态环境的要求。对于物业服务企业或者其他管理人执行政府依法实施的应急处置措施和其他管理措施，业主应当依法予以配合。 业主大会或者业主委员会，对任意弃置垃圾、排放污染物或者噪声、违反规定饲养动物、违章搭建、侵占通道、拒付物业费等损害他人合法权益的行为，有权依照法律、法规以及管理规约，请求行为人停止侵害、**排除妨碍**、消除危险、**恢复原状**、赔偿损失。 **业主或者行为人拒不履行相关义务的，有关当事人可以向有关行政主管部门投诉，有关行政主管部门应当依法处理。**	第83条：业主应当遵守法律、法规以及管理规约。 业主大会和业主委员会，对任意弃置垃圾、排放污染物或者噪声、违反规定饲养动物、违章搭建、侵占通道、拒付物业费等损害他人合法权益的行为，有权依照法律、法规以及管理规约，要求行为人停止侵害、消除危险、**排除妨害**、赔偿损失。业主对侵害自己合法权益的行为，可以依法向人民法院提起诉讼。
（新增）第287条：业主对建设单位、物业服务企业或者其他管理人以及其他业主侵害自己合法权益的行为，有权请求其承担民事责任。	——

（二）考点精讲

物业服务合同	第937条：物业服务合同是物业服务人在物业服务区域内，为业主提供建筑物及其附属设施的维修养护、环境卫生和相关秩序的管理维护等物业服务，业主支付物业费的合同。 物业服务人包括物业服务企业和其他物业管理人。 1. **物业服务合同的约束力。** （1）物业服务合同应当采用**书面形式**。 （2）物业服务企业公开作出的服务承诺及制定的服务细则，**应当认定为物业服务合同的组成部分**。 （3）建设单位依法与物业服务人订立的前期物业服务合同，以及业主委员会与业主大会依法选聘的物业服务人订立的物业服务合同，对业主具有法律约束力。**业主不得以其并非合同当事**

续表

物业服务合同	**人为由，拒绝接受合同的约束。** (4) 建设单位依法与物业服务人订立的前期物业服务合同约定的服务期限届满前，业主委员会或者业主与新物业服务人订立的物业服务合同生效的，前期物业服务合同终止。 (5) 物业服务人将物业服务区域内的部分专项服务事项委托给专业性服务组织或者其他第三人的，应当就该部分专项服务事项向业主负责。**物业服务人将其应当提供的全部物业服务转委托给第三人，或者将全部物业服务支解后分别转委托给第三人，该委托合同无效。** (6) **业主的告知义务：**业主装饰装修房屋的，**应当事先告知物业服务人**，遵守物业服务人提示的合理注意事项，并配合其进行必要的现场检查。业主转让、出租物业专有部分、设立居住权或者依法改变共有部分用途的，**应当及时将相关情况告知物业服务人**。 2. **物业费**。 (1) 业主与物业的承租人、借用人或者其他物业使用人约定由物业使用人交纳物业费，物业服务人请求业主承担**连带责任**的，法院应予支持。 (2) 物业服务企业向业主委员会提出物业费主张的，法院应当告知其**向拖欠物业费的业主另行主张权利**。 (3) 物业服务企业已经按照合同约定以及相关规定提供服务，业主仅以未享受或者无需接受相关物业服务为抗辩理由的，法院不予支持。 3. **物业服务合同的解除与续聘**。 (1) 业主依照法定程序共同决定解聘物业服务人的，可以解除物业服务合同。决定解聘的，应当**提前** 60 **日**书面通知物业服务人，但是合同对通知期限另有约定的除外。 (2) 解除合同造成物业服务人损失的，除不可归责于业主的事由外，业主应当赔偿损失。 (3) 物业服务期限届满后，业主没有依法作出续聘或者另聘物业服务人的决定，物业服务人继续提供物业服务的，原物业服务合同继续有效，但是服务期限为不定期。 **(4) 当事人可以随时解除不定期物业服务合同，但是应当提前 60 日书面通知对方。** (5) 物业服务期限届满前，物业服务人不同意续聘的，应当在合同**期限届满前** 90 **日**书面通知业主或者业主委员会，但是合同对通知期限另有约定的除外。
权利界定	1. 业主大会、业主委员会享有管理权。**业主大会和业主委员会，对任意弃置垃圾、排放污染物或者噪声、违反规定饲养动物、违章搭建、侵占通道、拒付物业费等损害他人合法权益的行为，有权依照法律、法规以及管理规约，要求行为人停止侵害、消除危险、排除妨害、赔偿损失。** 2. **业主对侵害自己合法权益的行为，可以提起单独或者共同诉讼。** 3. 业主大会、业主委员会作出侵害业主权益的决定的，业主可以向法院提起撤销之诉，撤销权应当在知道或者应当知道业主大会或者业主委员会作出决定之日起 **1 年内**行使。

典型案例

占用减震连接带的行为构成侵权。①

［基本案情］胡×芳系重庆市垫江县××镇××大道××路××号××幢 1 单元 21－1 号房屋的业主，罗×琼系重庆市垫江县××镇××大道××路××号××幢 1 单元 21－6 号房屋的业主。

① （2017）渝 03 民终 1782 号。

罗×琼在 21-1 号、21-6 号房屋之间的减震连接带处修建了洗衣槽。后双方因减震连接带使用问题发生纠纷，胡×芳遂诉至法院。

［裁判要旨］本案中，罗×琼将减震连接带占有并修建洗衣槽等，属于法律规定的损害其他业主合法权益的行为。作为罗×琼相邻方当事人及××幢 1 单元 21-1 号房屋的业主，胡×芳要求罗×琼将减震连接带恢复原状，具有事实依据及法律依据，应当予以支持。

典型真题

［例 29］北林公司是某小区业主选聘的物业服务企业。关于业主与北林公司的权利义务，下列哪一选项是正确的？（2010 年卷三第 8 题，单选）①

A. 北林公司公开作出的服务承诺及制定的服务细则，不是物业服务合同的组成部分

B. 业主甲将房屋租给他人使用，约定由承租人交纳物业费，北林公司有权请求业主甲对该物业费的交纳承担连带责任

C. 业主乙拖欠半年物业服务费，北林公司要求业主委员会支付欠款，业主委员会无权拒绝

D. 业主丙出国进修两年返家，北林公司要求其补交两年的物业管理费，丙有权以两年未接受物业服务为由予以拒绝

［例 30］蒋某是 C 市某住宅小区 6 栋 3 单元 502 号房业主，入住后面临下列法律问题，请根据相关事实予以解答。

对小区其他业主的下列行为，蒋某有权提起诉讼的是：（2017 年卷三第 88 题，不定项）②

A. 5 栋某业主任意弃置垃圾

B. 7 栋某业主违反规定饲养动物

C. 8 栋顶楼某业主违章搭建楼顶花房

D. 楼上邻居因不当装修损坏蒋某家天花板

---

① 答案：B

② 答案：D

05 第五章 共 有

考点 15 共有

（一）修改说明

《民法典·物权编》	《物权法》
第 301 条：处分共有的不动产或者动产以及对共有的不动产或者动产作**重大修缮、变更性质或者用途的**，应当经占份额三分之二以上的按份共有人或者全体共同共有人同意，但是共有人之间另有约定的除外。	第 97 条：处分共有的不动产或者动产以及对共有的不动产或者动产作**重大修缮的**，应当经占份额三分之二以上的按份共有人或者全体共同共有人同意，但共有人之间另有约定的除外。
评析：这实际上扩大了按份共有物之重要管理行为采纳的"绝对多数决"原则（"占份额三分之二以上"），强化了对按份共有物的维护，比较可取。	

（二）考点精讲

	按份共有	共同共有
内涵	1. 各共有人**按照确定的份额**对共有物享有权利、承担义务。 2. 份额是**所有权**的份额，而不是共有物的份额，是抽象地及于共有物的全部。 3. **按份共有人对其份额享有独立所有权**。	1. 共同共有是**不分份额**的共有。在共同共有关系存续期间，各共有人对共有物享受的权利与承担的义务没有份额之分。 2. 共同共有的发生以共有人之间存在**共同关系**为前提。如夫妻关系。 3. 共同共有人平等地享有权利和承担义务。
认定	共有人对共有的不动产或者动产**没有约定**为按份共有或者共同共有，**或者约定不明确的**，除共有人具有家庭关系等外，**视为按份共有**。	1. **夫妻共有财产**。 2. **家庭共有财产**。 实践中，应根据财产的来源、用途等因素认定是否属于家庭共有财产。如果是家庭成员共同劳动所得且用于维护整个家庭的生产或生活的财产，就属于家庭共有财产。否则，不能认定为家庭共有财产。 3. **被继承人死亡之后遗产分割之前，多个继承人对被继承人的遗产共同共有**。

续表

<table>
<tr><th></th><th>按份共有</th><th>共同共有</th></tr>
<tr><td>认定</td><td></td><td>4. 关于合伙人对于合伙财产究竟是按份共有还是共同共有，理论上有不同的看法。本书认为，合伙人对合伙财产的共有属于共同共有。</td></tr>
<tr><td>份额</td><td>（约定→出资额→等额）
按份共有人对共有的不动产或者动产享有的份额，没有约定或者约定不明确的，按照出资额确定；不能确定出资额的，视为等额享有。</td><td>不分份额。</td></tr>
<tr><td>管理（保存行为，维持现状，防止物毁损、灭失、权利丧失）</td><td colspan="2">共有人按照约定管理共有物，没有明确约定的，各共有人都有管理的权利，也有管理的义务。</td></tr>
<tr><td>处分[①]、重大修缮、变更性质或者用途</td><td>有约从约，无约应当经占份额2/3以上的按份共有人同意。</td><td>有约从约，无约须经全体共有人一致同意。</td></tr>
<tr><td colspan="3">第 307 条：因共有的不动产或者动产产生的债权债务，在对外关系上，共有人享有连带债权、承担连带债务，但是法律另有规定或者第三人知道共有人不具有连带债权债务关系的除外；在共有人内部关系上，除共有人另有约定外，按份共有人按照份额享有债权、承担债务，共同共有人共同享有债权、承担债务。偿还债务超过自己应当承担份额的按份共有人，有权向其他共有人追偿。
该规定理由在于：就对外关系而言，第三人往往并不清楚共有人之间究竟是按份共有还是共同共有关系，因此规定共有人对外承担连带债务、享有连带债权，这样对于维护善意第三人的利益是比较合适的。当然，如果法律对此有特别的规定，或者是第三人知道共有人不具有连带债权债务关系的除外。</td></tr>
<tr><td>对内（收益、费用分担）</td><td>约定→出资额→等额</td><td>共同享有、共同承担</td></tr>
<tr><td rowspan="2">对外</td><td>连带债权、连带债务</td><td>连带债权、连带债务</td></tr>
<tr><td colspan="2">[举例] 甲、乙兄弟二人居住于祖传院落中，四间南房为甲所有，五间北房为乙所有。甲在外地打工，乙独自在家。某日，院墙因连日暴雨倒塌建路人丙砸伤，丙方的损失应由（　　）[②]
A. 乙单独承担责任　　B. 甲、乙承担连带责任
C. 甲、乙承担按份责任　　D. 丙自己承担责任</td></tr>
</table>

① 这里的处分是指导致物权变动的原因行为，包括法律处分行为，如买卖、设立抵押等行为，也包括事实处分行为，如消费、毁灭等。但不包括出租、出借等设立债权的负担行为。共有人违反法律规定擅自对共有物进行处分，构成无权处分，适用善意取得制度。

② B

续表

	按份共有	共同共有
分割共有物	1. **分割方式**。 (1) **实物分割**：对于可分物可以采取实物分割的方式。如粮食、布匹等。 (2) **变价分割**：如果共有物是不可分物的，而且各共有人都不愿意接受共有物时，可以将共有物折价或者拍卖、变卖，由各共有人分别取得价金。 (3) **作价补偿**：对于不可分物共有人中的一人愿意取得共有物的，可以由该共有人取得该共有物。对于共有物的价值超出其应得份额的部分，取得共有物的共有人应对其他共有人作价补偿。 共有人分割所得的不动产或者动产有瑕疵的，其他共有人应当分担损失（**互负瑕疵担保责任**）。 2. **分割限制**。 (1) 共有人约定不得分割共有的不动产或者动产，以维持共有关系的，应当按照约定。但共有人有重大理由需要分割的，仍然可以请求分割。 (2) 没有约定或者约定不明确的，**按份共有人可以随时请求分割**，共同共有人在共有的**基础丧失（比如夫妻离婚）**或者有**重大理由（①一方有隐藏、转移、变卖、毁损、挥霍夫妻共同财产或者伪造夫妻共同债务等严重损害夫妻共同财产利益行为的；②一方负有法定扶养义务的人患重大疾病需要医治，另一方不同意支付相关医疗费用的）**需要分割时可以请求分割。 (3) 因分割造成其他共有人损害的，应当给予赔偿。	

典型案例

1. **所有权确认纠纷案**。①

［基本案情］董×敏作为买受人于 2004 年 1 月 11 日与××公司签订了商品房买卖合同。2004 年 5 月 9 日，北京市顺义区国土资源和房屋管理局就涉案房屋下发房屋产权证，该证登记的房屋所有权人为董×敏。

易×发与董×敏对涉案房屋的归属存在争议。易×发提供共同购房契约一份。董×敏不承认此协议，双方争执不下，诉至法院。

［裁判要旨］易×发、董×敏双方所签署的关于共同购买涉案房屋的共同购房契约系双方真实意思表示。该契约并不违反相关法律的规定，应属合法有效。共有人对共有的不动产或者动产没有约定为按份共有或者共同共有，或者约定不明确的，除共有人具有家庭关系等外，视为按份共有。按份共有人对共有的不动产或者动产享有的份额，没有约定或者约定不明确的，按照出资额确定；不能确定出资额的，视为等额享有。

2. **共有物分割纠纷案**。②

［基本案情］吴××、魏××原为恋人关系。双方于 2012 年 5 月 1 日购买某房，房屋总价款 105 万元。同年 5 月 28 日，涉案房产办理由二人作为权利人的房地产权属证书，房产证中载明共有情况为按份共有。吴××、魏××各占 1/2 产权份额。之后，双方结束恋人

① 来源：《中华人民共和国物权法案例注释版》，中国法制出版社 2019 年版，第 68-69 页。案号：(2018) 京 03 民终 3508 号。

② (2017) 粤 20 民终 4200 号。

关系，吴××遂诉至法院，主张前述实体权利。

［裁判要旨］本案中，涉案房产不宜进行实物分割，而吴××，魏××双方亦不能对涉案房产折价或者变卖取得的价款予以分割这两种分割方式达成一致，那么吴××现主张涉案房产由法院依法拍卖，由双方就拍卖价款予以分割，这种分割方式符合法律规定，且在双方不能就分割方式达成一致情形下，亦无其他更优的分割方式，故对吴××主张的上述分割方式，予以支持。

典型真题

［例31］甲、乙、丙按不同的比例共有一套房屋，约定轮流使用。在甲居住期间，房屋廊檐脱落砸伤行人丁。下列哪些选项是正确的？（2009年卷三第54题，多选）①

A. 乙、丙如不能证明自己没有过错，应对丁承担连带赔偿责任

B. 丁有权请求甲承担侵权责任

C. 如甲承担了侵权责任，则乙、丙应按各自份额分担损失

［例32］红光、金辉、绿叶和彩虹公司分别出资50万、20万、20万、10万元建造一栋楼房，约定建成后按投资比例使用，但对楼房管理和所有权归属未作约定。对此，下列哪一说法是错误的？（2010年卷三第7题，单选）②

A. 该楼发生的管理费用应按投资比例承担

B. 该楼所有权为按份共有

C. 红光公司投资占50%，有权决定该楼的重大修缮事宜

D. 彩虹公司对其享有的份额有权转让

［例33］关于共有，下列哪些表述是正确的？（2011年卷三第56题，多选）③

A. 对于共有财产，部分共有人主张按份共有，部分共有人主张共同共有，如不能证明财产是按份共有的，应当认定为共同共有

B. 按份共有人对共有不动产或者动产享有的份额，没有约定或者约定不明确的，按照出资额确定；不能确定出资额的，视为等额享有

C. 夫或妻在处理夫妻共同财产上权利平等，因日常生活需要而处理夫妻共同财产的，任何一方均有权决定

D. 对共有物的分割，当事人没有约定或者约定不明确的，按份共有人可以随时请求分割，共同共有人在共有的基础丧失或者有重大理由需要分割时可以请求分割

［例34］甲、乙、丙、丁共有1套房屋，各占1/4，对共有房屋的管理没有进行约定。甲、乙、丙未经丁同意，以全体共有人的名义将该房屋出租给戊。关于甲、乙、丙上述行为对丁的效力的依据，下列哪一表述是正确的？（2012年卷三第6题，单选）④

A. 有效，出租属于对共有物的管理，各共有人都有管理的权利

B. 有效，对共有物的处分应当经占共有份额2/3以上的共有人的同意，出租行为较处分为轻，当然可以为之

---

① 答案：ABC（本题答案有删减）

② 答案：C

③ 答案：BCD

④ 答案：B

C. 无效，对共有物的出租属于处分，应当经全体共有人的同意

D. 有效，出租是以利用的方法增加物的收益，可以视为改良行为，经占共有份额2/3以上的共有人的同意即可

［例35］甲、乙二人按照3∶7的份额共有一辆货车，为担保丙的债务，甲、乙将货车抵押给债权人丁，但未办理抵押登记。后该货车在运输过程中将戊撞伤。对此，下列哪一选项是正确的？（2016年卷三第8题，单选）[①]

D. 如甲对丁承担了全部担保责任，则有权向乙追偿

考点16　按份共有人的优先购买权

（一）修改说明

《民法典·物权编》	《物权法》
第306条：按份共有人转让其享有的共有的不动产或者动产份额的，应当将转让条件及时通知其他共有人。其他共有人应当在合理期限内行使优先购买权。 **（新增）** 两个以上其他共有人主张行使优先购买权的，协商确定各自的购买比例；协商不成的，按照转让时各自的共有份额比例行使优先购买权。	第101条：按份共有人可以转让其享有的共有的不动产或者动产份额。其他共有人在同等条件下享有优先购买的权利。
评析： 对于共有物优先购买权的行使方法作出规定。第2款主要吸收了《最高人民法院关于适用〈中华人民共和国物权法〉若干问题的解释（一）》（法释〔2016〕5号）第14条的规定。	

（二）考点精讲

行使	按份共有存续期间，某一按份共有人向共有人之外的人转让其份额（对外转让），其他共有人在同等条件下享有优先购买的权利。**除按份共有人之间另有约定，以下情形按份共有人主张优先购买权，不予支持：** 1. **对内转让**。按份共有人之间转让共有份额。 按份共有人的优先购买权仅适用于按份共有人向共有人之外的人转让其份额的情形。法律这样规定主要就是为了减少共有人的人数，防止因外人的介入而使共有人内部关系趋于复杂，从而简化共有物的使用关系，实现对共有物利用上的效率。 2. **继承遗赠**。共有份额的权利主体因继承、遗赠等原因发生变化时。 3. **超期行使**。**（约定→通知→法定）** 主要是为了防止优先购买权的持续存在阻碍共有人出卖其份额。 4. **非同等条件**。 （1）“同等条件”，应当综合共有份额的转让价格、价款履行方式及期限等因素确定。 （2）虽主张优先购买，但提出减少转让价款、增加转让人负担等实质性变更要求，不享有优先购买权。

① 答案：D

续表

期限	1. 转让人向其他按份共有人发出的包含同等条件内容的通知中载明行使期间的，**以该期间为准**。 2. 通知中未载明行使期间，或者载明的期间短于通知送达之日起15日的，**为15日**。 3. 转让人未通知的，为其他按份共有人**知道或者应当知道最终确定的同等条件之日起15日**。 4. 转让人未通知，且无法确定其他按份共有人知道或者应当知道最终确定的同等条件的，**为共有份额权属转移之日起6个月**。 **如图：** 有约从约→按照约定的期限确定 未约定 　通知 　　载明行使期间→按照载明期限行使 　　未载明行使期间或载明期间少于15日→通知送达之日起15日 　未通知 　　知道或应当知道最终确定的同等条件→知道之日起15日 　　无法确定知道或者应当知道 　　最终确定的同等条件→共有份额权属转移之日起6个月
竞合	1. 两个以上按份共有人主张优先购买：**协商确定→协商不成按照转让时各自份额比例行使**。 2. 共有人的优先购买优先于房屋承租人的优先购买。 3. 房屋次承租人的优先购买优先于房屋承租人的优先购买。
救济	侵害优先购买权可以主张损害赔偿，但不能仅请求撤销共有份额转让合同或者认定该合同无效。

典型真题

［例36］甲、乙按20%和80%的份额共有一间房屋。二人将房屋出租给丙，丙取得甲和乙的同意后将该房屋转租给丁。现甲欲转让自己的份额。下列哪一项表述是正确的？(2005年卷三第12题，单选)①

A. 乙、丙有优先购买权，丁无优先购买权

B. 乙、丁有优先购买权，丙无优先购买权

C. 乙、丙、丁都有优先购买权

D. 丙、丁有优先购买权，乙无优先购买权

［例37］甲、乙、丙、丁按份共有一艘货船，份额分别为10%、20%、30%、40%。甲欲将其共有份额转让，戊愿意以50万元的价格购买，价款一次付清。关于甲的共有份额转让，下列哪些选项是错误的？(2016年卷三第53题，多选)②

A. 甲向戊转让其共有份额，须经乙、丙、丁同意

B. 如乙、丙、丁均以同等条件主张优先购买权，则丁的主张应得到支持

C. 如丙在法定期限内以50万元分期付款的方式要求购买该共有份额，应予支持

D. 如甲改由向乙转让其共有份额，丙、丁在同等条件下享有优先购买权

［例38］甲、乙、丙、丁按份共有某商铺，各自份额均为25%。因经营理念发生分歧，甲与丙商定将其份额以100万元转让给丙，通知了乙、丁；乙与第三人戊约定将其

---

① 答案：C

② 答案：ABCD

份额以 120 万元转让给戊，未通知甲、丙、丁。下列哪些选项是正确的？（2017 年卷三第 54 题，多选）①

A. 乙、丁对甲的份额享有优先购买权

B. 甲、丙、丁对乙的份额享有优先购买权

C. 如甲、丙均对乙的份额主张优先购买权，双方可协商确定各自购买的份额

D. 丙、丁可仅请求认定乙与戊之间的份额转让合同无效

① 答案：BC

06 第六章 所有权取得的特别规定

考点 17　原始取得与继受取得

（一）修改说明

《民法典 · 物权编》	修改说明
（新增）第 322 条：因加工、附合、混合而产生的物的归属，有约定的，按照约定；没有约定或者约定不明确的，依照法律规定；法律没有规定的，按照充分发挥物的效用以及保护无过错当事人的原则确定。因一方当事人的过错或者确定物的归属造成另一方当事人损害的，应当给予赔偿或者补偿。	**评析：**添附制度在民法教科书上会讲到，但现行《物权法》没有规定。司法实践中，法院是将民法理论上的添附制度作为法理规则来适用的。例如，北京三中院 2015 年终字 1207 号民事判决书，就一起在他人宅基地上建房纠纷案，法院适用民法关于添附的法理规则判决房屋所有权由宅基地使用权人取得。这次民法典分则草案把添附规则正式表述为条文。① 但是，加工、附合、混合是三种不同的添附制度，它们在物的归属上采纳不同判断标准②，把它们不加任何区分地混合规定在一起，非常不恰当。

（二）考点精讲

原始取得	**原始取得，指不基于原所有人的意思或者权利，而是依据法律直接取得某物的所有权**。具体而言： 1. 在权利人取得物权之前，作为客体的物并未成为任何民事主体的权利的客体，或者该物虽为某一民事主体权利的客体，但嗣后其抛弃了该权利或因其他原因而丧失了该权利。包括：（1）劳动生产；（2）孳息；（3）先占等。 2. 该物原来有所有人，但现在的所有人取得所有权与原所有人的意愿、权利无关，包括：（1）公法方式如征收；（2）私法方式如拾得③、发现、添附与善意取得等。 **先占，是以所有的意思占有无主物而取得其所有权的法律事实。先占应具备以下构成要件：（1）须为无主物。（2）须为动产。（3）须以所有的意思占有无主物。** **添附是指民事主体把不同所有人的财产或劳动成果合并在一起，如果恢复原状在事实上不可**

① 梁慧星：《关于民法典分则草案的若干问题》之物权编中添附制度的若干意见和建议部分，载《法治研究》2019 年第 4 期。

② 参见陈本寒：《构建我国添附制度的立法思考》，载《法商研究》2018 年第 4 期。

③ 第 318 条：遗失物自发布招领公告之日起**一年内**无人认领的，归国家所有。

续表

原始取得	**能或者在经济上不合理的情况下，形成另一种新形态的财产。** **添附**{ **附合**。附合是指两个或两个以上不同所有人的财产结合在一起而不能分离，若分离会毁损该物或者所需费用过大的事实。 **混合**。混合是指两个或两个以上不同所有人的种类物互相混杂不能识别的事实。 **加工**。加工是指在他人之物上进行劳动使之成为新物的事实。 **添附物的归属：**第 322 条：因加工、附合、混合而产生的物的归属，有约定的，按照约定；没有约定或者约定不明确的，依照法律规定；法律没有规定的，按照充分发挥物的效用以及保护无过错当事人的原则确定。因一方当事人的过错或者确定物的归属造成另一方当事人损害的，应当给予赔偿或者补偿。 （1）附合物的所有权归属应区分两种情况：①当动产附合不动产之上时，由不动产所有人取得附合物的所有权，原动产所有权人则可取得与其原财产价值相当的补偿。②当动产与动产附合时，附合的动产有主从之别者，由主物的所有权人取得附合物的所有权，同时给对方以价值上的补偿。如无主从之别，则由各动产所有人按其动产附合时的价值共有附合物。 （2）混合物所有权的归属：混合物一般应由原物价值较大的一方取得所有权，给另一方以相当的补偿。如果原物价值相差不多，也可由各方共有。 （3）加工物的所有权归属：如果当事人有约定的依约定处理；如无约定，加工所增加价值未超过原材料价值的，则加工物归原材料所有人；如果加工价值显然大于原物的价值的，新物可以归加工人所有；如果加工价值与原材料价值相当，可由双方共有。除共有外，不论哪种情况，取得加工物所有权的一方应对对方的加工劳动或原材料价值予以补偿。①
继受取得	**继受取得，又称传来取得，是指通过某种法律事实从原所有人那里取得对某项财产的所有权。**这种方式是以承认原所有人对该项财产的所有权作为取得的前提条件的。继受取得的原因，包括法律行为取得和法律行为以外的事实取得两大类。具体方式： **继受取得**{ **合同行为**→民事主体双方达成协议，通过买卖、赠与等合同行为使得所有权发生移转 **继承遗产**→继承人按照法律的直接规定或者合法有效遗嘱的指定，取得被继承人死亡时遗留的个人合法财产 **接受遗赠**→公民、集体组织或者国家作为受遗赠人，按照被继承人生前所立的合法有效遗赠的指定，取得遗赠的财产

典型真题

［例 39］下列哪一选项属于所有权的继受取得？（2008 年卷三第 10 题，单选）②

A. 甲通过遗嘱继承其兄房屋一间　　B. 乙的 3 万元存款得利息 1000 元

C. 丙购来木材后制成椅子一把　　D. 丁拾得他人搬家时丢弃的旧电扇一台

［例 40］甲继承了一套房屋，在办理产权登记前将房屋出卖并交付给乙，办理产权登记后又将该房屋出卖给丙并办理了所有权移转登记。丙受丁胁迫将房屋出卖给丁，并完成了移转登记。丁旋即将房屋出卖并移转登记于戊。请回答问题。

① 杨立新：《物权法》，中国人民大学出版社 2016 年版，第 61 页。
② 答案：A

关于戊的权利状态，下列选项正确的是？（2008年卷三第96题，不定项）①

A. 戊享有该房屋的所有权　　B. 戊不享有该房屋的所有权

C. 戊原始取得该房屋的所有权　　D. 戊继受取得该房屋的所有权

［例41］潘某与刘某相约出游，潘某在长江边拾得一块奇石，爱不释手，拟带回家。刘某说，《物权法》规定河流属于国家所有，这一行为可能属于侵占国家财产。关于潘某能否取得奇石的所有权，下列哪一说法是正确的？（2011年卷三第9题，单选）②

A. 不能，因为石头是河流的成分，长江属于国家所有，石头从河流中分离后仍然属于国家财产

B. 可以，因为即使长江属于国家所有，但石头是独立物，经有关部门许可即可以取得其所有权

C. 不能，因为即使石头是独立物，但长江属于国家所有，石头也属于国家财产

D. 可以，因为即使长江属于国家所有，但石头是独立物、无主物，依先占的习惯可以取得其所有权

考点18　善意取得

构成要件	1. **善意取得只能发生在无权处分之中**。无权处分包括两种类型：（1）处分了合法占有的他人之物，如承租人将租赁的手机转卖。（2）共有人不足法定多数而处分共有物。**注：有权处分绝对不发生善意取得，这是出题人比较青睐的一个命题陷阱。** 在有些场合下，所有权人对于自己的财产处分受到一定程度的限制，如果违反这些限制性规定，就构成有瑕疵的有权处分，但究其性质仍然是属于有权处分，受让人在这些场合下就不是善意取得所有权。 2. **第三人受让该不动产或者动产时是善意的**。真实权利人主张受让人不构成善意的，应当承担举证证明责任。 （1）**善意=不知情+无重大过失**。 （2）“受让人受让该不动产或者动产时”，是指依法完成不动产物权转移登记或者动产交付之时。**可知，不仅要求受让人签约时是善意的，而且一直到动产交付与不动产登记办理之时也得保持善意的状态**。 （3）**以下情形视为第三人知情**：①登记簿上存在有效的异议登记；②预告登记有效期内未经预告登记的权利人同意；③登记簿上已经记载司法机关或者行政机关依法裁定、决定查封或者以其他形式限制不动产权利的有关事项；④受让人知道登记簿上记载的权利主体错误；⑤受让人知道他人已经依法享有不动产物权。 （4）**以下情形视为第三人具有重大过失**：①真实权利人有证据证明不动产受让人应当知道转让人无处分权的，应当认定受让人具有重大过失。②受让人受让动产时，交易的对象、场所或者时机等不符合交易习惯的，应当认定受让人具有重大过失。 一般而言，对于动产交易，交易相对人可以相信持有该动产的当事人即为有权处分人。但是，对于特殊的动产，比如已经全面实施登记的机动车，则交易相对人应核实该机动车行驶证上

① 答案：AD（虽然丁胁迫丙将房屋转移给他，但是因为办理了过户登记，丁就是房屋的所有权人，其将房屋转让给戊，是有权处分，戊是基于合同，继受取得了该房屋的所有权）

② 答案：D

续表

构成要件	所载明的当事人，当载明的当事人与出卖人不统一时，则受让人应进一步进行核查，比如核查出卖人是否有授权手续即其他有权处分的情形。 3. **以合理的价格转让**。应当根据转让标的物的性质、数量以及付款方式等具体情况，参考转让时交易地市场价格以及交易习惯等因素综合认定。对于价款是否已经实际交付，在所不论。 ［例］甲出国前将古琴、油画及电脑交乙保管，后乙将古琴出借给丙，将油画赠送给丁，将电脑出质给戊，甲回国后发现以上事实。甲有权（　　）① A. 要求丙返还古琴　　B. 要求丁返还油画 C. 要求戊返还电脑　　D. 要求乙承担违约责任 4. **完成公示**。 **（1）不动产已经登记；动产已经交付（包括现实交付、简易交付和指示交付，不包括占有改定）**。 **（2）船舶、航空器和机动车等特殊动产善意取得的判断：以交付为法定公示方式**。 ［举例］甲将一部相机借给乙，乙擅自将相机卖给不知情的丙，丙又将相机卖给不知情的丁并交付。对此，下列说法正确的是（　　）② A. 丁根据善意取得相机的所有权　　B. 丁基于丙的交付取得相机的所有权 C. 丁在甲追认后方可取得相机的所有权　　D. 丁在付清全部款项后方可取得相机的所有权 5. **合同有效**。具有下列情形之一，受让人主张根据物权法规定善意取得所有权的，不予支持：（1）转让合同被认定无效；（2）转让合同被撤销。
排除适用	1. **占有脱离物（如遗失物、盗赃物等）**。 2. **禁止流通物**。 3. **货币（包括不记名有价证券）**。
效力	无权处分 1. 买卖合同有效 2. 物权变动效力待定 → **追认，买受人继受取得** → **未追认** 　→ **符合善意取得构成要件→买受人原始取得**（原权利人有权向无处分权人请求损害赔偿，比如违约、侵权、不当得利） 　→ **不符合善意取得构成要件**（买受人不能取得所有权，原权利人有权请求返还原物） 　　↓ 　　**买受人有权解除合同，并主张违约责任**

典型真题

［例 42］甲有一块价值一万元的玉石。甲与乙订立了买卖该玉石的合同，约定价金11,000元。由于乙没有带钱，甲未将该玉石交付与乙，约定三日后乙到甲的住处付钱取玉石。随后甲又向乙提出，再借用玉石把玩几天，乙表示同意。隔天，知情的丙找到甲，

① 答案：ABD
② 答案：B

提出愿以12,000元购买该玉石，甲同意并当场将玉石交给丙。丙在回家路上遇到债主丁，向丙催要9,000元欠款甚急，丙无奈，将玉石交付与丁抵偿债务。后丁将玉石丢失被戊拾得，戊将其转卖给己。根据上述事实，请回答：

关于丙、丁对该玉石所有权的取得问题，下列说法正确的是：（2009年卷三第92题，不定项）①

A. 甲将玉石交付给丙时，丙取得该玉石的所有权

B. 甲、丙的买卖合同成立时，丙取得该玉石的所有权

C. 丙将玉石交给丁时，丁取得该玉石的所有权

D. 丁不能取得该玉石的所有权

[例43] 王某取得挖掘机后便死亡。王某临终立遗嘱，其遗产由其子大王和小王继承，遗嘱还指定小王为遗嘱执行人。因大王一直在外地工作，同意王某遗产由小王保管，没有进行遗产分割。在此期间，小王将挖掘机出卖给方某，没有征得大王的同意。请回答：(案情有删减)

关于小王将挖掘机卖给方某的行为，下列表述正确的是？(2012年卷三第90题，不定项)②

A. 小王尚未取得对挖掘机的占有，不得将其出卖给方某

B. 小王出卖挖掘机应当取得大王的同意

C. 大王对小王出卖挖掘机的行为可以追认

D. 小王是王某遗嘱的执行人，出卖挖掘机不需要大王的同意

考点19　拾得遗失物

(一) 修改说明

《民法典·物权编》	《物权法》
第318条：遗失物自发布招领公告之日起一年内无人认领的，归国家所有。	第113条：遗失物自发布招领公告之日起**六个月**内无人认领的，归国家所有。
评析：时间的延长一方面延缓了遗失物的国有化，另一方面带来了更多的物归原主的机会，比较合理。	

(二) 考点精讲

遗失物的认定	遗失物是指非基于遗失人的意志而暂时丧失占有的物。**可见，遗失物并非无主财产**。一般认为遗失物有以下构成要件：(1) 须为他人之物。(2) 须为动产，不动产不构成遗失物。(3) 遗失人对物的占有的丧失须非出于自己的意思。(4) 须非隐藏物。举一例以释之：无行为能力的所有人将物抛弃，因他欠缺意思能力，就不成立所有权的抛弃，而只是丧失占有，是为遗失物。但是，所有人为了安全的目的或其他考虑，将物品埋藏于土地之中或放置于一定的隐秘的场所，这时所有人并没有丧失对于物的占有，因此并不是遗失物，如果因年长日久，所有人忘其所在，则为埋藏物或者隐藏物。 **拾得遗失物属于法律事实中的事实行为，不以拾得人有行为能力为构成要件**。

① 答案：C

② 答案：BC

续表

拾得人的义务	1. 拾得人负有返还义务，据为己有的，就其获利构成不当得利，需要返还原物及孳息。**（不当得利之债）** 2. 拾得人负有妥善保管的义务，因故意或者重大过失导致遗失物毁损、灭失的，构成侵权，需要承担赔偿责任。**（侵权之债）**
拾得人的权利	1. 失主领取遗失物时，应当向拾得人或者有关部门支付保管遗失物等支出的必要费用。**（无因管理之债）** 2. 拾得人原则上不得主张报酬，失主悬赏寻找遗失物的，领取遗失物时应当按照承诺履行义务。**（单方允诺之债）** 3. 若失主不支付必要费用，拾得人可以留置遗失物；若失主不支付悬赏报酬，则不得留置，因不是同一法律关系。 4. 拾得人侵占遗失物的，无权请求保管遗失物等支出的费用，也无权请求失主按照承诺履行义务。
效果	所有权人或者其他权利人**有权追回**遗失物。该遗失物通过转让被他人占有的，权利人有权向无处分权人请求损害赔偿，或者自知道或者应当**知道受让人之日起 2 年内**向受让人请求返还原物；但是，受让人通过**拍卖或者向具有经营资格的经营者购得**该遗失物的，权利人请求返还原物时应当支付受让人所付的费用。权利人向受让人支付所付费用后，有权向无处分权人追偿。
其他	1. 遗失物自发布招领公告之日起 **1 年内**无人认领的，归国家所有。 2. 拾得漂流物、发现埋藏物或者隐藏物的，参照适用拾得遗失物的有关规定。法律另有规定的，依照其规定。

典型真题

［例 44］ 甲有一块价值 10000 元的玉石。甲与乙订立了买卖该玉石的合同，约定价金 11000 元。由于乙没有带钱，甲未将该玉石交付与乙，约定三日后乙到甲的住处付钱取玉石。随后甲又向乙提出，再借用玉石把玩几天，乙表示同意。隔天，知情的丙找到甲，提出愿以 12000 元购买该玉石，甲同意并当场将玉石交给丙。丙在回家路上遇到债主丁，向丙催要 9000 元欠款甚急，丙无奈，将玉石交付与丁抵偿债务。后丁将玉石丢失被戊拾得，戊将其转卖给己。根据上述事实，请回答：

关于该玉石的返还问题，下列说法正确的是？（2009 年卷三第 93 题，不定项）①

A. 戊已取得了该玉石的所有权，原所有权人无权请求返还该玉石

B. 该玉石的真正所有权人请求己返还该玉石不受时间限制

C. 该玉石的真正所有权人可以在戊与己的转让行为生效之日起两年内请求己返还该玉石

D. 该玉石的真正所有权人可以在知道或者应当知道该玉石的受让人己之日起两年内请求己返还该玉石

① 答案：D

［例45］ 甲遗失手链1条，被乙拾得。为找回手链，甲张贴了悬赏500元的寻物告示。后经人指证手链为乙拾得，甲要求乙返还，乙索要500元报酬，甲不同意，双方数次交涉无果。后乙在桥边玩耍时手链掉入河中被冲走。下列哪一选项是正确的？（2017年卷三第6题，单选）①

A. 乙应承担赔偿责任，但有权要求甲支付500元

B. 乙应承担赔偿责任，无权要求甲支付500元

C. 乙不应承担赔偿责任，也无权要求甲支付500元

D. 乙不应承担赔偿责任，有权要求甲支付500元

① 答案：B

第三分编 用益物权

07 第七章 土地承包经营权

考点 20 土地承包经营权

（一）修改说明

《民法典·物权编》	《物权法》
第 333 条：土地承包经营权自土地承包经营权合同生效时设立。 **登记机构**应当向土地承包经营权人发放土地承包经营权证、林权证等证书，并登记造册，确认土地承包经营权。 第 335 条：土地承包经营权互换、转让的，当事人**可以向登记机构申请登记**；未经登记，不得对抗善意第三人。	第 127 条第 2 款：~~**县级以上地方人民政府**~~应当向土地承包经营权人发放土地承包经营权证、林权证、草原使用权证，并登记造册，确认土地承包经营权。 第 129 条：土地承包经营权人将土地承包经营权互换、转让，当事人要求登记的，**应当向县级以上地方人民政府申请土地承包经营权变更登记**；未经登记，不得对抗善意第三人。
第 334 条：土地承包经营权人依照法律规定，有权将土地承包经营权**互换、转让**。未经依法批准，不得将承包地用于非农建设。	第 128 条：土地承包经营权人依照农村土地承包法的规定，有权将土地承包经营权**采取转包、互换、转让等方式流转**。~~流转的期限不得超过承包期的剩余期限。~~未经依法批准，不得将承包地用于非农建设。
第 342 条：通过招标、拍卖、公开协商等方式**承包农村土地，经依法登记取得权属证书的**，可以依法采取出租、入股、抵押或者其他方式流转**土地经营权**。	第 133 条：通过招标、拍卖、公开协商等方式**承包荒地等农村土地**，依照农村土地承包法等法律和国务院的有关规定，其土地承包经营权可以转让、入股、抵押或者以其他方式流转。

评析：

1. 是为了与修改后的《农村土地承包法》中的表述保持一致。《全国人大农业与农村委员会关于〈中华人民共和国农村土地承包法修正案（草案）〉的说明》载明：**土地集体所有权与承包经营权是承包地处于未流转状态的一组权利，是两权分离；土地集体所有权与土地承包权、土地经营权是承包地处于流转状态的一组权利，是三权分置**。据此，承包地处于非流转状态时，存在土地集体所有权和承包

续表

《民法典·物权编》	《物权法》
经营权两种权利，承包经营权可以互换、转让；处于流转状态时，存在土地集体所有权与土地承包权、土地经营权三种权利，土地经营权可以流转，流转方式包括出租（转包）、入股等方式；土地承包经营权只能互换、转让，土地经营权可以流转、融资担保。 2. 删除的部分，是因为《农村土地承包法》中已有相同规定。	
第 339 条：土地承包经营权人可以自主决定依法采取出租、入股或者其他方式向他人流转**土地经营权**。	
第 340 条：**土地经营权人**有权在合同约定的期限内占有农村土地，自主开展农业生产经营并取得收益。	
第 341 条：流转期限为五年以上的**土地经营权**，自流转合同生效时设立。当事人可以向登记机构申请土地经营权登记；未经登记，不得对抗善意第三人。	

（二）考点精讲

	一般农村土地	“四荒土地”（荒山、荒沟、荒丘、荒滩）
承包方式	家庭承包	招标、拍卖、公开协商。
承包主体	本集体经济组织的农户	1. 本集体经济组织以外的单位或者个人。（应当事先经本集体经济组织成员的村民会议三分之二以上成员或者三分之二以上村民代表的同意，并报乡（镇）政府批准。） 2. 在同等条件下，本集体经济组织成员享有优先承包权。
创设取得	**承包方于合同生效时取得土地承包经营权**。即有效的土地承包经营权合同=土地承包经营权（无需登记也可以对抗第三人，因为农村是熟人社会，发包时需召开村民大会，自带公示程序）。	
移转取得	土地承包经营权人将土地承包经营权互换、转让，当事人要求登记的，应当向县级以上地方政府申请土地承包经营权变更登记；未经登记，不得对抗善意第三人。**即有效的土地承包经营权合同=土地承包经营权=登记>善意第三人**	
继承取得	承包土地的收益可以继承，但承包权本身不可以继承（林地除外）。	

[思路点拨] 农村土地家庭承包的，承包方是本集体经济组织的农户。其本质特征是以本集体经济组织内部的农户家庭为单位实行农村土地承包经营。家庭承包方式的农村土地承包经营权属于农户家庭，而不属于某一个家庭成员。遗产是公民死亡时遗留的个人合法财产。农村土地承包经营权不属于个人财产，故不发生继承问题。除林地外的家庭承包，当承包农地的农户家庭中的一人或几人死亡，承包经营仍然是以户为单位，承包地仍由该农户的其他家庭成员继续承包经营；当承包经营农户家庭的成员全部死亡，由于承包经营权的取得是以集体成员权为基础，该土地承包经营权归于消灭，不能由该农户家庭成员的继承人继续承包经营，更不能作为该农户家庭成员的遗产处理。

典型真题

[例46] 季大与季小兄弟二人，成年后各自立户，季大一直未婚。季大从所在村集体经济组织承包耕地若干。关于季大的土地承包经营权，下列哪些表述是正确的？（2014年卷三第56题，多选）①

A. 自土地承包经营权合同生效时设立

B. 如季大转让其土地承包经营权，则未经变更登记不发生转让的效力

C. 如季大死亡，则季小可以继承该土地承包经营权

D. 如季大死亡，则季小可以继承该耕地上未收割的农作物

[例47] 河西村在第二轮承包过程中将本村耕地全部发包，但仍留有部分荒山，此时本村集体经济组织以外的Z企业欲承包该荒山。对此，下列哪些说法是正确的？（2016年卷三第54题，多选）②

A. 集体土地只能以家庭承包的方式进行承包

B. 河西村集体之外的人只能通过招标、拍卖、公开协商等方式承包

C. 河西村将荒山发包给Z企业，经2/3以上村民代表同意即可

D. 如河西村村民黄某也要承包该荒山，则黄某享有优先承包权

[例48] 村民胡某承包了一块农民集体所有的耕地，订立了土地承包经营权合同，未办理确权登记。胡某因常年在外，便与同村村民周某订立土地承包经营权转让合同，将地交周某耕种，未办理变更登记。关于该土地承包经营权，下列哪一说法是正确的？（2017年卷三第7题，单选）③

A. 未经登记不得处分

B. 自土地承包经营权合同生效时设立

C. 其转让合同自完成变更登记时起生效

D. 其转让未经登记不发生效力

---

① 答案：ABD

② 答案：BD

③ 答案：B

08 第八章 居住权

考点 21　居住权

想把房子作为遗产留给儿子继承，又放心不下自己老母亲，怕到时候没人管也没有地方住；保姆精心照料雇主，雇主答应其死后保姆可以免费继续住，这到底靠不靠谱？

为解决上述难题，“居住权”这一新的物权形式应运而生。所谓居住权，是指为特定主体因居住而对他人房屋及其附属物享有的使用、占有的权利。

《民法典·物权编》	修改说明
（新增）第十四章　居住权 **第 366 条：**居住权人有权按照合同约定，对他人的住宅享有占有、使用的用益物权，以满足生活居住的需要。 **第 367 条：**设立居住权，当事人应当采用书面形式订立居住权合同。 居住权合同一般包括下列条款： （一）当事人的姓名或者名称和住所； （二）住宅的位置； （三）居住的条件和要求； （四）居住权期间； （五）解决争议的方法。 **第 368 条：**居住权无偿设立，但是当事人另有约定的除外。设立居住权的，应当向登记机构申请居住权登记。居住权自登记时设立。 **第 369 条：**居住权不得转让、继承。设立居住权的住宅不得出租，但是当事人另有约定的除外。 **第 370 条：**居住权期间届满或者居住权人死亡的，居住权消灭。居住权消灭的，应当及时办理注销登记。 **第 371 条：**以遗嘱方式设立居住权的，参照适用本章的有关规定。	**评析：**1. 党的十九大报告提出，要加快建立多主体供给、多渠道保障、租购并举的住房制度，让全体人民住有所居。为落实党中央的要求，认可和保护民事主体对住房保障的灵活安排，满足特定人群的居住需求，在用益物权部分增加一章，专门规定居住权，居住权人有权按照合同约定并经登记占有、使用他人的住宅，以满足其稳定生活居住需要。这一制度安排有助于为公租房和老年人以房养老提供法律保障。 2. 居住权不能有偿设立，否则就变成了房屋租赁。而房屋租赁是合同法问题，虽然有租赁权，但仅仅是一个债权，而不是物权，租赁合同是有偿的。但是居住权是物权，需要进行登记，可以产生对抗其他权利的效力。实际上，设立居住权的时候，双方的经济实力一般是不对等的，是强势一方给弱势一方设置居住权，因此要求无偿也是有道理的

09 第九章 地役权

考点 22　地役权

（一）修改说明

《民法典·物权编》	《物权法》
第 378 条：土地所有权人享有地役权或者负担地役权的，设立土地承包经营权、宅基地使用权**等用益物权时**，该用益物权人继续享有或者负担已设立的地役权。	第 162 条：土地所有权人享有地役权或者负担地役权的，**设立土地承包经营权、宅基地使用权时**，该土地承包经营权人、宅基地使用权人继续享有或者负担已设立的地役权。
第 381 条：地役权不得单独抵押。**土地经营权**、建设用地使用权等抵押的，在实现抵押权时，地役权一并转让。	第 165 条：地役权不得单独抵押。**土地承包经营权**、建设用地使用权等抵押的，在实现抵押权时，地役权一并转让。

（二）考点精讲

设立与流转	设立地役权，当事人应当采取书面形式订立地役权合同。**地役权自地役权合同生效时设立。未经登记，不得对抗善意第三人。** **如图：** 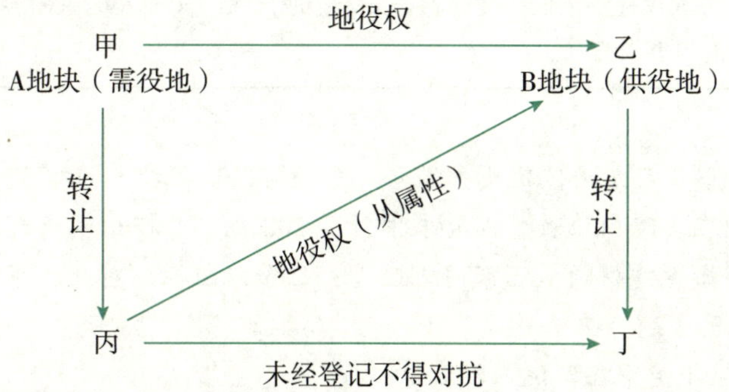 A 地块使用权人甲公司与 B 地块使用权人乙公司约定，由甲公司在 B 地块上修路。 1. 甲、乙之间地役权自地役权合同生效时设立，未经登记，不得对抗善意第三人。 2. 甲公司将 A 地块过户给丙公司，丙公司对乙公司的 B 地块享有地役权。 3. 乙公司将 B 地块过户给不知上述情形的丁公司。①丁公司是善意的第三人。②因地役权未登记，因此，丙公司对丁公司的 B 地块不享有地役权。

续表

设立与流转	**由此可知，需役地转让，地役权不受影响。供役地转让，未经登记不得对抗善意第三人。** **地役权在先，其他用益物权在后，地役权仍然有效。其他用益物权在先，地役权在后，需经用益物权人同意。**
特征	1. 从属性。(1) 地役权不得单独转让。①地役权人不得自己保留需役地的所有权或使用权，单独将地役权让与他人。②地役权人不得自己保留地役权，仅把需役地的所有权或使用权让与他人。③地役权人不得把需役地的所有权或使用权与地役权分别让与不同的人。 2. 地役权不得单独抵押。土地承包经营权、建设用地使用权等抵押的，在实现抵押权时，地役权一并转让。
期限	不得超过用益物权的剩余期限。
消灭	1. 土地灭失。地役权不但因为作为其标的物的土地（供役地）灭失时消灭，而且地役权也因需役地的灭失而消灭。 2. 目的事实上不能实现。即供役地事实上不能再供需役地便利时，地役权消灭。如汲水地役权因供役地水源枯竭而消灭。 3. 地役权合同解除。在下列两种情形下，地役权因供役地权利人解除地役权关系而消灭：(1) 地役权人违反法律规定或者合同约定，滥用地役权；(2) 有偿利用供役地，约定的付款期间届满后在合理期限内经两次催告未支付费用。 4. 抛弃。地役权人如将其地役权抛弃，供役地则因之恢复其无负担的状态，地役权归于消灭。但如果是有偿的地役权，地役权人抛弃地役权后，仍应支付地役权全部期间的租金。 5. 存续期间的届满或者其他预定事由的发生。地役权如有存续期间，因期间的届满而消灭。其设定行为附有解除条件的，因条件的成就，地役权消灭。
地役权与相邻关系的区别。**解题中快速着眼点：有无“协议”字样，意定地役权，法定相邻关系。有无“价款”字样，有偿地役权，无偿是相邻关系。** 1. 相邻关系是法定的；地役权是约定的。 2. 相邻关系的取得是无偿的；地役权的取得可以是有偿的，也可以无偿取得。 3. 相邻关系的义务人仅提供最低限度的容忍义务；地役权的义务人提供的容忍义务并非最低限度的容忍义务，其内容由当事人约定。	

典型真题

[例49] 甲、乙、丙依次比邻而居。甲为修房向乙提出在其院内堆放建材，乙不允。甲遂向丙提出在其院内堆放，丙要求甲付费200元，并提出不得超过20天，甲同意。修房过程中，甲搬运建材须从乙家门前经过，乙予以阻拦。对此，下列哪一种说法不正确？(2005年卷三第3题，单选)①

A. 乙无权拒绝甲在其院内堆放建材

B. 乙无权阻拦甲经其门前搬运建材

C. 甲应依约定向丙支付占地费

D. 若建材堆放时间超过20天，丙有权要求甲清理现场

① 答案：A

［例 50］甲为了能在自己房中欣赏远处风景，便与相邻的乙约定：乙不在自己的土地上建造高层建筑，作为补偿，甲一次性支付给乙 4 万元。两年后，甲将该房屋转让给丙，乙将该土地使用权转让给丁。下列哪些判断是错误的？（2006 年卷三第 56 题，多选）①

A. 甲、乙之间的约定为有关相邻关系的约定

B. 丙可禁止丁建高楼，且无须另对丁进行补偿

C. 若丁建高楼，丙只能要求甲承担违约责任

D. 甲、乙之间约定因房屋和土地使用权转让而失去效力

［例 51］李某从自己承包的土地上出入不便，遂与张某书面约定在张某承包的土地上开辟一条道路供李某通行，李某支付给张某 2 万元，但没有进行登记。下列哪一选项是错误的？（2008 年延考卷三第 11 题，单选）②

A. 该约定属于有关相邻关系的约定

B. 该约定属于地役权合同

C. 如果李某将其承包经营权转移给他人，受让人有权在张某承包的土地上通行，但合同另有约定的除外

D. 如果张某将其承包经营权转移给他人，则善意的受让人有权拒绝李某在自己的土地上通行

［例 52］某郊区小学校为方便乘坐地铁，与相邻研究院约定，学校人员有权借研究院道路通行，每年支付 1 万元。据此，学校享有的是下列哪一项权利？（2010 年卷三第 9 题，单选）③

A. 相邻权　　B. 地役权

C. 建设用地使用权　　D. 宅基地使用权

---

① 答案：ACD

② 答案：A

③ 答案：A

第四分编　担　保

10 第十章 担保概述

考点 23　担保法知识体系

<table>
<tr><td>债的担保是指为确保特定债权人的债权实现，以第三人的信用或者以特定财产保障债务人履行义务的法律制度。债的担保形式共有五类：抵押、质押、留置、保证和定金。
如图：
人的担保：以第三人的信用担保债的履行的担保方式。如保证。
物的担保：以特定的财物作为债权担保的担保方式。如抵押、质押、留置。
金钱担保：以金钱为标的物而设定的担保，即定金担保。</td></tr>
<tr><td>反担保：是指债务人或第三人为确保担保人承担担保责任后实现对主债务人的追偿权而设定的担保。反担保也是一种担保，只不过其担保的对象是担保人对主债务人的追偿权而已。
反担保的特征：
1. 反担保以担保的存在为前提。
2. 反担保中的债权人是为债务人提供担保的第三人。
3. 反担保所保障的对象是担保人对债务人的追偿权。
4. 反担保的适用方式可以是债务人提供的抵押或者质押，也可以是其他人提供的保证、抵押或者质押（留置权不能为反担保方式，反担保产生于约定，而留置权发生于法定）。</td></tr>
</table>

考点 24　担保合同无效的法律后果

第 388 条：设立担保物权，应当依照本法和其他法律的规定订立担保合同。担保合同是主债权债务合同的从合同。主债权债务合同无效，担保合同无效，但是法律另有规定的除外。

担保合同被确认无效后，债务人、担保人、债权人有过错的，应当根据其过错各自承担相应的民事责任。

担保合同无效时，担保人的责任性质，不再是“担保责任”，而是“缔约过失责任”，即因一方过错导致合同无效情况下，向对方所承担的赔偿责任。担保合同无效的法律后果，系针对债务人以外的第三人提供担保的情况。

续表

主合同有效，担保合同无效	1. 债权人无过错的，由担保人承担全部责任； 2. 债权人有过错的，担保人承担不超过 1/2 的责任。
主合同无效，导致担保合同无效	1. 担保人有过错的，担保人承担不超过 1/3 的责任； 2. 担保人无过错的，担保人不承担责任。

考点 25　让与担保

先让与担保	**先让与担保**：债务人或者第三人为担保债权人的债权，将担保标的物的所有权等权利移转于债权人，于债务清偿后，担保标的物的物权应返还于债务人或者第三人，于债务不履行时，债权人得就该标的的物权优先受偿的担保物权。① 1. 让与合同有效，让与财产的性质为担保物。 2. 让与财产已经登记或者交付后，债务人不履行到期债务，禁止债权人不经评估作价，即取得该财产的所有权，债权人对拍卖、变卖该财产的价款享有优先受偿权。
后让与担保	**后让与担保**：债务人或者第三人为担保债权人的债权，与债权人签订不动产买卖合同，约定将不动产买卖合同的标的物作为担保标的物，但权利转让并不实际履行，于债务人不能清偿债务时，须将担保标的物的所有权转让给债权人，债权人据此享有的以担保标的物优先受偿的非典型担保物权。②

典型真题

[例 53] 案情：自然人甲与乙订立借款合同，其中约定甲将自己的一辆汽车作为担保物让与给乙。借款合同订立后，甲向乙交付了汽车并办理了车辆的登记过户手续。乙向甲提供了约定的 50 万元借款。(2016 年卷四民法案例分析题，案情有删减)

(第一问) 甲与乙关于将汽车让与给债权人乙作为债务履行担保的约定效力如何？为什么？乙对汽车享有什么权利？③

---

① 杨立新：《物权法》，中国人民大学出版社 2016 年版，第 276 页。

② 杨立新：《物权法》，中国人民大学出版社 2016 年版，第 282~283 页。

③ 有效。因为我国《物权法》虽然没有规定这种让与担保方式，但并无禁止性规定。通过合同约定，再转移所有权的方式达到担保目的，是不违反法律的，也符合合同自由、鼓励交易的立法目的。
对于乙对汽车享有什么权利，答案一：乙享有的不是所有权，而是以所有权人的名义享有担保权。答案二：由于办理了过户登记手续，乙享有所有权。

11 第十一章 担保物权

考点 26 担保物权概述

（一）修改说明

《民法典·物权编》	《物权法》
第 401 条：抵押权人在债务履行期限届满前，与抵押人约定债务人不履行到期债务时抵押财产归债权人所有的，**只能依法就抵押财产优先受偿**。 第 428 条：质权人在债务履行期限届满前，与出质人约定债务人不履行到期债务时质押财产归债权人所有的，**只能依法就质押财产优先受偿**。	第 186 条：抵押权人在债务履行期届满前，**不得**与抵押人约定债务人不履行到期债务时抵押财产归债权人所有。 第 211 条：质权人在债务履行期届满前，**不得**与出质人约定债务人不履行到期债务时质押财产归债权人所有。
评析：在债务履行期届满之前，担保物权人与担保人约定，若债务人不履行到期债务时，担保物权人**直接取得**担保物的所有权，该约定无效（流押/流质条款）；该条款的无效，不影响担保合同其他条款的效力。从条文内容看，法律并未赋予抵押财产归债权人所有的约定效力，但从法律后果来看，抵押权人有权就抵押财产优先受偿，较大程度上保障了抵押权的实现。	

（二）考点精讲

担保物权，是指以确保债务清偿为目的，而在债务人或者第三人的特定物或者权利上设立的定限物权。 有下列情形之一的，担保物权消灭： 主债权消灭 担保物权实现 债权人放弃担保物权 法律规定担保物权消灭的其他情形	
从属性	担保物权的从属性又称担保物权的附随性。担保物权是为担保债权受偿而设定的，从属于所担保的债权： 1. 担保物权从属于其所担保的主债权。 2. 主债权无效，担保物权也无效。主债权消灭的，担保物权亦随之消灭。 3. 主债权转让时，担保物权原则上随主债权转让（例外：最高额抵押，部分主债权转让的，最高额抵押权不随之转让）。

续表

物上代位性	1. 担保期间，担保财产毁损、灭失或者被征收等，担保物权人可以就获得的保险金、赔偿金或者补偿金等优先受偿。 2. 被担保债权的履行期未届满的，也可以提存该保险金、赔偿金或者补偿金。
不可分性	**1. 主债权未受全部清偿的，担保物权人可以就担保物的全部行使担保物权。** **2. 担保物被分割或者部分转让的，担保物权人可以就分割或转让后的担保物行使担保物权。** **3. 主债权被分割或者部分转让的，各债权人可以就其享有的债权份额行使担保物权。** **4. 担保物权设定后，担保物价值上涨，债务人无权减少担保物，担保物价值下跌，债务人无义务补充担保。**
优先受偿性	担保物权人就特定物或权利享有担保物权的权利人可以就担保物的价值优先于债务人的普通债权人而受偿。 注：**在债务履行期届满之前**，担保物权人与担保人约定，若债务人不履行到期债务时，担保物权人**直接取得**担保物的所有权，该约定无效（流押/流质条款）；该条款的无效，不影响担保合同其他条款的效力。

典型真题

［例 54］甲、乙二人按照 3∶7 的份额共有一辆货车，为担保丙的债务，甲、乙将货车抵押给债权人丁，但未办理抵押登记。后该货车在运输过程中将戊撞伤。对此，下列哪一选项是正确的？（2016 年卷三第 8 题，单选）①

B. 因抵押权未登记，戊应优先于丁受偿

考点 27　抵押权的一般规定

（一）修改说明

《民法典·物权编》	《物权法》
第 395 条：债务人或者第三人有权处分的下列财产可以抵押： （一）建筑物和其他土地附着物； （二）建设用地使用权； **（三）海域使用权；** （四）生产设备、原材料、半成品、产品； （五）正在建造的建筑物、船舶、航空器； （六）交通运输工具； （七）法律、行政法规未禁止抵押的其他财产。 抵押人可以将前款所列财产一并抵押。	第 180 条：债务人或者第三人有权处分的下列财产可以抵押： （一）建筑物和其他土地附着物； （二）建设用地使用权； ~~（三）以招标、拍卖、公开协商等方式取得的荒地等土地承包经营权；~~ （四）生产设备、原材料、半成品、产品； （五）正在建造的建筑物、船舶、航空器； （六）交通运输工具； （七）法律、行政法规未禁止抵押的其他财产。 抵押人可以将前款所列财产一并抵押。

① 分析：以汽车设立抵押，抵押权自抵押合同生效时设立；未经登记，不得对抗善意第三人。可知，虽然未办理抵押登记，丁依然享有抵押权，相对于普通债权人戊（享有人身损害赔偿之债）优先受偿。

续表

<table>
<tr><th>《民法典·物权编》</th><th>《物权法》</th></tr>
<tr><td colspan="2">评析：这是因为物权编第 328 条把海域使用权规定为一种用益物权，并且《不动产登记暂行条例》第 5 条将海域使用权规定为一种适格之不动产权利。</td></tr>
<tr><td>第 396 条：企业、个体工商户、农业生产经营者可以将现有的以及将有的生产设备、原材料、半成品、产品抵押，债务人不履行到期债务或者发生当事人约定的实现抵押权的情形，债权人有权就抵押财产确定时的动产优先受偿。
第 403 条：以动产抵押的，抵押权自抵押合同生效时设立；未经登记，不得对抗善意第三人。
第 404 条：以动产抵押的，不得对抗正常经营活动中已支付合理价款并取得抵押财产的买受人。
第 411 条：依据本法第三百九十六条规定设定抵押的，抵押财产自下列情形之一发生时确定：
（一）债务履行期限届满，债权未实现；
（二）抵押人被宣告破产或者解散；
（三）当事人约定的实现抵押权的情形；
（四）严重影响债权实现的其他情形。</td><td>第 181 条：<s>经当事人书面协议</s>，企业、个体工商户、农业生产经营者可以将现有的以及将有的生产设备、原材料、半成品、产品抵押，债务人不履行到期债务或者发生当事人约定的实现抵押权的情形，债权人有权就实现抵押权时的动产优先受偿。
第 188 条：以本法第一百八十条第一款第四项、第六项规定的财产或者第五项规定的正在建造的船舶、航空器抵押的，抵押权自抵押合同生效时设立；未经登记，不得对抗善意第三人。
第 189 条：企业、个体工商户、农业生产经营者以本法第一百八十一条规定的动产抵押的，应当向抵押人住所地的工商行政管理部门办理
登记。抵押权自抵押合同生效时设立；未经登记，不得对抗善意第三人。
依照本法第一百八十一条规定抵押的，不得对抗正常经营活动中已支付合理价款并取得抵押财产的买受人。
第 196 条：依照本法第一百八十一条规定设定抵押的，抵押财产自下列情形之一发生时确定：
（一）债务履行期届满，债权未实现；
（二）抵押人被宣告破产或者被撤销；
（三）当事人约定的实现抵押权的情形；
（四）严重影响债权实现的其他情形。</td></tr>
<tr><td colspan="2">评析：
1. 删除“当事人书面协议”是因第 400 条第 1 款已规定“设立抵押权，当事人应当采取书面形式订立抵押合同”。
2. “实现抵押权时”修改为“抵押财产确定时”，是因浮动抵押的财产一直处于变动状态，在就抵押财产优先受偿时，抵押财产确定的时间与实现抵押权的时间相比，前者更易确定，逻辑更严密。
3. 将《物权法》第 188 条和 189 条合并为一条（物权编第 403 条），该处修改明确了对所有动产的抵押权设立时间均为抵押权合同生效时。
4. 对《物权法》第 189 条第 2 款进行修改（物权编第 404 条），该处修改明确了以浮动抵押以外的所有其他动产抵押的，同样不得对抗正常经营活动中已支付合理价款并取得抵押财产的买受人。
5. 第 196 条第二项“被撤销”修改为物权编第 411 条第二项“解散清算”。该处修改是为了与总则编保持一致。总则编已将“被撤销”纳入解散的情形之一。</td></tr>
<tr><td>第 399 条：下列财产不得抵押：
（一）土地所有权；</td><td>下列财产不得抵押：
（一）土地所有权；</td></tr>
</table>

续表

<table>
<tr><th>《民法典·物权编》</th><th>《物权法》</th></tr>
<tr><td>（二）宅基地、自留地、自留山等集体所有土地的使用权，但是法律规定可以抵押的除外；
（删除“耕地”）
（三）学校、幼儿园、医疗机构等为公益目的成立的非营利法人的教育设施、医疗卫生设施和其他公益设施；
（四）所有权、使用权不明或者有争议的财产；
（五）依法被查封、扣押、监管的财产；
（六）法律、行政法规规定不得抵押的其他财产。</td><td>（二）耕地、宅基地、自留地、自留山等集体所有的土地使用权，但法律规定可以抵押的除外；
（三）学校、幼儿园、医院等以公益为目的的事业单位、社会团体的教育设施、医疗卫生设施和其他社会公益设施；
（四）所有权、使用权不明或者有争议的财产；
（五）依法被查封、扣押、监管的财产；
（六）法律、行政法规规定不得抵押的其他财产。</td></tr>
<tr><td colspan="2">评析：根据党中央有关精神和修改后的《农村土地承包法》，删除了抵押权中关于耕地不得抵押的规定，以适应“三权分置”后土地经营权入市的需要。规定耕地可以设置抵押主要是出于这样一种考虑，农民最重要的财产就是地，如果不能流转就等于限制了农民的财产权。为解决土地承包权流转性不够的问题，就有必要实现三权分置，增加流转性。</td></tr>
<tr><td>第 406 条：抵押期间，抵押人可以转让抵押财产。当事人另有约定的，按照其约定。抵押财产转让的，抵押权不受影响。
抵押人转让抵押财产的，应当及时通知抵押权人。抵押权人能够证明抵押财产转让可能损害抵押权的，可以请求抵押人将转让所得的价款向抵押权人提前清偿债务或者提存。转让的价款超过债权数额的部分归抵押人所有，不足部分由债务人清偿。</td><td>第 191 条：抵押期间，抵押人<s>经抵押权人同意</s>转让抵押财产的，应当将转让所得的价款向抵押权人提前清偿债务或者提存。转让的价款超过债权数额的部分归抵押人所有，不足部分由债务人清偿。
抵押期间，抵押人<s>未经抵押权人同意，不得转让抵押财产</s>，但受让人代为清偿债务消灭抵押权的除外。</td></tr>
<tr><td colspan="2">评析：《物权法》第 191 条多年来广受学界诟病，其因害怕转让给抵押权实现带来种种不测，干脆直接否认抵押人财产转让之自由，无异于因噎废食，有损于抵押财产之价值最大化与市场流通性，干预市场过甚。比如，抵押人把房屋拿去抵押后，却发现房价猛涨至最高点，抵押人此时如能趁机将其转让，并将收入用以清偿债务，对于抵押人与抵押权人均是有利无弊。然而依《物权法》之规定，抵押人必先取得抵押权人同意，抵押权人不同意，就必须等到债务清偿之后再转让，结果形成债务死结。众所周知，抵押权本质上为价值权，而非强调占有实物之权利；只要能最终获其价值，抵押权人即无死守抵押财产之必要。
既然已承认抵押权之追及力，索性放手让抵押人自由转让，以抵押权之追及力来实现“以不变应万变”之效果。唯独当转让可能使抵押权受损时，由抵押权人举证后，可直接主张物上代位权，提前受偿或提存。同时，该条仍有必要赋予受让人以“涤除权”：抵押权人追及实现抵押权时，受让人可选择代替债务人清偿其全部债务，使抵押权归于消灭，然后再向抵押人追偿。如此则可在抵押权人、抵押人与受让人之间达致利益与手段之平衡，同时也最大限度地释放抵押财产之效率。</td></tr>
</table>

续表

《民法典·物权编》	《物权法》
第 410 条第 1 款：债务人不履行到期债务或者发生当事人约定的实现抵押权的情形，抵押权人可以与抵押人协议以抵押财产折价或者以拍卖、变卖该抵押财产所得的价款优先受偿。协议损害其他债权人利益的，其他债权人**可以请求人民法院撤销该协议**。	第 195 条：债务人不履行到期债务或者发生当事人约定的实现抵押权的情形，抵押权人可以与抵押人协议以抵押财产折价或者以拍卖、变卖该抵押财产所得的价款优先受偿。协议损害其他债权人利益的，其他债权人可以在~~**知道或者应当知道撤销事由之日起一年内**~~请求人民法院撤销该协议。
第 418 条：**以集体所有土地的使用权依法抵押的**，实现抵押权后，未经法定程序，不得改变土地所有权的性质和土地用途。	第 201 条：~~**依照本法第一百八十条第一款第三项规定的土地承包经营权抵押的，或者依照本法第一百八十三条规定以乡镇、村企业的厂房等建筑物占用范围内的建设用地使用权一并抵押的**~~，实现抵押权后，未经法定程序，不得改变土地所有权的性质和土地用途。
评析：该处修改是为了与《农村土地承包法》相衔接。根据修改后的《农村土地承包法》，包括耕地、林地、草地、乡镇企业所占用的建设用地、以招标、拍卖、公开协商等方式取得的荒地等在内的农村土地，土地经营权均可依法流转、融资担保。	

（二）考点精讲

抵押权是对于债务人或者第三人**不移转占有**而供担保的不动产或其他财产，在债务人不履行到期债务或者发生当事人约定的实现债务情形下，债权人得优先清偿其债权的权利。**其中，提供财产担保的债务人或者第三人，称为抵押人，享有抵押权的债权人，称为抵押权人。**	
抵押财产	**法律、行政法规未禁止抵押的财产均可抵押，包括抵押人的不动产、不动产权利及动产。** **第 399 条：下列财产不得抵押：** 1. 土地所有权； 2. 宅基地、自留地、自留山等集体土地使用权；**（但有两项例外：荒地等土地承包经营权可以抵押，乡镇、村企业的建设用地使用权与乡镇企业厂房一并抵押）** 3. 学校、幼儿园、医疗机构等以公益为目的成立的非营利法人的教育设施、医疗卫生设施和其他**公益设施**； 4. 所有权、使用权不明或者有争议的财产； 5. 依法被查封、扣押、监管的财产；**（先抵押后被查封不影响抵押权的实现）**
设立规则	1. **登记生效**：以不动产及不动产权利设立抵押，抵押权自登记时设立。 **公式：有效的合同+登记=不动产抵押权（抵押合同：成立时生效；抵押权：登记时设立）。** 2. **登记对抗**：以动产抵押的，抵押权自抵押合同生效时设立；未经登记，不得对抗善意第三人。不得对抗正常经营活动中已支付合理价款并取得抵押财产的买受人。 动产浮动抵押是指经当事人协议，企业、个体工商户、农业生产经营者可以将现有的以及将有的生产设备、原材料、半成品、产品抵押，债务人不履行到期债务或者发生当事人约定的实现抵押权的情形，债权人有权就实现抵押权时的动产优先受偿的一种担保方式。

续表

<table>
<tr><td>设立规则</td><td>动产浮动抵押具有以下特点：
主体的特定性→抵押人限于企业、个体工商户、农业生产经营者。
财产的集合性→抵押财产是经营者所有的集合动产，包括现有或者将有的生产设备、原材料、半产品、产品。
财产的不特定性→抵押财产包括现有或者将有的财产，其范围和价值具有变动性。
财产的可让与性→在抵押期间，未出现实现抵押权的情形时，抵押人可以不经抵押权人的允许，在正常的经营活动中转让抵押物。
抵押财产自下列情形之一发生时确定：
（1）债务履行期限届满，债权未实现；
（2）抵押人被宣告破产或者解散；
（3）当事人约定的实现抵押权的情形；
（4）严重影响债权实现的其他情形。
公式：有效的合同=动产抵押权+登记>善意第三人（抵押合同：成立时生效；抵押权：抵押合同生效时设立）。
3. 房地一体主义与新增建筑物的处理：
（1）“地随房走”：以建筑物抵押的，该建筑物占用范围内的建设用地使用权一并抵押。
（2）“房随地走”：以建设用地使用权抵押的，该土地上的建筑物一并抵押。
抵押人未依照规定一并抵押的，未抵押的财产视为一并抵押。
（3）新增建筑物。第417条：建设用地使用权抵押后，该土地上新增的建筑物不属于抵押财产，但实现抵押权时应当一并处分，对于新增建筑物价款，抵押权人无优先受偿权。
《城市房地产管理法》第51条：房地产抵押合同签订后，土地上新增的房屋不属于抵押财产。需要拍卖该抵押的房地产时，可以依法将土地上新增的房屋与抵押财产一同拍卖，但对拍卖新增房屋所得，抵押权人无权优先受偿。
［举例］甲向乙银行贷款，以其别墅设定抵押。之后，甲在别墅院内建造了独立车库。贷款到期，甲无力偿还。乙银行享有优先受偿权的财产包括别墅、建设用地使用权。</td></tr>
<tr><td>权利义务</td><td>1. 抵押人权利。
（1）出租。先租后抵：抵押权设立前抵押财产已出租并转移占有的，原租赁关系不受该抵押权的影响（买卖不破租赁）。先抵后租：①抵押权办理抵押登记的，承租人不受“买卖不破租赁”的保护。②抵押权未办理抵押登记的，承租人仍然受到“买卖不破租赁”的保护。
（2）转让：第406条：抵押期间，抵押人可以转让抵押财产。当事人另有约定的，按照其约定。抵押财产转让的，抵押权不受影响。抵押人转让抵押财产的，应当及时通知抵押权人。抵押权人能够证明抵押财产转让可能损害抵押权的，可以请求抵押人将转让所得的价款向抵押权人提前清偿债务或者提存。转让的价款超过债权数额的部分归抵押人所有，不足部分由债务人清偿。
2. 抵押权人权利。
（1）优先受偿权。第404条：以动产抵押的，不得对抗正常经营活动中已支付合理价款并取得抵押财产的买受人。
（2）保全请求权。第408条：抵押人的行为足以使抵押财产价值减少的，抵押权人有权请求抵押人停止其行为；抵押财产价值减少的，抵押权人有权请求恢复抵押财产的价值，或</td></tr>
</table>

续表

权利义务	者提供与减少的价值相应的担保。抵押人不恢复抵押财产的价值也不提供担保的，抵押权人有权请求债务人提前清偿债务。 （3）**处分抵押权**。 第 409 条：抵押权人可以放弃抵押权或者抵押权的顺位。抵押权人与抵押人可以协议变更抵押权顺位以及被担保的债权数额等内容，但是抵押权的变更，**未经其他抵押权人书面同意，不得对其他抵押权人产生不利影响**。 债务人以自己的财产设定抵押，抵押权人放弃该抵押权、抵押权顺位或者变更抵押权的，**其他担保人在抵押权人丧失优先受偿权益的范围内免除担保责任**，但是其他担保人承诺仍然提供担保的除外。
权利实现	**抵押权人应当在主债权诉讼时效期间行使抵押权**。

典型真题

［例 55］黄河公司以其房屋作抵押，先后向甲银行借款 100 万元，乙银行借款 300 万元，丙银行借款 500 万元，并依次办理了抵押登记。后丙银行与甲银行商定交换各自抵押权的顺位，并办理了变更登记，但乙银行并不知情。因黄河公司无力偿还三家银行的到期债务，银行拍卖其房屋，仅得价款 600 万元。关于三家银行对该价款的分配，下列哪一选项是正确的？（2008 年卷三第 11 题，单选）①

A. 甲银行 100 万元、乙银行 300 万元、丙银行 200 万元

B. 甲银行得不到清偿、乙银行 100 万元、丙银行 500 万元

C. 甲银行得不到清偿、乙银行 300 万元、丙银行 300 万元

D. 甲银行 100 万元、乙银行 200 万元、丙银行 300 万元

［例 56］甲以自有房屋向乙银行抵押借款，办理了抵押登记。丙因甲欠钱不还，强行进入该房屋居住。借款到期后，甲无力偿还债务。该房屋由于丙的非法居住，难以拍卖，甲怠于行使对丙的返还请求权。乙银行可以行使下列哪些权利？（2012 年卷三第 57 题，多选）②

A. 请求甲行使对丙的返还请求权，防止抵押财产价值的减少

B. 请求甲将对丙的返还请求权转让给自己

C. 可以代位行使对丙的返还请求权

D. 可以依据抵押权直接对丙行使返还请求权

［例 57］甲向乙借款，丙与乙约定以自有房屋担保该笔借款。丙仅将房本交给乙，未按约定办理抵押登记。借款到期后甲无力清偿，丙的房屋被法院另行查封。下列哪些表述是正确的？（2013 年卷三第 57 题，多选）③

A. 乙有权要求丙继续履行担保合同，办理房屋抵押登记

B. 乙有权要求丙以自身全部财产承担担保义务

C. 乙有权要求丙以房屋价值为限承担担保义务

D. 乙有权要求丙承担损害赔偿责任

---

① 答案：C

② 答案：AB

③ 答案：CD

[例 58] 甲公司以一地块的建设用地使用权作抵押向乙银行借款 3000 万元，办理了抵押登记。其后，甲公司在该地块上开发建设住宅楼，由丙公司承建。甲公司在取得预售许可后与丁订立了商品房买卖合同，丁交付了 80%的购房款。现住宅楼已竣工验收，但甲公司未能按期偿还乙银行借款，并欠付丙公司工程款 1500 万元，乙银行和丙公司同时主张权利，法院拍卖了该住宅楼。下列哪些选项是正确的？(2017 年卷三第 55 题，多选)①

A. 乙银行对建设用地使用权拍卖所得价款享有优先受偿权

B. 乙银行对该住宅楼拍卖所得价款享有优先受偿权

C. 丙公司对该住宅楼及其建设用地使用权的优先受偿权优先于乙银行的抵押权

D. 丙公司对该住宅楼及其建设用地使用权的优先受偿权不得对抗丁对其所购商品房的权利

[例 59] 个体工商户甲将其现有的以及将有的生产设备、原材料、半成品、产品一并抵押给乙银行，但未办理抵押登记。抵押期间，甲未经乙同意以合理价格将一台生产设备出卖给丙。后甲不能向乙履行到期债务。对此，下列哪一选项是正确的？(2008 年卷三第 12 题，单选)②

A. 该抵押权因抵押物不特定而不能成立

B. 该抵押权因未办理抵押登记而不能成立

C. 该抵押权虽已成立但不能对抗善意第三人

D. 乙有权对丙从甲处购买的生产设备行使抵押权

[例 60] 某农村养殖户为扩大规模向银行借款，欲以其财产设立浮动抵押。对此，下列哪些表述是正确的？(2010 年卷三第 56 题，多选)③

A. 该养殖户可将存栏的养殖物作为抵押财产

B. 抵押登记机关为抵押财产所在地的工商部门

C. 抵押登记可对抗任何善意第三人

D. 如借款到期未还，抵押财产自借款到期时确定

考点 28　抵押权顺位的放弃

抵押权顺位的放弃是对一种权利的放弃，不会对其他抵押权人产生不利影响，因而无需取得其他抵押权人的同意。抵押权顺位的放弃分为相对放弃和绝对放弃：④

种类	概念	效力
相对放弃	先顺位的抵押权人为同一抵押财产上的**“某一特定”**的后顺位抵押权人的利益而放弃其在先顺位。	1. 对其他抵押权人而言，抵押权顺位的放弃对其并未产生不利影响。 2. 对于放弃者与被放弃者而言，放弃者与被放弃者处于**同一顺位**，将其各自按照原来顺位可分配的数额合在一起，由双方按其**债权比例**分配。

① 答案：ACD

② 答案：C

③ 答案：AD

④ 王利明、杨立新、王轶、程啸：《民法学》(第五版)，法律出版社 2017 年版，第 466 页。

续表

种类	概念	效力
绝对放弃	先顺位的抵押权人并非专为同一抵押财产上的“某一特定”的后顺位抵押权人的利益，而是为同一抵押财产上“**所有**”的后顺位抵押权人利益抛弃其在先顺位。	1. 后顺位的抵押权人的顺位**依次升进**。 2. 放弃者**变为最后顺位**的抵押权人。

［例］甲在自己的房屋上依次为乙、丙、丁设立了抵押权，各自担保的债权数额分别为 60 万元、20 万元、20 万元。因甲不清偿到期债务，房屋拍卖所得价款为 80 万元。现乙为丁的利益放弃抵押权顺位（相对抛弃）。①就拍卖房屋所得的 80 万元，乙优先受偿的数额为 60 万元，现乙对丁放弃抵押权顺位，对于乙作为第一顺位优先受偿的 60 万元，乙、丁按照各自的债权比例（换言之，对这 60 万元，乙、丁属于同一顺位），对这 60 万元优先受偿，即乙可以受偿 45（60×6/8）万元，丁可以受偿 15（60×2/8）万元。②丙的抵押权顺位不受影响，其对拍卖房屋所得价款中的 20 万元享有优先受偿权。

考点 29　最高额抵押

（一）修改说明

《民法典·物权编》	《物权法》
第 423 条：有下列情形之一的，抵押权人的债权确定： （一）约定的债权确定期间届满； （二）没有约定债权确定期间或者约定不明确，抵押权人或者抵押人自最高额抵押权设立之日起满二年后请求确定债权； （三）新的债权不可能发生； **（四）抵押权人知道或者应当知道抵押财产被查封、扣押；** （五）债务人、抵押人被宣告破产或者**解散**； （六）法律规定债权确定的其他情形。	第 206 条：有下列情形之一的，抵押权人的债权确定： （一）约定的债权确定期间届满； （二）没有约定债权确定期间或者约定不明确，抵押权人或者抵押人自最高额抵押权设立之日起满二年后请求确定债权； （三）新的债权不可能发生； **（四）抵押财产被查封、扣押；** （五）债务人、抵押人被宣告破产或者**被撤销**； （六）法律规定债权确定的其他情形。
评析：《物权法》之规定为“抵押财产被查封、扣押”，修改为“抵押权人知道或者应当知道抵押财产被查封、扣押”。最高额抵押之债权不确定，要实现抵押权必须先确定债权，如果仅是因为客观上抵押财产被冻结，而主观上不问债权人是否知晓，就直接确定债权，则对于最高额抵押权人是不公平的，因为他在不知情之情况下并没有相应的债权担保预见性。	

（二）考点精讲

最高额抵押是指为担保将来一段时间可能发生的不超过一定数额债权的实现而设定的担保方式。

最高额抵押权具有以下特点：

- 担保合同成立在前，主债权合同成立在后
- 担保的主债权的发生及其数额具有不确定性
- 在担保物权确定前，部分债权转让的，最高额抵押权不随之转让（有约从约）

续表

<table>
<tr><td colspan="2">[举例] 甲水泥公司向从事承包一项为期五年的大型工程的建筑公司乙销售水泥，双方订立了一份水泥连续供应合同，期限为5年。为担保以后乙公司从甲公司购买的各笔水泥货款的清偿，由乙公司提供一栋大楼设定抵押权于甲，其最高限额为5000万元。甲公司享有的此种抵押权就是最高额抵押权。</td></tr>
<tr><td>效力</td><td>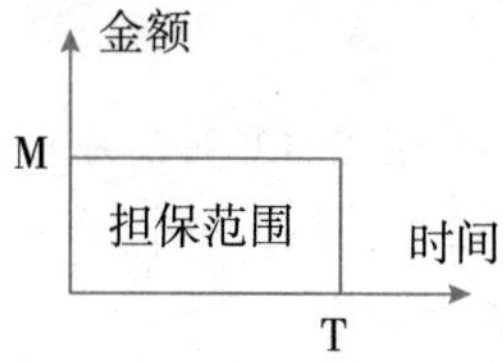

1. 在最高额抵押中，受到担保的主债权的范围，由抵押人与抵押权人在最高额抵押权合同中所约定的“最高金额”和“最长时间”两个维度加以确定，超出部分不再受最高额抵押的担保。
抵押权人实现最高额抵押权时，如果实际发生的债权余额高于最高限额的，以最高限额为限，超过部分不具有优先受偿的效力；如果实际发生的债权余额低于最高限额的，以实际发生的债权余额为限对抵押物优先受偿。
2. 最高额抵押权设立前已经存在的债权，经当事人同意，可以转入最高额抵押担保的债权范围。
3. 第422条：最高额抵押担保的债权确定前，抵押权人与抵押人可以通过协议变更债权确定的期间、债权范围以及最高债权额；但是，变更的内容不得对其他抵押权人产生不利影响。</td></tr>
<tr><td>确定</td><td>最高额抵押权担保的债权的确定也称“最高额抵押权担保的债权的特定”，它是指最高额抵押权所担保的一定范围内的不特定债权，因一定事由的发生而归于具体特定。
第423条：有下列情形之一的，抵押权人的债权确定：
1. 约定的债权确定期间届满；
即决算期届至，此时最高额抵押权担保的债权当然应当确定，这不难理解。
2. 没有约定债权确定期间或者约定不明确，抵押权人或者抵押人自最高额抵押权设立之日起满二年后请求确定债权；
由于实践中当事人有时没有约定决算期或者约定不明确，如果此时任由该最高额抵押权持续下去，只要主债务人仍在继续从债权人处得到融资，抵押人就不能摆脱担保责任，有可能会长期的约束债务人之外的抵押人，因此立法上作出了限制。
3. 新的债权不可能发生；
即债权人于债务人之间的基础法律关系已经消灭，不可能发生新的债权。比如，银行已经解除了与借款人之间的借款关系、买方与卖方已经终止了连续性买卖合同等。此时，因新的债权不可能发生，债权不再处于变动不居的状态，自然就确定了。
4. 抵押权人知道或者应当知道抵押财产被查封、扣押；
5. 债务人、抵押人被宣告破产或者解散；
6. 法律规定债权确定的其他情形。</td></tr>
</table>

典型真题

[例61] 甲、乙双方于2013年5月6日签订水泥供应合同，乙以自己的土地使用权为其价款支付提供了最高额抵押，约定2014年5月5日为债权确定日，并办理了登记。

丙为担保乙的债务，也于2013年5月6日与甲订立最高额保证合同，保证期间为一年，自债权确定日开始计算。

（1）水泥供应合同约定，将2013年5月6日前乙欠甲的货款纳入了最高额抵押的担保范围。下列说法正确的是？（2016年卷三第89题，不定项）①

A. 该约定无效

B. 该约定合法有效

C. 如最高额保证合同未约定将2013年5月6日前乙欠甲的货款纳入最高额保证的担保范围，则丙对此不承担责任

D. 丙有权主张减轻其保证责任

（2）甲在2013年11月将自己对乙已取得的债权全部转让给丁。下列说法正确的是：（2016年卷三第90题，不定项）②

A. 甲的行为将导致其最高额抵押权消灭

B. 甲将上述债权转让给丁后，丁取得最高额抵押权

C. 甲将上述债权转让给丁后，最高额抵押权不随之转让

D. 2014年5月5日前，甲对乙的任何债权均不得转让

考点30　质权

（一）修改说明

《民法典·物权编》	《物权法》
第440条：债务人或者第三人有权处分的下列权利可以出质： （一）汇票、本票、支票； （二）债券、存款单； （三）仓单、提单； （四）可以转让的基金份额、股权； （五）可以转让的注册商标专用权、专利权、著作权等知识产权中的财产权； **（六）现有的以及将有的应收账款；** （七）法律、行政法规规定可以出质的其他财产权利。	第223条：债务人或者第三人有权处分的下列权利可以出质： （一）汇票、支票、本票； （二）债券、存款单； （三）仓单、提单； （四）可以转让的基金份额、股权； （五）可以转让的注册商标专用权、专利权、著作权等知识产权中的财产权； **（六）应收账款；** （七）法律、行政法规规定可以出质的其他财产权利。
评析：对"应受账款"的表述进行修正和扩张，即修改为"取得应受账款、不动产收益的权利"，此二者性质类似，而这一表述则更为准确（质押客体是取得之权利而非账款本身）。	
第441条：以汇票、本票、支票、债券、存款单、仓单、提单出质的，质权自权利凭证交付质权人时设立；没有权利凭证的，质权	第224条：以汇票、支票、本票、债券、存款单、仓单、提单出质的，~~当事人应当订立书面合同~~。质权自权利凭证交付质权人时设立；没有权利凭证的，质权自有关部

① 答案：BC

② 答案：C

续表

《民法典 · 物权编》	《物权法》
自办理出质登记时设立。法律另有规定的，依照其规定。 第 443 条第 1 款：以基金份额、股权出质的，质权自办理出质登记时设立。 第 444 条第 1 款：以注册商标专用权、专利权、著作权等知识产权中的财产权出质的，质权自办理出质登记时设立。 第 445 条第 1 款：以应收账款出质的，质权自办理出质登记时设立。	门办理出质登记时设立。 第 226 条第 1 款：以基金份额、股权出质的，~~当事人应当订立书面合同。以基金份额、证券登记结算机构登记的股权出质的，质权自证券登记结算机构办理出质登记时设立；以其他股权出质的，质权自工商行政管理部门办理出质登记时设立~~。 第 227 条第 1 款：以注册商标专用权、专利权、著作权等知识产权中的财产权出质的，~~当事人应当订立书面合同。质权自有关主管部门办理出质登记时设立~~。 第 228 条第 1 款：以应收账款出质的，~~当事人应当订立书面合同。质权自信贷征信机构办理出质登记时设立~~。
评析：删除具体登记机构的规定。目前动产抵押和权利质押的登记机构较为分散，不能完全适应现代市场经济发展的需要。建立统一的动产抵押和权利质押登记制度有助于进一步发挥其融资担保功能。考虑到统一登记的具体规则宜由国务院规定，草案删除了有关动产抵押和权利质押具体登记机构的内容，为建立统一的动产抵押和权利质押登记制度留下空间。	

（二）考点精讲

质权，是指为担保债权的履行，债务人或者第三人将其动产或者权利移转债权人占有，以成立的担保物权。	
设立	1. **动产质权**：质押合同成立时生效；质权自出质人交付质押财产时设立。 **公式：质押合同有效+交付=动产质权**。 [举例] 甲为担保对乙的债务，于 2015 年 3 月 1 日与乙签订质押合同，承诺将自己的越野车质押给乙。同年 4 月 1 日甲交付越野车。问：质押合同何时生效，乙何时取得质权？① 动产质权以移转占有为生效要件的原因在于：质权须通过留置效力实现其担保主债权实现的功能。如果不使债权人占有动产，既无法向外界展示动产上存在的质权，使第三人蒙受不测的损害，也不能保全质权的效力，债权人在实现质权时会发生严重的困难。如果使债权人占有动产，就可以避免此种弊端。 **质物的交付不局限于现实交付，也包括简易交付与指示交付。但是出质人不得以占有改定的方式而继续占有标的物**。其原因在于： （1）动产质权以占有作为公示要件，如果出质人代质权人占有质物，则无法将该动产上所设立的质权加以公示，必将有害于交易安全。 （2）由于出质人仍直接占有质物，因此质权人无法对质物加以留置，质物的留置效力丧失殆尽。 2. **权利质权**：质押合同成立时生效。 （1）以汇票、本票、支票、债券、存款单、仓单、提单出质的，质权自权利凭证交付质权人

① 质押合同成立时生效，即质押合同于 3 月 1 日生效；但合同生效不等于质权设立，质权于质押财产交付时设立，4 月 1 日，甲将越野汽车交付给乙，此时质权设立，乙取得质权。

续表

设立	时设立；没有权利凭证的，质权自办理出质登记时设立。 （2）以基金份额、股权出质的，质权自办理出质登记时设立。 （3）以注册商标专用权、专利权、著作权等知识产权中的财产权出质的，质权自办理出质登记时设立。 （4）以应收账款出质的，质权自办理出质登记时设立。 **公式：质押合同有效+登记/交付=权利质权。**
效力	1. **质权人权利：占有权、优先受偿权、孳息收取权**（质权人有权收取质押财产的孳息，但是合同另有约定的除外）、**保全请求权**（因不能归责于质权人的事由可能使质押财产毁损或者价值明显减少，足以危害质权人权利的，质权人有权请求出质人提供相应的担保；出质人不提供的，质权人可以拍卖、变卖质押财产，并与出质人通过协议将拍卖、变卖所得的价款提前清偿债务或者提存）、**放弃质权**（质权人可以放弃质权。债务人以自己的财产出质，质权人放弃该质权的，其他担保人在质权人丧失优先受偿权益的范围内免除担保责任，但是其他担保人承诺仍然提供担保的除外）、**转质权**。 转质，是指质权人为了自己或者他人的债务，将质物向第三人再设定质权。转质以是否经过了原出质人同意，分为承诺转质（经过同意）和责任转质（未经同意）。 （1）承诺转质中，造成质押财产毁损、灭失的，质权人和转质权人承担赔偿责任（过错责任）。 （2）责任转质中，质权人属于无权处分，第三人可以善意取得动产质权，造成质押财产毁损、灭失的，质权人和转质权人承担不真正连带责任（无过错责任）。 （3）不论是承诺转质还是责任转质，转质权优于原质权。 ［举例］甲借钱给乙，乙为此将其电动车出质于甲。后甲向丙借款，未经乙同意将电动车出质于丙，在丙占有期间该车因使用不当毁损。据此可知，乙的损失应由（　　）① A. 甲承担全部赔偿责任 B. 乙自己承担 C. 丙承担全部赔偿责任 D. 甲和丙承担连带赔偿责任 2. **质权人义务：不得擅自使用义务**（质权人在质权存续期间，未经出质人同意转质，造成质押财产毁损、灭失的，应当承担赔偿责任——**无过错责任**）、**妥善保管义务**（质权人负有妥善保管质押财产的义务；因保管不善致使质押财产毁损、灭失的，应当承担赔偿责任——**过错责任**）、**积极行使质权**②（出质人可以请求质权人在债务履行期限届满后及时行使质权；质权人不行使的，出质人可以请求人民法院拍卖、变卖质押财产）、**返还质押财产**（债务人履行债务或者出质人提前清偿所担保的债权的，质权人应当返还质押财产）。

典型真题

［例62］甲为乙的债权人，乙将其电动车出质于甲。现甲为了向丙借款，未经乙同

① 答案：D

② 因为动产质权应以动产为标的物，而动产的价值往往波动很大，一些动产甚至越早变现就越好。所以在动产质权的实现时间上，往往是出质人迫切希望质权人快点行使权利。正因为如此，给予了出质人一项请求及时行使质权的权利。

意将电动车出质于丙，丙不知此车为乙所有。下列哪些选项是正确的？（2008 年卷三第 59 题，多选）①

A. 丙因善意取得而享有质权

B. 因未经乙的同意丙不能取得质权

C. 甲对电动车的毁损、灭失应向乙承担赔偿责任

D. 对电动车毁损、灭失，乙可向丙索赔

[例 63] 甲对乙享有 10 万元的债权，甲将该债权向丙出质，借款 5 万元。下列哪一表述是错误的？（2012 年卷三第 7 题，单选）②

A. 将债权出质的事实通知乙不是债权质权生效的要件

B. 如未将债权出质的事实通知乙，丙即不得向乙主张权利

C. 如将债权出质的事实通知了乙，即使乙向甲履行了债务，乙不得对丙主张债已消灭

D. 乙在得到债权出质的通知后，向甲还款 3 万元，因还有 7 万元的债权额作为担保，乙的部分履行行为对丙有效

[例 64] 甲公司为乙公司向银行贷款 100 万元提供保证，乙公司将其基于与丙公司签订的供货合同而对丙公司享有的 100 万元债权出质给甲公司作反担保。下列哪一表述是正确的？（2013 年卷三第 7 题，单选）③

A. 如乙公司依约向银行清偿了贷款，甲公司的债权质权仍未消灭

B. 如甲公司、乙公司将出质债权转让给丁公司但未通知丙公司，则丁公司可向丙公司主张该债权

C. 甲公司在设立债权质权时可与乙公司约定，如乙公司届期不清偿银行贷款，则出质债权归甲公司所有

D. 如乙公司将债权出质的事实通知了丙公司，则丙公司可向甲公司主张其基于供货合同而对乙公司享有的抗辩

[例 65] 甲公司通知乙公司将其对乙公司的 10 万元债权出质给了丙银行，担保其 9 万元贷款。出质前，乙公司对甲公司享有 2 万元到期债权。如乙公司提出抗辩，关于丙银行可向乙公司行使质权的最大数额，下列哪一选项是正确的？（2014 年卷三第 7 题，单选）④

A. 10 万元　　B. 9 万元

C. 8 万元　　D. 7 万元

[例 66] 2016 年 3 月 3 日，甲向乙借款 10 万元，约定还款日期为 2017 年 3 月 3 日。借款当日，甲将自己饲养的市值 5 万元的名贵宠物鹦鹉质押交付给乙，作为债务到期不履行的担保；另外，第三人丙提供了连带责任保证。关于乙的质权，下列哪些说法是正确的？（2017 年卷三第 56 题，多选）⑤

---

① 答案：ACD

② 答案：D

③ 答案：D

④ 答案：C

⑤ 答案：BCD

A. 2016年5月5日，鹦鹉产蛋一枚，市值2000元，应交由甲处置
B. 因乙照管不善，2016年10月1日鹦鹉死亡，乙需承担赔偿责任
C. 2017年4月4日，甲未偿还借款，乙未实现质权，则甲可请求乙及时行使质权
D. 乙可放弃该质权，丙可在乙丧失质权的范围内免除相应的保证责任

考点31 留置权

第447条：债务人不履行到期债务，债权人可以留置已经合法占有的债务人的动产，并有权就该动产优先受偿。 前款规定的债权人为留置权人，占有的动产为留置财产。	
构成要件	1. **积极要件**。 （1）债务人未履行**到期债务**（例外，债务人丧失支付能力或者被宣告破产的，即使债务的履行期尚未届至，债权人可以提前行使留置权，这种留置权称为“紧急留置权”）。 （2）债权人**合法占有**债务人的动产。 （3）债权人占有的动产与所担保的债权属于**同一法律关系（商事留置除外）**。 商事留置权的成立要件：①双方必须均为企业。②留置权人必须基于营业关系而占有对方的动产。③留置的动产与所担保的债权“不必属于”同一法律关系。 2. **消极要件**。 （1）因侵权行为取得动产占有的。 （2）当事人约定不得留置的。 （3）留置不得违反公共秩序或善良风俗。 留置权的取得应尊重社会公德。如果留置权的行使导致了对社会的安全与公共利益的损害，则应当认为此种留置权的行使违反了公序良俗。比如，在新型冠状病毒等大规模传染疾病暴发期间，承运人因托运人未支付运费而留置运往疫区的药品或防疫用具。
效力	1. 留置财产为可分物的，留置财产的价值应当相当于债务的金额。 2. 留置权人有权收取留置财产的孳息（**仅为“收取”而非“取得”**）。 3. 因留置权人保管不善致使留置财产毁损、灭失的，应当承担赔偿责任（过错责任）。 4. 因留置权人擅自使用、处分留置财产造成损害的，应当承担赔偿责任（无过错责任）。
实现	**先留置并确定履行宽限期→然后再确定优先受偿，**即只有在宽限期满后债务人仍未履行债务的，留置权人才可以行使优先受偿权。具体而言： 1. 对宽限期有约定的，按照约定。 2. 没有约定的，留置权人应当确定2**个月以上**的宽限期。但标的物属于鲜活易腐等不易保管的动产的，留置权人可以径行实行优先受偿权，不受2个月以上期限的限制。
消灭	1. 留置权人对留置财产**丧失占有**。 留置权是以占有为本体而形成的担保物权，一旦留置权人丧失对标的物的占有，自然法律创设留置权的现实基础已经失去，留置权自无存在的必要。 2. 留置权人接受债务人另行提供担保。 由于留置权乃依法产生的，而非当事人通过合意创设的，因此当当事人另行提供担保时，这样并不损害债权人的利益，而且也不存在违反当事人物权合意的情形，法律自然应当允许消

续表

消灭	灭留置权。此外，允许债务人通过另行提供担保而解除留置权也可以避免债务人因无法使用留置物而遭受损失。一举多得，何乐不为？

典型真题

[例67] 辽东公司欠辽西公司货款200万元，辽西公司与辽中公司签订了一份价款为150万元的电脑买卖合同，合同签订后，辽中公司指示辽西公司将该合同项下的电脑交付给辽东公司。因辽东公司届期未清偿所欠货款，故辽西公司将该批电脑扣留。关于辽西公司的行为，下列哪一选项是正确的？（2010年卷三第10题，单选）①

A. 属于行使抵押权　　B. 属于行使动产质权

C. 属于行使留置权　　D. 属于自助行为

[例68] 小贝购得一只世界杯指定用球后兴奋不已，一脚踢出，恰好落入邻居老马家门前的水井中，正在井边清洗花瓶的老马受到惊吓，手中花瓶落地摔碎。老马从井中捞出足球后，小贝央求老马归还，老马则要求小贝赔偿花瓶损失。对此，下列哪些选项是正确的？（2010年卷三第54题，多选）②

A. 小贝对老马享有物权请求权

B. 老马对小贝享有物权请求权

C. 老马对小贝享有债权请求权

D. 如小贝拒绝赔偿，老马可对足球行使留置权

[例69] 下列哪些情形下权利人可以行使留置权？（2015年卷三第55题，多选）③

A. 张某为王某送货，约定货物送到后一周内支付运费。张某在货物运到后立刻要求王某支付运费被拒绝，张某可留置部分货物

B. 刘某把房屋租给方某，方某退租搬离时尚有部分租金未付，刘某可留置方某部分家具

C. 何某将丁某的行李存放在火车站小件寄存处，后丁某取行李时认为寄存费过高而拒绝支付，寄存处可留置该行李

D. 甲公司加工乙公司的机器零件，约定先付费后加工。付费和加工均已完成，但乙公司尚欠甲公司借款，甲公司可留置机器零件

① 答案：C
② 答案AC
③ 答案：CD

12 第十二章 保证与定金

考点 32 保证

（一）修改说明

《民法典·合同编》	《担保法》
第 681 条：保证合同是为保障债权的实现，保证人和债权人约定，当债务人不履行到期债务或者发生当事人约定的情形时，保证人履行债务或者承担责任的合同。	第 6 条：本法所称保证，是指保证人和债权人约定，当债务人不履行债务时，保证人按照约定履行债务或者承担责任的行为。
评析：《担保法》关于“保证”的定义，意在表明保证这一担保形式，民法典将保证这一担保方式纳入合同编作为有名合同的一种，系对大陆法系国家担保立法传统的回归。	
第 682 条：保证合同是**主债权债务合同**的从合同。**主债权债务合同**无效，保证合同无效，**但是法律另有规定的除外**。 保证合同被确认无效后，债务人、保证人、债权人有过错的，应当根据其过错各自承担相应的民事责任。	第 5 条：担保合同是**主合同**的从合同，**主合同**无效，担保合同无效。**担保合同另有约定的，按照约定**。 担保合同被确认无效后，债务人、担保人、债权人有过错的，应当根据其过错各自承担相应的民事责任。
评析：重新定义担保合同的从属性，将“主合同”进一步明确为“主债权债务合同”，以强调担保的对象系债权债务关系而非其他合同关系。同时，进一步强化担保合同的从属性，将主债权债务合同无效，担保合同继续有效的情形严格限定在法定范围内。	
第 685 条：保证合同可以是单独订立的书面合同，也可以是主债权债务合同中的保证条款。 **第三人单方以书面形式向债权人作出保证的，债权人接收且未提出异议的，保证合同成立。**	第 13 条：保证人与债权人应当以书面形式订立保证合同。 《担保法解释》第 22 条：第三人单方以书面形式向债权人出具担保书，债权人**接受**且未提出异议的，保证合同成立。主合同中虽然没有保证条款，但是，保证人在主合同上以保证人的身份签字或者盖章的，保证合同成立。
评析：由于保证合同是单务合同，为避免不必要的争议，民法典沿袭了《担保法》关于保证合同必须以书面形式订立的思路。但在立法表述上，吸收了《担保法解释》的若干内容，明确规定担保合同的	

续表

<table>
<tr><th>《民法典·合同编》</th><th>《担保法》</th></tr>
<tr><td colspan="2">形式可以是单独的合同，也可以是主合同中的担保条款。但民法典对于以保证人的身份在主合同上签字是否构成保证担保，则未作规定，未来实践中可能引发不必要的争议。理由在于：明示其一则排除其他，既然该条明示了三种保证合同成立的方式，则应排除以保证人身份签字成立保证合同的可能。但另一方面，如将“以保证人的身份在主合同上签字或盖章”的行为本身理解为主合同的一个独立条款，则也可认为保证合同可以“以保证人的身份在主合同上签字或盖章”的形式成立。笔者认为后一种解释更符合立法的本意，也符合意思自治。
本条第2款对《担保法解释》的条款进行了全面改造，科学的确定了债权人以沉默的方式订立保证合同的形式。首先，将司法解释中的“担保书”进一步准确定性为“作出保证”这一行为，求实不求名。其次，将“接受”改为“接收”，更为准确，并不要求债权人明确意思表示的参与。此前的“接受”似有要求债权人明确表示之意，但这又与条文中“未提出异议”自相矛盾。</td></tr>
<tr><td>第686条：保证的方式包括一般保证和连带责任保证。当事人在保证合同中对保证方式没有约定或者约定不明确的，按照一般保证承担保证责任。</td><td>第16条：保证的方式有：
（一）一般保证；
（二）连带责任保证。
第19条：当事人对保证方式没有约定或者约定不明确的，按照连带责任保证承担保证责任。</td></tr>
<tr><td colspan="2">评析：对于保证方式的推定作了颠覆性改变。连带责任保证是一种加重保证人责任的保证方式，原则上宜由当事人明确约定；没有约定或者约定不明的，一概推定为连带责任保证，会加重实践中因互相担保或者连环担保导致资不抵债或者破产的问题，影响正常的生活和经营秩序。宪法和法律委员会经研究认为，将当事人对保证方式没有约定或者约定不明确的推定为一般保证，有利于防止债务风险的扩散，维护经济社会稳定。</td></tr>
<tr><td>第687条：当事人在保证合同中约定，债务人不能履行债务时，由保证人承担保证责任的，为一般保证。
一般保证的保证人在就债务人的财产依法强制执行仍不能履行债务前，有权拒绝承担保证责任，但是有下列情形之一的除外：
（一）债务人下落不明，且无财产可供执行；
（二）人民法院受理债务人破产案件；
（三）债权人有证据证明债务人的财产不足以履行全部债务或者丧失履行债务能力；
（四）保证人书面放弃本款规定的权利。</td><td>第17条：当事人在保证合同中约定，债务人不能履行债务时，由保证人承担保证责任的，为一般保证。
一般保证的保证人在主合同纠纷未经审判或者仲裁，并就债务人财产依法强制执行仍不能履行债务前，对债权人可以拒绝承担保证责任。
有下列情形之一的，保证人不得行使前款规定的权利：
<s>（一）债务人住所变更，致使债权人要求其履行债务发生重大困难的；</s>
（二）人民法院受理债务人破产案件，<s>中止执行程序；的</s>
（三）保证人以书面形式放弃前款规定的权利的。
《担保法解释》第25条：担保法第十七条第三款第（一）项规定的债权人要求债务人履行债务发生的重大困难情形，包括债务人下落不明、<s>移居境外</s>，且无财产可供执行。</td></tr>
<tr><td colspan="2">评析：对于先诉抗辩权的定义更为精准、科学：将要求一般保证人承担保证责任的前提修改为“就债务人的财产依法强制执行仍不能履行债务”，即对主债务人强制执行无效果前，保证人均可主张不承担</td></tr>
</table>

续表

《民法典·合同编》	《担保法》
担保责任。同时，删除了“债务人住所变更导致债权人要求其履行债务发生重大困难时，保证人不得主张先诉抗辩权”的情形。增加了“债权人有证据证明债务人的财产不足以履行全部债务或者丧失履行债务能力，保证人不得主张先诉抗辩权”的情形。	
第 688 条：当事人在保证合同中约定保证人**和**债务人对债务承担连带责任的，为连带责任保证。 连带责任保证的债务人**不履行到期债务或者发生当事人约定的情形时**，债权人**可以请求**债务人履行债务，**也可以请求**保证人在其保证范围内承担保证责任。	第 18 条：当事人在保证合同中约定保证人**与**债务人对债务承担连带责任的，为连带责任保证。 连带责任保证的债务人**在主合同规定的债务履行期届满没有履行债务的**，债权人**可以要求**债务人履行债务，**也可以要求**保证人在其保证范围内承担保证责任。
评析：将“债务履行期届满”修改为“到期债务”，更为简洁明了；将“要求”修改为“请求”更为科学。	
第 692 条：保证期间是保证人承担保证责任的期间，不发生中止、中断和延长。 债权人与保证人可以约定保证期间，但是约定的保证期间早于主债务履行期限或者与主债务履行期限同时届满的，视为没有约定；没有约定或者约定不明确的，保证期间为主债务履行期限届满之日起六个月。 **债权人与债务人对主债务履行期限没有约定或者约定不明确的，保证期间自债权人请求债务人履行债务的宽限期届满之日起计算。**	第 25 条第 1 款：一般保证的保证人与债权人未约定保证期间的，保证期间为主债务履行期届满之日起六个月。 第 26 条第 1 款：连带责任保证的保证人与债权人未约定保证期间的，债权人有权自主债务履行期届满之日起六个月内要求保证人承担保证责任。 《担保法解释》第 31 条：保证期间不因任何事由发生中断、中止、延长的法律后果。 第 32 条：保证合同约定的保证期间早于或者等于主债务履行期限的，视为没有约定，保证期间为主债务履行期届满之日起六个月。 ~~保证合同约定保证人承担保证责任直至主债务本息还清时为止等类似内容的，视为约定不明，保证期间为主债务履行期届满之日起二年。~~ 第 33 条：主合同对主债务履行期限没有约定或者约定不明的，保证期间自债权人要求债务人履行义务的宽限期届满之日起计算。
第 693 条：一般保证的债权人未在保证期间内对债务人提起诉讼或者申请仲裁的，保证人不再承担保证责任。 连带责任保证的债权人未在保证期间对保证人主张承担保证责任的，保证人不再承担保证责任。	第 25 条第 2 款：在合同约定的保证期间和前款规定的保证期间，债权人未对债务人提起诉讼或者申请仲裁的，保证人免除保证责任；~~债权人已提起诉讼或者申请仲裁的，保证期间适用诉讼时效中断的规定。~~ 第 26 条第 2 款：在合同约定的保证期间和前款规定的保证期间，债权人未要求保证人承担保证责任的，保证人免除保证责任。

续表

《民法典·合同编》	《担保法》
评析：保证期间是不变期间，因此删除了所谓保证期间适用诉讼时效中断的规定。	
第 694 条：一般保证的债权人在保证期间届满前对债务人提起诉讼或者申请仲裁的，**从保证人拒绝承担保证责任的权利消灭之日起**，开始计算**保证债务**的诉讼时效。 连带责任保证的债权人在保证期间届满前**请求**保证人承担保证责任的，从债权人**请求**保证人承担保证责任之日起，开始计算**保证债务**的诉讼时效。	《担保法解释》第 34 条：一般保证的债权人在保证期间届满前对债务人提起诉讼或者申请仲裁的，**从判决或者仲裁裁决生效之日起**，开始计算**保证合同**的诉讼时效。 连带责任保证的债权人在保证期间届满前**要求**保证人承担保证责任的，从债权人**要求**保证人承担保证责任之日起，开始计算**保证合同**的诉讼时效。 第 36 条：~~一般保证中，主债务诉讼时效中断，保证债务诉讼时效中断；连带责任保证中，主债务诉讼时效中断，保证债务诉讼时效不中断。~~ ~~一般保证和连带责任保证中，主债务诉讼时效中止的，保证债务的诉讼时效同时中止。~~
评析： 1. 修改了一般保证的保证债务诉讼时效起算点。所谓"保证人拒绝承担保证责任的权利"是指一般保证的保证人就债务人的财产依法强制执行仍不能履行债务前，有权拒绝承担保证责任。实践中，判决或仲裁裁决生效之日和依法强制执行仍不能履行债务之日有时间差，以后者作为起算点更有利于保障债权人的权利。 2. 确立了保证诉讼时效与主债权债务的诉讼时效彼此独立、分别计算、分别判断的原则。	
第 695 条：债权人和债务人未经保证人书面同意，协商变更**主债权债务合同内容**，减轻债务的，保证人仍对变更后的债务承担保证责任；加重债务的，保证人对加重的部分不承担保证责任。 债权人与债务人对主债权债务合同履行期限作了变更，未经保证人书面同意的，**保证期间不受影响**。	第 24 条：债权人与债务人协议变更主合同的，应当取得保证人书面同意，未经保证人书面同意的，保证人不再承担保证责任。~~保证合同另有约定的，按照约定。~~ 《担保法解释》第 30 条：保证期间，债权人与债务人对主合同数量、价款、币种、利率等内容作了变动，未经保证人同意的，如果减轻债务人的债务的，保证人仍应当对变更后的合同承担保证责任；如果加重债务人的债务的，保证人对加重的部分不承担保证责任。 **债权人与债务人对主合同履行期限作了变动，未经保证人书面同意的，保证期间为原合同约定的或者法律规定的期间。** **债权人与债务人协议变动主合同内容，但并未实际履行的，保证人仍应当承担保证责任。**
评析：对《担保法》第 24 条进行了全面改造，吸收了《担保法解释》的合理内容，规定仅在主债权债务合同变更，加重保证人责任时，保证人才可以主张对加重的部分不承担保证责任。删除了"保证合同另有约定的，按照约定"的内容，更有利于保护保证人，即主债权债务合同变更，对于加重保证人责任的部分，必须征得保证人书面同意，排除了当事人另行约定的可能。	

续表

《民法典·合同编》	《担保法》
第696条：债权人转让全部或者部分债权，**未通知保证人的，该转让对保证人不发生效力**。保证人与债权人约定禁止债权转让，债权人未经保证人书面同意转让债权的，保证人对受让人不再承担保证责任。	第22条：保证期间，债权人依法将主债权转让给第三人的，~~保证人在原保证担保的范围内继续承担保证责任。保证合同另有约定的，按照约定。~~ 《担保法解释》第28条：保证期间，债权人依法将主债权转让给第三人的，保证债权同时转让，保证人在原保证担保的范围内对受让人承担保证责任。但是保证人与债权人事先约定仅对特定的债权人承担保证责任或者禁止债权转让的，保证人不再承担保证责任。
评析：债权转让未通知保证人时的效力问题。修改后增加了“未经通知，该转让对保证人不发生效力”，该处修改体现了合同编通则分编中要求债权转让须通知债务人的规定。	
第697条：债权人未经保证人书面同意，允许债务人转移全部或者部分债务，保证人对未经其同意转移的债务不再承担保证责任，**但是债权人和保证人另有约定的除外**。 **第三人加入债务的，保证人的保证责任不受影响**。	第23条：保证期间，债权人许可债务人转让债务的，应当取得保证人书面同意，保证人对未经其同意转让的债务，不再承担保证责任。 《担保法解释》第29条：保证期间，债权人许可债务人转让部分债务未经保证人书面同意的，保证人对未经其同意转让部分的债务，不再承担保证责任。~~但是，保证人仍应当对未转让部分的债务承担保证责任。~~
评析：“但书”部分体现了尊重保证人的意思自治。区分了免责的债务承担和并存的债务承担对保证人保证责任的影响。	
第698条：一般保证的保证人在主债务履行期限届满后，向债权人提供债务人可供执行财产的真实情况，债权人放弃或者怠于行使权利致使该财产不能被执行的，**保证人在其提供可供执行财产的价值范围内不再承担保证责任**。	《担保法解释》第24条：一般保证的保证人在主债权履行期间届满后，向债权人提供了债务人可供执行财产的真实情况的，债权人放弃或者怠于行使权利致使该财产不能被执行，**保证人可以请求人民法院在其提供可供执行财产的实际价值范围内免除保证责任**。
第701条：保证人可以主张债务人对债权人的抗辩。债务人放弃抗辩的，保证人仍有权向债权人主张抗辩。	第20条：一般保证和连带责任保证的保证人享有债务人的抗辩权。债务人放弃对债务的抗辩权的，保证人仍有权抗辩。 ~~抗辩权是指债权人行使债权时，债务人根据法定事由，对抗债权人行使请求权的权利。~~
（增加）第702条：**债务人对债权人享有抵销权或者撤销权的，保证人可以在相应范围内拒绝承担保证责任**。	——
评析：该条中的抵销权是指合同编第568条规定的法定抵销权和第569条规定的约定抵销权；撤销权是指总则编第六章第三节规定的撤销权。目的在于最大限度保护保证人的利益，防止主债权债务的当事人恶意拉保证人“垫背”。	

（二）考点精讲

<table>
<tr><td colspan="2">保证是指保证人和债权人约定，当债务人不履行到期债务或者发生当事人约定的情形时，保证人以自己全部财产（不特定财产）对债权人履行债务或承担责任的担保方式。
如图：
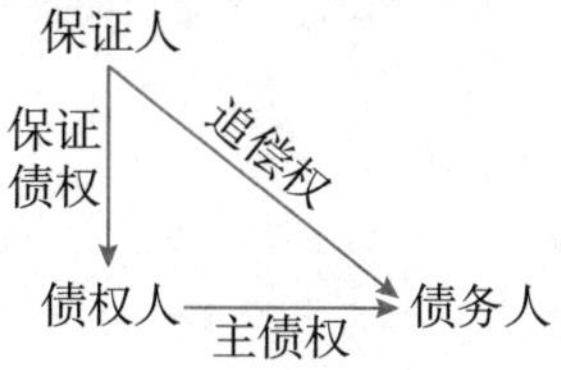
</td></tr>
<tr><td>成立方式</td><td>1. 单独的书面保证合同：保证合同的当事人为债权人与保证人。
2. 主合同中写明保证条款，并由保证人签名或者盖章。
3. 主合同中没有保证条款，保证人在主合同上以保证人身份签字或者盖章。
4. 第三人单方以书面形式出具担保书，债权人接受且未提出异议。</td></tr>
<tr><td>保证方式</td><td>保证分为一般保证与连带责任保证，当事人对保证方式没有约定或者约定不明确的，按照一般保证承担保证责任，即“有约从约，无约为一般保证”。
1. 一般保证。
（1）①指明为一般保证；②当事人在保证合同中约定，债务人不能履行债务时，由保证人承担保证责任（注：考试中，约定债务人不履行债务时，“不”等于“不能”）。③当事人对保证方式没有约定或者约定不明确的，按照一般保证承担保证责任。
（2）一般保证的保证人享有先诉抗辩权，即一般保证的保证人在就债务人的财产依法强制执行仍不能履行债务前，有权拒绝承担保证责任，但是有下列情形之一的除外：
（一）债务人下落不明，且无财产可供执行；
（二）人民法院受理债务人破产案件；
（三）债权人有证据证明债务人的财产不足以履行全部债务或者丧失履行债务能力；
（四）保证人书面放弃本款规定的权利。
2. 连带责任保证。保证人与债务人承担连带责任，保证人不享有先诉抗辩权。
3. 一般保证与连带责任保证对诉讼的影响：
（1）一般保证。
①可只起诉债务人，列债务人为被告；
②可同时起诉债务人、保证人，二者为共同被告。但应在判决书中明确，在对债务人财产依法强制执行仍不能履行债务时，由保证人承担保证责任。
（2）连带责任保证。
①可以只起诉债务人；
②可以只起诉保证人；
③可以起诉债务人和保证人，二者列为共同被告。</td></tr>
<tr><td>保证期间</td><td>1. 保证期间，是指保证人承担保证责任的期间。保证期间意在督促债权人依照法定方式积极行使权利。
（1）在一般保证中，“对主债务人提起诉讼或者申请仲裁”（因为一般保证人享有先诉抗辩权）。</td></tr>
</table>

续表

保证期间	（2）在连带责任保证中，**“请求保证人承担保证责任”**（因为连带责任保证人不享有先诉抗辩权）。 2. **保证期间内，债权人未依据上述方式主张权利，保证期间届满后，保证人不再承担保证责任；债权人依据法定方式主张了权利的，保证期间便功成身退，开始计算保证合同的诉讼时效**。 3. 保证期间是**不变期间**，不因任何事由中断、中止、延长。 （1）有约从约。 （2）未约定的，**为主债务履行期届满之日起6个月**；约定期间早于或者等于主债务履行期间的，视为未约定。
诉讼时效	1. 保证债务诉讼时效的起算： （1）一般保证：**从保证人拒绝承担保证责任的权利消灭之日起，开始计算保证债务的诉讼时效**。 （2）连带责任保证：**从债权人请求保证人承担保证责任之日起，开始计算保证债务的诉讼时效**。 2. 保证债务与主债务诉讼时效的关系： **保证诉讼时效与主债权债务的诉讼时效彼此独立、分别计算、分别判断**。
保证效力	1. **在保证人与债权人之间**。 （1）保证人可以援用主债务人享有的一切抗辩权（比如，主债务诉讼时效已过的抗辩、同时履行抗辩权、先履行抗辩权、不安抗辩权等）。 **①若债务人主张了抗辩，则保证人必须援用，保证人未援用抗辩承担责任后，对债务人无相应追偿权。②若债务人自己放弃了抗辩，保证人仍可以援用，保证人未援用的，承担责任后，对债务人的追偿权不受影响**。 （2）保证人自己的抗辩（比如保证债务诉讼时效经过的抗辩、一般保证人的先诉抗辩权）。 **若保证人放弃自己的抗辩承担保证责任，向债权人追偿的权利不受影响**。 **（3）债务人对债权人享有抵销权或者撤销权的，保证人可以在相应范围内拒绝承担保证责任**。 2. **在保证人与主债务人之间**。 （1）**债权转让**：①债权人将全部或者部分债权转让给第三人，**通知保证人后**，保证人对受让人承担相应的保证责任。**未经通知，该转让对保证人不发生效力。②保证人与债权人约定仅对特定的债权人承担保证责任或者禁止债权转让，债权人未经保证人书面同意转让全部或者部分债权的，保证人就受让人的债权不再承担保证责任**。 （2）**债务承担**：①债权人未经保证人书面同意，允许债务人转移全部或者部分债务，保证人对未经其同意转移的债务不再承担保证责任，**但是债权人和保证人另有约定的除外。②第三人加入债务的，保证人的保证责任不受影响**。 （3）**内容变更**：债权人和债务人未经保证人书面同意，协商变更**主债权债务合同内容**，①减轻债务的，保证人仍对变更后的债务承担保证责任；②加重债务的，保证人对加重的部分不承担保证责任。③债权人与债务人对主债权债务合同履行期限作了变更，未经保证人书面同意的，**保证期间不受影响**。

典型真题

［例 70］根据甲公司的下列哪些《承诺（保证）函》，如乙公司未履行义务，甲公司应承担保证责任？（2015 年卷三第 57 题，多选）①

A. 承诺："积极督促乙公司还款，努力将丙公司的损失降到最低"

B. 承诺："乙公司向丙公司还款，如乙公司无力还款，甲公司愿代为清偿"

C. 保证："乙公司实际投资与注册资金相符"。实际上乙公司实际投资与注册资金不符

D. 承诺："指定乙公司与丙公司签订保证合同"。乙公司签订了保证合同但拒不承担保证责任

［例 71］甲向乙借款 5 万元，乙要求甲提供担保，甲分别找到友人丙、丁、戊、己，他们各自作出以下表示，其中哪些构成保证？（2008 年卷三第 53 题，多选）②

A. 丙在甲向乙出具的借据上签署"保证人丙"

B. 丁向乙出具字据称"如甲到期不向乙还款，本人愿代还 3 万元"

C. 戊向乙出具字据称"如甲到期不向乙还款，由本人负责"

D. 己向乙出具字据称"如甲到期不向乙还款，由本人以某处私房抵债"

［例 72］出现下列何种情形时，一般保证的保证人不得行使先诉抗辩权？（2007 年卷三第 58 题，多选）③

A. 债务人住所变更，致使债权人要求其履行债务发生重大困难

B. 债务人移居国外，但国内有其购买现由亲属居住的住宅

C. 人民法院受理债务人破产案件，中止执行程序

D. 保证人以书面形式放弃先诉抗辩权

［例 73］下列关于保证债务诉讼时效的哪些表述是正确的？（2006 年卷三 59 题，多选）④

A. 保证期间届满后，不必再起算保证债务的诉讼时效

B. 保证债务的诉讼时效起算后，不必再计算保证期间

C. 保证债务的诉讼时效随主债务诉讼时效中止而中止

D. 保证债务的诉讼时效随主债务诉讼时效中断而中断

［例 74］甲乙双方拟订的借款合同约定：甲向乙借款 11 万元，借款期限为 1 年。乙在签字之前，要求甲为借款合同提供担保。丙应甲要求同意担保，并在借款合同保证人一栏签字，保证期间为 1 年。甲将有担保签字的借款合同交给乙。乙要求从 11 万元中预先扣除 1 万元利息，同时将借款期限和保证期间均延长为 2 年。甲应允，双方签字，乙依约将 10 万元交付给甲。下列哪一表述是正确的？（2011 年卷三第 11 题，单选）⑤

A. 丙的保证期间为 1 年　　B. 丙无须承担保证责任

---

① 答案：BC

② 答案：ABC

③ 答案：CD（旧题新解，原答案 ACD）

④ 答案：AB（旧题新解，原答案 ABC）

⑤ 答案：B

C. 丙应承担连带保证责任　　D. 丙应对10万元本息承担保证责任

考点33　定金

定金是指为担保合同的订立、成立或生效、履行，由当事人一方在合同订立时或者订立后至履行前给付给对方的一定数额的金钱或替代物。 定金具有以下特征： 定金属于**约定担保方式**，当事人可以约定定金数额，但不得超过主合同标的额的20%。 定金属于**金钱担保**，具有多重效力。 定金合同是**实践性合同**，从实际交付定金之日起生效，实际交付的定金与约定的不一致时，视为对约定的变更，以实际交付的为准。 定金具有**从属性**，主合同不成立或者无效，定金随之不成立或者无效。	
定金罚则	1. 给付定金的一方不履行约定债务的，**无权要求返还定金**；收受定金的一方不履行约定债务的，应当**双倍返还定金**。 2. 当事人一方不完全履行合同的，应当按照**未履行部分所占比例**适用定金罚则。
择一行使	当事人既约定违约金，又约定定金的，一方违约时，对方**可以选择适用**违约金或者定金条款。

典型真题

［例75］甲、乙约定：甲将100吨汽油卖给乙，合同签订后三天交货，交货后十天内付货款。还约定，合同签订后乙应向甲支付十万元定金，合同在支付定金时生效。合同订立后，乙未交付定金，甲按期向乙交付了货物，乙到期未付款。对此，下列哪一表述是正确的？（2010年卷三第14题，单选）①

A. 甲可请求乙支付定金　　C. 甲交付汽油使得定金合同生效

［例76］甲公司与乙公司签订了一份手机买卖合同，约定：甲公司供给乙公司某型号手机1000部，每部单价1000元，乙公司支付定金30万元，任何一方违约应向对方支付合同总价款30%的违约金。合同签订后，乙公司向甲公司支付了30万元定金，并将该批手机转售给丙公司，每部单价1100元，指明由甲公司直接交付给丙公司。但甲公司未按约定期间交货。请回答：

关于返还定金和支付违约金，乙公司向甲公司提出请求，下列表述正确的是？（2010年卷三第91题，不定项）②

A. 请求甲公司双倍返还定金60万元并支付违约金30万元

B. 请求甲公司双倍返还定金40万元并支付违约金30万元

C. 请求甲公司双倍返还定金60万元或者支付违约金30万元

D. 请求甲公司双倍返还定金40万元或者支付违约金30万元

---

① 分析：定金合同属于实践合同，由于乙一直未按照约定支付定金，甲、乙之间的定金合同尚未生效，甲无权请求乙支付定金。故AC项均错误。

② 答案：D

13 第十三章 共同担保

考点 34　共同抵押

	承担方式	追偿顺序
按份共同抵押	按约定的份额行使（**对外按份**）	只能向债务人追偿（**对内无关**）
连带共同抵押	债权人行使抵押权**无先后顺序限制**，抵押权人可以就其中任一或者各个财产行使抵押权（**对外连带**）	**追偿无顺序限制**，抵押人承担担保责任以后，可以向债务人追偿，也可以要求其他抵押人清偿其应当承担的份额（**对内按份**）

典型真题

[例 77] 甲公司以其机器设备为乙公司设立了质权。10 日后，丙公司向银行贷款 100 万元，甲公司将机器设备又抵押给银行，担保其中 40 万元贷款，但未办理抵押登记。同时，丙公司将自有房产抵押给银行，担保其余 60 万元贷款，办理了抵押登记。20 日后，甲将机器设备再抵押给丁公司，办理了抵押登记。丙公司届期不能清偿银行贷款。下列哪一表述是正确的？（2013 年卷三第 8 题，单选）①

A. 如银行主张全部债权，应先拍卖房产实现抵押权

B. 如银行主张全部债权，可选择拍卖房产或者机器设备实现抵押权

考点 35　共同保证

（一）修改说明

《民法典·合同编》	《担保法》
第 699 条：同一债务有两个以上保证人的，保证人应当按照保证合同约定的保证份额，承担保证责任；**没有约定保证份额的，**	第 12 条：同一债务有两个以上保证人的，保证人应当按照保证合同约定的保证份额，承担保证责任。~~没有约定保证份额的，保证人承担连带责任，债权人可以要求任何一个保证人承担全部保证责任，保证人都负有担保全部债权实现的义务。已经承担保证责任的保证人，有权向债务人追偿，或者要求承担连带责任的其他保证人清偿其应当承担的份额。~~

① 分析：因为甲、丙分别与银行约定了各自抵押担保的数额，故甲、丙构成按份共同抵押。基于此，银行主张 100 万债权只能按照约定的份额行使抵押权。故 AB 项均错误。

续表

《民法典·合同编》	《担保法》
债权人可以请求任何一个保证人在其保证范围内承担保证责任。 第700条：保证人承担保证责任后，**除当事人另有约定外，有权在其承担保证责任的范围内向债务人追偿，享有债权人对债务人的权利，但是不得损害债权人的利益**。	《担保法解释》第19条：~~两个以上保证人对同一债务同时或者分别提供保证时，各保证人与债权人没有约定保证份额的，应当认定为连带共同保证。连带共同保证的保证人以其相互之间约定各自承担的份额对抗债权人的，人民法院不予支持。~~ 第20条：连带共同保证的债务人在主合同规定的债务履行期届满没有履行债务的，债权人可以要求债务人履行债务，也可以要求任何一个保证人承担全部保证责任。 连带共同保证的保证人承担保证责任后，向债务人不能追偿的部分，由各连带保证人按其内部约定的比例分担。没有约定的，平均分担。 第21条：按份共同保证的保证人按照保证合同约定的保证份额承担保证责任后，在其履行保证责任的范围内对债务人行使追偿权。
评析：否定了共同保证人的相互追偿权，规定只能向债务人追偿。	

（二）考点精讲

	承担方式	追偿顺序
按份共同保证	按约定的份额行使（**对外按份**）	只能向债务人追偿（**对内无关**）
连带共同保证	**无先后顺序限制**，连带共同保证的债务人在主合同规定的债务履行期届满没有履行债务的，债权人可以要求债务人履行债务，也可以要求任何一个保证人承担全部保证责任（**对外连带**）	**除当事人另有约定外，有权在其承担保证责任的范围内向债务人追偿，享有债权人对债务人的权利，但是不得损害债权人的利益。（对内无关）**

典型真题

［例78］甲公司向乙银行借款100万元，丙、丁以各自房产分别向乙银行设定抵押，戊、己分别向乙银行出具承担全部责任的担保函，承担保证责任。下列哪些表述是正确的？（2012年卷三第55题，多选）①

A. 乙银行可以就丙或者丁的房产行使抵押权

B. 丙承担担保责任后，可向甲公司追偿，也可要求丁清偿其应承担的份额

C. 乙银行可以要求戊或者己承担全部保证责任

D. 戊承担保证责任后，可向甲公司追偿，也可要求己清偿其应承担的份额

考点36　混合担保

同一个债，既有物保（抵押、质押），又有人保（保证），称为混合担保。

第392条：被担保的债权既有物的担保又有人的担保的，债务人不履行到期债务或者发生当事人约定的实现担保物权的情形，债权人应当按照约定实现债权；没有约定或者约定不

① 答案：ABC

明确，债务人自己提供物的担保的，债权人应当先就该物的担保实现债权；第三人提供物的担保的，债权人可以就物的担保实现债权，也可以请求保证人承担保证责任。提供担保的第三人承担担保责任后，有权向债务人追偿。

	承担方式	追偿顺序
债务人提供物保的情形	**有先后顺序限制**，债权人应当按照约定实现债权；没有约定或者约定不明确，债务人自己提供物的担保的，**债权人应当先就该物的担保实现债权**。	——
第三人提供物保的情形	**无先后顺序限制**，债权人应当按照约定实现债权；没有约定或者约定不明确，第三人提供物的担保的，债权人**可以**就物的担保实现债权，**也可以**要求保证人承担保证责任。	**追偿无顺序限制**，第三人承担担保责任以后，**可以**向债务人追偿，**也可以**要求其他担保人清偿其应当承担的份额。

典型真题

[例79] 甲公司将1台挖掘机出租给乙公司，为担保乙公司依约支付租金，丙公司担任保证人，丁公司以机器设备设置抵押。后乙公司未支付到期租金。请回答：（案情有删减）

关于丙公司和丁公司的担保责任，甲公司下列做法正确的是：（2012年卷三第87题，不定项）①

A. 可以要求丙公司承担保证责任

B. 可以要求丁公司承担抵押担保责任

C. 须先要求丙公司承担保证责任，后要求丁公司承担抵押担保责任

D. 须先要求丁公司承担抵押担保责任，后要求丙公司承担保证责任

[例80] 甲公司欠乙公司货款100万元，先由甲公司提供机器设备设定抵押权、丙公司担任保证人，后由丁公司提供房屋设定抵押权并办理了抵押登记。甲公司届期不支付货款，下列哪一表述是正确的？（2014年卷三第8题，旧题新解）②

A. 乙公司应先行使机器设备抵押权

B. 乙公司应先行使房屋抵押权

C. 乙公司应先行请求丙公司承担保证责任

D. 丙公司和丁公司可相互追偿

① 答案：AB

② 答案：AD

第五分编　占　有

14 第十四章 占　有

考点 37　占有的分类

1. 有权占有与无权占有。

有权占有与无权占有	
构成要件	**是否享有占有本权。** 1. **有权占有，指有本权的占有。**换言之，凡对物享有占有的**物权、债权、监护权**等，均为有权占有。如，所有权人、土地承包经营权人、建设用地使用权人、宅基地使用权人、质权人、留置权人的占有为有权占有（本权为物权）；借用人、承租人、保管人、承运人、买受人的占有亦属有权占有（本权为债权），替孩子保管财产的父母对财产的占有属于有权占有（本权为监护权）。 **（1）以物权为本权的占有——具有绝对性（对抗任何人）；** **（2）以债权为本权的占有——具有相对性（例外：占有的延续——例如：买卖不破租赁、合法转租）。** 2. **无权占有，指欠缺本权的占有。**如，遗失物拾得人的占有、小偷对盗赃物的占有、无效买卖合同中买受人的占有、租赁期届满后承租人对租赁物的占有均为无权占有。
区分意义	1. 返还原物请求权的构成要件之一，系相对人为**现时的无权占有人**。对有权占有人，物权人不得行使返还原物请求权。 2. 无权占有中的占有人不享有留置权。 3. 占有保护请求权——有权占有与无权占有均保护。

2. 善意占有与恶意占有。

善意占有与恶意占有	
构成要件	**无权占有中，是否知道自己无权占有。** 1. **善意占有，指占有人不知道也不应当知道缺乏占有的本权而占有，**即无权占有人的主观状态为不知情且无怀疑。如：小偷甲将偷来的手表出卖给“不知情”的乙，乙的占有为善意占有。

续表

构成要件	2. **恶意占有，指占有人明知无占有的权利，或者虽非明知但仍有所怀疑所形成的占有**。如：小偷甲将偷来的手表出卖给“知情”的乙，乙对手表的占有即为恶意占有。拾得人对遗失物的占有亦为恶意占有。
区分意义	1. 只有善意占有人方可受到善意取得制度的保护。 2. 无权占有的标的物因“使用”遭受损害的，恶意占有人应当承担赔偿责任；善意占有人不承担赔偿责任。 3. 权利人请求返还占有物时，善意占有人有权请求权利人支付保管、维修等必要费用；恶意占有人无此项请求权。 4. 无权占有的标的物毁损、灭失的，无权占有人无论是否为善意均应返还补偿金、赔偿金或者保险金给权利人。没有补偿金、赔偿金或者补偿金，或者尚有损失没有得到弥补的，恶意占有人还应当赔偿损失。

3. 直接占有与间接占有。

直接占有与间接占有	
构成要件	**是否通过占有媒介关系占有**。 1. **直接占有，指直接对物进行事实上的管领和控制**。如：质权人、承租人、保管人、借用人的占有为直接占有。 2. **间接占有，指虽未直接占有某物，但依据一定的法律关系而对于直接占有人享有返还占有请求权，从而间接管领和控制该物**。间接占有的构成要件有二：(1) 与直接占有人具有占有媒介关系：①意定的占有媒介关系（如出租、借用、保管、质押等），②法定的占有媒介关系（如基于返还原物请求权法律关系等）；(2) 对直接占有人享有返还请求权。如：出质人、出租人、寄托人为间接占有人。 **注：雇主甲的汽车由所雇的司机乙的驾驶，乙系汽车的占有辅助人，而非占有人，甲对该汽车是直接占有**。
区分意义	1. **交付既可以通过移转直接占有完成（现实交付与简易交付），也可以通过移转或者创设间接占有完成（指示交付与占有改定）这是占有制度与交付制度之间的亲密关系**。 2. **直接占有可以独立存在；间接占有不能独立存在**。 3. **间接占有可以形成占有阶梯，形成多层次间接占有；直接占有则否**。 4. **返还原物请求权之相对人，既包括现时的无权的直接占有人，也包括现时的无权的间接占有人**。 5. **占有保护请求权，既保护直接占有人，又保护间接占有人**。

4. 自主占有与他主占有。

自主占有与他主占有	
构成要件	**是否以所有权人的心态占有**。 1. **自主占有，指以据为己有的意思而占有**。自主占有不以享有所有权为前提。如，所有人的占有通常为自主占有，小偷的占有、侵占遗失物的拾得人的占有、买受人对已经交付但尚未办理登记的房屋的的占有均为自主占有。

续表

构成要件	2. **他主占有，指不以据为己有的意思而占有**。如，留置权人对留置财产的占有、承租人对租赁物的占有均为他主占有。 (1) 凡是基于占有媒介关系占有“他人”之物者，如承租人、保管人、质权人、留置权人的占有均为他主占有。 (2) 若他主占有人“变了心”，以外界可得知的方式将他主占有的意思变更为自主占有的意思，则他主占有变更为自主占有。

典型真题

［例 81］高某向周某借用一头耕牛，在借用期间高某意外死亡，其子小高不知耕牛非属高某所有而继承。不久耕牛产下一头小牛。期满后周某要求小高归还耕牛及小牛，但此时小牛已因小高管理不善而死亡。下列哪一选项是正确的？（2008 年延考卷三第 14 题，单选）①

A. 周某有权请求小高归还其耕牛，但无权请求返还小牛

B. 周某有权请求小高归还其耕牛及小牛

C. 周某有权请求小高返还其耕牛及小牛，但应向小高支付必要费用

D. 周某可以请求小高赔偿小牛死亡的损失

［例 82］甲将 1 套房屋出卖给乙，已经移转占有，没有办理房屋所有权移转登记。现甲死亡，该房屋由其子丙继承。丙在继承房屋后又将该房屋出卖给丁，并办理了房屋所有权移转登记。下列哪些表述是正确的？（2012 年卷三第 56 题，多选）②

A. 乙虽然没有取得房屋所有权，但是基于甲的意思取得占有，乙为有权占有

B. 乙可以对甲的继承人丙主张有权占有

C. 在丁取得房屋所有权后，乙可以以占有有正当权利来源对丁主张有权占有

D. 在丁取得房屋所有权后，丁可以基于其所有权请求乙返还房屋

［例 83］甲拾得乙的手机，以市价卖给不知情的丙并交付。丙把手机交给丁维修。修好后丙拒付部分维修费，丁将手机扣下。关于手机的占有状态，下列哪些选项是正确的？（2015 年卷三第 56 题，多选）③

A. 乙丢失手机后，由直接占有变为间接占有

B. 甲为无权占有、自主占有

C. 丙为无权占有、善意占有

D. 丁为有权占有、他主占有

---

① 答案：A

② 答案：ABD

③ 答案：ABCD

考点 38　占有的效力与保护

（一）修改说明

《民法典·物权编》	《物权法》
第 462 条：占有的不动产或者动产被侵占的，占有人有权请求返还原物；对妨害占有的行为，占有人有权请求**排除妨碍或者消除危险**；因侵占或者妨害造成损害的，占有人有权请求损害赔偿。 占有人返还原物的请求权，自侵占发生之日起一年内未行使的，该请求权消灭。	第 245 条：占有的不动产或者动产被侵占的，占有人有权请求返还原物；对妨害占有的行为，占有人有权请求排除妨害或者消除危险；因侵占或者妨害造成损害的，占有人**有权请求**损害赔偿。 占有人返还原物的请求权，自侵占发生之日起一年内未行使的，该请求权消灭。

（二）知识精讲

占有的效力	占有的性质虽为一种事实状态而非权利，但为了维护社会秩序，合理解决当事人之间的权利义务关系，法律仍赋予占有一定的法律效力。主要有： 1. **权利推定效力**。如果占有人在占有物上行使权利，则推定其享有此项权利。这就是占有的权利推定效力。根据占有的权利推定效力，在没有相反证据的情况下即推定占有人享有相应的物权或者债权。 2. **权利取得效力**。占有人在符合法定要件的情况下可以取得本权，此即占有的权利取得效力。具体包括两种情形，（1）善意取得所有权或者他物权；（2）因占有时效的完成而取得所有权或者他物权。我国法律至今尚无关于占有时效的一般规定。 3. **保护效力。占有人的占有无论是否为有权占有，均可以对抗他人的侵犯。**
占有的保护	1. **占有返还请求权。占有返还请求权的构成要件：** （1）占有人的占有被侵夺（完全违背占有人的意思，以法律禁止的私力剥夺）。 （2）请求人为占有人（有权占有人+无权占有人）。 （3）被请求人为侵夺人及其继受人。 **注：①对侵夺人主张时，要求侵夺人仍为占有人。②对侵夺人的继受人主张时，要区分概括继受人（如：继承、企业合并等）和特定继受人（如：买卖、出租等）。对于概括继受人，无论其主观为善意还是恶意，均可对其主张占有返还请求权；对于特定继受人，若其为善意，不能向其主张占有返还请求权，若其为恶意，可对其主张占有返还请求权。** **（4）自侵夺之日起 1 年内行使（除斥期间）。** 2. 排除妨碍或者消除危险请求权。在妨害已经发生或者有妨害之虞时，占有人有权请求排除妨碍或者消除危险。 3. 损害赔偿请求权。因侵夺或者妨害造成损害的，占有人有权请求损害赔偿。

典型真题

［例 84］甲、乙是邻居。乙出国 2 年，甲将乙的停车位占为己用。期间，甲将该停车位出租给丙，租期 1 年。期满后丙表示不再续租，但仍继续使用该停车位。下列哪一

表述是错误的？（2012年卷三第8题，单选）①

A. 甲将乙的停车位占为己用，甲属于恶意、无权占有人

B. 丙的租期届满前，甲不能对丙主张占有返还请求权

C. 乙可以请求甲返还原物。在甲为间接占有人时，可以对甲请求让与其对丙的占有返还请求权

D. 无论丙是善意或恶意的占有人，乙都可以对其行使占有返还请求权

［例85］丙找甲借自行车，甲的自行车与乙的很相像，均放于楼下车棚。丙错认乙车为甲车，遂把乙车骑走。甲告知丙骑错车，丙未理睬。某日，丙骑车购物，将车放在商店楼下，因墙体倒塌将车砸坏。下列哪些表述是正确的？（2012年卷三第58题，多选）②

A. 丙错认乙车为甲车而占有，属于无权占有人

B. 甲告知丙骑错车前，丙修车的必要费用，乙应当偿还

C. 无论丙是否知道骑错车，乙均有权对其行使占有返还请求权

D. 对于乙车的毁损，丙应当承担赔偿责任

［例86］张某遗失的名表被李某拾得。1年后，李某将该表卖给了王某。再过1年，王某将该表卖给了郑某。郑某将该表交给不知情的朱某维修，因郑某不付维修费与朱某发生争执，张某方知原委。下列哪一表述是正确的？（2013年卷三第9题，单选）③

A. 张某可请求李某返还手表

B. 张某可请求王某返还手表

C. 张某可请求郑某返还手表

D. 张某可请求朱某返还手表

［例87］张某拾得王某的一只小羊拒不归还，李某将小羊从张某羊圈中抱走交给王某。下列哪一表述是正确的？（2014年卷三第9题，单选）④

A. 张某拾得小羊后因占有而取得所有权

B. 张某有权要求王某返还占有

C. 张某有权要求李某返还占有

D. 李某侵犯了张某的占有

［例88］某小区徐某未获得规划许可证和施工许可证便在自住房前扩建一个门面房，挤占小区人行通道。小区其他业主多次要求徐某拆除未果后，将该门面房强行拆除，毁坏了徐某自住房屋的墙砖。关于拆除行为，下列哪些表述是正确的？（2014年卷三第58题，多选）⑤

A. 侵犯了徐某门面房的所有权

B. 侵犯了徐某的占有

C. 其他业主应恢复原状

D. 其他业主应赔偿徐某自住房屋墙砖毁坏的损失

---

① 答案：D

② 答案：ABCD

③ 答案：C

④ 答案：D

⑤ 答案：BD

[例 89] 甲、乙就乙手中的一枚宝石戒指的归属发生争议。甲称该戒指是其在 2015 年 10 月 1 日外出旅游时让乙保管，属甲所有，现要求乙返还。乙称该戒指为自己所有，拒绝返还。甲无法证明对该戒指拥有所有权，但能够证明在 2015 年 10 月 1 日前一直合法占有该戒指，乙则拒绝提供自 2015 年 10 月 1 日后从甲处合法取得戒指的任何证据。对此，下列哪一说法是正确的？(2016 年卷三第 9 题，单选)①

A. 应推定乙对戒指享有合法权利，因占有具有权利公示性

B. 应当认定甲对戒指享有合法权利，因其证明了自己的先前占有

C. 应当由甲、乙证明自己拥有所有权，否则应判决归国家所有

D. 应当认定由甲、乙共同共有

① 答案：B

第三编　合　同

关于体例结构。有的常委委员、法学教学研究机构和社会公众提出，为了便于法律适用，建议在合同编之下再设分编，这样也可以使“无因管理”和“不当得利”的法律规范内容与合同编名称相匹配。宪法和法律委员会经研究认为，合同编草案的内容比较多，包括合同的一般性规则和多种典型合同，其中“无因管理”和“不当得利”两部分内容，既与合同规则同属债法性质，又与合同规则有所区别。为便于理解和适用，有必要对草案的体例结构进行一定调整。据此，将合同编设置为三个分编，分别为第一分编“通则”、第二分编“典型合同”和第三分编“准合同”。第三分编“准合同”包括“无因管理”和“不当得利”两章。

第一分编　通　则

01 第一章 一般规定

考点 39　合同的分类

（一）修改说明

《民法典·合同编》	《买卖合同解释》
（新增）第 495 条：当事人约定在将来一定期限内订立合同的认购书、订购书、预订书等，构成预约合同。 当事人一方不履行预约合同约定的订立合同义务的，对方可以请求其承担预约合同的违约责任。	第 2 条：当事人签订认购书、订购书、预订书、意向书、备忘录等预约合同，约定在将来一定期限内订立买卖合同，一方不履行订立买卖合同的义务，对方请求其承担预约合同违约责任或者要求解除预约合同并主张损害赔偿的，人民法院应予支持。
评析：由于预约在实践中已经广泛采用，时常发生纠纷，而中国现行《合同法》并没有对此作出规定，不利于保护合同当事人的利益。因此，《民法典·合同编》新增此规定。	

（二）考点精讲

分类标准	构成要件
是否**交付标的物**为合同生效要件	1. **诺成合同**是当事人双方意思表示一致即可成立的合同，即**“一诺即成”**的合同，它不以标的物的交付为要件。 2. **实践合同**，又称**“要物合同”**，是除当事人意思表示一致之外，还需要交付标的的物才能成立的合同。 **定金合同、保管合同（可约定为诺成合同）、借用合同、自然人之间借款合同、代物清偿合同属于实践行为，此外的双方民事法律行为如未有约定的，应认定其为诺成性行为。**
是否具有**对待给付**	1. **单务合同**：只有一方当事人承担给付义务或者双方的义务不具有对待给付关系的合同，如赠与合同等。 2. **双务合同**：当事人双方互负对待给付义务的合同。 （1）实际生活中，双务合同是普遍行为。**双务合同中，可以产生同时履行抗辩权、不安抗辩权、先履行抗辩权等。** （2）**自然人之间借款合同是单务合同而不是双务合同，**因为自然人之间的借款合同，自贷款人提供借款时生效。因此，提供贷款的行为不属于合同项下的义务，而属于合同的生效条件。 （3）**哪怕是附义务的赠与合同也是单务合同。**
是否要求对方**给予相应的报偿**	1. **有偿合同：**合同当事人一方享有合同规定的权益，必须向对方偿付相应代价的合同。 2. **无偿合同：**合同当事人一方享有合同规定的权益，不必向对方偿付相应代价的合同。 （1）现实生活中，大多数合同是有偿的。 **（2）委托合同、保管合同、自然人之间的借款合同，既可以有偿，也可以无偿。若是无偿的委托合同/保管合同，受托人/保管人故意或者重大过失的情况下，才需要承担损害赔偿责任。**
法律是否要求**特定形式**才成立	1. **要式合同：**法律规定应当采用书面、登记、批准、公证等行使的合同。如，建设工程合同须采用书面方式。要式合同之所以强调其形式要件，目的是为了促使当事人谨慎行事，使法律关系明确具体，并在产生纠纷时有据可查。 2. **不要式合同：**法律不要求采用特定形式的合同，即行为人究竟采取何种形式，由其自由选定。 履行补正瑕疵（履行治愈）第490条：当事人采用合同书形式订立合同的，自当事人均签名、盖章或者按指印时合同成立。在签名、盖章或者按指印之前，**当事人一方已经履行主要义务，对方接受时，该合同成立。** 法律、行政法规规定或者当事人约定合同应当采用书面形式订立，当事人未采用书面形式但是一方已经履行主要义务，对方接受时，该合同成立。
是否可独立	1. **主合同：**两个相互依存的合同中，不以其他合同的存在为前提而能独立存在的合同。

续表

分类标准	构成要件
是否可独立	2. **从合同**：两个相互依存合同中，以其他合同的存在为前提，自身不能独立存在的合同。 （1）非法律另有规定或当事人另有约定，从行为随着主行为的成立而成立，也随着主行为的无效而无效。 （2）在当事人为担保债权实现设定抵押权的情形下，债权合同是主行为，抵押合同是从行为。
是否**突破合同的相对性**	1. **束已合同**：严格遵守合同相对性原则，合同当事人为自己设定并承受权利义务，第三人不能向当事人主张权利，当事人也不得向第三人主张权利的合同。 2. **涉他合同**：部分突破合同相对性，合同当事人在合同中为第三人设定了合同权利或义务的合同。
给付的次数	1. **一时性合同**：可以通过一次给付使合同目的得以实现的合同。 2. **连续性合同**：合同内容非一次性给付可完结，须经持续的给付才能实现合同目的。
订立合同的目的	1. **预约**：约定将来订立一定合同的合同。预约以订立本约为合同义务。 2. **本约**：本合同，指为履行预约而订立的合同。 （1）预约的在于将来订立本约。当事人之所以不直接订立本约，是因为有时订立本约的条件尚未成熟，于是当事人先订立预约，使对方受其约束，以确保本约的订立。 （2）第495条：当事人签订认购书、订购书、预订书等预约合同，约定在将来一定期限内订立买卖合同，一方不履行订立买卖合同的义务，对方请求其承担预约合同违约责任或者要求解除预约合同并主张损害赔偿的，法院应予支持。
给付内容和范围是否确定	1. **确定合同**：给付的内容和范围在合同成立时已经确定的合同。 2. **射幸合同**：给付的内容和范围在合同成立时尚不确定的合同。

典型真题

［例90］甲公司未取得商铺预售许可证，便与李某签订了《商铺认购书》，约定李某支付认购金即可取得商铺优先认购权，商铺正式认购时甲公司应优先通知李某选购。双方还约定了认购面积和房价，但对楼号、房型未作约定。李某依约支付了认购金。甲公司取得预售许可后，未通知李某前来认购，将商铺售罄。关于《商铺认购书》，下列哪一表述是正确的？（2012年卷三第10题，单选）①

A. 无效，因甲公司未取得预售许可证即对外销售

B. 不成立，因合同内容不完整

C. 甲公司未履行通知义务，构成根本违约

D. 甲公司须承担继续履行的违约责任

① 答案：C

考点40　合同的相对性

（一）修改说明

《民法典·合同编》	《合同法》
第522条：当事人约定由债务人向第三人履行债务，债务人未向第三人履行债务或者履行债务不符合约定的，应当向债权人承担违约责任。 法律规定或者当事人约定第三人可以直接请求债务人向其履行债务，第三人未在合理期限内明确拒绝，债务人未向第三人履行债务或者履行债务不符合约定的，第三人可以请求债务人承担违约责任；债务人对债权人的抗辩，可以向第三人主张。	第64条：当事人约定由债务人向第三人履行债务的，债务人未向第三人履行债务或者履行债务不符合约定，应当向债权人承担违约责任。
评析：修改了向第三人履行债务的规定。《合同法》仅规定债务人未向第三人履行债务，须对债权人承担违约责任，但未规定第三人有何救济方式。依据修改后的规定，如法律规定或当事人约定第三人可以直接请求债务人履行债务的，债务人未履行的，第三人可以请求债务人承担违约责任。同时规定，债务人对债权人的抗辩可以向第三人主张。	
第524条：债务人不履行债务，第三人对履行该债务具有合法利益的，第三人有权向债权人代为履行；但是，根据债务性质、按照当事人约定或者依照法律规定只能由债务人履行的除外。 债权人接受第三人履行后，其对债务人的债权转让给第三人，但是债务人和第三人另有约定的除外。	
评析：增加了第三人依法可以强制代债务人履行债务的规定。	

（二）考点精讲

一般原理	**依法成立的合同，仅对当事人具有法律约束力，但是法律另有规定的除外。** 1. **因第三人原因违约。** （1）当事人一方因第三人的原因造成违约的，应当依法向对方承担违约责任。 （2）当事人一方和第三人之间的纠纷，依照法律规定或者按照约定处理。 2. **向第三人履行。** 当事人约定由债务人向第三人履行债务，债务人未向第三人履行债务或者履行债务不符合约定的，应当向债权人承担违约责任。 3. **由第三人履行。** 当事人约定由第三人向债权人履行债务，第三人不履行债务或者履行债务不符合约定的，债务人应当向债权人承担违约责任。 4. **经出租人同意转租，原租赁合同与次租赁合同各自独立。** 5. **承揽人将其承揽的辅助工作交由第三人完成，承揽人与定作人的合同、承揽人与第三人的合同，各自独立。** 6. **委托人与行纪人、行纪人与第三人的合同各自独立。** 7. **网购中，出卖人与买受人的买卖合同、出卖人与承运人的运输合同各自独立。**

续表

特殊情形	1. **债的保全**。 (1) 债权人代位权。 (2) 债权人撤销权。 2. **法定承受**。 (1) 买卖不破租赁。 (2) 法人合并与分立。 (3) 继承。 3. **建设工程合同**。 **(1) 工程质量纠纷**：因建设工程质量发生争议的，发包人可以以总承包人、分包人和实际施工人为共同被告提起诉讼。 **(2) 工程价款纠纷**：实际施工人以发包人为被告主张权利的，可以追加转包人或者违法分包人为本案当事人。发包人只在欠付工程价款范围内对实际施工人承担责任。

典型真题

[例 91] 方某为送汤某生日礼物，特向余某定做一件玉器。订货单上，方某指示余某将玉器交给汤某，并将订货情况告知汤某。玉器制好后，余某委托朱某将玉器交给汤某，朱某不慎将玉器碰坏。下列哪一表述是正确的？(2014 年卷三第 11 题，单选)[①]

A. 汤某有权要求余某承担违约责任

B. 汤某有权要求朱某承担侵权责任

C. 方某有权要求朱某承担侵权责任

D. 方某有权要求余某承担违约责任

① 答案：D

02 第二章 合同的订立

考点 41 要约

（一）修改说明

《民法典·合同编》	《合同法》
第 474 条：要约生效的时间适用本法第一百三十七条的规定。	第 16 条：要约到达受要约人时生效。 采用数据电文形式订立合同，收件人指定特定系统接收数据电文的，该数据电文进入该特定系统的时间，视为到达时间；未指定特定系统的，该数据电文进入收件人的任何系统的首次时间，视为到达时间。
评析：对要约的生效时间作了修改。《合同法》统一规定要约达到受要约人即生效。该处修改规定，以对话方式作出的自受要约人知道要约内容时生效，对非对话方式作出的沿用原有规定，同时规定对以非对话方式作出的采用数据电文形式的要约，当事人可以另行约定生效时间。	
第 475 条：要约可以撤回。要约的撤回适用本法第一百四十一条的规定。	第 17 条：要约可以撤回。撤回要约的通知应当在要约到达受要约人之前或者与要约同时到达受要约人。
第 476 条：要约可以撤销，但是有下列情形之一的除外： （一）要约人以确定承诺期限或者其他形式明示要约不可撤销； （二）受要约人有理由认为要约是不可撤销的，并已经为履行合同作了合理准备工作。 第 477 条：撤销要约的意思表示以对话方式作出的，该意思表示的内容应当在受要约人作出承诺之前为受要约人所知道；撤销要约的意思表示以非对话方式作出的，应当在受要约人作出承诺之前到达受要约人。	第 18 条：要约可以撤销。撤销要约的通知应当在受要约人发出承诺通知之前到达受要约人。 第 19 条：有下列情形之一的，要约不得撤销： （一）要约人确定了承诺期限或者以其他形式明示要约不可撤销； （二）受要约人有理由认为要约是不可撤销的，并已经为履行合同作了准备工作。
评析：对撤销要约的通知作了修改。《合同法》规定撤销要约的通知应当在受要约人发出承诺通知之前到达受要约人。该处修改区分对话和非对话两种情形，对话方式作出的撤销应当在受要约人作出承诺之前为受要约人所知道，非对话方式作出的沿用原有规定。	

（二）考点精讲

要约是希望与他人订立合同的意思表示。

构成要件	1. **要约必须是特定人所为的意思表示**。要约人必须特定，否则受要约人无法承诺，但不一定要求受要约人了解何人为要约人。 2. **要约必须向受要约人**。受要约人原则上是特定的人（一人或数人），例外地也可以是不特定的人（例如：标价陈列的货物、自动售货机、符合要约规定的商业广告、到站公共汽车）。 3. **要约必须具有订立合同的目的并标明一经承诺即受拘束的意思**。 4. **要约的内容必须具体而明确**。 ①具体：具有主要条款，例如买卖合同的要约需具备主体、标的、数量。 ②确定：指内容明确，而非含糊不清。
要约的生效	**对不特定人——作出时** 对特定人{**非对话方式——到达主义；非以知悉为要件** **对话方式（即时通讯）——向对方了解时**
要约的撤回	1. 时间：**要约生效前**。 2. 要求：撤销要约的通知于要约**到达之前**或与要约**同时到达**受要约人。
要约的撤销	1. 时间：要约生效后（**要约到达之后，承诺作出之前**）。 2. 要求：撤销要约的通知在受要约人作出承诺之前到达受要约人。 3. **不得撤销的要约：** （1）**要约人以确定承诺期限或者其他形式明示要约不可撤销；** （2）**受要约人有理由认为要约是不可撤销的，并已经为履行合同作了合理准备工作。** **第477条：**撤销要约的意思表示以对话方式作出的，该意思表示的内容应当在受要约人作出承诺之前为受要约人所知道；撤销要约的意思表示以非对话方式作出的，应当在受要约人作出承诺之前到达受要约人。
要约的失效	**第478条：**有下列情形之一的，**要约失效：** （一）要约**被拒绝；** （二）要约**被依法撤销；** （三）承诺期限届满，受要约人**未作出承诺；** （四）受要约人对要约的内容作出**实质性变更**。 有关合同标的、数量、质量、价款或者报酬、履行期限、履行地点和方式、违约责任和解决争议方法等的变更，是对要约内容的实质性变更。

典型真题

［例92］甲公司于6月10日向乙公司发出要约订购一批红木，要求乙公司于6月15日前答复。6月12日，甲公司欲改向丙公司订购红木，遂向乙公司发出撤销要约的信件，于6月14日到达乙公司。而6月13日，甲公司收到乙公司的回复，乙公司表示红木缺货，问甲公司能否用杉木代替。甲公司的要约于何时失效？（2008年延考卷三第6题，单选）①

① 答案：B

A. 6月12日　　B. 6月13日

C. 6月14日　　D. 6月15日

考点42 要约邀请

(一) 修改说明

《民法典·合同编》	《合同法》
第473条：要约邀请是希望他人向自己发出要约的表示。拍卖公告、招标公告、招股说明书、债券募集办法、基金招募说明书、商业广告和宣传、寄送的价目表等为要约邀请。 商业广告和宣传的内容符合要约规定的，构成要约。	第15条：要约邀请是希望他人向自己发出要约的意思表示。寄送的价目表、拍卖公告、招标公告、招股说明书、商业广告等为要约邀请。 商业广告的内容符合要约规定的，视为要约。
评析：对要约邀请的主要形态作了补充。增加了“债券募集说明书”“基金招募说明书”，因股票、债券、基金份额均是证券法中规定的证券，债券、基金份额的发行在现实中已大量出现，故此处明确了债券募集说明书和基金招募说明书的性质为要约邀请；同时增加了“商业宣传”，商业广告不能涵盖所有的商业推销活动，如《反不正当竞争法》第22条第1款规定了对虚假商业宣传的处罚，第二款又规定虚假商业宣传构成虚假广告的适用《广告法》的处罚规定，据此来看，在内涵上，商业宣传包含商业广告。	

(二) 考点精讲

要约邀请，又称为要约引诱，是希望他人向自己发出要约的意思表示。

常考类型	拍卖公告、招标公告、招股说明书、债券募集说明书、基金招募说明书、商业广告和宣传、寄送的价目表等为要约邀请。
商业广告	**商品房的销售广告和宣传资料一般为要约邀请，但是商业广告和宣传的内容符合要约规定的，构成要约。** **1. 说明允诺对象为：商品房开发规划范围内的房屋及相关设施。** **2. 内容具体明确。** **3. 对商品房买卖合同的订立及房屋价格的确定有重大影响。** 《商品房买卖合同解释》第3条规定：商品房的销售广告和宣传资料为要约邀请，但是出卖人就商品房开发规划范围内的房屋及相关设施所作的说明和允诺具体确定，并对商品房买卖合同的订立以及房屋价格的确定有重大影响的，应当视为要约。该说明和允诺即使未载入商品房买卖合同，亦应当视为合同内容，当事人违反的，应当承担违约责任。

典型真题

[例93] 甲公司通过电视发布广告，称其有100辆某型号汽车，每辆价格15万元，广告有效期10天。乙公司看到该则广告后于第3天自带金额为300万元的汇票去甲公司买车，但甲公司的车此时已全部售完。无货可供。依照法律规定，有关本案的正确表述是？(2007年卷三第8题，单选)①

A. 甲发布广告的行为构成要约，乙的行为构成承诺，甲应承担违约责任

① 答案：B

B. 甲发布广告的行为构成要约，乙的行为构成承诺，甲应补偿乙实际支出的费用损失

C. 甲发布广告的行为构成要约，但乙的行为不构成承诺，甲不承担民事责任

D. 甲发布广告的行为不构成要约，乙的行为不构成承诺，甲不承担民事责任

考点 43　承诺

（一）修改说明

<table>
<tr><th>《民法典·合同编》</th><th>《合同法》</th></tr>
<tr><td>第 481 条：承诺应当在要约确定的期限内到达要约人。
要约没有确定承诺期限的，承诺应当依照下列规定到达：
（一）要约以对话方式作出的，应当即时作出承诺；
（二）要约以非对话方式作出的，承诺应当在合理期限内到达。</td><td>第 23 条：承诺应当在要约确定的期限内到达要约人。
要约没有确定承诺期限的，承诺应当依照下列规定到达：
（一）要约以对话方式作出的，应当即时作出承诺，~~但当事人另有约定的除外；~~
（二）要约以非对话方式作出的，承诺应当在合理期限内到达。</td></tr>
<tr><td colspan="2">评析：对以对话方式作出的要约应当何时作出承诺作了修改。依据该处修改，要约未确定承诺期限的，以对话方式作出的要约的承诺期限统一规定为“应当即时作出承诺”，删除“但当事人另有约定的除外”。以非对话方式作出要约的承诺到达期限沿用原有规定，即合理期限内到达。</td></tr>
<tr><td>第 483 条：承诺生效时合同成立，但是法律另有规定或者当事人另有约定的除外。</td><td>第 25 条：承诺生效时合同成立。</td></tr>
<tr><td colspan="2">评析：该处修改理顺了承诺生效时间与合同成立时间的关系。合同成立时间除承诺生效时外，还有《合同法》规定的合同书、确认书的成立时间，也有当事人约定的成立时间。</td></tr>
<tr><td>第 484 条：以通知方式作出的承诺，生效的时间适用本法第一百三十七条的规定。
承诺不需要通知的，根据交易习惯或者要约的要求作出承诺的行为时生效。</td><td>第 26 条：承诺通知到达要约人时生效。承诺不需要通知的，根据交易习惯或者要约的要求作出承诺的行为时生效。
采用数据电文形式订立合同的，承诺到达的时间适用本法第十六条第二款的规定。</td></tr>
<tr><td colspan="2">评析：该处修改区分为对话和非对方两种方式，以对话作出承诺的，自相对人知道承诺内容时生效；以非对话方式作出的，自到达相对人时生效，采用数据电文形式作出的承诺生效时间，除原有规定外，又增加了当事人可以约定的规定。</td></tr>
<tr><td>第 485 条：承诺可以撤回。承诺的撤回适用本法第一百四十一条的规定。</td><td>第 27 条：承诺可以撤回。撤回承诺的通知应当在承诺通知到达要约人之前或者与承诺通知同时到达要约人。</td></tr>
<tr><td>第 486 条：受要约人超过承诺期限发出承诺，或者在承诺期限内发出承诺，按照通常情形不能及时到达要约人的，为新要约；但是，要约人及时通知受要约人该承诺有效的除外。</td><td>第 28 条：受要约人超过承诺期限发出承诺的，除要约人及时通知受要约人该承诺有效的以外，为新要约。</td></tr>
</table>

（二）考点精讲

承诺是受要约人同意要约的意思表示。

<table>
<tr><td>构成要件</td><td>1. 承诺的对象：生效中的要约。被撤回的要约、失效的要约、要约邀请均不可以承诺。
2. 主体：受要约人（其他人无资格）。
3. 方式：承诺应当以通知的方式作出。
例外：根据交易习惯或者要约表明可以通过行为作出承诺；法律规定或者缔约当事人双方事先约定承诺可以沉默方式作出。
4. 内容：承诺内容与要约内容相一致。
（1）受要约人对要约的内容作出实质性变更的，承诺无效，为新要约。
（2）承诺对要约的内容作出非实质性变更的，除要约人及时表示反对或者要约表明承诺不得对要约的内容作出任何变更外，该承诺有效，合同的内容以承诺的内容为准。
[例] 甲听说乙有一祖传玉石，遂前往询价，甲问：你多少钱卖？乙说：你出多少钱？甲问：15万元卖不卖？乙说：20万元可以马上拿走。甲未置可否。三天后，甲携款20万元前来购买，乙说：25万元才能卖。对此，下列选项正确的是（　　）①
A. 乙说“你出多少钱”属于要约　　B. 乙说“20万元可以马上拿走”属于要约邀请
C. 甲携款20万元前来购买时合同成立　　D. 乙说“25万元才能卖”属于要约
5. 时间：承诺应当在要约确定的期限内到达要约人。
要约没有确定承诺期限的，承诺应当依照下列规定到达：
{要约以对话方式作出的，应当即时作出承诺；
要约以非对话方式作出的，承诺应当在合理期限内到达。
要约以信件或者电报作出的，承诺期限自信件载明的日期或者电报交发之日开始计算。信件未载明日期的，自投寄该信件的邮戳日期开始计算。要约以电话、传真、电子邮件等快速通讯方式作出的，承诺期限自要约到达受要约人时开始计算。
（1）因迟发而迟到（第486条）：受要约人超过承诺期限发出承诺，或者在承诺期限内发出承诺，按照通常情形不能及时到达要约人的，为新要约；但是，要约人及时通知受要约人该承诺有效的除外。
（2）未迟发而迟到（第487条）：受要约人在承诺期限内发出承诺，按照通常情形能够及时到达要约人，但是因其他原因承诺到达要约人时超过承诺期限的，除要约人及时通知受要约人因承诺超过期限不接受该承诺外，该承诺有效。
6. 承诺必须表明受要约人决定与要约人订立合同（具有受拘束的意思）。</td></tr>
<tr><td>承诺的生效</td><td>1. 以对话方式承诺——要约人了解时。如当面谈话、打电话。
2. 以非对话的通知方式承诺——通知到达要约人时承诺生效。所谓“到达”，指到达要约人控制的范围，要约人具有知悉可能性，要约人事实上是否知悉，在所不问。采用数据电文方式承诺的，要约人指定特定系统接收数据电文的，承诺进入该特定系统时生效；要约人未指定特定系统的，相对人知道或应当知道该数据电文进入其系统时生效。
3. 以行为承诺——作出时。
4. 以承诺作出承诺——承诺期间届满之时。</td></tr>
</table>

① 答案：D

续表

承诺的撤回	1. 撤回的通知先于承诺或者与承诺同时到达要约人。 2. 撤回的效力：阻止了承诺生效，合同未成立。

考点44 合同的成立时间与成立地点

（一）修改说明

《民法典·合同编》	《合同法》
第490条：当事人采用合同书形式订立合同的，自当事人均签字、盖章或者按指印时合同成立。在签字、盖章或者按指印之前，当事人一方已经履行主要义务，对方接受时，该合同成立。 法律、行政法规规定或者当事人约定合同应当采用书面形式订立，当事人未采用书面形式但是一方已经履行主要义务，对方接受时，该合同成立。	第32条：当事人采用合同书形式订立合同的，自双方当事人签字或者盖章时合同成立。
评析：以合同书形式订立合同的成立时间，除原规定的签字、盖章时外，又新增"按手印时"。该处修改吸收了《合同法解释二》第5条"……当事人在合同书上摁手印的，人民法院应当认定其具有与签字或者盖章同等的法律效力"的规定。	
第491条：当事人采用信件、数据电文等形式订立合同要求签订确认书的，签订确认书时合同成立。 当事人一方通过互联网等信息网络发布的商品或者服务信息符合要约条件的，对方选择该商品或者服务并提交订单成功时合同成立，但是当事人另有约定的除外。	第33条：当事人采用信件、数据电文等形式订立合同的，可以在合同成立之前要求签订确认书。签订确认书时合同成立。
评析：新增一款"当事人一方通过互联网等信息网络发布的商品或者服务信息符合要约条件的，对方选择该商品或者服务并提交订单成功时合同成立，但是当事人另有约定的除外"。该款是对社会生活中已普遍存在的电子合同何时成立的规定。	
第493条：当事人采用合同书形式订立合同的，最后签字、盖章或者按指印的地点为合同成立的地点，但是当事人另有约定的除外。	第35条：当事人采用合同书形式订立合同的，双方当事人签字或者盖章的地点为合同成立的地点。
评析：修改了以合同书形式订立的合同成立地点。"最后"和"当事人另有约定的除外"系新增。该规定吸收了《合同法解释（二）》第4条的规定。	
第494条：国家根据抢险救灾、疫情防控或者其他需要下达国家订货任务、指令性任务的，有关民事主体之间应当依照有关法律、行政法规规定的权利和义务订立合同。 依照法律、行政法规的规定负有发出要约义务的当事人，应当及时发出合理的要约。 依照法律、行政法规的规定负有作出承诺义务的当事人，不得拒绝对方合理的订立合同要求。	第38条：国家根据需要下达指令性任务或者国家订货任务的，有关法人、其他组织之间应当依照有关法律、行政法规规定的权利和义务订立合同。

续表

评析：在依照国家的指令性任务和国家订货任务订立合同的规定中增加两款，因该两类合同的订立涉及国家利益，故强制要求当事人发出合理要约和作出合理承诺，不能完全按照当事人的自愿。

（二）考点精讲

成立时间	1. **原则上，承诺生效时合同成立。** 2. 当事人采用合同书形式订立合同的，自当事人均签字、盖章或者按指印时合同成立。在签字、盖章或者按指印之前，当事人一方已经履行主要义务，对方接受时，该合同成立。 法律、行政法规规定或者当事人约定合同应当采用书面形式订立，当事人未采用书面形式但是一方已经履行主要义务，对方接受时，该合同成立。 3. 当事人采用信件、数据电文等形式订立合同要求签订确认书的，**签订确认书时合同成立**。 当事人一方通过互联网等信息网络发布的商品或者服务信息符合要约条件的，对方选择该商品或者服务并**提交订单成功时**合同成立，但是当事人另有约定的除外。
成立地点	1. 承诺生效的地点为合同成立的地点。 2. 采用数据电文形式订立合同的，收件人的主营业地为合同成立的地点；没有主营业地的，其住所地为合同成立的地点。当事人另有约定的，按照其约定。 3. 当事人采用合同书形式订立合同的，**最后签字、盖章或者按指印的地点**为合同成立的地点，但是当事人另有约定的除外。

典型真题

［例 94］张某和李某采用书面形式签订一份买卖合同，双方在甲地谈妥合同的主要条款，张某于乙地在合同上签字，李某于丙地在合同上摁了手印，合同在丁地履行。关于该合同签订地，下列哪一选项是正确的？（2010 年卷三第 11 题，单选）①

A. 甲地　　B. 乙地　　C. 丙地　　D. 丁地

考点 45　格式条款

（一）修改说明

《民法典·合同编》	《合同法》
第 496 条：格式条款是当事人为了重复使用预先拟定，并在订立合同时未与对方协商的条款。 采用格式条款订立合同的，提供格式条款的一方应当遵循公平原则确定当事人之间的权利和义务，并采取合理的方式提示对方注意免除或者减轻其责任等与对方有重大利害关系的条款，按照对方的要求，对该条款予以说明。提供格式条款的一方未履行提示或者说明义务，致使对方没有注意或者理解与其有重大利害关系的条款的，对方可以主张该条款不成为合同的内容。	第 39 条：采用格式条款订立合同的，提供格式条款的一方应当遵循公平原则确定当事人之间的权利和义务，并采取合理的方式提请对方注意免除或者限制其责任的条款，按照对方的要求，对该条款予以说明。 格式条款是当事人为了重复使用而预先拟定，并在订立合同时未与对方协商的条款。

① 答案：C

续表

<table>
<tr><th>《民法典·合同编》</th><th>《合同法》</th></tr>
<tr><td colspan="2">评析：扩大了格式条款提供一方提示事项的范围。将“免除或者限制其责任的条款”修改为“免除或者减轻其责任等与对方有重大利害关系的条款”。同时，增加“提供格式条款的一方未履行提示或者说明义务，致使对方没有注意或者理解与其有重大利害关系的条款的，对方可以主张该条款不成为合同的内容”的规定。该处修改改变了《合同法解释（二）》第 9 条“提供格式条款的一方当事人违反合同法第三十九条第一款关于提示和说明义务的规定，导致对方没有注意免除或者限制其责任的条款，对方当事人申请撤销该格式条款的，人民法院应当支持”的规定，依据修改后的规定，当事人无须申请撤销格式条款，只需提出主张即可；该处修改与最高院指导性案例第 64 号中裁判要点第 1 点“经营者在格式合同中未明确规定对某项商品或服务的限制条件，且未能证明在订立合同时已将该限制条件明确告知消费者并获得消费者同意的，该限制条件对消费者不产生效力”的内容有相通之处。</td></tr>
<tr><td>第 497 条：有下列情形之一的，该格式条款无效：
（一）具有本法总则编第六章第三节和本法第五百零六条规定的无效情形；
（二）提供格式条款一方不合理地免除或者减轻其责任、加重对方责任、限制对方主要权利；
（三）提供格式条款一方排除对方主要权利。</td><td>第 40 条：格式条款具有本法第五十二条和第五十三条规定情形的，或者提供格式条款一方免除其责任、加重对方责任、排除对方主要权利的，该条款无效。</td></tr>
<tr><td colspan="2">评析：调整了格式条款无效的范围。依据修改后的规定，提供格式条款一方免除或者减轻其责任、加重对方责任、限制对方主要权利的条款不再一律无效，而是存在不合理的情形时才无效。但排除对方主要权利的仍然一律无效。</td></tr>
</table>

（二）考点精讲

格式条款是当事人为了重复使用预先拟定，并在订立合同时未与对方协商的条款。

格式条款提供者的义务	1. 采用格式条款订立合同的，提供格式条款的一方应当遵循公平原则确定当事人之间的权利和义务，并采取合理的方式提示对方注意免除或者减轻其责任等与对方有重大利害关系的条款，按照对方的要求，对该条款予以说明。 **“采取合理的方式”，指在合同订立时采用足以引起对方注意的文字、符号、字体等特别标识，并按照对方的要求对该格式条款予以说明。** 2. 提供格式条款的一方未履行提示或者说明义务，致使对方没有注意或者理解与其有重大利害关系的条款的，对方可以主张该条款不成为合同的内容。
格式条款的无效	1. 具有总则编第六章第三节规定的无效情形，**该格式条款无效**。 2. 合同中的下列免责条款无效： （1）造成对方人身损害的； （2）因故意或者重大过失造成对方财产损失的。 ［例］某医院与危重病人家属签订医疗协议。协议对双方的权利义务进行了约定，其中有一免责条款：“在治疗过程中，患者发生任何伤亡情况，医院概不负责。”①医疗协议部分无效，部分有效。②医疗协议中的免责条款无效。 **3. 提供格式条款一方不合理地免除或者减轻其责任、加重对方责任、限制对方主要权利、排除对方主要权利，该格式条款无效。**

续表

格式条款的解释	第498条：对格式条款的理解发生争议的： 1. 应当按照**通常理解**予以解释。 2. 对格式条款有两种以上解释的，应当作出**不利于提供格式条款一方**的解释。 3. 格式条款和非格式条款不一致的，应当采用非格式条款，俗称**"手写体优先于印刷体"**。 ［例］某旅游者与旅行社签订一份由旅行社提供的旅游合同。在该合同履行过程中，旅行社和旅游者对合同中"名胜古迹"含义的理解发生分歧。旅游者认为某建筑属于名胜古迹，旅行社应当安排游览，而旅行社持相反观点。对该条款的解释应按照对旅行社不利的解释，即旅行社应当安排游览。

典型案例

提供格式条款的一方应采取合理的方式提醒对方注意免除或者限制其责任的条款（《最高人民法院公报》2012年第10期）。①

［案情简介］2009年11月24日，原告在被告中国移动徐州分公司矿大南湖营业厅办理一张"神州行"手机卡，号码为1590520××××，并与被告签署《业务受理单》，原告在2010年11月7日使用该卡时该卡已被被告停机，原告到被告的营业厅查询时方知该卡于2010年10月23日因有效期到期而停机，账户中尚有余额11.70元。原、被告订立服务合同时，合同未规定"有效期"限制，被告也未告知原告相关规定，且被告在终止服务前后未给原告任何提示，被告无正当理由单方面终止服务。

［裁判要旨］企业经营者应当向消费者提供有关服务的真实信息。被告主张"通过单联发票、宣传册和短信的方式向原告告知了有效期"，首先原告对告知的事实予以否认；其次被告未能提供有效的证据证明已通过上述方式向原告进行了告知；最后采用格式条款订立合同的，提供格式条款的一方应当遵循公平原则确定当事人之间的权利和义务，并采取合理的方式提请对方注意免除或者限制其责任的条款，按照对方的要求，对该条款予以说明。话费有效期限制直接影响到原告手机号码的正常使用，一旦有效期到期，将导致停机、号码被收回的后果，因此，被告对此负有明确如实告知的义务，且在订立电信服务合同之前就应如实告知原告。如果在订立合同之前未告知，即使在缴费阶段告知，亦剥夺了当事人的选择权，有违公平、诚实信用原则。

典型真题

［例95］刘某提前两周以600元订购了海鸥航空公司全价1000元的六折机票，后因临时改变行程，刘某于航班起飞前一小时前往售票处办理退票手续，海鸥航空公司规定起飞前两小时内退票按机票价格收取30%手续费。下列哪一选项是正确的？（2008年延考卷三第7题，单选）②

A. 退票手续费的规定是无效格式条款

B. 刘某应当支付300元的退票手续费

C. 刘某应当支付180元的退票手续费

---

① 《中华人民共和国合同法案例注释版》，中国法制出版社2019年版，第28—29页。

② 答案：C

D. 航空公司只能收取退票的成本费而不能收取手续费

［例 96］ 甲与乙公司订立美容服务协议，约定服务期为半年，服务费预收后逐次计扣，乙公司提供的协议格式条款中载明“如甲单方放弃服务，余款不退”（并注明该条款不得更改）协议订立后，甲依约支付 5 万元服务费。在接受服务 1 个月并发生费用 8000 元后，甲感觉美容效果不明显，单方放弃服务并要求退款，乙公司不同意。甲起诉乙公司要求返还余款。下列哪一选项是正确的？（2017 年卷三第 11 题，单选）①

A. 美容服务协议无效

B. “如甲单方放弃服务，余款不退”的条款无效

C. 甲单方放弃服务无须承担违约责任

D. 甲单方放弃服务应承担继续履行的违约责任

考点 46 悬赏广告

（一）修改说明

《民法典·合同编》	《合同法解释（二）》
（新增）第 499 条：悬赏人以公开方式声明对完成特定行为的人支付报酬的，完成该行为的人可以请求其支付。	第 3 条：悬赏人以公开方式声明对完成一定行为的人支付报酬，完成特定行为的人请求悬赏人支付报酬的，人民法院依法予以支持。但悬赏有合同法第五十二条规定情形的除外。

（二）考点精讲

完成人	是否有报酬请求权、谁享有
完成人为无人、限人	有，完成人。
完成人不知有悬赏广告	有，完成人。
二人以上同时或共同完成	**共同享有报酬（平分）**。 悬赏人善意向最先通知者支付报酬的，其支付报酬的义务消灭，由最先通知者向其他完成者返还不当得利。
二人以上先后完成	**最先完成者享有**。 悬赏者善意向最先通知者支付报酬的，其支付报酬的义务消灭，由最先通知者向最先完成者返还不当得利。

① 答案：B

考点 47　缔约过失责任

（一）修改说明

《民法典·合同编》	《合同法》
第 501 条：当事人在订立合同过程中知悉的商业秘密或者其他应当保密的信息，无论合同是否成立，不得泄露或者不正当地使用。泄露、不正当地使用该商业秘密或者信息，造成对方损失的，应当承担赔偿责任。	第 43 条：当事人在订立合同过程中知悉的商业秘密，无论合同是否成立，不得泄露或者不正当地使用。泄露或者不正当地使用该商业秘密给对方造成损失的，应当承担损害赔偿责任。
评析：扩大了保密义务的范围，在原规定的“商业秘密”基础上，又增加了“其他应当保密的信息”。依据《反不正当竞争法》第 10 条第 3 款的规定，商业秘密是指不为公众所知悉、能为权利人带来经济利益、具有实用性并经权利人采取保密措施的技术信息和经营信息。实践中，除商业秘密外，当事人还有其他希望应当保密的信息，该处修改据此作了补充。	

（二）考点精讲

构成要件	当事人为了订立合同而接触或者磋商时，虽然合同尚未成立，当事人已进入一种特别结合关系，表现为一方的行为会对对方的利益产生影响，根据诚实信用原则，任何一方当事人均负有协助、照顾、保护、忠实、通知、保密等先合同义务。若任何一方基于过错违反先合同义务，给对方造成合理的信赖利益损失，则构成缔约过失，应承担赔偿对方合理信赖利益损害的责任。 1. 当事人为了订立合同而接触或者磋商。 2. **一方当事人因过错违反了先合同义务**。 3. 给对方造成了合理的**信赖利益损失**。 4. 违反先合同义务的行为与合理的信赖利益损失具有因果关系。
适用范围	1. **通常适用于合同因不成立、无效和被撤销的情形**。 2. **须发生于缔约阶段，且仅发生在参与合同磋商的当事人之间**。
适用情形	1. 假借订立合同，**恶意进行磋商**。 2. 故意隐瞒与订立合同有关的重要事实或者提供虚假情况（**欺诈**）。 3. 泄露、不正当地使用订立合同过程中知悉的**商业秘密**或其他应当保密的信息。合同是否成立，在所不问。 4. 其他在合同订立过程中**违背诚实信用原则**的行为。例如，依照法律、行政法规的规定经批准或者登记才能生效的合同成立后，有义务办理申请批准或者申请登记等手续的一方当事人未按照法律规定或者合同约定办理申请批准或者未申请登记的，人民法院可以根据案件的具体情况和相对人的请求，判决相对人自己办理有关手续；义务人对由此产生的费用和给相对人造成的实际损失，应当承担损害赔偿责任。
赔偿范围	**赔偿信赖利益的损失，包括缔约费用、准备履行合同所支出的费用以及受损害的当事人因此失去的与第三人订立合同的机会损失等**。

典型真题

［例97］德凯公司拟为新三板上市造势，在无真实交易意图的情况下，短期内以业务合作为由邀请多家公司来其主要办公地点洽谈。其中，真诚公司安排授权代表往返十余次，每次都准备了详尽可操作的合作方案，德凯公司佯装感兴趣并屡次表达将签署合同的意愿，但均在最后一刻推脱拒签。期间，德凯公司还将知悉的真诚公司的部分商业秘密不当泄露。对此，下列哪一说法是正确的？（2017年卷三第11题，单选）①

A. 未缔结合同，则德凯公司就磋商事宜无需承担责任

B. 虽未缔结合同，但德凯公司构成恶意磋商，应赔偿损失

C. 未缔结合同，则商业秘密属于真诚公司自愿披露，不应禁止外泄

D. 德凯公司也付出了大量的工作成本，如被对方主张赔偿，则据此可主张抵销

① 答案：B

03

第三章 合同的履行

考点 48　合同履行内容的确定

质量	1. 质量要求不明确的，按照**强制性国家标准**履行； 2. 没有强制性国家标准的，按照**推荐性国家标准**履行； 3. 没有推荐性国家标准的，按照**行业标准**履行； 4. 没有国家标准、行业标准的，按照**通常标准或者符合合同目的的特定标准**履行。
价格	1. 价款或者报酬不明确的，按照**订立合同时履行地的市场价格**履行； 2. 依法应当执行政府定价或者政府指导价的，依照规定履行。 (1) 在合同约定的交付期限内政府价格调整时，按照交付时的价格计价。 (2) 逾期交付标的物的，遇价格上涨时，按照原价格执行；价格下降时，按照新价格执行。 (3) 逾期提取标的物或者逾期付款的，遇价格上涨时，按照新价格执行；价格下降时，按照原价格执行。
履行地点	履行地点不明确： 1. 给付货币的，在接受货币一方所在地履行； 2. 交付不动产的，在不动产所在地履行； 3. 其他标的，在履行义务一方所在地履行。
履行方式	履行方式不明确的，按照有利于实现合同目的的方式履行。
履行费用	履行费用的负担不明确的，由履行义务一方负担；因债权人原因增加的履行费用，由债权人负担。
履行期限	**履行期限不明确的，债务人可以随时履行，债权人也可以随时请求履行，但是应当给对方必要的准备时间**。
电子商务	有约从约，无约按照以下规则确定： 1. 通过互联网等信息网络订立的电子合同的标的为交付商品并采用快递物流方式交付的，收货人的签收时间为交付时间。 2. 电子合同的标的为提供服务的，生成的电子凭证或者实物凭证中载明的时间为交付时间；前述凭证没有载明时间或者载明时间与实际提供服务的时间不一致的，实际提供服务的时间为交付时间。

续表

电子商务	3. 电子合同的标的为采用在线传输方式交付的，合同标的进入对方当事人指定的特定系统并且能够检索识别的时间为交付时间。

考点 49　债的分类

（一）修改说明

《民法典·合同编》	修改说明
第514条：以支付金钱为内容的债，除法律另有规定或者当事人另有约定外，债权人可以请求债务人以实际履行地的法定货币履行。	增加在金钱债务中支付何种货币的规定。
第515条：标的有多项而债务人只需履行其中一项的，债务人享有选择权；但是，法律另有规定、当事人另有约定或者另有交易习惯的除外。 享有选择权的当事人在约定期限内或者履行期限届满未作选择，经催告后在合理期限内仍未选择的，选择权转移至对方。	增加两条选择之债的规定，包括选择之债的定义、选择权的权利主体及限制、选择权的转移、选择之债标的的确定及不能履行时的处理。
第516条：当事人行使选择权应当及时通知对方，通知到达对方时，债务标的确定。确定的债务标的不得变更，但是经对方同意的除外。 可选择的债务标的之中发生不能履行情形的，享有选择权的当事人不得选择不能履行的标的，但是该不能履行的情形是由对方造成的除外。	
第517条：债权人为二人以上，标的可分，按照份额各自享有债权的，为按份债权；债务人为二人以上，标的可分，按照份额各自负担债务的，为按份债务。 按份债权人或者按份债务人的份额难以确定的，视为份额相同。	增加四条按份之债、连带之债的规定，包括两种债的定义，份额的确定，超过债务份额的追偿或超过债权份额的返还，债务履行、抵销、提存、免除、混同的处理等。该处规定吸收了《民法通则》第86条、第87条的规定。
第518条：债权人为二人以上，部分或者全部债权人均可以请求债务人履行债务的，为连带债权；债务人为二人以上，债权人可以请求部分或者全部债务人履行全部债务的，为连带债务。 连带债权或者连带债务，由法律规定或者当事人约定。	
第519条：连带债务人之间的份额难以确定的，视为份额相同。 实际承担债务超过自己份额的连带债务人，有权就超出部分在其他连带债务人未履行的份额范围内向其追偿，并相应地享有债权人的权利，但是不得损害债权人的利益。其他连带债务人对债权人的抗辩，可以向该债务人主张。 被追偿的连带债务人不能履行其应分担份额的，其他连带债务人应当在相应范围内按比例分担。	
第520条：部分连带债务人履行、抵销债务或者提存标的物的，其他债务人对债权人的债务在相应范围内消灭；该债务人可以依据前条规定向其他债务人追偿。 部分连带债务人的债务被债权人免除的，在该连带债务人应当承担的份额范围内，其他债务人对债权人的债务消灭。	

续表

部分连带债务人的债务与债权人的债权同归于一人的，在扣除该债务人应当承担的份额后，债权人对其他债务人的债权继续存在。 债权人对部分连带债务人的给付受领迟延的，对其他连带债务人发生效力。	
第521条：连带债权人之间的份额难以确定的，视为份额相同。 实际受领债权的连带债权人，应当按比例向其他连带债权人返还。 连带债权参照适用本章连带债务的有关规定。	

（二）考点精讲

	分类标准	构成要件	区分意义
意定之债与法定之债	债的设定及其内容是否允许当事人以自由意思决定。	1. **意定之债**：指债的发生及其内容由当事人依其自由意思决定的债。合同之债和单方允诺之债均为意定之债。 2. **法定之债**：指债的发生及其内容均由法律予以规定的债。侵权行为之债、无因管理之债和不当得利之债均属法定之债。	前者贯彻意思自治原则，在债的客体、内容及债务不履行的责任等方面均可由当事人约定；而在后者，债的发生及效力均由法律规定。
特定之债与种类之债	债的标的物的不同属性。	1. **特定之债**：以特定物为标的的债称为特定之债。债发生时，其标的物即已特定化。 2. **种类之债**：以种类物为标的的债称为种类之债。债成立时其标的物尚未特定化，甚至尚不存在，当事人仅就其种类、数量、质量、规格或型号等达成协议。	1. 在特定之债，除非债务履行前标的物已灭失，债务人不得以其他标的物代为履行，而种类之债则无此问题； 2. 在法律规定或当事人约定的情况下，特定之债标的物的所有权可自债成立时发生转移，标的物意外灭失的风险随之转移，而种类之债标的物的所有权及其意外灭失风险则自交付时起转移。
简单之债与选择之债	债的标的有无选择性。	1. **简单之债**：指债的履行标的具有唯一性，债务人只能按照该种标的履行、债权人也只能请求债务人按该种标的履行的债。 2. **选择之债**：指债的履行标的有数种，债务人可从中选择其一履行或债权人可选择其一请求债务人履行的债。	1. 债务标的有多项而债务人只需履行其中一项的，债务人享有选择权；但是，法律另有规定、当事人另有约定或者另有交易习惯的除外。 2. 享有选择权的当事人在约定期限内或者履行期限届满未作选择，催告后合理期限内仍未选择的，选择权转移至对方。 当事人行使选择权应当及时通知对方，通知到达对方时，债务标

续表

	分类标准	构成要件	区分意义
简单之债与选择之债			的确定。确定的债务标的不得变更，但是经对方同意的除外。 3. 可选择的债务标的之中发生不能履行情形的，享有选择权的当事人不得选择不能履行的标的，但是该不能履行的情形是由对方造成的除外。
主债与从债	在存在从属关系的两个债中，根据其不同地位。	1. **主债**：能够独立存在，不以其他债的存在为前提的债。 2. **从债**：不能独立存在，必须以主债的存在为存在前提的债。	主债和从债是相互对应的，没有主债不发生从债，没有从债也无所谓主债。主债与从债之分常见于设有担保的债中，被担保的债（如买卖合同、借贷合同之债）为主债，为担保该债而设之债（如保证合同、抵押合同之债）为从债。
劳务之债、财务之债与货币之债	债务人所负给付义务的不同内容。	1. **财物之债**：凡债的标的为给付财物的，为财物之债，如买卖合同之债。 2. **劳务之债**：债的标的为提供劳务的，为劳务之债，如委托合同之债。	当债务人不履行债务时，财物债务可强制履行，而劳务债务则不得强制履行。
单一之债与多数人之债	债的主体双方是单一的还是多数的。	1. **单一之债**：指债的主体双方即债权人和债务人均为一人的债。 2. **多数人之债**：指债权人和债务人至少有一方为二人或二人以上的债。	有助于准确地确定债的当事人之间的权利义务关系。在单一之债中，当事人之间的权利义务关系较为简单明了。多数人之债则既涉及债权人与债务人之间的权利义务关系，又涉及多数债权人之间或多数债务人之间的权利义务关系，其法律关系较为复杂。
按份之债与连带之债	多数一方当事人之间权利义务关系的不同状态。	1. **按份之债**：指债的多数人一方当事人各自按照确定的份额享有权利或者承担义务的债。其中，债权人为两人以上，各自按照确定的份额分享权利的，称为按份债权；债务人为两人以上，各自按照确定的份额分担义务的，称为按份债务。	1. 在按份之债中，任一债权人接受了其应受份额义务的履行或任一债务人履行了其应负担份额的义务后，与其他债权人或债务人均不再发生任何权利义务关系。**（对内无关）**

续表

	分类标准	构成要件	区分意义
按份之债与连带之债		在按份债权中，各个债权人只能就自己享有的债权份额请求债务人给付和接受给付，无权请求和接受债务人的全部给付；在按份债务中，各债务人只对自己分担的债务额负责清偿，无须向债权人清偿全部债务。**（对外按份）** 2. **连带之债**：指债的多数人一方当事人之间有连带关系的债。所谓连带关系，是指对于当事人中一人发生效力的事项对于其他当事人同样发生效力。连带之债有连带债权和连带债务之分。在连带之债中，享有连带权利的每个债权人都有权要求债务人履行义务，负有连带义务的每个债务人都负有清偿全部债务的义务。履行了债务的连带债务人，有权要求其他连带债务人偿付其应当承担的份额。**（对外连带）**	**2. 在连带之债中，连带债权人的任何一人接受了全部债务的履行，或者连带债务人的任何一人清偿了全部债务时，虽然原债归于消灭，但在连带债权人或连带债务人内部则会产生新的按份之债。（对内按份）**

典型真题

［例 98］甲公司向银行贷款 1000 万元，乙公司和丙公司向银行分别出具担保函："在甲公司不按时偿还 1000 万元本息时，本公司承担保证责任。"关于乙公司和丙公司对银行的保证债务，下列哪一表述是正确的？（2011 年卷三第 10 题，单选）①

A. 属于选择之债　　　　B. 属于连带之债

C. 属于按份之债　　　　D. 属于多数人之债

［例 99］甲、乙与丙就交通事故在交管部门的主持下达成《调解协议书》，由甲、乙分别赔偿丙 5 万元，甲当即履行。乙赔了 1 万元，余下 4 万元给丙打了欠条。乙到期后未履行，丙多次催讨未果，遂持《调解协议书》与欠条向法院起诉。下列哪一表述是正确的？（2013 年卷三第 12 题，单选）②

A. 本案属侵权之债

B. 本案属合同之债

C. 如丙获得工伤补偿，乙可主张相应免责

D. 丙可要求甲继续赔偿 4 万元

① 答案：B

② 答案：B

考点50 双务合同中的履行抗辩权

（一）修改说明

《民法典·合同编》	《合同法》
第527条：应当先履行债务的当事人，有确切证据证明对方有下列情形之一的，可以中止履行： （一）经营状况严重恶化； （二）转移财产、抽逃资金，以逃避债务； （三）丧失商业信誉； （四）有丧失或者可能丧失履行债务能力的其他情形。 当事人没有确切证据中止履行的，应当承担违约责任。 第528条：当事人依据前条规定中止履行的，应当及时通知对方。对方提供适当担保的，应当恢复履行。中止履行后，对方在合理期限内未恢复履行能力并且未提供适当担保的，视为以自己的行为表明不履行合同主要义务，中止履行的一方可以解除合同并可以请求对方承担违约责任。	第68条：应当先履行债务的当事人，有确切证据证明对方有下列情形之一的，可以中止履行： （一）经营状况严重恶化； （二）转移财产、抽逃资金，以逃避债务； （三）丧失商业信誉； （四）有丧失或者可能丧失履行债务能力的其他情形。 当事人没有确切证据中止履行的，应当承担违约责任。 第69条：当事人依照本法第六十八条的规定中止履行的，应当及时通知对方。对方提供适当担保时，应当恢复履行。中止履行后，对方在合理期限内未恢复履行能力并且未提供适当担保的，中止履行的一方可以解除合同。
评析：增加规定，将中止履行后对方在合理期限内未恢复履行能力并且未提供适当担保的，视为以自己的行为表明不履行合同主要义务，不安抗辩权人除可以解除合同外，还可以请求对方承担违约责任。	

（二）考点精讲

同时履行抗辩权 （双方都享有）	第525条：当事人互负债务，没有先后履行顺序的，应当同时履行。一方在对方履行之前有权拒绝其履行请求。一方在对方履行债务不符合约定时，有权拒绝其相应的履行请求。 1. 构成要件：（1）当事人因同一双务合同互负对待给付义务；（2）双方债务无先后履行顺序；（3）双方债务履行期届至；（4）请求履行的一方债务未履行或履行不适当。 2. 法律后果：有权拒绝其相应的履行要求。
先履行抗辩权 （后履行方）	第526条：当事人互负债务，有先后履行顺序，应当先履行债务一方未履行的，后履行一方有权拒绝其履行请求。先履行一方履行债务不符合约定的，后履行一方有权拒绝其相应的履行请求。 1. 构成要件：（1）当事人因同一双务合同互负对待给付义务；（2）双方债务有先后履行顺序；（3）先履行的一方债务未履行或履行不适当。 2. 法律后果：后履行义务的一方有权拒绝其相应的履行要求。
不安抗辩权 （先履行方）	第527条：应当先履行债务的当事人，有确切证据证明对方有下列情形之一的，可以中止履行：

续表

不安抗辩权（先履行方）	（一）经营状况严重恶化； （二）转移财产、抽逃资金，以逃避债务； （三）丧失商业信誉； （四）有丧失或者可能丧失履行债务能力的其他情形。 当事人没有确切证据中止履行的，应当承担违约责任。 第528条：当事人依据前条规定中止履行的，应当及时通知对方。对方提供适当担保的，应当恢复履行。中止履行后，对方在合理期限内未恢复履行能力并且未提供适当担保的，视为以自己的行为表明不履行合同主要义务，中止履行的一方可以解除合同并可以请求对方承担违约责任。 1. 构成要件：（1）当事人因同一双务合同互负对待给付义务；（2）双方债务有先后履行顺序；（3）先履行的一方有确切证据证明对方有不能为对待给付的危险，即有不安事由。 **2. 法律后果：举证——中止——通知——解除。**

典型案例

当事人互负债务，有先后履行顺序，先履行一方未履行的，后一方有权拒绝其履行要求。①

［案情简介］2011年11月9日，原、被告及先河地产签订《淮安市存量房买卖及居间服务合同》一份，约定卖方（沙某）将某房出卖给买方（沈某）；合同订立时，买方向买方支付定金5万元，定金在买卖双方办理过户手续时可自动转化为购房款；买方须于公积金审批后、过户前支付除定金之外的剩余首付款48万元至卖方账户。卖方尽量在2017年1月19日前将新的产权证办理出来，若在约定时间之前未办理出新证，双方约定审批贷款时间往后延。当日，原告向被告支付定金5万元并由被告出具收条。

［裁判要旨］从上诉人（沙某）与被上诉人（沈某）签订的合同中的约定可以看出，双方对于首付款的具体支付时间及支付账户约定并不明确，但从中能够判断，被上诉人支付首付款的时间最迟应当在房屋办理过户手续前。因涉案房屋原属于沙某与范某共有，在范某已经去世的情况下，该房屋涉及继承问题，双方签订的合同得以继续履行的前提条件是沙某将该房屋重新登记在自己名下。双方签订合同对此备注："卖方尽量在2017年1月19日前将新的产权证办理出来，若在约定时间之前未办理出新证，双方约定审批贷款时间往后延"。被上诉人作为买房人，要支付的首付款高达48万元，从安全交易、防范风险的角度，被上诉人必然要求上诉人出示重新办理至上诉人个人名下的房屋产权证书，在得到确认并在合理期限内支付首付款，符合一般人的交易习惯。从合同约定内容来看，上诉人示已登记于自己名下的房屋产权证书，是其先履行合同之义务，上诉人于2017年1月25日才领取了涉案房屋不动产登记证书，因此上诉人要求被上诉人于2017年1月19日之前支付首付款，无合同依据。

① 江苏省淮安市中级人民法院（2017）苏08民终第3788号。

典型真题

［例100］甲、乙订立一份价款为十万元的图书买卖合同，约定甲先支付书款，乙两个月后交付图书。甲由于资金周转困难只交付五万元，答应余款尽快支付，但乙不同意。两个月后甲要求乙交付图书，遭乙拒绝。对此，下列哪一表述是正确的？（2010年卷三第13题，单选）①

A. 乙对甲享有同时履行抗辩权

B. 乙对甲享有不安抗辩权

C. 乙有权拒绝交付全部图书

D. 乙有权拒绝交付与五万元书款价值相当的部分图书

［例101］2011年5月6日，甲公司与乙公司签约，约定甲公司于6月1日付款，乙公司6月15日交付"连升"牌自动扶梯。合同签订后10日，乙公司销售他人的"连升"牌自动扶梯发生重大安全事故，质监局介入调查。合同签订后20日，甲、乙、丙公司三方合意，由丙公司承担付款义务。丙公司6月1日未付款。下列哪一表述是正确的？（2011年卷三第14题，单选）②

A. 甲公司有权要求乙公司交付自动扶梯

B. 丙公司有权要求乙公司交付自动扶梯

C. 丙公司有权行使不安抗辩权

D. 乙公司有权要求甲公司和丙公司承担连带债务

［例102］甲公司向乙公司购买小轿车，约定7月1日预付10万元，10月1日预付20万元，12月1日乙公司交车时付清尾款。甲公司按时预付第一笔款。乙公司于9月30日发函称因原材料价格上涨，需提高小轿车价格。甲公司于10月1日拒绝，等待乙公司答复未果后于10月3日向乙公司汇去20万元。乙公司当即拒收，并称甲公司迟延付款构成违约，要求解除合同，甲公司则要求乙公司继续履行。下列哪一表述是正确的？（2014年卷三第12题，单选）③

A. 甲公司不构成违约

B. 乙公司有权解除合同

C. 乙公司可行使先履行抗辩权

D. 乙公司可要求提高合同价格

［例103］甲与乙公司签订的房屋买卖合同约定："乙公司收到首期房款后，向甲交付房屋和房屋使用说明书；收到二期房款后，将房屋过户给甲。"甲交纳首期房款后，乙公司交付房屋但未立即交付房屋使用说明书。甲以此为由行使先履行抗辩权而拒不支付二期房款。下列哪一表述是正确的？（2015年卷三第10题，单选）④

A. 甲的做法正确，因乙公司未完全履行义务

B. 甲不应行使先履行抗辩权，而应行使不安抗辩权，因乙公司有不能交付房屋使用

---

① 答案：D

② 答案：C

③ 答案：A

④ 答案：D

说明书的可能性

C. 甲可主张解除合同，因乙公司未履行义务

D. 甲不能行使先履行抗辩权，因甲的付款义务与乙公司交付房屋使用说明书不形成主给付义务对应关系

04 第四章 合同的保全

针对债务人恶意的消极或者积极减少自己责任财产以逃避债务的行为，债权人可以采取法律措施阻止债务人责任财产的不当减少，谓之为债的保全制度。

考点 51　债权人代位权（应当增加而不增加）

（一）修改说明

<table>
<tr><th>《民法典·合同编》</th><th>《合同法》</th></tr>
<tr><td>第 535 条：因债务人怠于行使其债权以及与该债权有关的从权利，影响债权人的到期债权实现的，债权人可以向人民法院请求以自己的名义代位行使债务人对相对人的权利，但是该权利专属于债务人自身的除外。
代位权的行使范围以债权人的到期债权为限。债权人行使代位权的必要费用，由债务人负担。
相对人对债务人的抗辩，可以向债权人主张。</td><td>第 73 条：因债务人怠于行使其到期债权，对债权人造成损害的，债权人可以向人民法院请求以自己的名义代位行使债务人的债权，但该债权专属于债务人自身的除外。
代位权的行使范围以债权人的债权为限。债权人行使代位权的必要费用，由债务人负担。</td></tr>
<tr><td colspan="2">评析：对到期债权的代位权，增加了“相对人对债务人的抗辩，可以向债权人主张”规定。该内容系对《合同法解释（一）》第 18 条第 1 款的吸收。</td></tr>
<tr><td>第 536 条：债权人的债权到期前，债务人的权利存在诉讼时效期间即将届满或者未及时申报破产债权等情形，影响债权人的债权实现的，债权人可以代位向债务人的相对人请求其向债务人履行、向破产管理人申报或者作出其他必要的行为。
第 537 条：人民法院认定代位权成立的，由债务人的相对人向债权人履行义务，债权人接受履行后，债权人与债务人、债务人与相对人之间相应的权利义务终止。债务人对相对人的权利被采取保全、执行措施，或者债务人破产的，依照相关法律的规定处理。</td><td></td></tr>
<tr><td colspan="2">评析：
1. 增加了对未到期债权的代位权。
2. 增加了代位权成立后债权人、债务人之间和债务人、相对人之间的债权债务关系消灭的规定。该内容系对《合同法解释（一）》第 20 条规定的吸收。</td></tr>
</table>

（二）考点精讲

构成要件	1. **债权人对债务人享有合法、有效、到期的债权；债务人对次债务人享有合法、有效、到期属于债务人自身的金钱债权**。 （1）合法：非法的债权（如赌债），债权人无代位权。 （2）有效：未超过诉讼时效，若债权人对债务人的债权已过诉讼时效，则债权人无代位权。 （3）到期：须债权人与债务人之间的债务及债务人与第三人（次债务人）之间的债权**均到清偿期**。为“保存”债权有例外： ①债务人的诉讼时效快要届满，需要债权人行使代位权以中断时效的； ②次债务人破产，债权人未申报破产债权，债权人可以代位以自己的名义申报债务人对次债务人的破产债权。 2. **须债务人怠于行使其对第三人的权利**。即债务人**不履行**其对债权人的到期债务，**又不以诉讼方式或者仲裁方式**向其债务人主张其享有的具有金钱给付内容的到期债权，致使债权人的到期债权未能实现。 3. **须债务人怠于行使权利的行为有害于债权人的债权**。判断标准：采“债务超过说”，即债务人除了对次债务人的金钱债权之外，债务人的其他财产不足以清偿对债权人的债务。 4. **债务人对次债务人的债权不具有专属性。专属于债务人自身的债权，是指基于抚养关系、扶养关系、继承关系产生的给付请求权和劳动报酬、退休金、养老金、抚恤金、安置费、人寿保险、人身伤害赔偿请求权等权利**。
行使方式	1. 原告：债权人。 2. 被告：次债务人。 3. 无独三：债务人。债权人以次债务人为被告向法院提起代位权诉讼，未将债务人列为第三人的，法院可以追加债务人为第三人。 4. 管辖：就被告原则：由被告住所地法院管辖。债务人与次债务人的管辖法院协议、仲裁协议（相对性），只约束债务人与次债务人，对提起代位之诉的债权人无约束力。 4. **代位权之诉主张债权的范围：代位权的行使范围以债权人的债权为限，且不超过次债务人对债务人所负债务的数额（就低不就高原则）**。具体而言： 情形（1）：债权人 A 对债务人 B 的到期合法债权为 100 万元，债务人 B 对次债务人 C 到期合法债权为 50 万元，则 A 对 C 代位权范围最多为 50 万元（不得超过次债务人对债务人所负债务额）。 情形（2）：债权人 A 对债务人 B 的到期合法债权为 50 万元，债务人 B 对次债务人 C 到期合法债权为 100 万元，则 A 对 C 代位权范围最多为 50 万元（不得超过债务人对债权人所负债务额）。 **5. 抗辩权的延续：次债务人可以主张：** （1）原债的抗辩：债务人对债权人的抗辩； （2）次债的抗辩：次债务人对债务人的抗辩； （3）代位之债的抗辩：主管和管辖。
法律后果	1. **债权人向次债务人提起的诉讼经人民法院审理后认定代位权成立的**，可直接受领次债务人的清偿。**债权人与债务人、债务人与次债务人之间相应的债权债务关系在对等额度内即予消灭**。 2. 债权人胜诉的，**诉讼费**由**次债务人**负担，从实现的债权中**优先支付**。债权人行使代位权的**必要费用**（律师费用、差旅费），由**债务人**负担。

典型真题

［例104］ 甲以自有房屋向乙银行抵押借款，办理了抵押登记。丙因甲欠钱不还，强行进入该房屋居住。借款到期后，甲无力偿还债务。该房屋由于丙的非法居住，难以拍卖，甲怠于行使对丙的返还请求权。乙银行可以行使下列哪些权利？（2012年卷三第57题，多选）①

A. 请求甲行使对丙的返还请求权，防止抵押财产价值的减少

B. 请求甲将对丙的返还请求权转让给自己

C. 可以代位行使对丙的返还请求权

D. 可以依据抵押权直接对丙行使返还请求权

［例105］ 甲公司对乙公司享有5万元债权，乙公司对丙公司享有10万元债权。如甲公司对丙公司提起代位权诉讼，则针对甲公司，丙公司的下列哪些主张具有法律依据？（2012年卷三第59题，多选）②

A. 有权主张乙公司对甲公司的抗辩

B. 有权主张丙公司对乙公司的抗辩

C. 有权主张代位权行使中对甲公司的抗辩

D. 有权要求法院追加乙公司为共同被告

［例106］ 甲公司与乙公司签订10万元建材买卖合同后，乙交付建材，甲公司未付建材款。甲公司将该建材用于丙公司办公楼装修，丙公司需向甲公司支付15万元装修款，其中5万元已经支付完毕。丙公司给乙公司出具《担保函》："本公司同意以欠甲公司的10万元装修款担保甲公司欠乙公司的10万元建材款。"乙公司对此并无异议。后，甲公司对乙公司的债务、丙公司对甲公司的债务均届期未偿，且甲公司怠于向丙公司主张债权。下列哪些表述是正确的？（2011年卷三第59题，多选）③

A. 乙公司对丙公司享有应收账款质权

B. 丙公司应对乙公司承担保证责任

C. 乙公司可以对丙公司提起代位权诉讼

D. 乙公司可以要求并存债务承担人丙公司清偿债务

［例107］ 材料①：2012年2月，甲公司与其全资子公司乙公司签订了《协议一》，约定甲公司将其建设用地使用权用于抵偿其欠乙公司的2000万元债务，并约定了仲裁条款。但甲公司未依约将该用地使用权过户到乙公司名下，而是将之抵押给不知情的银行以获贷款，办理了抵押登记。

材料②：同年4月，甲公司、丙公司与丁公司签订了《协议二》，约定甲公司欠丁公司的5000万元债务由丙公司承担，且甲公司法定代表人张某为该笔债务提供保证，但未约定保证方式和期间。曾为该5000万元负债提供房产抵押担保的李某对《协议二》并不知情。同年5月，丁公司债权到期。

材料③：同年6月，丙公司丧失偿债能力。丁公司查知乙公司作为丙公司的股东

---

① 答案：AB

② 答案：ABC

③ 答案：BC

(非发起人),对丙公司出资不实,尚有3000万元未注入丙公司。同年8月,乙公司既不承担出资不实的赔偿责任,又怠于向甲公司主张权利。

材料④:同年10月,甲公司股东戊公司与己公司签订了《协议三》,约定戊公司将其对甲公司享有的60%股权低价转让给己公司,戊公司承担甲公司此前的所有负债。

根据材料①、材料②和材料③,如丁公司向甲公司提起3000万元代位权诉讼,甲公司认为丁公司不能提起代位权之诉的下列抗辩理由中不能成立的是?(2013年卷三第90题,不定项)①

A. 甲公司对乙公司的债务是过户建设用地使用权,而非金钱债务

B.《协议一》有仲裁条款

C. 乙公司多次发函给甲公司要求清偿债务

D.《协议一》的2000万元数额低于乙公司出资不实的3000万元

[例108] 甲公司对乙公司享有10万元债权,乙公司对丙公司享有20万元债权。甲公司将其债权转让给丁公司并通知了乙公司,丙公司未经乙公司同意,将其债务转移给戊公司。如丁公司对戊公司提起代位权诉讼,戊公司下列哪一抗辩理由能够成立?(2011年卷三第12题,单选)②

A. 甲公司转让债权未获乙公司同意

B. 丙公司转移债务未经乙公司同意

C. 乙公司已经要求戊公司偿还债务

D. 乙公司、丙公司之间的债务纠纷有仲裁条款约束

考点52　债权人撤销权(不应减少而减少)

(一)修改说明

《民法典·合同编》	《合同法》
第538条: 债务人以放弃其债权、放弃债权担保、无偿转让财产等方式无偿处分财产权益,或者恶意延长其到期债权的履行期限,影响债权人的债权实现的,债权人可以请求人民法院撤销债务人的行为。 **第539条:** 债务人以明显不合理的低价转让财产、以明显不合理的高价受让他人财产或者为他人的债务提供担保,影响债权人的债权实现,债务人的相对人知道或者应当知道该情形的,债权人可以请求人民法院撤销债务人的行为。 **第542条:** 债务人影响债权人的债权实现的行为被撤销的,自始没有法律约束力。	第74条:因债务人放弃其到期债权或者无偿转让财产,对债权人造成损害的,债权人可以请求人民法院撤销债务人的行为。债务人以明显不合理的低价转让财产,对债权人造成损害,并且受让人知道该情形的,债权人也可以请求人民法院撤销债务人的行为。 撤销权的行使范围以债权人的债权为限。债权人行使撤销权的必要费用,由债务人负担。

① 答案:ABCD

② 答案:B

续表

评析： 1. 其中的“放弃债权担保”和兜底规定系新增内容。该处修改部分吸收了《合同法解释（二）》第18条的规定。 2. 高价受让和为他人债务提供担保系新增内容。该处修改部分吸收了《合同法解释（二）》第19条第3款的规定。 3. 增加一条“债务人影响债权人的债权实现的行为被撤销的，自始没有法律约束力”。该内容系撤销权成立的法律效力。

（二）考点精讲

当债务人实施了减少其责任财产的处分行为而有害于债权人的债权时，债权人可依法请求法院撤销债务人所实施之行为的权利。

构成要件	**目的在于恢复债务人的责任财产。** 1. **债权人对债务人有合法、有效的债权（不以债权已届清偿期为要件）。** 2. **债务人负担债务后，实施了积极减少财产的行为。** （1）债务人以放弃其债权、放弃债权担保、无偿转让财产等方式无偿处分财产权益，或者恶意延长其到期债权的履行期限，影响债权人的债权实现的，债权人可以请求人民法院撤销债务人的行为。 （2）债务人放弃其未到期的债权或者放弃债权担保，或者恶意延长到期债权的履行期，对债权人造成损害，债权人可以请求人民法院撤销债务人的行为。 （该行为需以财产为标的，收养、结婚等身份行为不得撤销；消极减少财产的行为如：继承放弃、拒绝接受赠与等不得撤销） （3）债务人放弃其未到期的债权或者放弃债权担保，或者恶意延长到期债权的履行期，对债权人造成损害。 （4）债权人行使撤销权，须以其债权产生于债务人实施不当处分行为之前。 （5）针对一切的无偿转让行为，哪怕是公益性质的赠与（区别于赠与合同中的赠与人的任意撤销权）。 3. **债务人实施上述行为，已损害债权人的债权**（剩余财产不足以清偿对债权人的债务；行为与损害有因果关系）。 4. **存在恶意。** （1）若为无偿处分，即可认定恶意的存在。 （2）若为有偿，但为明显不合理低价，以受让人明知该情形的存在认定恶意。“明显不合理的低价”，人民法院应当以交易当地一般经营者的判断，并参考交易当时交易地的物价部门指导价或者市场交易价，结合其他相关因素综合考虑予以确认。 转让价格达不到交易时交易地的指导价或者市场交易价**百分之七十**的，一般可以视为**明显不合理的低价**；对转让价格高于当地指导价或者市场交易价**百分之三十**的，一般可以视为**明显不合理的高价**。
行使方式	1. 原告：债权人。 2. 被告：债务人。 3. 无独三：债权人提起撤销权诉讼时只以债务人为被告，未将受益人或者受让人列为第三人

续表

行使方式	的，人民法院可以追加该受益人或者受让人为第三人。 **4. 行使期间：双重除斥期间限制，债权人撤销权具有形成权和请求权双重特点。** 撤销权自债权人知道或者应当知道撤销事由之日起1年内行使。自债务人的行为发生之日起5年内没有行使撤销权的，该撤销权消灭。
法律后果	1. 实体法上：自人民法院依法撤销债务人的处分行为之日起，债务人的行为自始无效，债权人有权请求受益人或受让人向自己返还所受利益，并有义务将其归入债务人的一般责任财产**（入库原则）**，作为全体债权人的责任财产**（即撤销权人无优先受偿权）**。 2. 诉讼法上：诉讼费用由债务人承担（败诉方）；债权人行使撤销权所支出的律师代理费、差旅费等必要费用，**由债务人负担，第三人有过错的应当适当分担**。

典型真题

［例109］甲对乙享有2006年8月10日到期的6万元债权，到期后乙无力清偿。乙对丙享有5万元债权，清偿期已届满七个月，但乙未对丙采取法律措施。乙对丁还享有5万元人身损害赔偿请求权。后乙去世，无其他遗产，遗嘱中将上述10万元的债权赠与戊。对此，下列哪些选项是正确的？（2010年卷三第58题，多选）①

A. 甲可向法院请求撤销乙的遗赠

B. 在乙去世前，甲可直接向法院请求丙向自己清偿

C. 在乙去世前，甲可直接向法院请求丁向自己清偿

D. 如甲行使代位权胜诉，行使代位权的诉讼费用和其他费用都应该从乙财产中支付

［例110］甲公司在2011年6月1日欠乙公司货款500万元，届期无力清偿。2010年12月1日，甲公司向丙公司赠送一套价值50万元的机器设备。2011年3月1日，甲公司向丁基金会捐赠50万元现金。2011年12月1日，甲公司向戊希望学校捐赠价值100万元的电脑。甲公司的3项赠与行为均尚未履行。下列哪一选项是正确的？（2012年卷三第15题，单选）②

A. 乙公司有权撤销甲公司对丙公司的赠与

B. 乙公司有权撤销甲公司对丁基金会的捐赠

C. 乙公司有权撤销甲公司对戊学校的捐赠

D. 甲公司有权撤销对戊学校的捐赠

［例111］乙向甲借款20万元，借款到期后，乙的下列哪些行为导致无力偿还甲的借款时，甲可申请法院予以撤销？（2016年卷三第58题，多选）③

A. 乙将自己所有的财产用于偿还对他人的未到期债务

B. 乙与其债务人约定放弃对债务人财产的抵押权

C. 乙在离婚协议中放弃对家庭共有财产的分割

D. 乙父去世，乙放弃对父亲遗产的继承权

---

① 答案：AB

② 答案：C

③ 答案：ABC

［例112］甲欠乙30万元到期后，乙多次催要未果。甲与丙结婚数日后即办理离婚手续，在《离婚协议书》中约定将甲婚前的一处住房赠与知悉甲欠乙债务的丙，并办理了所有权变更登记。乙认为甲侵害了自己的权益，聘请律师向法院起诉，请求撤销甲的赠与行为，为此向律师支付代理费2万元。下列哪些选项是正确的？（2017年卷三第58题，多选）①

B. 如甲证明自己有稳定工资收入及汽车等财产可供还债，法院应驳回乙的诉讼请求

C. 如乙仅以甲为被告，法院应追加丙为被告

D. 如法院认定乙的撤销权成立，应一并支持乙提出的由甲承担律师代理费的请求

① 答案：BD

05 第五章 合同的变更与转让

考点 53　债权让与

（一）修改说明

《民法典·合同编》	《合同法》
第 545 条：债权人可以将债权的全部或者部分转让给第三人，但是有下列情形之一的除外： （一）根据债权性质不得转让； （二）按照当事人约定不得转让； （三）依照法律规定不得转让。 **当事人约定非金钱债权不得转让的，不得对抗善意第三人。当事人约定金钱债权不得转让的，不得对抗第三人。**	第 79 条：债权人可以将合同的权利全部或者部分转让给第三人，但有下列情形之一的除外： （一）根据合同性质不得转让； （二）按照当事人约定不得转让； （三）依照法律规定不得转让。
评析：增加了约定债权不得转让能否对抗第三人的规定，并区分了不同情形。实际上是规定了债权转让中的债权的善意取得规则，也就是说，即便债权人与债务人之间有禁止转让的特约，但如果第三人是善意不知情的，则第三人仍然可以取得债权。 所谓金钱债权，是指以给付金钱为内容的债权，在现代社会中，保理、资产证券化和不良资产处置等等，都是通过金钱债权让与的方式实现的，金钱债权让与是企业融资的重要方式，也是实现资产有效利用的重要途径，对于促进资本回收和资本流动具有重要的意义，因此法律上应当肯定和鼓励金钱债权的转让。	
第 549 条：有下列情形之一的，债务人可以向受让人主张抵销： （一）债务人接到债权转让通知时，债务人对让与人享有债权，并且债务人的债权先于转让的债权到期或者同时到期； **（二）债务人的债权与转让的债权是基于同一合同产生。**	第 83 条：债务人接到债权转让通知时，债务人对让与人享有债权，并且债务人的债权先于转让的债权到期或者同时到期的，债务人可以向受让人主张抵销。
（新增）第 550 条：因债权转让增加的履行费用，由让与人负担。	

（二）考点精讲

构成要件	1. **须存在有效的债权**。 2. **被让与的债权须具有可让与性**。

续表

构成要件	以下三类债权不得转让： （1）根据债权性质不得转让的债权。包括：①基于个人信任关系而发生的债权，如雇佣、委托、租赁等合同所生债权。②专为特定债权人利益而存在的债权。如向特定人讲授外语的合同债权。③不作为债权，如竞业禁止约定。④属于从权利的债权，如保证债权不得单独让与。但从权利可与主权利分离而单独存在的，可以转让，如已经产生的利息债权可以与本金债权相分离而单独让与。 （2）按照当事人的约定不得转让的债权。 **第 545 条第 2 款：**当事人约定非金钱债权不得转让的，不得对抗善意第三人。当事人约定金钱债权不得转让的，不得对抗第三人。 （3）依照法律规定不得转让的债权。 3. **让与人与受让人须就债权的转让达成协议，并且不得违反法律的有关规定**。 4. **债权的让与须通知债务人**。未经通知，该转让对债务人不发生效力。换言之，债权让与无须征得债务人的同意。另，通知非债权转让协议的生效要件，是对债务人的生效要件。
法律后果	1. **主体变更：**原债权人退出，受让人成为新的债权人，原债权人受领债权构成不当得利。 2. **从权利随之转移，具有专属性的除外**。原则上，债权全部转让的，担保物权和保证债权随之转移（但另有约定的除外：约定禁止债权转让或约定只对特定债权人承担保证责任）；债权部分转让的，基于担保物权的不可分性，抵押、质押同时担保已经转让的部分和未转让的部分。 3. **抗辩转移：**债务人对让与人的抗辩，可以向受让人主张。 4. **诉讼时效中断：**债权让与通知到达债务人时诉讼时效中断（权利人主张债权）。 5. **抵销延续：**债务人接到债权转让通知时，债务人对让与人享有债权，并且债务人的债权先于转让的债权到期或者同时到期的，债务人可以向受让人主张抵销债权。 注： 1. 债权不适用善意取得规则：无权处分的，善意第三人不能善意取得债权。 2. 表见让与规则：当债权人将债权让与的事实通知债务人后，即使让与未发生或者让与无效，债务人基于对通知的信赖向第三人所为的履行仍然有效（清偿有效）。

典型真题

［例 113］甲向乙借款 300 万元于 2008 年 12 月 30 日到期，丁提供保证担保，丁仅对乙承担保证责任。后乙从甲处购买价值 50 万元的货物，双方约定 2009 年 1 月 1 日付款。2008 年 10 月 1 日，乙将债权让与丙，并于同月 15 日通知甲，但未告知丁。对此，下列哪些选项是正确的？（2010 年卷三第 57 题，多选）①

A. 2008 年 10 月 1 日债权让与在乙丙之间生效

B. 2008 年 10 月 15 日债权让与对甲生效

C. 2008 年 10 月 15 日甲可向丙主张抵销 50 万元

D. 2008 年 10 月 15 日后丁的保证债务继续有效

① 答案：AB

考点54　债务承担

（一）修改说明

《民法典·合同编》	《合同法》
第551条：债务人将债务的全部或者部分转移给第三人的，应当经债权人同意。 **债务人或者第三人可以催告债权人在合理期限内予以同意，债权人未作表示的，视为不同意。**	第84条：债务人将合同的义务全部或者部分转移给第三人的，应当经债权人同意。
第552条：第三人与债务人约定加入债务并通知债权人，或者第三人向债权人表示愿意加入债务，债权人未在合理期限内明确拒绝的，债权人可以请求第三人在其愿意承担的债务范围内和债务人承担连带债务。	——
评析：该条确立了并存的债务承担规则，弥补了现行《合同法》的漏洞，对司法实践具有重要的指导意义。	
第553条：债务人转移债务的，新债务人可以主张原债务人对债权人的抗辩；**原债务人对债权人享有债权的，新债务人不得向债权人主张抵销。**	第85条：债务人转移义务的，新债务人可以主张原债务人对债权人的抗辩。

（二）考点精讲

构成要件	1. **免责的债务承担：**指债务人与受让人订立债务履行合同，约定债务人将其债权人的债务转让给受让人，且在债务承担的范围内债务人债务归于消灭的债务承担形式。 （1）须有有效的债务存在。 （2）债务承担合同的标的应具有可移转性。 （3）须有以债务承担为内容的合同。 **（4）债务承担须经债权人同意**。债权人的同意可以明示，也可以默示，还可以通过向第三人请求履行或者受领第三人以债务承担为意图的履行推定出来。 2. **并存的债务承担：**指受让人承担债务的同时，债务人的债务并不因此消灭的债务承担形式。 （1）当事人订立并存的债务承担协议。 **（2）通知债权人**。并存的债务承担不会消灭债务人的债务，不会对债权人产生实质性的不利影响，故只需要通知债权人，而无需征得债权人的同意。债权人有权在合理期间内拒绝受让人加入债务。
法律后果	1. **免责的债务承担**。 **（1）主体变更：**就已经全部或者部分转让给受让人承担的债务，原债务人脱离债的关系，而由受让人直接向债权人承担债务。 **（2）抗辩移转：**债务受让人可以主张原债务人对债权人的抗辩。 **（3）时效中断：**债务承担情形下，构成原债务人对债务承认的，应当认定诉讼时效从债务承担意思表示到达债权人之日起中断。

续表

法律后果	(4) **保证责任**：第三人提供担保，未经其书面同意，债权人允许债务人转移全部或者部分债务的，担保人不再承担相应的担保责任。 2. **并存的债务承担**。 受让人加入原债权债务关系与债务人一起对债权人承担连带清偿责任。

典型真题

［例114］甲将其对乙享有的10万元货款债权转让给丙，丙再转让给丁，乙均不知情。乙将债务转让给戊，得到了甲的同意。丁要求乙履行债务，乙以其不知情为由抗辩。下列哪一表述是正确的？（2012年卷三第13题，单选）①

A. 甲将债权转让给丙的行为无效

B. 丙将债权转让给丁的行为无效

C. 乙将债务转让给戊的行为无效

D. 如乙清偿10万元债务，则享有对戊的求偿权

［例115］甲经乙公司股东丙介绍购买乙公司矿粉，甲依约预付了100万元货款，乙公司仅交付部分矿粉，经结算欠甲50万元货款。乙公司与丙商议，由乙公司和丙以欠款人的身份向甲出具欠条。其后，乙公司未按期支付。关于丙在欠条上签名的行为，下列哪一选项是正确的？（2017年卷三第9题，单选）②

A. 构成第三人代为清偿

B. 构成免责的债务承担

C. 构成并存的债务承担

D. 构成无因管理

考点55　概括承受

债权债务的概括移转，是指债的一方主体将其债权债务一并移转给第三人，使该第三人代替出让人的地位，成为债的新的当事人。债权债务的概括移转发生原因包括合同承受和法定承受。

合同承受	1. 合同承受，是指合同的一方当事人经对方当事人同意，与第三人订立合同将其在合同中的债权债务全部或者部分移转给第三人。合同承受应具备的条件有：(1) 合同承受须经合同一方当事人与第三人达成移转协议，并取得合同的对方当事人同意。但有一个例外，根据《高法关于审理旅游纠纷的规定》第11条规定："除合同性质不宜转让或者合同另有约定之外，在旅游行程开始前的合理期间内，旅游者将其在旅游合同中的权利义务转让给第三人，请求确认转让合同效力的，人民法院应予支持。"简言之，在旅游行程开始前的合理期间内，旅游者将其在旅游合同中的权利义务概括转让给第三人的，无须经合同对方当事人的同意。 (1) 被移转的合同须为双务合同。 (2) 法律、行政法规规定必须采取特定形式的，合同承受应遵循法律、行政法规的规定。

① 答案：D

② 答案：C

续表

合同承受	**2. 合同承受实为债权让与和债务承担同时发生，故合同承受的法律效力适用有关债权让与和债务承担效力的规定。在合同承受中，第三人完全取代了合同的一方当事人而成为新的合同当事人，原合同当事人一方完全退出合同关系。**
法定承受	法定承受，是指基于法律的直接规定而产生的债权债务的概括移转，包括法人合并和财产继承等。

典型真题

［例 116］债的法定移转指依法使债权债务由原债权债务人转移给新的债权债务人。下列哪些选项属于债的法定移转的情形？（2013 年卷三第 59 题，多选）①

A. 保险人对第三人的代位求偿权

B. 企业发生合并或者分立时对原债权债务的承担

C. 继承人在继承遗产范围内对被继承人生前债务的清偿

D. 根据买卖不破租赁规则，租赁物的受让人对原租赁合同的承受

① 答案：ABCD

06 第六章 合同的权利义务终止

《民法典·合同编》	《合同法》
（新增）第559条：债权债务终止时，债权的从权利同时消灭，但是法律另有规定或者当事人另有约定的除外。	——
评析：司法实践已经认可了该规定的做法，如在个人按揭购房的金融借款合同纠纷中，金融机构请求解除金融借款合同，合同解除后，房屋的抵押权并不因此消灭。	

考点56 清偿

（一）修改说明

《民法典·合同编》	《合同法解释（二）》
（新增）第560条：债务人对同一债权人负担的数项债务种类相同，债务人的给付不足以清偿全部债务的，除当事人另有约定外，由债务人在清偿时指定其履行的债务。 债务人未作指定的，应当优先履行已经到期的债务；数项债务均到期的，优先履行对债权人缺乏担保或者担保最少的债务；均无担保或者担保相等的，优先履行债务人负担较重的债务；负担相同的，按照债务到期的先后顺序履行；到期时间相同的，按照债务比例履行。	第20条：债务人的给付不足以清偿其对同一债权人所负的数笔相同种类的全部债务，应当优先抵充已到期的债务；几项债务均到期的，优先抵充对债权人缺乏担保或者担保数额最少的债务；担保数额相同的，优先抵充债务负担较重的债务；负担相同的，按照债务到期的先后顺序抵充；到期时间相同的，按比例抵充。但是，债权人与债务人对清偿的债务或者清偿抵充顺序有约定的除外。
（新增）第561条：债务人在履行主债务外还应当支付利息和实现债权的有关费用，其给付不足以清偿全部债务的，除当事人另有约定外，应当按照下列顺序履行： （一）实现债权的有关费用； （二）利息； （三）主债务。	第21条：债务人除主债务之外还应当支付利息和费用，当其给付不足以清偿全部债务时，并且当事人没有约定的，人民法院应当按照下列顺序抵充： （一）实现债权的有关费用； （二）利息； （三）主债务。

（二）考点精讲

代为清偿	1. 构成要件： （1）债的性质允许第三人代为清偿。 （2）若债权人与债务人约定不得由第三人代为清偿，则不得由第三人代为清偿。 **（3）须债权人未拒绝第三人代为清偿。具体而言：①若第三人与债务的清偿无法律上利害关系，债权人可以拒绝第三人的代为清偿。②若第三人与债务的清偿有法律上的利害关系，无论债务人是否提出异议，债权人均不得拒绝第三人代为清偿**。比如，合法转租中，次承租人代替承租人支付租金。 （4）须第三人有为债务人清偿的意思。 2. 法律后果： **（1）债务人与债权人**：债务人对债权人的债务因第三人代为清偿而消灭。 **（2）第三人与债务人**：①若第三人基于赠与合同代为清偿，第三人对债务人无追偿权。②若第三人基于委托合同代为清偿，可基于委托合同向债务人追偿。③若第三人基于其他原因代为清偿，在使债务人免责的范围内，第三人可基于无因管理或者不当得利向债务人追偿。 **（3）第三人与债权人**：若第三人系对于债务清偿有法律上利害关系的第三人，则第三人享有代位求偿权，在其对债务人追偿的范围内，第三人取得债权人的权利。
代物清偿	**债务人以他种给付代替其所负担的给付，从而使债消灭的方式**。 （1）须有合法原债务存在。 （2）须以他种给付代替原来的给付。 （3）须有双方当事人关于代物清偿的合意（协议）。 **（4）须完成他种给付的现实受领给付。据此可知，代物清偿协议是实践合同**。
清偿抵充	**债务人的给付不足以清偿其对同一债权人所负的数笔相同种类的全部债务，决定以该给付抵充何宗债务的规则**。 1. 按顺位依次为约定抵充、指定抵充、法定抵充。 2. 约定抵充：当事人可约定债务人的清偿用来抵充哪一宗债务。 3. 指定抵充：没有约定抵充，清偿人有权单方面指定抵充。一经指定，不得撤回。 4. 无约定抵充、指定抵充时：**已到期——缺乏担保——负担较重——到期先后——比例范围，具体而言**： （1）应当优先抵充已到期的债务； （2）几项债务均到期的，优先抵充对债权人缺乏担保或者担保数额最少的债务； （3）担保数额相同的，优先抵充债务负担较重的债务； （4）负担相同的，按照债务到期的先后顺序抵充； （5）到期时间相同的，按比例抵充。

典型真题

［例117］胡某于2006年3月10日向李某借款100万元，期限3年。2009年3月30日，双方商议再借100万元，期限3年。两笔借款均先后由王某保证，未约定保证方式和保证期间。李某未向胡某和王某催讨。胡某仅于2010年2月归还借款100万元。关于

胡某归还的100万元，下列哪一表述是正确的？（2014年卷三第13题，单选）①

A. 因2006年的借款已到期，故归还的是该笔借款

B. 因2006年的借款无担保，故归还的是该笔借款

C. 因2006年和2009年的借款数额相同，故按比例归还该两笔借款

D. 因2006年和2009年的借款均有担保，故按比例归还该两笔借款

［例118］甲公司对乙公司负有交付葡萄酒的合同义务。丙公司和乙公司约定，由丙公司代甲公司履行，甲公司对此全不知情。下列哪一表述是正确的？（2012年卷三第12题，单选）②

A. 虽然甲公司不知情，丙公司的履行仍然有法律效力

B. 因甲公司不知情，故丙公司代为履行后对甲公司不得追偿代为履行的必要费用

C. 虽然甲公司不知情，但如丙公司履行有瑕疵的，甲公司需就此对乙公司承担违约责任

D. 虽然甲公司不知情，但如丙公司履行有瑕疵从而承担违约责任的，丙公司可就该违约赔偿金向甲公司追偿

［例119］材料①：2012年2月，甲公司与其全资子公司乙公司签订了《协议一》，约定甲公司将其建设用地使用权用于抵偿其欠乙公司的2000万元债务，并约定了仲裁条款。但甲公司未依约将该用地使用权过户到乙公司名下，而是将之抵押给不知情的银行以获贷款，办理了抵押登记。

根据材料①，关于甲公司、乙公司与银行的法律关系，下列表述正确的是？（2013年卷三第86题，不定项）③

A. 甲公司欠乙公司2000万元债务没有消灭

B. 甲公司抵押建设用地使用权的行为属于无权处分

C. 银行因善意取得而享有抵押权

D. 甲公司用建设用地使用权抵偿债务的行为属于代为清偿

［例120］王某向丁某借款100万元，后无力清偿，遂提出以自己所有的一幅古画抵债，双方约定第二天交付。对此，下列哪些说法是正确的？（2016年卷三第56题，多选）④

A. 双方约定以古画抵债，等同于签订了另一份买卖合同，原借款合同失效，王某只能以交付古画履行债务

B. 双方交付古画的行为属于履行借款合同义务

C. 王某有权在交付古画前反悔，提出继续以现金偿付借款本息方式履行债务

D. 古画交付后，如果被鉴定为赝品，则王某应承担瑕疵担保责任

---

① 答案：D

② 答案：A

③ 答案：A

④ 答案：BCD

考点 57　合同的解除

（一）修改说明

<table>
<tr><th>《民法典·合同编》</th><th>《合同法解释（二）》</th></tr>
<tr><td>第 533 条：合同成立后，合同的基础条件发生了当事人在订立合同时无法预见的、不属于商业风险的重大变化，继续履行合同对于当事人一方明显不公平的，受不利影响的当事人可以与对方重新协商；在合理期限内协商不成的，当事人可以请求人民法院或者仲裁机构变更或者解除合同。
人民法院或者仲裁机构应当结合案件的实际情况，根据公平原则变更或者解除合同。</td><td>第 26 条：合同成立以后客观情况发生了当事人在订立合同时无法预见的、非不可抗力造成的不属于商业风险的重大变化，继续履行合同对于一方当事人明显不公平或者不能实现合同目的，当事人请求人民法院变更或者解除合同的，人民法院应当根据公平原则，并结合案件的实际情况确定是否变更或者解除。</td></tr>
<tr><td colspan="2">评析：《合同法》并没有规定情事变更规则，这显然属于法律缺漏。然而，自 2003 年“非典”疫情以及 2008 年的亚洲金融危机以来，交易实践都显现出迫切需要完善情事变更制度。《合同法解释（二）》第 26 条针对合同履行中客观情况的重大变化，为妥当平衡当事人之间的权利义务关系，对情事变更规则作出了规定。新增规定吸纳了《合同法解释（二）》的成果，不再区分情事变更与不可抗力。
合同编将“客观情况”修改为“合同的基础条件”；将“不能实现合同目的”删除，因不能实现合同目的的依法定解除即可解除合同，无须依据情势变更原则；增加重新协商、合理期限内协商不成的当事人可以请求解除的规定，一定程度上体现了自愿原则，该处内容系对最高人民法院《关于当前形势下审理民商事合同纠纷案件若干问题的指导意见》（法发〔2009〕40 号）第 4 条中“在诉讼过程中，人民法院要积极引导当事人重新协商，改订合同；重新协商不成的，争取调解解决”的吸收。</td></tr>
<tr><td>第 563 条：有下列情形之一的，当事人可以解除合同：
（一）因不可抗力致使不能实现合同目的；
（二）在履行期限届满之前，当事人一方明确表示或者以自己的行为表明不履行主要债务；
（三）当事人一方迟延履行主要债务，经催告后在合理期限内仍未履行；
（四）当事人一方迟延履行债务或者有其他违约行为致使不能实现合同目的；
（五）法律规定的其他情形。
以持续履行的债务为内容的不定期合同，当事人可以随时解除合同，但是应当在合理期限之前通知对方。</td><td>第 94 条：有下列情形之一的，当事人可以解除合同：
（一）因不可抗力致使不能实现合同目的；
（二）在履行期限届满之前，当事人一方明确表示或者以自己的行为表明不履行主要债务；
（三）当事人一方迟延履行主要债务，经催告后在合理期限内仍未履行；
（四）当事人一方迟延履行债务或者有其他违约行为致使不能实现合同目的；
（五）法律规定的其他情形。</td></tr>
<tr><td colspan="2">评析：增加了以持续履行的债务为内容的不定期合同的解除规定。依据该规定，此类不定期合同应当在合理期限之前通知对方后才可以解除。如对于不定期租赁合同，当事人可以随时解除合同，但出租人解除合同应当在合理期限之前通知承租人。</td></tr>
<tr><td>第 564 条：法律规定或者当事人约定解除权行使期限，期限届满当事人不行使的，该权利消灭。</td><td>第 95 条：法律规定或者当事人约定解除权行使期限，期限届满当事人不行使的，该权利消灭。</td></tr>
</table>

续表

《民法典·合同编》	《合同法解释（二）》
法律没有规定或者当事人没有约定解除权行使期限，**自解除权人知道或者应当知道解除事由之日起一年内不行使，**或者经对方催告后在合理期限内不行使的，该权利消灭。	法律没有规定或者当事人没有约定解除权行使期限，经对方催告后在合理期限内不行使的，该权利消灭。
评析：其中"一年"期限为新增内容。该处修改参照了《商品房买卖合同解释》第 15 条第 2 款规定的解除权期限为一年的规定。	
第 565 条：当事人一方依法主张解除合同的，应当通知对方。合同自通知到达对方时解除；通知载明债务人在一定期限内不履行债务则合同自动解除，债务人在该期限内未履行债务的，合同自通知载明的期限届满时解除。对方对解除合同有异议的，任何一方当事人均可以请求人民法院或者仲裁机构确认解除行为的效力。 当事人一方未通知对方，直接以提起诉讼或者申请仲裁的方式依法主张解除合同，人民法院或者仲裁机构确认该主张的，合同自起诉状副本或者仲裁申请书副本送达对方时解除。	第 96 条：当事人一方依照本法第九十三条第二款、第九十四条的规定主张解除合同的，应当通知对方。合同自通知到达对方时解除。对方有异议的，可以请求人民法院或者仲裁机构确认解除合同的效力。 法律、行政法规规定解除合同应当办理批准、登记等手续的，依照其规定。
评析：修改了合同解除的方式。合同法只规定了通知的方式，修改后增加了可以提起诉讼或申请仲裁的方式解除合同，并规定解除权成立的，合同自起诉状或仲裁申请书送达对方时解除。	
第 566 条：合同解除后，尚未履行的，终止履行；已经履行的，根据履行情况和合同性质，当事人可以请求恢复原状或者采取其他补救措施，并有权请求赔偿损失。 **合同因违约解除的，解除权人可以请求违约方承担违约责任，但是当事人另有约定的除外。** **主合同解除后，担保人对债务人应当承担的民事责任仍应当承担担保责任，但是担保合同另有约定的除外。**	第 97 条：合同解除后，尚未履行的，终止履行；已经履行的，根据履行情况和合同性质，当事人可以要求恢复原状、采取其他补救措施，并有权要求赔偿损失。

（二）考点精讲

解除方式	1. **协议解除——当事人协商一致，可以解除合同。** 2. **约定解除——当事人可以约定一方解除合同的事由。解除合同的事由发生时，解除权人可以解除合同。** **（1）第 564 条：**法律规定或者当事人约定解除权行使期限，期限届满当事人不行使的，该权利消灭。 法律没有规定或者当事人没有约定解除权行使期限，**自解除权人知道或者应当知道解除事由之日起一年内不行使，**或者经对方催告后在合理期限内不行使的，该权利消灭。 （2）约定解除与附解除条件的合同：附解除条件的合同，条件直接影响合同效力，条件成就时，合同自动解除；约定解除条件的合同，条件影响解除权成立与否，条件成就，合同不自动解除，需当事人行使解除权，合同才被解除。 3. **法定解除——法律规定特定解除事由，事由发生时一方或双方享有解除权。**

续表

<table>
<tr><td>解除事由</td><td>1. 法定解除一般情形：
第 563 条：有下列情形之一的，当事人可以解除合同：
（一）因不可抗力致使不能实现合同目的；（不可抗力+合同目的的落空）
（二）在履行期限届满之前，当事人一方明确表示或者以自己的行为表明不履行主要债务；（预期违约+主要债务）
（三）当事人一方迟延履行主要债务，经催告后在合理期限内仍未履行；（迟延履行+主要债务+合理催告）
（四）当事人一方迟延履行债务或者有其他违约行为致使不能实现合同目的；（根本违约）
（五）法律规定的其他情形。
以持续履行的债务为内容的不定期合同，当事人可以随时解除合同，但是应当在合理期限之前通知对方。
第 533 条：（情势变更）合同成立后，合同的基础条件发生了当事人在订立合同时无法预见的、不属于商业风险的重大变化，继续履行合同对于当事人一方明显不公平的，受不利影响的当事人可以与对方重新协商；在合理期限内协商不成的，当事人可以请求人民法院或者仲裁机构变更或者解除合同。
人民法院或者仲裁机构应当结合案件的实际情况，根据公平原则变更或者解除合同。
情势变更的构成要件：
(1) 发生了不属于商业风险的情势异常变动，包括等价关系严重破坏；
[如：通货膨胀、汇率大幅度变化，和合同目的不达（合同基础丧失、国家宏观政策调控）]
(2) 事实是当事人在订立合同时所不能预见的；
(3) 原因须不可归责于双方当事人（迟延期间发生情势变更的，迟延方不得援引情势变更）；
(4) 事实发生在合同成立以后，履行完毕之前；
(5) 如继续维持合同效力，将显失公平或合同目的不达。
2. 法定解除特殊情形，一方实施特定违约行为时，非违约方享有法定解除权：
(1) 分期付款买卖合同。买受人未支付到期价款的金额达到全部价款的 1/5 的，出卖人有权解除合同。
(2) 借款人未按照约定的借款用途使用借款的，贷款人有权解除合同。
(3) 承租人擅自转租的，出租人有权解除合同。
(4) 承揽人擅自将承揽的主要工作交由第三人完成的，定作人有权解除合同。
3. 任意解除权。
(1) 承揽合同定作人可以随时解除承揽合同，造成承揽人损失的，应当赔偿损失。
(2) 承运人将货物交付收货人之前，托运人可以要求承运人中止运输、返还货物、变更到达地或者将货物交给其他收货人，但应当赔偿承运人因此受到的损失。
(3) 保管合同：无论是否约定保管期间，寄存人可以随时解除合同；未约定保管期间，保管人享有解除权。
(4) 委托合同的双方：委托人或者受托人可以随时解除委托合同。因解除合同给对方造成损失的，除不可归责于该当事人的事由以外，应当赔偿损失。
(5) 未定保证期间的最高额保证人：保证人就连续发生的债权作保证，未约定保证期间的，保证人可以随时书面通知债权人终止保证合同。
(6) 保险合同：投保人可以随时解除合同。
(7) 网购：消费者 7 日无理由退货。</td></tr>
</table>

续表

行使方式	1. 性质：形成权。 2. 方式：口头或书面通知。 3. 异议期：有约从约，无约在解除合同的通知到达之日起 3 个月。
解除效力	1. 合同解除的溯及力： （1）一时性合同解除有溯及力：尚未履行的，终止履行；已经履行的恢复原状，采取补救措施、赔偿损失。 （2）继续性合同解除无溯及力：尚未履行的，终止履行；已经履行的，保持现状。 （3）结算、清算、解决争议条款继续有效，如违约金、定金条款。 **2. 合同解除与违约责任。** **（1）合同解除不影响当事人要求当事人赔偿损失的权利（解除合同可以和违约责任并用）；** **（2）合同解除与继续履行不得一并主张；** **（3）合同因违约而解除后，守约方可主张违约金。**

典型真题

［例 121］甲公司与乙公司签订并购协议："甲公司以 1 亿元收购乙公司在丙公司中 51%的股权。若股权过户后，甲公司未支付收购款，则乙公司有权解除并购协议。"后乙公司依约履行，甲公司却分文未付。乙公司向甲公司发送一份经过公证的《通知》："鉴于你公司严重违约，建议双方终止协议，贵方向我方支付违约金；或者由贵方提出解决方案。"3 日后，乙公司又向甲公司发送《通报》："鉴于你公司严重违约，我方现终止协议，要求你方依约支付违约金。"下列哪一选项是正确的？（2011 年卷三第 13 题，单选）①

A. 《通知》送达后，并购协议解除

B. 《通报》送达后，并购协议解除

C. 甲公司对乙公司解除并购协议的权利不得提出异议

D. 乙公司不能既要求终止协议，又要求甲公司支付违约金

［例 122］某律师事务所指派吴律师担任某案件的一、二审委托代理人。第一次开庭后，吴律师感觉案件复杂，本人和该事务所均难以胜任，建议不再继续代理。但该事务所坚持代理。一审判决委托人败诉。下列哪些表述是正确的？（2015 年卷三第 60 题，多选）②

A. 律师事务所有权单方解除委托合同，但须承担赔偿责任

B. 律师事务所在委托人一审败诉后不能单方解除合同

C. 即使一审胜诉，委托人也可解除委托合同，但须承担赔偿责任

D. 只有存在故意或者重大过失时，该律师事务所才对败诉承担赔偿责任

① 答案：B

② 答案：AC

考点 58　抵销

（一）修改说明

《民法典·合同编》	《合同法》
第 568 条：当事人互负债务，该债务的标的物种类、品质相同的，**任何一方可以将自己的债务与对方的到期债务抵销**；但是，根据债务性质、**按照当事人约定**或者依照法律规定不得抵销的除外。 当事人主张抵销的，应当通知对方。通知自到达对方时生效。抵销不得附条件或者附期限。	第 99 条：当事人互负到期债务，该债务的标的物种类、品质相同的，**任何一方可以将自己的债务与对方的债务抵销**，但依照法律规定或者按照合同性质不得抵销的除外。 当事人主张抵销的，应当通知对方。通知自到达对方时生效。抵销不得附条件或者附期限。
评析：修改了法定抵销的条件及不得抵销的情形。修改后的规定不再要求互负的债务均到期，只需对方的债务到期即可；该处修改允许主张抵销的一方放弃期限利益，体现了自愿原则。不得抵销的情形修改为根据债务性质、按照当事人约定或者依照法律规定不得抵销三种，其中“按照当事人约定不得抵销”为新增内容，系对《合同法解释（二）》第 23 条规定的吸收。	

（二）考点精讲

构成要件	1. **法定抵销**。 （1）必须是双方互负债务、互享债权； （2）给付种类、品质相同； **（3）主张抵销的一方的债权到清偿期对方被抵销之债权没到清偿期的也可以主张抵销；** **注：在破产时债权人享有破产抵销权，均无须届清偿期**。 （4）必须是非依债的性质不能抵销。例如基于人身损害赔偿而发生的债权，加害人一方不得主张抵销。 2. **约定抵销（意定抵销）**。 由于存在当事人合意的基础，所以无论当事人互负的债务标的是否种类相同、是否已届清偿期、是否已过诉讼时效，均可通过抵销的约定，使当事人互负的债务归于消灭。
抵销方式	1. 抵销权为形成权，当事人以单方意思表示即可发生效力。 （1）需要向债权人做抵销的意思表示（不以被抵销一方的同意为必要），抵销权人主张抵销应通知对方。通知自到达对方时生效。该通知不得附条件或者附期限； （2）抵销的异议期：有约从约，无约应在债务抵销到达之日起 3 个月内提出； （3）意定抵销，双方协商一致。 2. **双方互债务消灭，抵销具有溯及力**。

考点 59　提存

（一）修改说明

《民法典·合同编》	《合同法》
（新增）第 571 条：债务人将标的物或者将标的物依法拍卖、变卖所得价款交付提存部门时，	第 25 条：依照合同法第一百零一条的规定，债务人将合同标的物或者标的物拍卖、变卖所得价款交付提存部

续表

《民法典·合同编》	《合同法》
提存成立。 提存成立的，视为债务人在其提存范围内已经交付标的物。	门时，人民法院应当认定提存成立。 提存成立的，视为债务人在其提存范围内已经履行债务。
第 574 条：债权人可以随时领取提存物。但是，债权人对债务人负有到期债务的，在债权人未履行债务或者提供担保之前，提存部门根据债务人的要求应当拒绝其领取提存物。 债权人领取提存物的权利，自提存之日起五年内不行使而消灭，提存物扣除提存费用后归国家所有。**但是，债权人未履行对债务人的到期债务，或者债权人向提存部门书面放弃领取提存物权利的，债务人负担提存费用后有权取回提存物。**	第 104 条：债权人可以随时领取提存物，但债权人对债务人负有到期债务的，在债权人未履行债务或者提供担保之前，提存部门根据债务人的要求应当拒绝其领取提存物。 债权人领取提存物的权利，自提存之日起五年内不行使而消灭，提存物扣除提存费用后归国家所有。
评析：增加了债权人领取提存物的权利消灭后提存物归属的规定。与原规定相比，债权人领取提存物的权利消灭后，提存物不再一律归国家所有，而是适当保护了债务人的利益。	

（二）考点精选

提存条件	非因可归责于债务人的原因，导致债务人无法履行债务或者难以履行债务的情况下，债务人将标的物交由提存机关保存，以终止合同权利义务关系的行为。 1. **具有法定事由**。 （1）债权人无正当理由拒绝受领； （2）债权人下落不明（包括债权人不清、地址不详、债权人失踪又无代管人等情况）； （3）债权人死亡未确定继承人或者丧失行为能力未确定监护人； （4）债权人分立、合并或者变更住所没有通知债务人，致使债务人履行债务发生困难的。 2. **标的物适合提存**。 （1）鲜活易腐物品不适合提存； （2）提存费用过高的不适合提存； （3）对于标的物不适合提存的，债务人依法可以拍卖或者变卖标的物，提存所得的价款。
提存效力	1. **债权人与债务人之间**：债务消灭；债务人应将提存的事实通知债权人或债权人的继承人、监护人，怠于通知的应赔偿因此给对方造成的损失。 2. **债务人与提存部门之间**：成立向第三人履行的保管合同，提存部门（公证部门）负妥善保管提存物的义务，因保管不善造成提存物毁损、灭失的应承担赔偿责任（过错责任）；若债务人另行向债权人清偿了债务，享有从提存机关取回提存物的取回权。 3. **债权人与提存部门之间**：所有权、领取权、风险、孳息、提存费用均归债权人。 4. **领取权除斥期间**：债权人领取提存物的权利，自提存之日起 5 年内不行使而消灭，提存物扣除提存费用后归国家所有。**但是，债权人未履行对债务人的到期债务，或者债权人向提存部门书面放弃领取提存物权利的，债务人负担提存费用后有权取回提存物。**

续表

提存效力	[例] 下列关于债的提存的说法中，错误的是（　　）① A. 债权人无正当理由拒绝受领标的物是提存的条件之一 B. 提存物在提存期间产生的孳息归提存人所有 C. 债权人超过法定期限不领取提存物，提存物归债务人所有 D. 提存期间，提存物毁损灭失的风险由提存机关承担

典型真题

[例 123] 乙在甲提存机构办好提存手续并通知债权人丙后，将 2 台专业相机、2 台天文望远镜交甲提存。后乙另行向丙履行了提存之债，要求取回提存物。但甲机构工作人员在检修自来水管道时因操作不当引起大水，致乙交存的物品严重毁损。下列哪一选项是错误的？(2012 年卷三第 14 题，单选)②

A. 甲机构构成违约行为　　B. 甲机构应承担赔偿责任

C. 乙有权主张赔偿财产损失　　D. 丙有权主张赔偿财产损失

考点 60　免除

债权人为抛弃债权而对债务人为意思表示进而发生债务消灭的法律行为。

构成要件	(1) 免除是一种单方法律行为，因此只需要债权人为免除的意思表示即可，不以债务人的同意为条件。但是债务人在合理期间内，有权拒绝。 (2) 免除的意思表示一经作出即不得撤回。 **(3) 免除是一种有特定相对人的民事法律行为，因此免除的意思表示应向债务人或其代理人为之，向第三人作出免除的意思表示的，不能发生免除法律效果。** (4) 债权人免除债务时须具有完全民事行为能力。 (5) 免除不得损害第三人的利益。 (6) 免除是一种无因行为，只要免除行为本身有效，免除的原因不影响免除的效力。
法律效果	第 575 条：债权人免除债务人部分或者全部债务的，债权债务部分或者全部终止，但是债务人在合理期限内拒绝的除外。 (1) 免除全部债务，债权全部消灭，从债务随同消灭。免除部分债务的，债务部分消灭，但是基于担保物权的不可分性，担保物权从权利并不因此消灭。 (2) 按份债务中，免除某一债务人的债务，该债务人的债务消灭，对其他债务人的债务没有影响。 (3) 连带债务中，免除某一债务人的债务，其他债务人对该债务人应当承担的份额不再承担连带责任。

典型真题

[例 124] 甲和乙之间有借贷关系，后二人结婚。此时，甲、乙之间的债权债务可以

① 答案：BCD
② 答案：D

因下列哪一情形消灭？（2008 年延考卷 8 题，单选）①

A. 因混同而消灭　　B. 因混合而消灭

C. 因结婚而消灭　　D. 因免除而消灭

考点 61　混同

债权与债务同归于一人，致使合同关系归于消灭的事实。

原因	债权债务的混同，由债权或债务的承受而产生。其承受包括概括承受与特定承受二种。概括承受是发生混同的主要原因。如企业合并，合并前的两个企业之间有债权债务时，企业合并后，债权债务因同归一个企业而消灭。再如，债权人继承债务人，债务人继承债权人或第三人继承债权人和债务人，债权债务因同归一个人而消灭。由特定承受而发生的混同，系指债务人由债权人受让债权，债权人承受债务人的债务。
效力	混同的效力为绝对地消灭债权债务及由合同关系所生的从债权的从债务。《合同法》规定，债权和债务同归于一人的，合同的权利义务终止，但涉及第三人利益的除外。因此，合同债权为第三人权利的标的，则债权不得因混同而消灭。如合同债权为他人质权的标的，则此合同债权不得因混同而消灭，否则有损于质权人的利益。此外，法律有例外规定的，债权不得因混同而消灭。

① 答案：D

07 第七章 违约责任

考点62　违约责任一般规定

（一）修改说明

《民法典·合同编》	《合同法》
（增加）第581条：当事人一方不履行债务或者履行债务不符合约定，根据债务的性质不得强制履行的，对方可以请求其负担由第三人替代履行的费用。	——
（增加）第592条：当事人都违反合同的，应当各自承担相应的责任。当事人一方违约造成对方损失，对方对损失的发生有过错的，可以减少相应的损失赔偿额。	——

（二）考点精讲

归责原则	1. **原则上，违约责任的承担，采取严格责任原则**。其具体表现是： （1）债务人是否承担违约责任，只看违约的事实，债务人是否有过错在所不问。 （2）因第三人原因导致债务人违约，债务人仍然要向债权人承担违约责任。至于债务人与第三人之间的纠纷，按照相关法律规定或者约定来解决。 2. **例外情形：** （1）在无偿合同中，由于债务人债务的负担没有回报，只有在债务人具有故意或者重大过失的情况下，才承担违约责任。 （2）有偿的保管合同、委托合同客运合同旅客随身物品损害的情况下，保管人、受托人、承运人违约责任的承担，应当以过错为条件。
免责事由	**违约责任的免责事由是不可抗力**。所谓不可抗力，是指不能预见、不能避免并不能克服的客观情况。例如：自然灾害；政府行为；罢工、骚乱等。 （1）不可抗力作为免责条款具有强制性，当事人不可约定排除。 （2）因不可抗力不能履行合同的，根据不可抗力的影响，部分或者全部免除责任。 （3）当事人迟延履行后发生不可抗力的，不能免除责任。

续表

违约行为形态	违约行为：预期违约（明示毁约、默示毁约）；实际违约（不履行、迟延履行、不适当履行：瑕疵给付、加害给付） 1. 第 578 条：**（预期违约）** 当事人一方明确表示或者以自己的行为表明不履行合同义务的，对方可以在履行期限届满之前请求其承担违约责任。 （1）明示预期违约：合同履行期限到来之前，一方向对方当事人明确表示不履行合同义务。 （2）默示预期违约：合同履行期限到来之前，一方虽未明示不履行合同义务，但以自己的行为表明其将不会或不能履行合同义务。 2. **加害给付**：是指因当事人一方的违约行为，侵害对方人身、财产利益。加害给付构成违约责任与侵权责任的竞合，受损害方有权选择要求对方承担违约责任或者侵权责任，即“择一”主张。债权人通过诉讼寻求保护的，应当在起诉时对其诉讼请求的依据作出选择。在一审开庭前，债权人可以变更其请求权依据。 主张违约责任：（1）受合同相对性限制；（2）可主张纯粹经济损失。 ［例］甲公司与乙农场签订一份购销合同，由乙农场供应甲公司一批奶牛。乙农场将部分患有传染病的奶牛交付给甲公司，致使甲公司饲养的其他奶牛大量传染。①农场在交付病牛的时候就已经违约，在病牛导致其他的牛死亡同时构成了侵权。②甲公司有权在违约责任与侵权责任中选择其一要求乙农场承担。
违约责任形态	1. **继续履行**。 **金钱债务、非金钱债务原则上应当继续履行**。 第 579 条：当事人一方未支付价款、报酬、租金、利息，或者不履行其他金钱债务的，对方可以请求其支付。 当事人一方不履行非金钱债务或者履行非金钱债务不符合约定的，对方可以请求履行，**非金钱债务不适用继续履行的情形：** **（1）法律上或者事实上不能履行，比如：一物数卖，特定物毁损、灭失；** **（2）债务的标的不适于强制履行或者履行费用过高，比如劳务之债；** **（3）债权人在合理期限内未请求履行**。 2. **采取补救措施**。 （1）适用于交付标的物或工作成果质量不符合约定的情形； （2）具体方式包括修理、更换、重作、退货、减少价款或者报酬等； （3）补救措施由受损害方根据标的性质及损失大小选择。 3. **赔偿损失**。 ★补偿性损害赔偿：直接利益损失+可得利益损失。 直接利益损失，是指因债务人违约给债权人已经造成的实际损失。 可得利益损失，是指如果债务人正确履行债务，债权人由此本可得到、却未得到的利益损失。预见的范围应具有合理性，即可得利益必须是若债务人履行合同，债权人必然能够得到的利益，而不是可能得到的利益。 （1）**可预见规则**：不得超过违反合同一方订立合同时预见到或者应当预见到的因违反合同可能造成的损失。

续表

违约责任形态	(2) **减损规则**：当事人一方违约后，对方应当采取适当措施防止损失的扩大，没有采取适当措施致使损失扩大，不得就扩大损失要求赔偿。 (3) **损益相抵规则**：当事人一方因对方违约而获有利益，违约方有权请求从损失赔偿额中扣除该部分利益。 [例] 甲到医院治病与医院约定采用A技术，医院擅自使用B技术，导致手术失败，造成损失1万元，但歪打正着治好了甲的胃病治疗胃病需要花费2000元，损害赔偿数额为10000-2000=8000元。 (4) **过错相抵规则**：当事人一方违约造成对方损失，对方对损失的发生也有过错的，违约方有权主张扣减相应的损失赔偿额。 ★惩罚性赔偿（法定主义）。 (1)《消费者权益保护法》第55条：经营者提供商品或者服务有**欺诈行为**的，应当按照消费者的要求增加赔偿其受到的损失，增加赔偿的金额为消费者购买商品的价款或者接受服务的费用的三倍；增加赔偿的金额不足五百元的，为五百元。法律另有规定的，依照其规定。 经营者**明知商品或者服务存在缺陷**，仍然向消费者提供，造成消费者或者其他受害人死亡或者健康严重损害的，受害人有权要求经营者依照本法第四十九条、第五十一条等法律规定赔偿损失，并有权要求所受损失二倍以下的惩罚性赔偿。 **(2)《食品安全法》第148条第2款**：生产不符合食品安全标准的食品或者经营**明知是不符合食品安全标准**的食品，消费者除要求赔偿损失外，还可以向生产者或者经营者要求支付价款十倍或者损失三倍的赔偿金；增加赔偿的金额不足一千元的，为一千元。但是，食品的标签、说明书存在不影响食品安全且不会对消费者造成误导的瑕疵的除外。 **(3)《商品房买卖合同解释》第8条**：具有下列情形之一的，导致商品房买卖合同目的不能实现的，无法取得房屋的买受人可以请求解除合同、返还已付购房款及利息、赔偿损失，并可以请求出卖人承担不超过已付购房款一倍的赔偿责任： （一）商品房买卖合同订立后，出卖人未告知买受人又将该房屋**抵押**给第三人； （二）商品房买卖合同订立后，出卖人又将该房屋**出卖**给第三人。 **(4)《商品房买卖合同解释》第9条**：出卖人订立商品房买卖合同时，具有下列情形之一，导致合同无效或者被撤销、解除的，买受人可以请求返还已付购房款及利息、赔偿损失，并可以请求出卖人承担不超过已付购房款一倍的赔偿责任： （一）故意隐瞒**没有取得商品房预售许可证明**的事实或者提供虚假商品房预售许可证明； （二）故意隐瞒所售房屋**已经抵押**的事实； （三）故意隐瞒所售房屋**已经出卖**给第三人或者为拆迁补偿安置房屋的事实。 **(5)《商品房买卖合同解释》第14条**：出卖人交付使用的房屋套内建筑面积或者建筑面积与商品房买卖合同约定面积不符，合同有约定的，按照约定处理；合同没有约定或者约定不明确的，按照以下原则处理： （一）面积误差比绝对值在3%以内（含3%），按照合同约定的价格据实结算，买受人请求解除合同的，不予支持； （二）面积误差比绝对值超出3%，买受人请求解除合同、返还已付购房款及利息的，应予支持。买受人同意继续履行合同，房屋实际面积大于合同约定面积的，面积误差比在3%以内（含3%）部分的房价款由买受人按照约定的价格补足，面积误差比超出3%部分的房价款由出卖人承担，所有权归买受人；房屋实际面积小于合同约定面积的，**面积误差比在3%以内**

续表

违约责任形态	**（含 3%）部分的房价款及利息由出卖人返还买受人，面积误差比超过 3% 部分的房价款由出卖人双倍返还买受人。** 4. **违约金（参见考点 63）。** 违约金，是指合同当事人所约定的，一方违约时应当向对方支付的一定数额的金钱。

典型案例

约定的违约金过分高于造成的损失可以请求人民法院减少。①

［案情简介］1998 年 4 月 27 日，北坡村委会与碑林科技园签订《征地协议》，约定：碑林科技园征用北坡村委会 94.532 亩地，按每亩地价 12.6 万元计算，共计 1191.10 万元。违约责任：碑林科技园不按规定期限向北坡村委会付款，每逾期一天，向北坡村委会支付合同标的额 2‰违约金。后碑林科技园未按时付款，北坡村委会诉至法院。碑林科技园辩称，合同约定的 2‰违约金数额明显高于同期日利息损失，请求法院适当减少。

［裁判要旨］违约金的标准依法定或双方在合同中书面约定。违约金有两种：（1）惩罚性违约金，其作用全在惩罚，如果对方因违约而遭受财产失，则违约一方除支付违约金外，还应另行赔偿对方的损失。（2）补偿性违约金，是对合同一方当事人因他方违约可能遭受的财产损失的一种预先估计，给付了违约金，即免除了违约一方赔偿对方所遭受的财产损失的责任；即使损失大于违约金，亦不再补偿。我国《合同法》中违约金的性质主要是补偿性的，有限度地体现惩罚性。一方面，违约金的支付数额是“根据违约情况”确定的，即违约金的约定应当估计到一方违约而可能给另一方造成的损失，而不得约定与原来的损失不相称的违约金数额。另一方面，如果当事人约定的违约金的数额低于违约造成的损失的，当事人可以请求人民法院或仲裁机构予以适当增加，以使违约金与实际损失大体相当。这明显体现了违约金的补偿性，将违约金作为一种违约救济措施，既保护债权人的利益，又激励当事人积极大胆从事交易活动和经济流转。

典型真题

［例 125］2016 年 8 月 8 日，玄武公司向朱雀公司订购了一辆小型客用汽车。2016 年 8 月 28 日，玄武公司按照当地政策取得本市小客车更新指标，有效期至 2017 年 2 月 28 日。2016 年底，朱雀公司依约向玄武公司交付了该小客车，但未同时交付机动车销售统一发票、合格证等有关单证资料，致使玄武公司无法办理车辆所有权登记和牌照。关于上述购车行为，下列哪些说法是正确的？（2017 年卷三第 57 题，多选）②

A. 玄武公司已取得该小客车的所有权

B. 玄武公司有权要求朱雀公司交付有关单证资料

C. 如朱雀公司一直拒绝交付有关单证资料，玄武公司可主张购车合同解除

D. 朱雀公司未交付有关单证资料，属于从给付义务的违反，玄武公司可主张违约责任，但不得主张合同解除

---

① 最高人民法院（2003）民一终字第 40 号。

② 答案：ABC

考点63 损害赔偿金、违约金和定金

(一)修改说明

《民法典·合同编》	《合同法》
第588条:当事人既约定违约金,又约定定金的,一方违约时,对方可以选择适用违约金或者定金条款。 **约定的定金不足以弥补一方违约造成的损失的,对方可以请求赔偿超过定金数额的损失。**	第116条:当事人既约定违约金,又约定定金的,一方违约时,对方可以选择适用违约金或者定金条款。 **《买卖合同解释》第28条:**买卖合同约定的定金不足以弥补一方违约造成的损失,对方请求赔偿超过定金部分的损失的,人民法院可以并处,但定金和损失赔偿的数额总和不应高于因违约造成的损失。

(二)考点精讲

三金的关系	1. **三金的适用前提:**违约金、定金的适用不需要以损害后果为前提,不需要以因果关系为要件,而损害赔偿以损害后果为前提,需要违约行为与损害后果之间具有因果关系。 2. **三金的适用关系。** (1)**定金与损害赔偿金原则上可以并用,但不得超过因违约所造成的损失;** (2)**违约金与损害赔偿金不得并用;** (3)**定金罚则与违约金不得并用,只能选择其一。定金最高**20%。
违约金的调整(三种情况)	**约定的违约金低于实际损失——调整到损失;** **约定的违约金一般高于实际损失——不变;** **约定的违约金过分高于实际损失——适当减少。** 第585条第2款:约定的违约金低于造成的损失的,人民法院或者仲裁机构可以根据当事人的请求予以增加;约定的违约金过分高于造成的损失的,人民法院或者仲裁机构可以根据当事人的请求予以适当减少。 **《合同法解释(二)》** 第29条:当事人主张约定的违约金过高请求予以适当减少的,人民法院应当以实际损失为基础,兼顾合同的履行情况、当事人的过错程度以及预期利益等综合因素,根据公平原则和诚实信用原则予以衡量,并作出裁决。 当事人约定的违约金超过造成损失的**百分之三十**的,一般可以认定为"过分高于造成的损失"。
定金与违约金的选择适用	**原则上:就高不就低。**(标的100万元的合同) 1. 定金10万元,违约金30万元——违约金高选违约金,即30+10,诉40万元。 2. 定金30万元,违约金10万元——定金20万元高,即20×2+10,诉50万元。 注:定金高选定金,定金30万元超过20万元(定金限制20%,100×20%),多交的10万元定金视为预付款(需还)。 3. 定金30万元,违约金30万元——选30万元违约金,30+30,诉60万元。 4. 定金30万元,违约金30万元,实际损失40万元——调到实际损失40万元,即40+30,诉70万元。

典型真题

［例126］甲乙签订一份买卖合同，约定违约方应向对方支付18万元违约金。后甲违约，给乙造成损失15万元。下列哪一表述是正确的？（2013年卷三第14题，单选）①

A. 甲应向乙支付违约金18万元，不再支付其他费用或者赔偿损失

B. 甲应向乙赔偿损失15万元，不再支付其他费用或者赔偿损失

C. 甲应向乙赔偿损失15万元并支付违约金18万元，共计33万元

D. 甲应向乙赔偿损失15万元及其利息

① 答案：A

第二分编　典型合同

08 第八章 买卖合同

《民法典·合同编》	《合同法》
第 597 条：因出卖人未取得处分权致使标的物所有权不能转移的，买受人可以解除合同并请求出卖人承担违约责任。 法律、行政法规禁止或者限制转让的标的物，依照其规定。	第 132 条：出卖的标的物，应当属于出卖人所有或者出卖人有权处分。 法律、行政法规禁止或者限制转让的标的物，依照其规定。
评析：通则分编中已删除了无权处分合同效力待定的规定，该款也作了相应调整。该款也是对《买卖合同解释》第 3 条第 2 款规定的吸收。	

考点 64　动产买卖中的现实交付

（一）修改说明

《民法典·合同编》	《合同法》
第 630 条：标的物在交付之前产生的孳息，归出卖人所有；交付之后产生的孳息，归买受人所有。**但是当事人另有约定的除外。**	第 163 条：标的物在交付之前产生的孳息，归出卖人所有，交付之后产生的孳息，归买受人所有。

（二）考点精讲

交付地点	1. **约定了交付地点。** 双方必须在约定地点，基于交付的合意，转移动产的直接占有，认定完成了现实交付： （1）目的地交货：买受人来目的地提货，出卖人把货物交给来提货的人占有之时； （2）指定地点交付承运人：双方明确了交付地点，出卖人一方把货物交给指定地点的承运人占有之时。 2. **没有约定交付地点。** （1）**标的物不需要运输：**①出卖人和买受人订立合同时知道标的物在某一地点，买受人上门提货；②订立合同时不知道标的物在某一地点的，应当在出卖人订立合同同时的营业地交付标的物，买受人上门提货。 （2）**标的物需要运输：**受人把货物交给第一承运人占有之时，完成现实交付。

续表

交付效力	1. **所有权转移买受人**。 例外情形：在保留所有权买卖中，动产的交付不能够导致所有权的移转，所有权移转的时间为当事人约定的条件（如买受人付清全部价款）成就的时间。 2. **风险同时转移买受人**。 标的物毁损、灭失的风险，在标的物交付之前由出卖人承担，交付之后由买受人承担，但是法律另有规定或者当事人另有约定的除外。 3. **买受人取得孳息所有权**。 标的物在交付之前产生的孳息，归出卖人所有；交付之后产生的孳息，归买受人所有。但是当事人另有约定的除外。

考点 65　买卖合同风险负担

（一）修改说明

《民法典·合同编》	《合同法》
第 604 条：标的物毁损、灭失的风险，在标的物交付之前由出卖人承担，交付之后由买受人承担，但是法律另有规定或者当事人另有约定的除外。 第 607 条：出卖人按照约定将标的物运送至买受人指定地点并交付给承运人后，标的物毁损、灭失的风险由买受人承担。 当事人没有约定交付地点或者约定不明确，依据本法第六百零三条第二款第一项的规定标的物需要运输的，出卖人将标的物交付给第一承运人后，标的物毁损、灭失的风险由买受人承担。	第 142 条：标的物毁损、灭失的风险，在标的物交付之前由出卖人承担，交付之后由买受人承担，但法律另有规定或者当事人另有约定的除外。

（二）考点精讲

风险界定	买卖合同中的风险，指的是标的物因不可归责于买卖双方当事人的事由毁损灭失的事实。买卖合同中的风险负担，是指谁来承担损失，具体表现为买受人是否还需要支付价款。
一般规则	1. 第 604 条：**标的物毁损、灭失的风险，在标的物交付之前由出卖人承担，交付之后由买受人承担，但是法律另有规定或者当事人另有约定的除外**。 2. 出卖人按照约定将标的物运送至买受人指定地点并交付给承运人后，标的物毁损、灭失的风险由买受人承担，但是当事人另有约定的除外。 3.《买卖合同解释》第 14 条：当事人对风险负担没有约定，标的物为种类物，出卖人未以装运单据、加盖标记、通知买受人等可识别的方式清楚地将标的物特定于买卖合同，买受人主张不负担标的物毁损、灭失的风险的，人民法院应予支持。
特殊规则	**因买受人的原因致使标的物未按照约定的期限交付的，买受人应当自违反约定时起承担标的物毁损、灭失的风险**。**具体而言**： 1. **《商品房买卖合同解释》第 11 条**：对房屋的转移占有，视为房屋的交付使用，但当事人另有约定的除外。 房屋毁损、灭失的风险，在交付使用前由出卖人承担，交付使用后由买受人承担；买受人接到出卖人的书面交房通知，无正当理由拒绝接收的，房屋毁损、灭失的风险自书面交房通知

续表

特殊规则	确定的交付使用之日起由买受人承担，但法律另有规定或者当事人另有约定的除外。 2. 出卖人按照约定或者依据法律规定将标的物置于交付地点，买受人违反约定没有收取的，标的物毁损、灭失的风险自违反约定时起由买受人承担。 3. 因标的物不符合质量要求，致使不能实现合同目的的，买受人可以拒绝接受标的物或者解除合同。买受人拒绝接受标的物或者解除合同的，标的物毁损、灭失的风险由出卖人承担。 4. 出卖人出卖交由承运人运输的在途标的物，除当事人另有约定外，毁损、灭失的风险自合同成立时起由买受人承担。 **《买卖合同解释》第13条：**出卖人出卖交由承运人运输的在途标的物，在合同成立时知道或者应当知道标的物已经毁损、灭失却未告知买受人，买受人主张出卖人负担标的物毁损、灭失的风险的，人民法院应予支持。
三个无关	1. **未交付单证不影响风险移转：**出卖人按照约定未交付有关标的物的单证和资料的，不影响标的物毁损、灭失风险的转移。 2. **风险负担不影响违约责任的追究：**标的物毁损、灭失的风险由买受人承担的，不影响因出卖人履行债务不符合约定，买受人请求其承担违约责任的权利。 3. **风险负担与所有权归属无关：**不动产买卖、保留所有权买卖，交付后，风险由买受人承担。

典型真题

[例127] 甲乙约定卖方甲负责将所卖货物运送至买方乙指定的仓库。甲如约交货，乙验收收货，但甲未将产品合格证和原产地证明文件交给乙。乙已经支付80%的货款。交货当晚，因山洪暴发，乙仓库内的货物全部毁损。下列哪些表述是正确的？（2013年卷三第61题，多选）①

A. 乙应当支付剩余20%的货款

B. 甲未交付产品合格证与原产地证明，构成违约，但货物损失由乙承担

C. 乙有权要求解除合同，并要求甲返还已支付的80%货款

D. 甲有权要求乙支付剩余的20%货款，但应补交已经毁损的货物

考点66 标的物瑕疵担保责任

（一）修改说明

《民法典·合同编》	《买卖合同解释》
（新增）第618条：当事人约定减轻或者免除出卖人对标的物瑕疵承担的责任，因出卖人故意或者重大过失不告知买受人标的物瑕疵的，出卖人无权主张减轻或者免除责任。	第32条：合同约定减轻或者免除出卖人对标的物的瑕疵担保责任，但出卖人故意或者因重大过失不告知买受人标的物的瑕疵，出卖人主张依约减轻或者免除瑕疵担保责任的，人民法院不予支持。

① 答案：AB

续表

《民法典·合同编》	《买卖合同解释》
（新增）第 622 条：当事人约定的检验期间过短，根据标的物的性质和交易习惯，买受人在检验期间内难以完成全面检验的，该期间仅视为买受人对外观瑕疵提出异议的期间。 约定的检验期间或者质量保证期间短于法律、行政法规规定期间的，应当以法律、行政法规规定的期间为准。	第 18 条：约定的检验期间过短，依照标的物的性质和交易习惯，买受人在检验期间内难以完成全面检验的，人民法院应当认定该期间为买受人对外观瑕疵提出异议的期间，并根据本解释第十七条第一款的规定确定买受人对隐蔽瑕疵提出异议的合理期间。 约定的检验期间或者质量保证期间短于法律、行政法规规定的检验期间或者质量保证期间的，人民法院应当以法律、行政法规规定的检验期间或者质量保证期间为准。
（新增）第 623 条：当事人对检验期间未作约定，买受人签收的送货单、确认单等载明标的物数量、型号、规格的，推定买受人已经对数量和外观瑕疵进行检验，但是有相关证据足以推翻的除外。	第 15 条：当事人对标的物的检验期间未作约定，买受人签收的送货单、确认单等载明标的物数量、型号、规格的，人民法院应当根据合同法第一百五十七条的规定，认定买受人已对数量和外观瑕疵进行了检验，但有相反证据足以推翻的除外。
（新增）第 624 条：出卖人依照买受人的指示向第三人交付标的物，出卖人和买受人约定的检验标准与买受人和第三人约定的检验标准不一致的，以出卖人和买受人约定的检验标准为准。	第 16 条：出卖人依照买受人的指示向第三人交付标的物，出卖人和买受人之间约定的检验标准与买受人和第三人之间约定的检验标准不一致的，人民法院应当根据合同法第六十四条的规定，以出卖人和买受人之间约定的检验标准为标的物的检验标准。
（新增）第 625 条：依照法律、行政法规的规定或者按照当事人的约定，标的物在有效使用年限届满后应予回收的，出卖人负有自行或者委托他人对标的物予以回收的义务。	

（二）考点精讲

一般规定	1. 当事人约定减轻或者免除出卖人对标的物瑕疵承担的责任，从其约定； 2. 因出卖人**故意或者重大过失不告知**买受人标的物瑕疵的，出卖人无权主张减轻或者免除责任。 3. 买受人在缔约时知道或应当知道标的物有瑕疵的，出卖人不承担标的物瑕疵担保责任，**但是买受人在缔约时不知道该瑕疵会导致标的物的基本效用显著降低的，其仍然有权提出异议**。
异议期间	1. **有约从约**，当事人约定的**检验期间过短**，买受人在检验期间内难以完成全面检验：**当事人约定的期间仍然有效，但视为买受人对外观瑕疵提出异议的期间**；买受人对隐蔽瑕疵提出异议的期间，为根据合同的具体情况所确定的**合理期间**。 2. 存在法定标准的情形：当事人约定的检验期间或者质量保证期间**短于**法律、行政法规规定的检验期间或者质量保证期间的，**以法律、行政法规规定的检验期间或者质量保证期间为准**；当事人约定的检验期间或者质量保证期间**长于**法律、行政法规规定的检验期间或者质量保证

续表

异议期间	期间的，**以当事人约定的检验期间或者质量保证期间为准**。 3. 当事人没有约定检验期间的，买受人应当在发现或者应当发现标的物的数量或者质量不符合约定的**合理期间**内通知出卖人。 买受人在合理期间内未通知或者自收到标的物之日起 2 **年内**未通知出卖人的，视为标的物的数量或者质量符合约定；但是，**对标的物有质量保证期的，适用质量保证期，不适用该 2 年的规定**。 当事人对检验期间未作约定，买受人签收的送货单、确认单等载明标的物数量、型号、规格的，推定买受人已经对数量和外观瑕疵进行检验，但是有相关证据足以推翻的除外。 出卖人知道或者应当知道提供的标的物不符合约定的，买受人不受上述规定的通知时间的限制。 4. 出卖人依照买受人的指示向第三人交付标的物，出卖人和买受人约定的检验标准与买受人和第三人约定的检验标准**不一致的，以出卖人和买受人约定的检验标准为准**。 当事人约定检验期间的，买受人应当在检验期间内将标的物的数量或者质量不符合约定的情形通知出卖人。**买受人怠于通知的，视为标的物的数量或者质量符合约定**。

典型案例

买卖合同没有约定标的物检验期间，买受人应当及时检验。[①]

［案情简介］某甲在某某镇城东市场某某号的彩票专卖店购买第 10102 期电脑型体育彩票（竞猜类胜平负）共计 100 张，购买金额共计为 10000 元。某甲填写了一张投注单，意向为 18、19、32、44。此后，上述的彩票开奖后，某甲发现所持的 100 张彩票中有 42 张彩票数码与其当初投注意向不一致，即应为 18、19、32、44，实为 18、19、32、46。就此情况，某甲于彩票开奖后与体彩中心进行了交涉，但双方未达成一致。故原告某甲诉至法院。

［裁判要旨］本案中，出卖人交付彩票后，买受人应该及时对彩票进行核对和检验，检验的目的在于查明出卖人交付的彩票是否与买受人的投注意向相符，买受人是否对彩票进行检验密切关系着其切身利益。同时，对彩票的及时检验，可以尽快地确定彩票上记载的信息是否准确，明确责任，及时解决纠纷。

考点 67　所有权保留买卖

（一）修改说明

《民法典·合同编》	《合同法》
第 641 条：当事人可以在买卖合同中约定买受人未履行支付价款或者其他义务的，标的物的所有权属于出卖人。 **出卖人对标的物保留的所有权，未经登记，不得对抗善意第三人。**	第 134 条：当事人可以在买卖合同中约定买受人未履行支付价款或者其他义务的，标的物的所有权属于出卖人。

① 北京市第一中级人民法院（2011）一中民终字第 10399 号。

续表

《民法典·合同编》	《合同法》
第 642 条：当事人约定出卖人保留合同标的物的所有权，在标的物所有权转移前，买受人有下列情形之一，造成出卖人损害的，除当事人另有约定外，出卖人有权取回标的物： （一）未按照约定支付价款，经催告后在合理期限内仍未支付； （二）未按照约定完成特定条件； （三）将标的物出卖、出质或者作出其他不当处分。 **出卖人可以与买受人协商取回标的物；协商不成的，可以参照适用担保物权的实现程序。**	**《买卖合同解释》第 35 条：** 当事人约定所有权保留，在标的物所有权转移前，买受人有下列情形之一，对出卖人造成损害，出卖人主张取回标的物的，人民法院应予支持： （一）未按约定支付价款的； （二）未按约定完成特定条件的； （三）将标的物出卖、出质或者作出其他不当处分的。 取回的标的物价值显著减少，出卖人要求买受人赔偿损失的，人民法院应予支持。
评析：该规定吸收了《买卖合同解释》第 35 条的内容。不同之处在于，前者规定“买受人未按照约定支付价款，经催告后在合理期限内仍未支付”，出卖人才有权取回。“催告”和“合理期限”系新增内容。	

（二）考点精讲

适用范围	第 641 条：当事人可以在买卖合同中约定买受人未履行支付价款或者其他义务的，标的物的所有权属于出卖人。 出卖人对标的物保留的所有权，**未经登记，不得对抗善意第三人。** **当事人约定保留所有权的，即使动产完成交付，买受人不能取得所有权。买受人处分该动产的，构成无权处分。** **《买卖合同解释》第 34 条：**买卖合同当事人主张关于标的物所有权保留的规定适用于不动产的，人民法院不予支持。 可见，所有权保留仅适用动产买卖，不适用不动产买卖。因为所有权保留条款具有阻却因交付而发生所有权移转的作用，在不动产买卖中，不动产所有权移转的要件在于办理过户登记，即交付不能引起不动产所有权的移转。
取回权	**取回权并不解除双方的买卖合同，目的仅在于保证出卖人的“就物求偿”。出卖人取回标的物后，不能马上另行出卖，应给予买受人一定的回赎期限。** 1. **出卖人取回权的条件：** 当事人约定出卖人保留合同标的物的所有权，在标的物所有权转移前，买受人有下列情形之一，造成出卖人损害的，除当事人另有约定外，出卖人有权取回标的物： （一）未按照约定支付价款，经催告后在合理期限内仍未支付； （二）未按照约定完成特定条件； （三）将标的物出卖、出质或者作出其他不当处分。 2. **出卖人取回权的限制。** **《买卖合同解释》第 36 条：** （1）买受人已经支付标的物总价款的百分之七十五以上，出卖人不得取回标的物。 （2）第三人依据法律规定已经善意取得标的物所有权或者其他物权，出卖人不得取回标的物。

续表

回赎权	1. 适用情形：出卖人行使取回权后，买受人在回赎期内享有回赎权。 2. 回赎权行使：买受人须消除自己的违约行为。未按约定支付价款的，须支付按约定支付拖欠价款；对标的物实施处分的，须消除标的物上的负担。 3. 回赎权的效力：买受人行使赎回权后，出卖人的取回权消灭，出卖人应将标的物返还给买受人。 4. 回赎期：回赎期，当事人双方可约定，不能约定的，由出卖人指定一个合理的期间；买受人必须在回赎期才能行使回赎权。
再卖权	买受人在回赎期间内没有回赎标的物的，出卖人可以以合理价格出卖标的物。 出卖人另行出卖标的物的，出卖所得价款依次扣除取回和保管费用、再交易费用、利息、未清偿的价金后仍有剩余的，应返还原买受人；如有不足，出卖人可以要求原买受人清偿，但原买受人有证据证明出卖人另行出卖的价格明显低于市场价格的除外。

考点 68　分期付款买卖

（一）修改说明

《民法典·合同编》	《合同法》
第 634 条：分期付款的买受人未支付到期价款的数额达到全部价款的五分之一，**经催告后在合理期限内**仍未支付到期价款的，出卖人可以请求买受人支付全部价款或者解除合同。 出卖人解除合同的，可以向买受人请求支付该标的物的使用费。	第 167 条：分期付款的买受人未支付到期价款的金额达到全部价款的五分之一的，出卖人可以要求买受人支付全部价款或者解除合同。 出卖人解除合同的，可以向买受人要求支付该标的物的使用费。
评析：修改了分期付款中买受人违约的处理规则。“催告”和“合理期限”系新增内容。该处修改限制了分期付款买卖中出卖人的法定解除权，以促进买卖双方的交易。	

（二）考点精讲

《买卖合同解释》第 38 条：“分期付款”，系指买受人将应付的总价款在一定期间内至少分三次向出卖人支付。

出卖人的权利	分期付款的买受人未支付到期价款的数额达到全部价款的**五分之一**，**经催告后在合理期限内仍未支付到期价款的**： （1）出卖人可以请求买受人支付全部价款（**加速到期**）； （2）**解除合同**：出卖人解除合同的，可以向买受人请求支付该标的物的使用费。
买受人的保护	1/5 以上这一比例，是强制性规范，且是法定最低比例。当事人的约定违反该比例，损害买受人利益的，约定无效。

典型真题

［例 128］甲将其 1 辆汽车出卖给乙，约定价款 30 万元。乙先付了 20 万元，余款在 6 个月内分期支付。在分期付款期间，甲先将汽车交付给乙，但明确约定付清全款后甲

才将汽车的所有权移转给乙。嗣后，甲又将该汽车以20万元的价格卖给不知情的丙，并以指示交付的方式完成交付。下列哪一表述是正确的？（2012年卷三第9题，单选）①

A. 在乙分期付款期间，汽车已经交付给乙，乙即取得汽车的所有权

B. 在乙分期付款期间，汽车虽然已经交付给乙，但甲保留了汽车的所有权，故乙不能取得汽车的所有权

C. 丙对甲、乙之间的交易不知情，可以依据善意取得制度取得汽车所有权

D. 丙不能依甲的指示交付取得汽车所有权

［例129］周某以6000元的价格向吴某出售一台电脑，双方约定五个月内付清货款，每月支付1200元，在全部价款付清前电脑所有权不转移。合同生效后，周某将电脑交给吴某使用。期间，电脑出现故障，吴某将电脑交周某修理，但周某修好后以6200元的价格将该电脑出售并交付给不知情的王某。对此，下列哪些说法是正确的？（2016年卷三第61题，多选）②

A. 王某可以取得该电脑所有权

B. 在吴某无力支付最后一个月的价款时，周某可行使取回权

C. 如吴某未支付到期货款达1800元，周某可要求其一次性支付剩余货款

D. 如吴某未支付到期货款达1800元，周某可要求解除合同，并要求吴某支付一定的电脑使用费

考点69　试用买卖

（一）修改说明

《民法典·合同编》	《合同法》
第638条：试用买卖的买受人在试用期内可以购买标的物，也可以拒绝购买。试用期间届满，买受人对是否购买标的物未作表示的，视为购买。 **试用买卖的买受人在试用期内已经支付部分价款或者对标的物实施出卖、出租、设立担保物权等行为的，视为同意购买。**	第171条：试用买卖的买受人在试用期内可以购买标的物，也可以拒绝购买。试用期间届满，买受人对是否购买标的物未作表示的，视为购买。 **《买卖合同解释》第41条：**试用买卖的买受人在试用期内已经支付一部分价款的，人民法院应当认定买受人同意购买，但合同另有约定的除外。 在试用期内，买受人对标的物实施了出卖、出租、设定担保物权等非试用行为的，人民法院应当认定买受人同意购买。
（新增）第639条：试用买卖的当事人对标的物使用费没有约定或者约定不明确的，出卖人无权请求买受人支付。	
（新增）第640条：标的物在试用期内毁损、灭失的风险由出卖人承担。	

① 答案：B
② 答案：ACD

（二）考点精讲

试用界定	试用买卖：合同成立时出卖人将标的物交付给买受人试用，**买受人在试用期间内决定是否购买的买卖合同**。 **买卖合同存在下列约定内容之一的，不属于试用买卖：** （1）约定标的物经过试用或者检验符合一定要求时，买受人应当购买标的物； （2）约定第三人经试验对标的物认可时，买受人应当购买标的物； （3）约定买受人在一定期间内可以调换标的物； （4）约定买受人在一定期间内可以退还标的物。
试用期间	1. 试用买卖的当事人**可以约定**标的物的试用期间。 2. 对试用期间没有约定或者约定不明确，依据漏洞填补规则的规定仍不能确定的，**由出卖人确定**。
选择权	1. **试用买卖的买受人在试用期内可以购买标的物，也可以拒绝购买。试用期间届满，买受人对是否购买标的物未作表示的，视为购买。** 2. 试用买卖的买受人在试用期内已经支付部分价款或者对标的物实施出卖、出租、设立担保物权等行为的，视为同意购买。
使用费	试用买卖的当事人对标的物使用费没有约定或者约定不明确的，出卖人无权请求买受人支付。
风险负担	标的物在试用期内毁损、灭失的风险**由出卖人承担**。

考点 70　凭样品买卖

凭样品买卖，是指以当事人约定封存的样品及对于样品的文字说明，作为质量条款的买卖合同。

质量标准	1. 凭样品买卖的当事人应当封存样品，并可以对样品质量予以说明。出卖人交付的标的物应当与样品及其说明的质量相同。 2. **封存样品与文字说明不一致时，由当事人协商，协商不成的：** **（1）样品封存后外观和内在品质没有发生变化的，以样品为准；** **（2）样品封存后外观和内在品质发生变化的，或者当事人对是否发生变化有争议而又无法查明的，以文字说明为准**。
隐蔽瑕疵	凭样品买卖的买受人不知道样品有隐蔽瑕疵的，即使交付的标的物与样品相同，出卖人交付的标的物的质量仍然**应当符合同种物的通常标准**。

考点 71　商品房买卖

适用范围	1. 商品房买卖是指房地产开发企业将尚未建成或已竣工的房屋向社会销售并转移房屋所有权于买受人，买受人支付价款的合同。 **商品房的认购、订购、预订等协议具备商品房买卖合同的主要内容，并且出卖人已经按照约定收受购房款的，该协议应当认定为商品房买卖合同。**

续表

适用范围	2. 房地产开发商以外的人作为出卖人与买受人订立的房屋买卖合同，如二手房交易，不适用商品房买卖的法律规则。
合同效力	1. 出卖人**未取得**商品房预售许可证明，与买受人订立的商品房预售合同，应当**认定无效**，但是在**起诉前取得商品房预售许可证明的，可以认定有效**。 2. 商品房预售合同未按照法律、行政法规规定办理登记备案，不因此确认合同无效。 3. 当事人约定以办理登记备案手续为商品房预售合同生效条件的，从其约定，但当事人一方已经履行主要义务、对方接受的除外。
面积误差	**《商品房买卖合同解释》第14条**：卖人交付使用的房屋套内建筑面积或者建筑面积与商品房买卖合同约定面积不符，合同有约定的，按照约定处理；合同没有约定或者约定不明确的，按照以下原则处理： （一）面积误差比绝对值在3%以内（含3%），按照合同约定的价格据实结算，买受人请求解除合同的，不予支持； （二）面积误差比绝对值超出3%，买受人请求解除合同、返还已付购房款及利息的，应予支持。买受人同意继续履行合同，房屋实际面积大于合同约定面积的，面积误差比在3%以内（含3%）部分的房价款由买受人按照约定的价格补足，面积误差比超出3%部分的房价款由出卖人承担，所有权归买受人；房屋实际面积小于合同约定面积的，面积误差比在3%以内（含3%）部分的房价款及利息由出卖人返还买受人，面积误差比超过3%部分的房价款由出卖人双倍返还买受人。 **如图：** 有约从约 没有约定或者约定不明确： 　误差比绝对值在3%以内（含3%）→据实结算 　误差比绝对值超出3%： 　　买受人有权解除合同 　　买受人同意继续履行 1. 实际面积大于约定面积的，3%以内（含3%）部分按原价补足，超过3%部分买受人“赚的”。 2. 实际面积小于约定面积的，3%以内（含3%）部分的房价款及利息返还买受人，超过3%部分的房价款双倍返还买受人。
合同解除	1. **迟延交付或迟延付款**。 出卖人迟延交付房屋或者买受人迟延支付购房款，经催告后在3个月的合理期限内仍未履行，当事人一方请求解除合同的，应予支持，但当事人另有约定的除外。 2. **房屋质量问题**。 （1）房屋**主体结构质量不合格**不能交付使用，或者房屋交付使用后，房屋主体结构质量经核验确属不合格，买受人请求解除合同和赔偿损失的，应予支持。 （2）因房屋质量问题**严重影响正常居住使用**，买受人请求解除合同和赔偿损失的，应予支持。

续表

合同解除	**(3) 商品房仅存在一般质量问题，买受人只能请求采取修理、重作等补救措施和损害赔偿等违约责任，而不得解除合同。** **3. 无法办理担保贷款。** 商品房买卖合同约定，买受人以担保贷款方式付款。 (1) 因当事人一方原因未能订立商品房担保贷款合同并导致商品房买卖合同不能继续履行的，对方当事人可以请求解除合同和赔偿损失。 (2) 因不可归责于当事人双方的事由未能订立商品房担保贷款合同并导致商品房买卖合同不能继续履行的，当事人可以请求解除合同，出卖人应当将收受的购房款本金及其利息或者定金返还买受人。
惩罚性赔偿	参见考点62。

典型真题

[例130] 甲公司与乙公司签订商品房包销合同，约定甲公司将其开发的10套房屋交由乙公司包销。甲公司将其中1套房屋卖给丙，丙向甲公司支付了首付款20万元。后因国家出台房地产调控政策，丙不具备购房资格，甲公司与丙之间的房屋买卖合同不能继续履行。下列哪些表述是正确的？(2012年卷三第60题，多选)①

A. 甲公司将房屋出卖给丙的行为属于无权处分

B. 乙公司有权请求甲公司承担违约责任

C. 丙有权请求解除合同

D. 甲公司只需将20万元本金返还给丙

[例131] 冯某与丹桂公司订立商品房买卖合同，购买了该公司开发的住宅楼中的一套住房。合同订立后，冯某发现该房屋存在问题，要求解除合同。就冯某提出的解除合同的理由，下列哪些选项是正确的？(2017年卷三第59题，多选)②

A. 房屋套内建筑面积与合同约定面积误差比绝对值超过5%的

B. 商品房买卖合同订立后，丹桂公司未告知冯某又将该住宅楼整体抵押给第三人的

C. 房屋交付使用后，房屋主体结构质量经核验确属不合格的

D. 房屋存在质量问题，在保修期内丹桂公司拒绝修复的

① 答案：BC

② 答案：ABC

09 第九章 供用电合同

考点 72 供用电合同

（一）修改说明

《民法典·合同编》	《合同法》
第 648 条：供用电合同是供电人向用电人供电，用电人支付电费的合同。 **向社会公众供电的供电人，不得拒绝用电人合理的订立合同要求。**	第 176 条：供用电合同是供电人向用电人供电，用电人支付电费的合同。
评析：增加了供电人负有强制缔约义务的规定。该处修改是为了加大处于弱势地位的用电人的保护力度。	
第 654 条：用电人应当按照国家有关规定和当事人的约定及时支付电费。用电人逾期不支付电费的，应当按照约定支付违约金。经催告用电人在合理期限内仍不支付电费和违约金的，供电人可以按照国家规定的程序中止供电。 **供电人依照前款规定中止供电的，应当事先通知用电人。**	第 182 条：用电人应当按照国家有关规定和当事人的约定及时交付电费。用电人逾期不交付电费的，应当按照约定支付违约金。经催告用电人在合理期限内仍不交付电费和违约金的，供电人可以按照国家规定的程序中止供电。

（二）考点精讲

一般规定	1. 供用电合同是供电人向用电人供电，用电人支付电费的合同。 2. **向社会公众供电的供电人，不得拒绝用电人合理的订立合同要求。** 3. 供用电合同的履行地点，按照当事人约定；当事人没有约定或者约定不明确的，供电设施的产权分界处为履行地点。
权利义务	1. 供电人应当按照国家规定的供电质量标准和约定安全供电。供电人未按照国家规定的供电质量标准和约定安全供电，造成用电人损失的，应当承担赔偿责任。 2. 供电人因供电设施计划检修、临时检修、依法限电或者用电人违法用电等原因，需要中断供电时，应当按照国家有关规定事先通知用电人。未事先通知用电人中断供电，造成用电人损失的，应当承担赔偿责任。 3. 因自然灾害等原因断电，供电人应当按照国家有关规定及时抢修。未及时抢修，造成用电人损失的，应当承担赔偿责任。

续表

权利义务	4. 用电人应当按照国家有关规定和当事人的约定及时支付电费。用电人逾期不支付电费的，应当按照约定支付违约金。**经催告用电人在合理期限内仍不支付电费和违约金的，供电人可以按照国家规定的程序中止供电。供电人中止供电的，应当事先通知用电人。** 5. 用电人应当按照国家有关规定和当事人的约定安全、节约和计划用电。用电人未按照国家有关规定和当事人的约定安全用电，造成供电人损失的，应当承担赔偿责任。

典型真题

［例 132］甲公司与小区业主吴某订立了供热合同。因吴某要出国进修半年，向甲公司申请暂停供热未果，遂拒交上一期供热费。下列哪些表述是正确的？（2014 年卷三第 60 题，多选）①

A. 甲公司可以直接解除供热合同

B. 经催告吴某在合理期限内未交费，甲公司可以解除供热合同

C. 经催告吴某在合理期限内未交费，甲公司可以中止供热

D. 甲公司可以要求吴某承担违约责任

① 答案：CD

10 第十章 赠与合同

考点 73　赠与合同的性质

第 657 条：赠与合同是赠与人将自己的财产无偿给予受赠人，受赠人表示接受赠与的合同。

无偿合同	在赠与合同中，赠与人依约无偿转移其赠与物的所有权于受赠人，受赠人取得赠与物的所有权而不必向赠与人为相应的对待给付。
单务合同	赠与人只承担将赠与物无偿地交付给受赠人的义务，而受赠人只享受接受赠与物的权利。**即使受赠人依约定负有一定义务，该义务与给予赠与物之间不存在对待给付关系，因而不构成双务合同。**
双方合同	**“恩惠不滥施于人”**：赠与合同以赠与人、受赠人双方**合意**为成立条件。若只有赠与人的赠与意思表示，而无受赠人接受的意思表示，赠与合同不成立。
诺成合同	赠与人、受赠人一经达成赠与合意，赠与合同即告成立，**即“一诺即成”**。

考点 74　赠与合同的效力

交付赠与财产	1. 赠与人应按约定将赠与物之所有权交付给受赠人，在赠与物为不动产时，还应协助办理有关登记手续。赠与物的所有权转移时间，可准用买卖合同的规定。 第 660 条第 1 款：经过公证的赠与合同或者依法不得撤销的具有救灾、扶贫、助残等公益、道德义务性质的赠与合同，赠与人不交付赠与财产的，受赠人可以请求交付。 2. 应当交付的赠与财产因赠与人故意或者重大过失致使毁损、灭失的，赠与人应当承担赔偿责任。
瑕疵担保义务	第 662 条： 1. 赠与的财产**有瑕疵的**，赠与人**不承担责任**。 2. 附义务的赠与，赠与的财产有瑕疵的，赠与人在附义务的限度内承担与出卖人相同的责任。 3. **赠与人故意不告知瑕疵或者保证无瑕疵，造成受赠人损失的，应当承担赔偿责任。**

典型真题

[例 133] 甲欠丙 800 元到期无力偿还，乙替甲还款，并对甲说：“这 800 元就算给

你了。”甲称将来一定奉还。事后甲还了乙500元。后二人交恶，乙要求甲偿还余款300元，甲则以乙已送自己800元为由要求乙退回500元。下列哪种说法是正确的？（2006年卷三第4题，单选）[①]

A. 甲应再还300元

B. 乙应退回500元

C. 乙不必退回甲500元，甲也不必再还乙300元

D. 乙应退还甲500元及银行存款同期利息

考点75 赠与合同的终止

（一）修改说明

《民法典·合同编》	《合同法》
第658条：赠与人在赠与财产的权利转移之前可以撤销赠与。 经过公证的赠与合同或者依法不得撤销的具有救灾、扶贫、助残等公益、道德义务性质的赠与合同，不适用前款规定。 第660条：经过公证的赠与合同或者依法不得撤销的具有救灾、扶贫、助残等公益、道德义务性质的赠与合同，赠与人不交付赠与财产的，受赠人可以请求交付。 依照前款规定应当交付的赠与财产因赠与人故意或者重大过失致使毁损、灭失的，赠与人应当承担赔偿责任。	第186条：赠与人在赠与财产的权利转移之前可以撤销赠与。 具有救灾、扶贫等社会公益、道德义务性质的赠与合同或者经过公证的赠与合同，不适用前款规定。 第188条：具有救灾、扶贫等社会公益、道德义务性质的赠与合同或者经过公证的赠与合同，赠与人不交付赠与的财产的，受赠人可以要求交付。
评析：关于不可撤销的赠与合同。有的常委委员提出，为了体现对残疾人权益的保护，解决实践中存在的虚假助残捐赠问题，有必要在不可撤销的赠与情形中增加“助残”。宪法和法律委员会经研究，在第四百四十八条第二款和第四百五十条第一款增加“助残”情形。	
第663条：受赠人有下列情形之一的，赠与人可以撤销赠与： **（一）严重侵害赠与人或者赠与人近亲属的合法权益；** （二）对赠与人有扶养义务而不履行； （三）不履行赠与合同约定的义务。 赠与人的撤销权，自知道或者应当知道撤销事由之日起一年内行使。	第192条：受赠人有下列情形之一的，赠与人可以撤销赠与： **（一）严重侵害赠与人或者赠与人的近亲属；** （二）对赠与人有扶养义务而不履行； （三）不履行赠与合同约定的义务。 赠与人的撤销权，自知道或者应当知道撤销原因之日起一年内行使。

（二）考点精讲

任意撤销	第658条： 1. 赠与人在赠与财产的**权利转移之前**可以撤销赠与。 2. **经过公证的赠与合同或者依法不得撤销的具有救灾、扶贫、助残等公益、道德义务性质的赠与合同，不得任意撤销**。

① 答案：A

续表

法定撤销	**1. 第663条：** 受赠人有下列情形之一的，赠与人可以撤销赠与： （一）**严重侵害**赠与人或者赠与人近亲属的**合法权益**； （二）对赠与人**有扶养义务而不履行**； （三）**不履行赠与合同约定的义务**。 赠与人的撤销权，自知道或者应当知道撤销事由之日起**一年内**行使。 **2. 第664条：** 因受赠人的违法行为致使赠与人死亡或者丧失民事行为能力的，赠与人的继承人或者法定代理人可以撤销赠与。（**“打死了”或者“打傻了”**） 赠与人的继承人或者法定代理人的撤销权，自知道或者应当知道撤销事由之日起**六个月内**行使。 **3. 第665条：** 撤销权人撤销赠与的，可以向受赠人请求返还赠与的财产。
穷困抗辩	**第666条：** 赠与人的经济状况显著恶化，严重影响其生产经营或者家庭生活的，可以不再履行赠与义务。

典型案例

基于婚姻或身份关系变更的赠与合同不能任意撤销。①

［案情简介］2010年2月22日，冯甲与何乙（父）协议离婚，并在离婚协议中约定何甲（子）由何乙抚养，某区某路某号A栋4楼1号房屋及家具电器归何甲所有。后何乙反悔，主张撤销对何甲的上述赠与。

［裁判要旨］依据离婚协议约定夫妻一方将自己的财产份额赠与对方或者子女，这种为了解除婚姻关系或协议子女抚养的赠与合同，是一种以变更双方身份关系为动机的，明显具有道德义务性质的目的赠与行为，也属于一项诺成性的约定，在双方婚姻关系事实上因离婚协议而得以解除，且离婚协议的其他内容均已履行的情况下，应视赠与人赠与财产的目的已经实现，故其赠与依法不能任意撤销。

典型真题

［例134］甲曾表示将赠与乙5000元，且已实际交付乙2000元，后乙在与甲之子丙的一次纠纷中，将丙殴成重伤。下列说法哪些是正确的？（2003年卷三第43题，多选）②

A. 甲可以撤销对乙的赠与

B. 丙可以要求撤销其父对乙的赠与

C. 丙应在被殴伤6个月内行使撤销权

D. 甲有权要求乙返还已赠与的2000元

① 重庆市第三中级人民法院（2011）渝三中法民终字第769号。

② 答案：AD

11 第十一章 借款合同

考点76 借款合同

（一）修改说明

<table>
<tr><th>《民法典·合同编》</th><th>《合同法》</th></tr>
<tr><td>第680条：禁止高利放贷，借款的利率不得违反国家有关规定。
借款合同对支付利息没有约定的，视为没有利息。
借款合同对支付利息约定不明确，当事人不能达成补充协议的，按照当地或者当事人的交易方式、交易习惯、市场利率等因素确定利息；自然人之间借款的，视为没有利息。</td><td>第211条：自然人之间的借款合同对支付利息没有约定或者约定不明确的，视为不支付利息。自然人之间的借款合同约定支付利息的，借款的利率不得违反国家有关限制借款利率的规定。
《民间借贷解释》第25条：借贷双方没有约定利息，出借人主张支付借期内利息的，人民法院不予支持。
自然人之间借贷对利息约定不明，出借人主张支付利息的，人民法院不予支持。除自然人之间借贷的外，借贷双方对借贷利息约定不明，出借人主张利息的，人民法院应当结合民间借贷合同的内容，并根据当地或者当事人的交易方式、交易习惯、市场利率等因素确定利息。</td></tr>
<tr><td colspan="2">评析：
1. 实践中出现的高利转贷、套路贷等问题，已严重影响金融秩序、企业的生产经营和个人的正常生活，此处增加了对高利放贷的禁止性规定。
2. 增加了约定利息没有约定和约定不明如何处理的规定。该处修改吸收了《民间借贷解释》第25条的规定。</td></tr>
</table>

（二）考点精讲

<table>
<tr><td>类型</td><td>1. 借款合同，是当事人约定一方将一定种类和数额的货币所有权移转给他方，他方于一定期限内返还同种类同数额货币的合同。其中，提供货币的一方称贷款人，受领货币的一方称借款人。
2. 借款合同分为金融借贷与民间借贷两种类型。
3. 民间借贷，是指民间借贷是指金融机构借贷以外的借贷关系，是指自然人、法人、其他组织之间及其相互之间进行资金融通的行为。
借款合同｛金融借贷；民间借贷｛自然人之间的借贷；自然人之间的借贷以外的借贷｝｝</td></tr>
</table>

续表

<table>
<tr><td>类型</td><td>
<table>
<tr><td>金融借贷</td><td>诺成合同</td><td>要式合同</td><td colspan="2">有息</td></tr>
<tr><td>自然人之间借贷</td><td>实践合同</td><td rowspan="2">不要式合同</td><td rowspan="2">未约定利息的，无息</td><td>无约，无息</td></tr>
<tr><td>其他民间借贷</td><td>诺成合同</td><td>无约，有息</td></tr>
</table>
</td></tr>
<tr><td>效力</td><td>1.《民间借贷解释》第 9 条：具有下列情形之一，自然人之间借款合同生效：
（一）以现金支付的，自借款人收到借款时；
（二）以银行转账、网上电子汇款或者通过网络贷款平台等形式支付的，自资金到达借款人账户时；
（三）以票据交付的，自借款人依法取得票据权利时；
（四）出借人将特定资金账户支配权授权给借款人的，自借款人取得对该账户实际支配权时；
（五）出借人以与借款人约定的其他方式提供借款并实际履行完成时。
2.《民间借贷解释》第 10 条：除自然人之间的借款合同外，当事人主张民间借贷合同自合同成立时生效的，人民法院应予支持，但当事人另有约定或者法律、行政法规另有规定的除外。
3.《民间借贷解释》第 14 条：具有下列情形之一，人民法院应当认定民间借贷合同无效：
（一）套取金融机构信贷资金又高利转贷给借款人，且借款人事先知道或者应当知道的；
（二）以向其他企业借贷或者向本单位职工集资取得的资金又转贷给借款人牟利，且借款人事先知道或者应当知道的；
（三）出借人事先知道或者应当知道借款人借款用于违法犯罪活动仍然提供借款的；
（四）违背社会公序良俗的；
（五）其他违反法律、行政法规效力性强制性规定的。</td></tr>
<tr><td>利率</td><td>1. 禁止预先扣除利息。借款的利息不得预先在本金中扣除。利息预先在本金中扣除的，应当按照实际借款数额返还借款并计算利息。
2. 借贷利率的“两线三区”。
（1）36%以上：无效，支付后可以要求返还。
（2）24%—36%：自然债务，未支付无权主张；已支付不得请求返还。
（3）24%以上，有效，可以请求法院执行。
3. 利息支付时间：借款人应当按照约定的期限支付利息。对支付利息的期限没有约定或者约定不明确，依据合同漏洞填补规则的规定仍不能确定，借款期间不满 1 年的，应当在返还借款时一并支付；借款期间 1 年以上的，应当在每届满 1 年时支付，剩余期间不满 1 年的，应当在返还借款时一并支付。
4. 提前还款：借款人提前偿还借款的，除当事人另有约定外，应当按照实际借款的期间计算利息。
5. 复利：当事人约定，将前期借款产生的利息，并入本金，作为后期借款的本金计算利息（利滚利）。</td></tr>
</table>

典型真题

［例 135］自然人甲与乙签订了年利率为 30%、为期 1 年的 1000 万元借款合同。后双方又签订了房屋买卖合同，约定：“甲把房屋卖给乙，房款为甲的借款本息之和。甲须

在一年内以该房款分6期回购房屋。如甲不回购，乙有权直接取得房屋所有权。”乙交付借款时，甲出具收到全部房款的收据。后甲未按约定回购房屋，也未把房屋过户给乙。因房屋价格上涨至3000万元，甲主张偿还借款本息。下列哪些选项是正确的？（2015年卷三第51题，多选）①

A. 甲乙之间是借贷合同关系，不是房屋买卖合同关系

B. 应在不超过银行同期贷款利率的四倍以内承认借款利息

C. 乙不能获得房屋所有权

D. 因甲未按约定偿还借款，应承担违约责任

① 答案：ACD（原司法部答案为ABCD）

12 第十二章 租赁合同

考点 77　租赁合同的效力

（一）修改说明

《民法典·合同编》	《合同法》
（增加）第 706 条：当事人未依照法律、行政法规规定办理租赁合同登记备案手续的，不影响合同的效力。	**《城镇房屋租赁解释》第 4 条：**当事人以房屋租赁合同未按照法律、行政法规规定办理登记备案手续为由，请求确认合同无效的，人民法院不予支持。 当事人约定以办理登记备案手续为房屋租赁合同生效条件的，从其约定。但当事人一方已经履行主要义务，对方接受的除外。
第 713 条：承租人在租赁物需要维修时可以请求出租人在合理期限内维修。出租人未履行维修义务的，承租人可以自行维修，维修费用由出租人负担。因维修租赁物影响承租人使用的，应当相应减少租金或者延长租期。 **因承租人的过错致使租赁物需要维修的，出租人不承担前款规定的维修义务。**	第 221 条：承租人在租赁物需要维修时可以要求出租人在合理期限内维修。出租人未履行维修义务的，承租人可以自行维修，维修费用由出租人负担。因维修租赁物影响承租人使用的，应当相应减少租金或者延长租期。
（新增）第 724 条：有下列情形之一，因出租人原因致使租赁物无法使用的，承租人可以解除合同： （一）租赁物被司法机关或者行政机关依法查封、扣押； （二）租赁物权属有争议； （三）租赁物具有违反法律、行政法规关于使用条件强制性规定情形。	**《城镇房屋租赁解释》第 20 条：**租赁房屋在租赁期间发生所有权变动，承租人请求房屋受让人继续履行原租赁合同的，人民法院应予支持。但租赁房屋具有下列情形或者当事人另有约定的除外： （一）房屋在出租前已设立抵押权，因抵押权人实现抵押权发生所有权变动的； （二）房屋在出租前已被人民法院依法查封的。
评析：部分吸收了《城镇房屋租赁解释》第 20 条的规定，该条第三项“违反法律、行政法规关于使用条件强制性规定”系新增内容，如租赁的房屋违反了《建筑法》、《消防法》等法律法规规定的使用条件，影响房屋正常使用时，承租人可以请求解除。	

（二）考点精讲

第 703 条：租赁合同是出租人将租赁物交付承租人使用、收益，承租人支付租金的合同。

其中，提供物的使用或收益权的一方为出租人；对租赁物有使用或收益权的一方为承租人。租赁物须为法律允许流通的动产和不动产。

形式要求	租赁期限 6 个月以上的，应当采用书面形式。当事人未采用书面形式，**无法确定租赁期限的，视为不定期租赁**。
租赁期限	1. 租赁期限不得超过 20 年。**超过 20 年的，超过部分无效**。 2. 租赁期间届满，当事人可以续订租赁合同；但是，约定的租赁期限自续订之日起不得超过 20 年。
权利义务	1. **出租人的权利、义务**。 （1）承租人有权收取租金。 （2）适租义务：出租人应当按照约定将租赁物交付承租人，并在租赁期间保持租赁物符合约定的用途。 **（3）维修义务：有约从约，无约出租人应当履行租赁物的维修义务**。承租人在租赁物需要维修时可以要求出租人在合理期限内维修。出租人未履行维修义务的，承租人可以自行维修，维修费用由出租人负担。因维修租赁物影响承租人使用的，应当相应减少租金或者延长租期。**因承租人的过错致使租赁物需要维修的，出租人不承担维修义务**。 **（4）承租人未按照约定的方法或者根据租赁物的性质使用租赁物，致使租赁物受到损失的，出租人可以解除合同并请求赔偿损失**。 2. **承租人的权利、义务**。 （1）在租赁期间，承租人有权对租赁物占有、使用和收益。 （2）承租人应当按照约定的方法使用租赁物。对租赁物的使用方法没有约定或者约定不明确，依据合同漏洞填补规则的规定仍不能确定的，应当根据租赁物的性质使用。 （3）承租人按照约定的方法或者根据租赁物的性质使用租赁物，致使租赁物受到损耗的，不承担赔偿责任。 （4）承租人应当妥善保管租赁物，因保管不善造成租赁物毁损、灭失的，应当承担赔偿责任。 （5）承租人应当按照约定的期限支付租金。对支付租金的期限没有约定或者约定不明确，依据合同漏洞填补规则的规定仍不能确定，租赁期间不满 1 年的，应当在租赁期间届满时支付；租赁期间 1 年以上的，应当在每届满 1 年时支付，剩余期间不满 1 年的，应当在租赁期间届满时支付。
效力问题	**1. 房屋租赁合同登记备案的效力认定：** （1）我国城市房屋租赁实行登记备案制度，《城市房地产管理法》对此有明确规定，但属于管理性规定，并非效力性强制性规定，不能作为房屋租赁合同的生效条件，故房屋租赁合同未登记备案的，其有效性不受影响。 （2）若当事人约定以办理登记备案手续为房屋租赁合同生效条件的，则以约定为准，未办理登记备案手续的，合同无效。但一方履行了合同主要义务且对方接受的情况下，视为当事人以履行合同主要义务的行为，变更了以办理登记备案手续未合同生效要件的合同约定，此时，

续表

效力问题	即使未办理登记备案手续，合同仍为有效。 **2. 无效租赁的类型：** （1）出租违法建筑物：未取得建设工程规划许可证（无证房）或者未按照建设工程规划许可建设的房屋（违章房），未经批准或者未按照批准内容建设的临时建筑，超过批准使用期限的临时建筑为违法建筑。此类建筑物的租赁合同无效。**注：如果在一审辩论终结前违法情节消失的，合同转为有效**。 （2）提起确认无效之诉：未经出租人同意擅自转租的房屋租赁合同，出租人提起无效之诉或者撤销之诉。 （3）转租超期：转租合同期限超过承租人剩余租赁期限，超过部分无效。 **租赁合同无效的，出租人不得请求承租人支付租金；出租人有权请求参照合同约定的租金标准，要求承租人支付房屋占有使用费（不当得利返还请求）**。
法定解除	**1. 出租人的法定解除权：** （1）承租人擅自变动房租建筑主体和承重结构或者扩建，在出租人要求的合理期限内仍不予恢复原状，出租人可以请求解除合同并要求赔偿损失； （2）承租人未按照约定的方法或者根据租赁物的性质使用租赁物，致使租赁物受到损失的，出租人可以解除合同并请求赔偿损失； （3）承租人未经出租人同意转租的，出租人可以解除合同； （4）承租人无正当理由未支付或者迟延支付租金的，出租人可以请求承租人在合理期限内支付；承租人逾期不支付的，出租人可以解除合同。 **2. 承租人的法定解除权：** （1）第 724 条：有下列情形之一，因出租人原因致使租赁物无法使用的，承租人可以解除合同： （一）租赁物被司法机关或者行政机关依法查封、扣押； （二）租赁物权属有争议； （三）租赁物具有违反法律、行政法规关于使用条件强制性规定情形。 （2）租赁物部分或者全部毁损灭失，致使不能实现合同目的的； （3）租赁物危及承租人的安全或者健康的，即使承租人订立合同时明知该租赁物质量不合格，承租人仍然可以随时解除合同。

典型真题

［例 136］甲将其临街房屋和院子出租给乙作为汽车修理场所。经甲同意，乙先后两次自费扩建多间房屋作为烤漆车间。乙在又一次扩建报批过程中发现，甲出租的全部房屋均未经过城市规划部门批准，属于违章建筑。下列哪些选项是正确的？（2015 年卷三第 59 题，多选）①

A. 租赁合同无效

B. 因甲、乙对于扩建房屋都有过错，应分担扩建房屋的费用

C. 因甲未告知乙租赁物为违章建筑，乙可解除租赁合同

① 答案：AB

D. 乙可继续履行合同，待违章建筑被有关部门确认并影响租赁物使用时，再向甲主张违约责任

[例 137] 居民甲经主管部门批准修建了一排临时门面房，核准使用期限为 2 年，甲将其中一间租给乙开餐馆，租期 2 年。期满后未办理延长使用期限手续，甲又将该房出租给了丙，并签订了 1 年的租赁合同。因租金问题，发生争议。下列哪些选项是正确的？（2017 年卷三第 60 题，单选）①

A. 甲与乙的租赁合同无效　　B. 甲与丙的租赁合同无效

C. 甲无权将该房继续出租给丙　　D. 甲无权向丙收取该年租金

考点 78　一房数租与不定租赁

（一）修改说明

《民法典·合同编》	《合同法》
（增加）第 707 条：租赁期限六个月以上的，应当采用书面形式。当事人未采用书面形式，**无法确定租赁期限的**，视为不定期租赁。	第 215 条：租赁期限六个月以上的，应当采用书面形式。当事人未采用书面形式的，视为不定期租赁。
评析：修改了不定期租赁的认定规则。依据该规定，当事人未采用书面形式订立租赁合同的，只有在无法确定租赁期限时，才视为不定期租赁。实践中，大量租赁合同是用口头形式订立的，如全部以未采用书面形式为由认定为不定期租赁，会导致租赁关系处于随时可以解除的状态，此处作了相应修改。	

（二）考点精讲

一房数租	**《城镇房屋租赁合同解释》第 6 条：**出租人就同一房屋订立数份租赁合同，在合同均有效的情况下，承租人均主张履行合同的，人民法院按照下列顺序确定履行合同的承租人： （一）已经**合法占有**租赁房屋的； （二）已经办理**登记备案**手续的； （三）合同**成立在先**的。 **不能取得租赁房屋的承租人请求解除合同、赔偿损失的，依照合同法的有关规定处理。**
不定期租赁	1. **租赁期限 6 个月以上未采用书面形式无法确定租赁期限**； 2. 当事人未约定租赁期限，依据合同漏洞填补规则仍不能确定的； 3. 租赁期限届满承租人继续支付租金，出租人没有提出异议的。 **不定期租赁合同双方都享有任意解除权，但是出租人解除合同应给承租人一定的合理期限。**

典型真题

[例 138] 孙某与李某签订房屋租赁合同，李某承租后与陈某签订了转租合同，孙某表示同意。但是，孙某在与李某签订租赁合同之前，已经把该房租给了王某并已交付。李某、陈某、王某均要求继续租赁该房屋。下列哪一表述是正确的？（2014 年卷三第 14

① 答案：C

题，单选）①

A. 李某有权要求王某搬离房屋

B. 陈某有权要求王某搬离房屋

C. 李某有权解除合同，要求孙某承担赔偿责任

D. 陈某有权解除合同，要求孙某承担赔偿责任

［例139］刘某欠何某100万元货款届期未还且刘某不知所踪。刘某之子小刘为替父还债，与何某签订书面房屋租赁合同，未约定租期，仅约定："月租金1万元，用租金抵货款，如刘某出现并还清货款，本合同终止，双方再行结算。"下列哪些表述是错误的？（2014年卷三第59题，多选）②

A. 小刘有权随时解除合同

B. 何某有权随时解除合同

考点79　转租

（一）修改说明

《民法典·合同编》	《城镇房屋租赁解释》
（新增）第717条：承租人经出租人同意将租赁物转租给第三人，转租期限超过承租人剩余租赁期限的，超过部分的约定对出租人不具有法律约束力，但是出租人与承租人另有约定的除外。	
（新增）第718条：出租人知道或者应当知道承租人转租，但是在六个月内未提出异议的，视为出租人同意转租。	第16条：出租人知道或者应当知道承租人转租，但在六个月内未提出异议，其以承租人未经同意为由请求解除合同或者认定转租合同无效的，人民法院不予支持。 因租赁合同产生的纠纷案件，人民法院可以通知次承租人作为第三人参加诉讼。
（增加）第719条：承租人拖欠租金的，次承租人可以代承租人支付其欠付的租金和违约金，但是转租合同对出租人不具有法律约束力的除外。 次承租人代为支付的租金和违约金，可以折抵次承租人应当向承租人支付的租金；超出其应付的租金数额的，可以向承租人追偿。	第17条：因承租人拖欠租金，出租人请求解除合同时，次承租人请求代承租人支付欠付的租金和违约金以抗辩出租人合同解除权的，人民法院应予支持。但转租合同无效的除外。 次承租人代为支付的租金和违约金超出其应付的租金数额，可以折抵租金或者向承租人追偿。

（二）考点精讲

合法转租	**1. 承租人经出租人同意，可以将租赁物转租给第三人。承租人转租的，承租人与出租人之间的租赁合同继续有效；第三人造成租赁物损失的，承租人应当赔偿损失。**

① 答案：C

② 答案：AB（本题答案有删减）

续表

合法转租	2. 承租人经出租人同意将租赁物转租给第三人，转租期限超过承租人剩余租赁期限的，超过部分的约定对出租人不具有法律约束力，但是出租人与承租人另有约定的除外。 **3. 承租人拖欠租金的，次承租人可以代承租人支付其欠付的租金和违约金，但是转租合同对出租人不具有法律约束力的除外。** (1) 次承租人代为支付的租金和违约金，可以折抵次承租人应当向承租人支付的租金；超出其应付的租金数额的，可以向承租人追偿。 **(2) 承租人代为履行以转租合同对出租人有法律约束力为前提，非法转租的，次承租人无权代承租人履行租金债务。**
非法转租	**1. 承租人未经出租人同意转租的，出租人可以解除合同。** **2. 出租人知道或者应当知道承租人转租，但是在 6 个月内未提出异议的，视为出租人同意转租。**
责任承担	1. 出租人只能对承租人主张租金和违约责任；出租人可以对次承租人主张侵权责任；出租人对次承租人无权主张租金和违约责任；合法转租中，次承租人是有权占有（占有连续），出租人不可以主张原物返还请求权，非法转租中次承租人是无权占有，出租人可以主张原物返还请求权。 2. 房屋租赁合同无效、履行期限届满或者解除，出租人有权请求次承租人返还租赁物。负有腾房义务的次承租人逾期腾房的，出租人有权请求次承租人支付逾期腾房的占有使用费。

典型真题

[例 140] 居民甲将房屋出租给乙，乙经甲同意对承租房进行了装修并转租给丙。丙擅自更改房屋承重结构，导致房屋受损。对此，下列哪些选项是正确的？（2016 年卷三第 60 题，多选）①

A. 无论有无约定，乙均有权于租赁期满时请求甲补偿装修费用

B. 甲可请求丙承担违约责任

C. 甲可请求丙承担侵权责任

D. 甲可请求乙承担违约责任

[例 141] 甲将自己的一套房屋租给乙住，乙又擅自将房屋租给丙住。丙是个飞镖爱好者，因练飞镖将房屋的墙面损坏。下列哪些选项是正确的？（2009 年卷三第 60 题，多选）②

A. 甲有权要求解除与乙的租赁合同

B. 甲有权要求乙赔偿墙面损坏造成的损失

C. 甲有权要求丙搬出房屋

D. 甲有权要求丙支付租金

① 答案：CD

② 答案：ABC

考点80　买卖不破租赁

（一）修改说明

《民法典·合同编》	《合同法》
第725条：租赁物在承租人依据租赁合同占有期间发生所有权变动的，不影响租赁合同的效力。	第229条：租赁物在租赁期间发生所有权变动的，不影响租赁合同的效力。

（二）考点精讲

适用范围	第725条：租赁物在承租人依据租赁合同占有期间发生所有权变动的，不影响租赁合同的效力。 可见，在租赁合同有效期间，租赁物因买卖、继承等使租赁物的所有权发生变更的，租赁合同对新所有权人仍然有效，新所有权人不履行租赁义务时，承租人得以租赁权对抗新所有权人，这在学理上称为"买卖不破租赁"。 **具体而言：** **1. 对于承租人而言，第三人取得租赁物所有权后，承租人的租赁权不受影响，可以按照原来与出租人之间租赁合同约定的条件，继续承租直至租期届满。** **2. 对于第三人而言，第三人取得租赁物所有权的同时，即发生了法定的债权债务概括承受。在出租人与承租人的租赁关系中，第三人取得了出租人的地位，成为承租人的新出租人。**
排除情形	1. 房屋在出租前已设立抵押权，因抵押权人实现抵押权发生所有权变动的。 2. 房屋在出租前已被人民法院依法查封的。 3. 房屋被没收、征收的。

典型真题

［例142］甲以某商铺作抵押向乙银行借款，抵押权已登记，借款到期后甲未偿还。甲提前得知乙银行将起诉自己，在乙银行起诉前将该商铺出租给不知情的丙，预收了1年租金。半年后经乙银行请求，该商铺被法院委托拍卖，由丁竞买取得。下列哪一选项是正确的？（2017年卷三第8题，单选）①

A. 甲与丙之间的租赁合同无效

B. 丁有权请求丙腾退商铺，丙有权要求丁退还剩余租金

C. 丁有权请求丙腾退商铺，丙无权要求丁退还剩余租金

D. 丙有权要求丁继续履行租赁合同

① 答案：C

考点81　承租人的优先购买权与第三人的继续承租权

（一）修改说明

《民法典·合同编》	《合同法》
第726条：出租人出卖租赁房屋的，应当在出卖之前的合理期限内通知承租人，承租人享有以同等条件优先购买的权利；但是，房屋按份共有人行使优先购买权或者出租人将房屋出卖给近亲属的除外。 **出租人履行通知义务后，承租人在十五日内未明确表示购买的，视为承租人放弃优先购买权。**	第230条：出租人出卖租赁房屋的，应当在出卖之前的合理期限内通知承租人，承租人享有以同等条件优先购买的权利。 **《城镇房屋租赁解释》第24条：**具有下列情形之一，承租人主张优先购买房屋的，人民法院不予支持： （一）房屋共有人行使优先购买权的； （二）出租人将房屋出卖给近亲属，包括配偶、父母、子女、兄弟姐妹、祖父母、外祖父母、孙子女、外孙子女的； （三）出租人履行通知义务后，承租人在十五日内未明确表示购买的； （四）第三人善意购买租赁房屋并已经办理登记手续的。
（新增）第727条：出租人委托拍卖人拍卖租赁房屋的，应当在拍卖五日前通知承租人。承租人未参加拍卖的，视为放弃优先购买权。	**《城镇房屋租赁解释》第23条：**出租人委托拍卖人拍卖租赁房屋，应当在拍卖5日前通知承租人。承租人未参加拍卖的，人民法院应当认定承租人放弃优先购买权。
（新增）第728条：出租人未通知承租人或者有其他妨害承租人行使优先购买权情形的，承租人可以请求出租人承担损害赔偿责任。但是，出租人与第三人订立的房屋买卖合同的效力不受影响。	**《城镇房屋租赁解释》第21条：**出租人出卖租赁房屋未在合理期限内通知承租人或者存在其他侵害承租人优先购买权情形，承租人请求出租人承担赔偿责任的，人民法院应予支持。但请求确认出租人与第三人签订的房屋买卖合同无效的，人民法院不予支持。
第734条：租赁期间届满，承租人继续使用租赁物，出租人没有提出异议的，原租赁合同继续有效，但是租赁期限为不定期。 **租赁期间届满，房屋承租人享有以同等条件优先承租的权利。**	第236条：租赁期间届满，承租人继续使用租赁物，出租人没有提出异议的，原租赁合同继续有效，但租赁期限为不定期。

（二）考点精讲

优先购买权	出租人出卖租赁房屋的，应当在出卖之前的合理期限内通知承租人，承租人享有以同等条件优先购买的权利。 **《城镇房屋租赁合同解释》** **第21条：**出租人出卖租赁房屋未在合理期限内通知承租人或者存在其他侵害承租人优先购买权情形，承租人请求出租人承担赔偿责任的，人民法院应予支持。但请求确认出租人与第三人签订的房屋买卖合同无效的，人民法院不予支持。

续表

优先购买权	**第 24 条**：具有下列情形之一，承租人主张优先购买房屋的，人民法院不予支持： （一）房屋按份共有人行使优先购买权的（**法律设定共有人具有优先购买权，宗旨是简化物权关系，维护共有关系的稳定性，充分发挥物的用益价值，从利益衡量的角度考量，应当优先保护共有人的购买权**）； （二）出租人将房屋出卖给近亲属，包括配偶、父母、子女、兄弟姐妹、祖父母、外祖父母、孙子女、外孙子女的（**亲情关系往往是交换价值确定的重要考虑因素，具有浓厚的人身色彩，与纯粹的买卖关系终究有所不同**）； （三）出租人履行通知义务后，承租人在十五日内未明确表示购买的； （四）第三人善意购买租赁房屋并已经办理登记手续的。
继续承租权	**第 732 条**：承租人在房屋租赁期间死亡的，与其生前共同居住的人或者共同经营人可以按照原租赁合同租赁该房屋。

典型真题

［例 143］甲与乙订立房屋租赁合同，约定租期 5 年。半年后，甲将该出租房屋出售给丙，但未通知乙。不久，乙以其房屋优先购买权受侵害为由，请求法院判决甲丙之间的房屋买卖合同无效。下列哪一表述是正确的？（2013 年卷三第 10 题，单选）①

A. 甲出售房屋无须通知乙

B. 丙有权根据善意取得规则取得房屋所有权

C. 甲侵害了乙的优先购买权，但甲丙之间的合同有效

D. 甲出售房屋应当征得乙的同意

考点 82　租赁物的扩建以及装饰、装修

第 715 条：承租人经出租人同意，可以对租赁物进行改善或者增设他物。

承租人未经出租人同意，对租赁物进行改善或者增设他物的，出租人可以请求承租人恢复原状或者赔偿损失。

装修费用	**《城镇房屋租赁合同解释》** **第 9 条**：承租人经出租人同意装饰装修，租赁合同无效时，未形成附合的装饰装修物，出租人同意利用的，可折价归出租人所有；不同意利用的，可由承租人拆除。因拆除造成房屋毁损的，承租人应当恢复原状。 已形成附合的装饰装修物，出租人同意利用的，可折价归出租人所有；不同意利用的，由双方各自按照导致合同无效的过错分担现值损失。 **第 10 条**：承租人经出租人同意装饰装修，租赁期间届满或者合同解除时，除当事人另有约定外，未形成附合的装饰装修物，可由承租人拆除。因拆除造成房屋毁损的，承租人应当恢复原状。 **第 11 条**：承租人经出租人同意装饰装修，合同解除时，双方对已形成附合的装饰装修物的处理没有约定的，人民法院按照下列情形分别处理：

① 答案：C

续表

装修费用	(一)因出租人违约导致合同解除，承租人请求出租人赔偿剩余租赁期内装饰装修残值损失的，应予支持； (二)因承租人违约导致合同解除，承租人请求出租人赔偿剩余租赁期内装饰装修残值损失的，不予支持。但出租人同意利用的，应在利用价值范围内予以适当补偿； (三)因双方违约导致合同解除，剩余租赁期内的装饰装修残值损失，由双方根据各自的过错承担相应的责任； (四)因不可归责于双方的事由导致合同解除的，剩余租赁期内的装饰装修残值损失，由双方按照公平原则分担。法律另有规定的，适用其规定。 **第12条**：承租人经出租人同意装饰装修，租赁期间届满时，承租人请求出租人补偿附合装饰装修费用的，不予支持。但当事人另有约定的除外。 **第13条**：承租人未经出租人同意装饰装修或者扩建发生的费用，由承租人负担。出租人请求承租人恢复原状或者赔偿损失的，人民法院应予支持。
扩建费用	**《城镇房屋租赁合同解释》** **第14条**：承租人经出租人同意扩建，但双方对扩建费用的处理没有约定的，人民法院按照下列情形分别处理： (一)办理合法建设手续的，扩建造价费用由出租人负担； (二)未办理合法扩建手续的，扩建造价费用由双方按照过错分担。

典型真题

[例144] 甲将其临街房屋和院子出租给乙作为汽车修理场所。经甲同意，乙先后两次自费扩建多间房屋作为烤漆车间。乙在又一次扩建报批过程中发现，甲出租的全部房屋均未经过城市规划部门批准，属于违章建筑。下列哪些选项是正确的？(2015年卷三第59题，多选)①

A. 租赁合同无效

B. 因甲、乙对于扩建房屋都有过错，应分担扩建房屋的费用

C. 因甲未告知乙租赁物为违章建筑，乙可解除租赁合同

D. 乙可继续履行合同，待违章建筑被有关部门确认并影响租赁物使用时，再向甲主张违约责任

① 答案：AB

13 第十三章 融资租赁合同

考点 83 融资租赁合同

（一）修改说明

《民法典·合同编》	《合同法》
（新增）第 737 条：当事人以虚构租赁物方式订立的融资租赁合同无效。	**《融资租赁合同解释》第 1 条：**人民法院应当根据合同法第二百三十七条的规定，结合标的物的性质、价值、租金的构成以及当事人的合同权利和义务，对是否构成融资租赁法律关系作出认定。 对名为融资租赁合同，但实际不构成融资租赁法律关系的，人民法院应按照其实际构成的法律关系处理。
评析：该处修改也贯彻了《总则编》第 146 条条第 1 款“行为人与相对人以虚假的意思表示实施的民事法律行为无效”的规定。	
（新增）第 738 条：依照法律、行政法规的规定，对于租赁物的经营使用应当取得行政许可的，出租人未取得行政许可不影响融资租赁合同的效力。	**《融资租赁合同解释》第 3 条：**根据法律、行政法规规定，承租人对于租赁物的经营使用应当取得行政许可的，人民法院不应仅以出租人未取得行政许可为由认定融资租赁合同无效。
（新增）第 740 条：出卖人违反向承租人交付标的物的义务，有下列情形之一的，承租人可以拒绝受领出卖人向其交付的标的物： （一）标的物严重不符合约定； （二）未按照约定交付标的物，经承租人或者出租人催告后在合理期限内仍未交付。 承租人拒绝受领标的物的，应当及时通知出租人。	**《融资租赁合同解释》第 5 条：**出卖人违反合同约定的向承租人交付标的物的义务，承租人因下列情形之一拒绝受领租赁物的，人民法院应予支持： （一）租赁物严重不符合约定的； （二）出卖人未在约定的交付期间或者合理期间内交付租赁物，经承租人或者出租人催告，在催告期满后仍未交付的。 承租人拒绝受领租赁物，未及时通知出租人，或者无正当理由拒绝受领租赁物，造成出租人损失，出租人向承租人主张损害赔偿的，人民法院应予支持。
（新增）第 742 条：承租人对出卖人行使索赔权利，不影响其履行支付租金的义务。但是，	**《融资租赁合同解释》第 6 条：**承租人对出卖人行使索赔权，不影响其履行融资租赁合同项下支付租金的

续表

<table>
<tr><th>《民法典·合同编》</th><th>《合同法》</th></tr>
<tr><td>承租人依赖出租人的技能确定租赁物或者出租人干预选择租赁物的，承租人可以请求减免相应租金。</td><td>义务，但承租人以依赖出租人的技能确定租赁物或者出租人干预选择租赁物为由，主张减轻或者免除相应租金支付义务的除外。</td></tr>
<tr><td>（新增）第 743 条：出租人有下列情形之一，致使承租人对出卖人行使索赔权利失败的，承租人有权请求出租人承担相应的责任：
（一）明知租赁物有质量瑕疵而不告知承租人；
（二）承租人行使索赔权利时，未及时提供必要协助。
出租人怠于行使只能由其对出卖人行使的索赔权利，造成承租人损失的，承租人有权请求出租人承担赔偿责任。</td><td>《融资租赁合同解释》第 18 条：出租人有下列情形之一，导致承租人对出卖人索赔逾期或者索赔失败，承租人要求出租人承担相应责任的，人民法院应予支持：
（一）明知租赁物有质量瑕疵而不告知承租人的；
（二）承租人行使索赔权时，未及时提供必要协助的；
（三）怠于行使融资租赁合同中约定的只能由出租人行使对出卖人的索赔权的；
（四）怠于行使买卖合同中约定的只能由出租人行使对出卖人的索赔权的。</td></tr>
<tr><td>（新增）第 745 条：出租人对租赁物享有的所有权，未经登记，不得对抗善意第三人。</td><td><s>第 242 条：出租人享有租赁物的所有权。承租人破产的，租赁物不属于破产财产。</s></td></tr>
<tr><td colspan="2">评析：出租人的取回权已通过该民事特别法作了规定，且《合同法》施行时《破产法》并未区分破产重整、和解和清算，该项规定的内容已不符合社会现状。增加“未经登记，不得对抗善意第三人”是为了贯彻物权编中的公示、公信原则，保障善意第三人的利益。</td></tr>
<tr><td>第 748 条：出租人应当保证承租人对租赁物的占有和使用。
出租人有下列情形之一的，承租人有权请求其赔偿损失：
（一）无正当理由收回租赁物；
（二）无正当理由妨碍、干扰承租人对租赁物的占有和使用；
（三）因出租人的原因致使第三人对租赁物主张权利；
（四）不当影响承租人对租赁物占有和使用的其他情形。</td><td>第 245 条：出租人应当保证承租人对租赁物的占有和使用。
《融资租赁合同解释》第 17 条：出租人有下列情形之一，影响承租人对租赁物的占有和使用，承租人依照合同法第二百四十五条的规定，要求出租人赔偿相应损失的，人民法院应予支持：
（一）无正当理由收回租赁物；
（二）无正当理由妨碍、干扰承租人对租赁物的占有和使用；
（三）因出租人的原因导致第三人对租赁物主张权利；
（四）不当影响承租人对租赁物占有、使用的其他情形。</td></tr>
<tr><td>（新增）第 751 条：承租人占有租赁物期间，租赁物毁损、灭失的，出租人有权请求承租人继续支付租金，但是法律另有规定或者当事人另有约定的除外。</td><td>《融资租赁合同解释》第 7 条：承租人占有租赁物期间，租赁物毁损、灭失的风险由承租人承担，出租人要求承租人继续支付租金的，人民法院应予支持。但当事人另有约定或者法律另有规定的除外。</td></tr>
</table>

续表

《民法典·合同编》	《合同法》
（增加）第 753 条：承租人未经出租人同意，将租赁物转让、抵押、质押、投资入股或者以其他方式处分的，出租人可以解除融资租赁合同。	《融资租赁合同解释》第 12 条：有下列情形之一，出租人请求解除融资租赁合同的，人民法院应予支持： （一）承租人未经出租人同意，将租赁物转让、转租、抵押、质押、投资入股或者以其他方式处分租赁物的； （二）承租人未按照合同约定的期限和数额支付租金，符合合同约定的解除条件，经出租人催告后在合理期限内仍不支付的； （三）合同对于欠付租金解除合同的情形没有明确约定，但承租人欠付租金达到两期以上，或者数额达到全部租金百分之十五以上，经出租人催告后在合理期限内仍不支付的； （四）承租人违反合同约定，致使合同目的不能实现的其他情形。
（新增）第 754 条：有下列情形之一的，出租人或者承租人可以解除融资租赁合同： （一）出租人与出卖人订立的买卖合同解除、被确认无效或者被撤销，且未能重新订立买卖合同； （二）租赁物因不可归责于当事人的原因毁损、灭失，且不能修复或者确定替代物； （三）因出卖人的原因致使融资租赁合同的目的不能实现。	《融资租赁合同解释》第 11 条：有下列情形之一，出租人或者承租人请求解除融资租赁合同的，人民法院应予支持： （一）出租人与出卖人订立的买卖合同解除、被确认无效或者被撤销，且双方未能重新订立买卖合同的； （二）租赁物因不可归责于双方的原因意外毁损、灭失，且不能修复或者确定替代物的； （三）因出卖人的原因致使融资租赁合同的目的不能实现的。
（新增）第 755 条：融资租赁合同因买卖合同解除、被确认无效或者被撤销而解除，出卖人及租赁物系由承租人选择的，出租人有权请求承租人赔偿相应损失。 出租人的损失已经在买卖合同解除、被确认无效或者被撤销时获得赔偿的，承租人不再承担相应的赔偿责任。	《融资租赁合同解释》第 16 条：融资租赁合同因买卖合同被解除、被确认无效或者被撤销而解除，出租人根据融资租赁合同约定，或者以融资租赁合同虽未约定或约定不明，但出卖人及租赁物系由承租人选择为由，主张承租人赔偿相应损失的，人民法院应予支持。 出租人的损失已经在买卖合同被解除、被确认无效或者被撤销时获得赔偿的，应当免除承租人相应的赔偿责任。
第 756 条：融资租赁合同因租赁物交付承租人后意外毁损、灭失等不可归责于当事人的原因解除的，出租人可以请求承租人按照租赁物折旧情况给予补偿。	《融资租赁合同解释》第 15 条：融资租赁合同因租赁物交付承租人后意外毁损、灭失等不可归责于当事人的原因而解除，出租人要求承租人按照租赁物折旧情况给予补偿的，人民法院应予支持。
第 758 条：当事人约定租赁期间届满租赁物归承租人所有，承租人已经支付大部分租金，但	第 249 条：当事人约定租赁期间届满租赁物归承租人所有，承租人已经支付大部分租金，但无力支付剩余

续表

《民法典·合同编》	《合同法》
是无力支付剩余租金，出租人因此解除合同收回租赁物的，收回的租赁物的价值超过承租人欠付的租金以及其他费用的，承租人可以请求部分返还。 **当事人约定租赁期间届满租赁物归出租人所有，因租赁物毁损、灭失或者附合、混合于他物致使承租人不能返还的，出租人有权请求承租人给予合理补偿。**	租金，出租人因此解除合同收回租赁物的，收回的租赁物的价值超过承租人欠付的租金以及其他费用的，承租人可以要求部分返还。
（新增）第759条：当事人约定租赁期间届满，承租人仅需向出租人支付象征性价款的，视为约定的租金义务履行完毕后租赁物的所有权归承租人。	
评析：该条规定了未约定租赁物归属但约定支付象征性价款时，租赁物所有权如何处理。融资租赁实践中，以象征性价款支付对价以获得租赁物所有权的约定普遍存在，目的是为了确保融资租赁合同的有效，该处作了相应规定。	
（新增）第760条：融资租赁合同无效，当事人就该情形下租赁物的归属有约定的，按照其约定；没有约定或者约定不明确的，租赁物应当返还出租人。但是，因承租人原因致使合同无效，出租人不请求返还或者返还后会显著降低租赁物效用的，租赁物的所有权归承租人，由承租人给予出租人合理补偿。	**《融资租赁合同解释》第4条：**融资租赁合同被认定无效，当事人就合同无效情形下租赁物归属有约定的，从其约定；未约定或者约定不明，且当事人协商不成的，租赁物应当返还出租人。但因承租人原因导致合同无效，出租人不要求返还租赁物，或者租赁物正在使用，返还出租人后会显著降低租赁物价值和效用的，人民法院可以判决租赁物所有权归承租人，并根据合同履行情况和租金支付情况，由承租人就租赁物进行折价补偿。

（二）考点精讲

认定标准	1. 第735条：融资租赁合同是出租人根据承租人对出卖人、租赁物的选择，向出卖人购买租赁物，提供给承租人使用，承租人支付租金的合同。 2. 承租人将其自有物出卖给出租人，再通过融资租赁合同将租赁物从出租人处租回的，承租人和出卖人系同一人不影响融资租赁合同的成立。 3. 依照法律、行政法规的规定，承租人对于租赁物的经营使用应当取得行政许可的，出租人未取得行政许可不影响融资租赁合同的效力。 可见，融资租赁集借贷、租赁、买卖于一体，是将融资与融物结合在一起的交易方式。**融资租赁合同涉及三方当事人及两个合同。三方当事人包括出租人、承租人和出卖人；两个合同指出租人与承租人之间的租赁合同以及买受人（租赁合同的出租人）与出卖人之间的买卖合同，但其法律效力又不是买卖和租赁两个合同效力的简单叠加。**

续表

认定标准	**如图：** 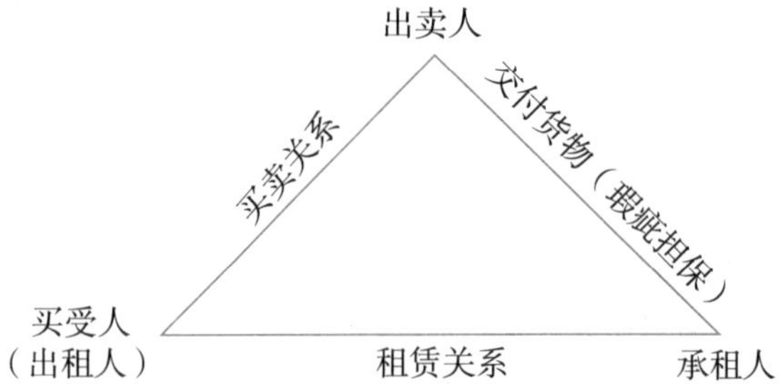 ［例］下列有关租赁合同与融资租赁合同异同的表述，不正确的是（　　）① A. 租赁合同与融资租赁合同的标的物均属于非消耗物 B. 租赁合同与融资租赁合同均属于双务、有偿、诺成、要式合同 C. 租赁合同对出租人资格没有限制；融资租赁合同中的出租人须具备法定资格 D. 租赁合同中的租金为使用租赁物的代价；融资租赁合同中的租金为融资的代价
权利义务	1. **出卖人的义务**。 与买卖合同不同，融资合同的出卖人是向承租人向承租人履行交付标的物和瑕疵担保义务，而不是向买受人（出租人）履行义务，即承租人享有买受人的权利但不承担买受人的义务。 2. **出租人的义务**。 （1）购买租赁物。出租人根据承租人的选择订立的买卖合同，承租人享有与受领标的物有关的买受人的权利。 （2）与租赁合同不同，融资租赁合同的出租人不负担租赁物的维修与瑕疵担保义务，但承租人须向出租人履行交付租金义务。承租人主要义务在于融资，租赁物存在瑕疵的，出租人不承担责任，但承租人依赖出租人技能或者出租人干预选择租赁物的除外。 （3）协助义务。出租人、出卖人、承租人可以约定，出卖人不履行买卖合同义务的，由承租人行使索赔的权利。承租人行使索赔权利的，出租人应当协助。 3. **承租人的义务**。 （1）支付租金。融资租赁合同的租金，除当事人另有约定外，应当根据购买租赁物的大部分或者全部成本以及出租人的合理利润确定。 （2）维修义务。**承租人应当妥善保管、使用租赁物**。**承租人应当履行占有租赁物期间的维修义务**。 （3）损害赔偿。**承租人占有租赁物期间，租赁物造成第三人的人身损害或者财产损失的，由承租人承担责任**，出租人不承担责任。 （4）风险负担。**承租人占有租赁物期间，租赁物毁损、灭失的风险由承租人承担**，出租人有权请求承租人继续支付租金，但是法律另有规定或者当事人另有约定的除外。
合同解除	1. **双方解除**。 **《融资租赁合同解释》第 11 条**：有下列情形之一，出租人或者承租人请求解除融资租赁合同的，人民法院应予支持：

① 答案：B

续表

合同解除	(一) 出租人与出卖人订立的买卖合同解除、被确认无效或者被撤销，且双方未能重新订立买卖合同的； (二) 租赁物因不可归责于双方的原因意外毁损、灭失，且不能修复或者确定替代物的； (三) 因出卖人的原因致使融资租赁合同的目的不能实现的。 2. **出租人解除**。 **《融资租赁合同解释》第12条**：有下列情形之一，出租人请求解除融资租赁合同的，人民法院应予支持： (一) 承租人未经出租人同意，将租赁物转让、转租、抵押、质押、投资入股或者以其他方式处分租赁物的； (二) 承租人未按照合同约定的期限和数额支付租金，符合合同约定的解除条件，经出租人催告后在合理期限内仍不支付的； (三) 合同对于欠付租金解除合同的情形没有明确约定，但承租人欠付租金达到两期以上，或者数额达到全部租金百分之十五以上，经出租人催告后在合理期限内仍不支付的； (四) 承租人违反合同约定，致使合同目的不能实现的其他情形。 3. **承租人解除**。 **《融资租赁合同解释》第13条**：因出租人的原因致使承租人无法占有、使用租赁物，承租人请求解除融资租赁合同的，人民法院应予支持。
租赁物的归属	1. 出租人和承租人可以**约定**租赁期间届满租赁物的归属。对租赁物的归属没有约定或者约定不明确，依据合同漏洞填补规则的规定仍不能确定的，**租赁物的所有权归出租人**。 2. 当事人约定租赁期间届满租赁物归承租人所有，承租人已经支付大部分租金，但是无力支付剩余租金，出租人因此解除合同收回租赁物的，收回的租赁物的价值超过承租人欠付的租金以及其他费用的，承租人可以请求部分返还。 3. 当事人约定租赁期间届满租赁物归出租人所有，因租赁物毁损、灭失或者附合、混合于他物致使承租人不能返还的，出租人有权请求承租人给予合理补偿。 4. **当事人约定租赁期间届满，承租人仅需向出租人支付象征性价款的，视为约定的租金义务履行完毕后租赁物的所有权归承租人**。 5. 融资租赁合同无效，当事人就该情形下租赁物的归属有约定的，按照其约定；没有约定或者约定不明确的，租赁物应当返还出租人。但是，因承租人原因致使合同无效，出租人不请求返还或者返还后会显著降低租赁物效用的，租赁物的所有权归承租人，由承租人给予出租人合理补偿。

典型真题

[例145] 甲融资租赁公司与乙公司签订融资租赁合同，约定乙公司向甲公司转让一套生产设备，转让价为评估机构评估的市场价200万元，再租给乙公司使用2年，乙公司向甲公司支付租金300万元。合同履行过程中，因乙公司拖欠租金，甲公司诉至法院。下列哪些选项是正确的？(2017年卷三第61题，多选)①

① 答案：ABC

A. 甲公司与乙公司之间为资金拆借关系

B. 甲公司与乙公司之间为融资租赁合同关系

C. 甲公司与乙公司约定的年利率超过24%的部分无效

D. 甲公司已取得生产设备的所有权

14 第十四章 保理合同

有的常委委员、部门和社会公众提出，保理业务可以为实体企业提供综合性金融服务，特别是可以为中小型企业拓宽融资渠道。当前我国保理业务发展迅猛、体量庞大，但也存在一些问题，时常发生纠纷，亟需立法加以规范。宪法和法律委员会经研究认为，保理业务作为企业融资的一种手段，在权利义务设置、对外效力等方面具有典型性。对保理合同作出明确规定，有利于促进保理业务的健康发展，缓解中小企业融资难、融资贵的问题，进而促进我国实体经济发展。据此，设专章规定保理合同。

考点 84 保理合同

概述	1. 保理合同是应收账款债权人将现有的或者将有的应收账款转让给保理人，保理人提供资金融通、应收账款管理或者催收、应收账款债务人付款担保等服务的合同。 2. 保理合同**应当采用书面形式**。 3. 法律对于保理合同没有规定的，**适用债权转让的有关规定**。
内容	1. 保理合同的分类。 **(1) 有追索权的保理合同**。 当事人约定有追索权保理的，保理人可以向应收账款债权人主张返还保理融资款本息或者回购应收账款债权，也可以向应收账款债务人主张应收账款债权。保理人向应收账款债务人主张应收账款债权，在扣除保理融资款本息和相关费用后有剩余的，剩余部分应当返还给应收账款债权人。 **(2) 无追索权的保理合同**。 当事人约定无追索权保理的，保理人应当向应收账款债务人主张应收账款债权，保理人取得超过保理融资款本息和相关费用的部分，无需向应收账款债权人返还。 2. **保理合同的效力**。 (1) 应收账款债权人与债务人虚构应收账款作为转让标的，与保理人订立保理合同的，应收账款债务人不得以应收账款不存在为由对抗保理人，但是保理人明知虚构的除外。 (2) 保理人向应收账款债务人发出应收账款转让通知的，应当表明保理人身份并附有必要凭证。 (3) 应收账款债务人接到应收账款转让通知后，应收账款债权人和债务人无正当理由协商变更或者终止基础交易合同，对保理人产生不利影响的，对保理人不发生效力。 3. **同一应收账款债权的多次保理**。

续表

内容	应收账款债权人就同一应收账款订立多个保理合同，致使多个保理人主张权利的： （1）**已登记**的先于未登记的受偿； （2）均已登记的，按照**登记的先后顺序**受偿； （3）均未登记的，由**最先到达**应收账款债务人的转让通知中载明的保理人受偿； （4）既未登记也未通知的，按照应收账款**比例清偿**。

15

第十五章 建设工程合同

考点85 建设工程合同的无效

（一）修改说明

《民法典·合同编》	《建设工程合同解释（一）》
第793条：建设工程施工合同无效，但是建设工程经验收合格的，可以参照合同关于工程价款的约定折价补偿承包人。 建设工程施工合同无效，且建设工程经验收不合格的，按照以下情形处理： （一）修复后的建设工程经验收合格的，发包人可以请求承包人承担修复费用； （二）修复后的建设工程经验收不合格的，承包人不能请求参照合同关于工程价款的约定补偿。 发包人对因建设工程不合格造成的损失有过错的，应当承担相应的责任。	第2条：建设工程施工合同无效，但建设工程经竣工验收合格，承包人请求参照合同约定支付工程价款的，应予支持。 第3条：建设工程施工合同无效，且建设工程经竣工验收不合格的，按照以下情形分别处理： （一）修复后的建设工程经竣工验收合格，发包人请求承包人承担修复费用的，应予支持； （二）修复后的建设工程经竣工验收不合格，承包人请求支付工程价款的，不予支持。 因建设工程不合格造成的损失，发包人有过错的，也应承担相应的民事责任。
评析：关于建设工程合同无效后果的规定，源自《建设工程合同解释（一）》第2条、第3条的规定。与之不同的是，将"承包人请求参照合同约定支付工程价款的，应予支持"变更为"可以参照合同关于工程价款的约定折价补偿承包人"，新规定将请求权同时赋予发包人，并明确了"无效合同"中工程价款的折价补偿性质。这一经实践检验的裁判规则上升到法律层面，能够更好地平衡发包人、承包人之间的利益。	
（新增）第806条：承包人将建设工程转包、违法分包的，发包人可以解除合同。 发包人提供的主要建筑材料、建筑构配件和设备不符合强制性标准或者不履行协助义务，致使承包人无法施工，且在催告的合理期限内仍未履行相应义务的，承包人可以解除合同。 合同解除后，已经完成的建设工程质量合格的，发包人应当按照约定支付相应的工程价款；	第8条：承包人具有下列情形之一，发包人请求解除建设工程施工合同的，应予支持： （一）明确表示或者以行为表明不履行合同主要义务的； （二）合同约定的期限内没有完工，且在发包人催告的合理期限内仍未完工的； （三）已经完成的建设工程质量不合格，并拒绝修复的；

续表

《民法典·合同编》	《建设工程合同解释（一）》
已经完成的建设工程质量不合格的，参照本法第七百九十三条的规定处理。	（四）将承包的建设工程非法转包、违法分包的。 第 9 条：发包人具有下列情形之一，致使承包人无法施工，且在催告的合理期限内仍未履行相应义务，承包人请求解除建设工程施工合同的，应予支持： （一）未按约定支付工程价款的； （二）提供的主要建筑材料、建筑构配件和设备不符合强制性标准的； （三）不履行合同约定的协助义务的。 第 10 条：建设工程施工合同解除后，已经完成的建设工程质量合格的，发包人应当按照约定支付相应的工程价款；已经完成的建设工程质量不合格的，参照本解释第三条规定处理。 因一方违约导致合同解除的，违约方应当赔偿因此而给对方造成的损失。

（二）考点精讲

情形	1. **承包人未取得建筑施工企业资质或者超越资质等级的；** 2. **没有资质的实际施工人借用有资质的建筑施工企业名义的；** 3. **建设工程必须进行招标而未招标或者中标无效的；** 4. **承包人非法转包（一律无效）**。承包人不得将其承包的全部建设工程转包给第三人或者将其承包的全部建设工程肢解以后以分包的名义分别转包给第三人； 5. **违法分包**：建设工程主体结构的施工必须由承包人自行完成。 总承包人或者勘察、设计、施工承包人经发包人**同意**，可以将自己承包的**部分工作**交由第三人完成。第三人就其完成的工作成果与总承包人或者勘察、设计、施工承包人向发包人承担**连带责任**。 （1）发包人不得将应当由一个承包人完成的建设工程**肢解成若干部分**发包给几个承包人。 （2）禁止承包人将工程分包给**不具备相应资质条件**的单位。 （3）禁止分包单位将其承包的工程**再分包**。
后果	1. 建设工程施工合同无效，但建设工程经竣工**验收合格**，承包人请求参照合同约定支付工程价款的，**应予支持**。 2. 建设工程施工合同无效，且建设工程经竣工**验收不合格的**，按照以下情形分别处理： **（一）修复后的建设工程经验收合格的，发包人可以请求承包人承担修复费用；** **（二）修复后的建设工程经验收不合格的，承包人不能请求参照合同关于工程价款的约定补偿。** 发包人对因建设工程不合格造成的损失有过错的，应当承担相应的责任。 3. **收缴当事人已经取得的非法所得**。

考点 86 建设工程合同的工程价款

工程垫资	1. 对垫资和垫资利息有约定，承包人请求按照约定返还垫资及其利息的，应予支持，但是约定的利息计算标准高于中国人民银行发布的同期同类贷款利率的部分除外。 2. **当事人对垫资没有约定的，按照工程欠款处理。** 3. **当事人对垫资利息没有约定，承包人请求支付利息的，不予支持。**
付款时间	**利息从应付工程价款之日计付**。当事人对付款时间没有约定或者约定不明的，下列时间视为应付款时间： （一）建设工程已实际交付的，为**交付之日**； （二）建设工程没有交付的，为**提交竣工结算文件之日**； （三）建设工程未交付，工程价款也未结算的，为**当事人起诉之日**。
黑白合同	招标人和中标人另行签订的建设工程施工合同约定的工程范围、建设工期、工程质量、工程价款等实质性内容，与中标合同**不一致**，一方当事人请求**按照中标合同确定权利义务**的，人民法院应予支持。
工程价款优先权	1. 建设工程优先权**优先于该工程上已经设立的抵押权**。 2. 建设工程优先权**不得对抗支付全部或者大部分款项的买受人**。 3. 优先受偿范围包括工作人员报酬、材料款等**实际支出的费用，不包括承包人因发包人违约所造成的损失**。 4. 承包人行使建设工程价款优先受偿权的期限为**6个月**，自发包人应当给付建设工程价款之日起算。
诉讼问题	1. **实际施工人以转包人、违法分包人为被告起诉的，应当依法受理。** 2. **实际施工人以发包人为被告主张权利的，可以追加转包人或者违法分包人为本案当事人。发包人只在欠付工程价款范围内对实际施工人承担责任。**

典型真题

[例146] 甲公司将建筑工程发包给乙公司，乙公司将其转包给丙公司，丙公司将部分工程包给由121个农民工组成的施工队。施工期间，丙公司拖欠施工队工程款达500万元之多，农民工因此踏上维权之路。丙公司以乙公司拖欠其工程款800万元为由、乙公司以甲公司拖欠其工程款1000万元为由均拒付欠款。施工队将甲公司诉至法院，要求甲公司支付500万元。根据社会主义法治理念，关于本案的处理，下列哪些说法是正确的？（2011年卷三第51题，多选）①

A. 法院应驳回施工队的诉讼请求，因甲公司与施工队无合同关系。法院不应以破坏合同相对性为代价，片面实现社会效果

B. 法院应支持施工队的诉讼请求。法院不能简单以坚持合同的相对性为由否定甲公司的责任，从而造成农民工不断申诉，案结事不了

C. 法院应当追加乙公司和丙公司为本案当事人。法院一并解决乙公司和丙公司的欠

① 答案：BCD

款纠纷，以避免机械执法，就案办案

D. 法院可以追加乙公司和丙公司为本案当事人。法院加强保护农民工权益的力度，有利于推进法律效果和社会效果的有机统一

［例147］甲公司与乙公司签订建设工程施工合同，将工程发包给乙公司施工，约定乙公司垫资1,000万元，未约定垫资利息。甲公司、乙公司经备案的中标合同中工程造价为1亿元，但双方私下约定的工程造价为8,000万元，均未约定工程价款的支付时间。7月1日，乙公司将经竣工验收合格的建设工程实际交付给甲公司，甲公司一直拖欠工程款。关于乙公司，下列哪些表述是正确的？（2012年卷三第61题，多选）①

A. 1000万元垫资应按工程欠款处理

B. 有权要求甲公司支付1,000万元垫资自7月1日起的利息

C. 有权要求甲公司支付1亿元

D. 有权要求甲公司支付1亿元自7月1日起的利息

［例148］甲公司与没有建筑施工资质的某施工队签订合作施工协议，由甲公司投标乙公司的办公楼建筑工程，施工队承建并向甲公司交纳管理费。中标后，甲公司与乙公司签订建筑施工合同。工程由施工队负责施工。办公楼竣工验收合格交付给乙公司。乙公司尚有部分剩余工程款未支付。下列哪一选项是正确的？（2015年卷三第14题，单选）②

A. 合作施工协议有效

B. 建筑施工合同属于效力待定

C. 施工队有权向甲公司主张工程款

D. 甲公司有权拒绝支付剩余工程款

［例149］甲公司以一地块的建设用地使用权作抵押向乙银行借款3000万元，办理了抵押登记。其后，甲公司在该地块上开发建设住宅楼，由丙公司承建。甲公司在取得预售许可后与丁订立了商品房买卖合同，丁交付了80%的购房款。现住宅楼已竣工验收，但甲公司未能按期偿还乙银行借款，并欠付丙公司工程款1500万元，乙银行和丙公司同时主张权利，法院拍卖了该住宅楼。下列哪些选项是正确的？（2017年卷三第62题，多选）③

C. 丙公司对该住宅楼及其建设用地使用权的优先受偿权优先于乙银行的抵押权

D. 丙公司对该住宅楼及其建设用地使用权的优先受偿权不得对抗丁对其所购商品房的权利

［例150］甲房地产开发公司开发一个较大的花园公寓项目，作为发包人，甲公司将该项目的主体工程发包给了乙企业，签署了建设工程施工合同。乙企业一直未取得建筑施工企业资质。现该项目主体工程已封顶完工。就相关合同效力及工程价款，下列哪些说法是正确的？（2017年卷三第62题，多选）④

---

① 答案：ABCD

② 答案：C

③ 答案：CD（本题答案有删减）

④ 答案：ACD

A. 该建设工程施工合同无效

B. 因该项目主体工程已封顶完工，故该建设工程施工合同不应认定为无效

C. 该项目主体工程经竣工验收合格，则乙企业可参照合同约定请求甲公司支付工程价款

D. 该项目主体工程经竣工验收不合格，经修复后仍不合格的，乙企业不能主张工程价款

16 第十六章 运输合同

《民法典·合同编》	《合同法》
第815条： 旅客应当**按照有效客票记载的时间、班次和座位号乘坐**。旅客无票乘坐、超程乘坐、越级乘坐或者持失效客票乘坐的，应当补交票款，承运人可以按照规定加收票款；旅客不支付票款的，承运人可以拒绝运输。 **实名制客运合同的旅客丢失客票的，可以请求承运人挂失补办，承运人不得再次收取票款和其他不合理费用。**	第294条：旅客应当**持有效客票乘运**。旅客无票乘运、超程乘运、越级乘运或者持失效客票乘运的，应当补交票款，承运人可以按照规定加收票款。旅客不交付票款的，承运人可以拒绝运输。
第819条： 承运人应当严格履行安全运输义务，及时告知旅客安全运输应当注意的事项。旅客对承运人为安全运输所作的合理安排应当积极协助和配合。	第298条：承运人应当向旅客及时告知有关不能正常运输的重要事由和安全运输应当注意的事项。
第820条： 承运人应当按照有效客票记载的时间、班次和座位号运输旅客。承运人迟延运输的，应当履行告知和提醒义务，并根据旅客的要求安排改乘其他班次或者退票；由此造成旅客损失的，承运人应当承担赔偿责任，但是不可归责于承运人的除外。	第299条：承运人应当按照客票载明的时间和班次运输旅客。承运人迟延运输的，应当根据旅客的要求安排改乘其他班次或者退票。

评析： 近年来客运合同领域出现不少新问题，一方面，不时发生旅客霸座、强抢方向盘、不配合承运人采取安全运输措施等严重干扰运输秩序和危害运输安全的恶劣行为；另一方面，也存在因承运人履行安全运输义务不到位导致时常发生安全事故，以及承运人通过收取高额挂失补办费的名义变相再次收取票款等损害旅客合法权益的情形。

宪法和法律委员会经研究认为，为了维护正常的运输秩序，保护旅客在运输过程中的人身、财产安全，作如下修改：一是明确旅客应当按照有效客票记载的时间、班次和座位号乘运。承运人应当按照有效客票记载的时间、班次和条件运输旅客。二是明确实名制客运合同的旅客丢失客票的，可以要求承运人挂失补办，承运人不得再次收取票款和其他不合理费用。三是明确承运人应当严格履行安全运输义务，及时告知旅客安全运输应当注意的事项。旅客对承运人为安全运输所作的合理安排应当积极协助和配合。遇有不能正常运输的特殊情形和重要事由，承运人应当及时告知旅客并采取必要的安置措施。

考点 87　运输合同

一般规定	运输合同又称为运送合同，是指承运人将旅客或者货物从起运地点运输到约定地点，旅客、托运人或者收货人支付票款或者运输费用的合同。将旅客或货物从起运地点运输到约定地点的一方称为承运人，支付票款或运输费用的一方称为旅客、托运人或者收货人。运输合同分为客运合同、货运合同。 1. **运输合同的标的是运送行为**。运输合同的标的是承运人的运送行为，而不是被运送的货物或旅客本身。运输合同双方当事人的权利与义务均围绕运送行为而产生。 2. **运输合同是双务有偿合同**。承运人有义务为托运人运送物品或旅客，同时有权获得报酬；托运人或旅客有义务支付运费或票款，同时有权要求承运人完成运送行为。 3. **运输合同多为格式合同**，合同条款由承运人事先拟定，托运人和旅客仅有就此条款表示同意与否的权利。
责任承担	1. 承运人应当对运输过程中旅客的伤亡承担赔偿责任（无过错责任原则）。 （1）免责事由： **①伤亡是旅客自身健康原因造成的；** **②承运人证明伤亡是旅客故意、重大过失造成的**。 （2）适用于按照规定免票、持优待票或者经承运人许可搭乘的无票旅客。 2. 客运合同中承运人对旅客财产损害的违约赔偿责任。 （1）在运输过程中旅客随身携带物品毁损、灭失，承运人有过错的，应当承担赔偿责任（过错责任原则）。 （2）旅客托运的行李毁损、灭失的，适用货物运输的有关规定（无过错责任原则）。 3. 承运人对运输过程中货物的毁损、灭失承担赔偿责任（无过错责任原则）。 **免责事由：承运人证明货物的毁损、灭失是因不可抗力、货物本身的自然性质或者合理损耗以及托运人、收货人的过错造成的，不承担赔偿责任**。

17 第十七章 技术合同

考点 88　技术合同的无效

情形	**非法垄断技术、妨碍技术进步或者侵害他人技术成果的技术合同无效。** 下列情形，属于"非法垄断技术、妨碍技术进步"： 1. 限制当事人一方在合同标的技术基础上进行新的研究开发或者限制其使用所改进的技术，或者双方交换改进技术的条件不对等，包括要求一方将其自行改进的技术无偿提供给对方、非互惠性转让给对方、无偿独占或者共享该改进技术的知识产权； 2. 限制当事人一方从其他来源获得与技术提供方类似技术或者与其竞争的技术； 3. 阻碍当事人一方根据市场需求，按照合理方式充分实施合同标的技术，包括明显不合理地限制技术接受方实施合同标的技术生产产品或者提供服务的数量、品种、价格、销售渠道和出口市场； 4. 要求技术接受方接受并非实施技术必不可少的附带条件，包括购买非必需的技术、原材料、产品、设备、服务以及接收非必需的人员等； 5. 不合理地限制技术接受方购买原材料、零部件、产品或者设备等的渠道或者来源； 6. 禁止技术接受方对合同标的技术知识产权的有效性提出异议或者对提出异议附加条件。
后果	1. **善意取得该技术秘密的一方当事人可以在其取得时的范围内继续使用该技术秘密，但应当向权利人支付合理的使用费并承担保密义务。** 2. **当事人双方恶意串通或者一方知道或者应当知道另一方侵权仍与其订立或者履行合同的，属于共同侵权，人民法院应当判令侵权人承担连带赔偿责任和保密义务，因此取得技术秘密的当事人不得继续使用该技术秘密。**

典型真题

[例 151] 甲公司向乙公司转让了一项技术秘密。技术转让合同履行完毕后，经查该技术秘密是甲公司通过不正当手段从丙公司获得的，但乙公司对此并不知情，且支付了合理对价。下列哪一表述是正确的？(2013 年卷三第 16 题，单选)①

A. 技术转让合同有效，但甲公司应向丙公司承担侵权责任

B. 技术转让合同无效，甲公司和乙公司应向丙公司承担连带责任

C. 乙公司可在其取得时的范围内继续使用该技术秘密，但应向丙公司支付合理的

① 答案：C

使用费

D. 乙公司有权要求甲公司返还其支付的对价，但不能要求甲公司赔偿其因此受到的损失

考点 89　技术开发合同

发明创造	**1. 委托开发完成的发明创造，除法律另有规定或者当事人另有约定外：** （1）申请专利的权利**属于研究开发人**。 （2）研究开发人取得专利权的，**委托人可以依法实施该专利**。 （3）研究开发人转让专利申请权的，**委托人享有以同等条件优先受让的权利**。 **2. 合作开发完成的发明创造，除当事人另有约定外：** （1）申请专利的权利**属于合作开发的当事人共有**。 （2）当事人一方转让其共有的专利申请权的，**其他各方享有以同等条件优先受让的权利**。 （3）合作开发的当事人一方声明放弃其共有的专利申请权的，可以由另一方单独申请或者由其他各方共同申请。 （4）申请人取得专利权的，放弃专利申请权的一方可以免费实施该专利。 **（5）合作开发的当事人一方不同意申请专利的，另一方或者其他各方不得申请专利。**
技术秘密成果	**委托开发或者合作开发完成的技术秘密成果的使用权、转让权以及利益的分配办法，由当事人约定；没有约定或者约定不明确，依据合同漏洞填补规则的规定仍不能确定的：** **1. 在没有相同技术方案被授予专利前，当事人均有使用和转让的权利。但是，委托开发的研究开发人不得在向委托人交付研究开发成果之前，将研究开发成果转让给第三人。** **2. 当事人均有不经对方同意而自己使用或者以普通使用许可的方式许可他人使用技术秘密，并独占由此所获利益的权利。** 3. 当事人一方将技术秘密成果的转让权让与他人，或者以独占或者排他使用许可的方式许可他人使用技术秘密，未经对方当事人同意或者追认的，应当认定该让与或者许可行为无效。

典型真题

[例 152] 甲公司与乙公司签订一份技术开发合同，未约定技术秘密成果的归属。甲公司按约支付了研究开发经费和报酬后，乙公司交付了全部技术成果资料。后甲公司在未告知乙公司的情况下，以普通使用许可的方式许可丙公司使用该技术，乙公司在未告知甲公司的情况下，以独占使用许可的方式许可丁公司使用该技术。下列哪一说法是正确的？（2011 年卷三第 15 题，单选）①

A. 该技术成果的使用权仅属于甲公司

B. 该技术成果的转让权仅属于乙公司

C. 甲公司与丙公司签订的许可使用合同无效

D. 乙公司与丁公司签订的许可使用合同无效

① 答案：D

考点90 技术转让合同和技术许可合同

（一）修改说明

《民法典·合同编》	《合同法》
第862条： 技术转让合同是合法拥有技术的权利人，将现有特定的专利、专利申请、技术秘密的相关权利让与他人所订立的合同。 技术许可合同是合法拥有技术的权利人，将现有特定的专利、技术秘密的相关权利许可他人实施、使用所订立的合同。 技术转让合同和技术许可合同中关于提供实施技术的专用设备、原材料或者提供有关的技术咨询、技术服务的约定，属于合同的组成部分。	
第863条： 技术转让合同包括专利权转让、专利申请权转让、技术秘密转让等合同。 技术许可合同包括专利实施许可、技术秘密使用许可等合同。 技术转让合同和技术许可合同应当采用书面形式。	第342条：技术转让合同包括专利权转让、专利申请权转让、技术秘密转让、~~专利实施许可合同~~。 技术转让合同应当采用书面形式。

（二）考点精讲

范围	1. 技术转让合同包括专利权转让、专利申请权转让、技术秘密转让等合同。 2. 技术许可合同包括专利实施许可、技术秘密使用许可等合同。 3. 技术转让合同和技术许可合同应当采用书面形式。
类型	1. **独占实施许可：** 在双方约定的地域（一国或某地区）内，仅允许一个被许可人实施该技术，其他任何人包括许可人都不得实施该专利。 2. **排他实施许可：** 在双方约定的地域（一国或某地区）内，只允许一个被许可人实施该技术，其他任何第三方都不得实施该技术，许可人可自行实施该技术。 3. **普通实施许可：** 在双方约定的地域（一国或某地区）内，可以允许多个被许可人实施该技术，许可人可自行实施该技术。
改进	1. 当事人约定不得改进转让技术的，该约定因妨碍技术进步而无效。 2. 当事人可以按照互利的原则，在技术转让合同中约定实施专利、使用技术秘密后续改进的技术成果的分享方法。没有约定或者约定不明确，按照合同漏洞填补规则的规定仍不能确定的，一方后续改进的技术成果，其他各方无权分享。**即：有约从约，无约谁改进谁独占享有。**

典型真题

［例153］甲公司与乙公司签订一份专利实施许可合同，约定乙公司在专利有效期限内独占实施甲公司的专利技术，并特别约定乙公司不得擅自改进该专利技术。后乙公司根据消费者的反馈意见，在未经甲公司许可的情形下对专利技术做了改进，并对改进技术采取了保密措施。下列哪一说法是正确的？（2012年卷三第16题，单选）①

① 答案：B

A. 甲公司有权自己实施该专利技术
B. 甲公司无权要求分享改进技术
C. 乙公司改进技术侵犯了甲公司的专利权
D. 乙公司改进技术属于违约行为

18 第十八章 保管合同与仓储合同

考点91 保管合同与仓储合同

（一）修改说明

《民法典·合同编》	《合同法》
第888条：保管合同是保管人保管寄存人交付的保管物，并返还该物的合同。 **寄存人到保管人处从事购物、就餐、住宿等活动，将物品存放在指定场所的，视为保管，但是当事人另有约定或者另有交易习惯的除外。**	第365条：保管合同是保管人保管寄存人交付的保管物，并返还该物的合同。
评析：现实中，普遍存在的在购物、就餐、住宿等活动中的寄存物品是否属于保管，立法未明确，此次作了相应规定。	
第897条：保管期间，因保管人保管不善造成保管物毁损、灭失的，保管人应当承担赔偿责任。但是，无偿保管人证明自己**没有故意或者重大过失的**，不承担赔偿责任。	第374条：保管期间，因保管人保管不善造成保管物毁损、灭失的，保管人应当承担损害赔偿责任，但保管是无偿的，保管人证明自己**没有重大过失的**，不承担损害赔偿责任。
第905条：仓储合同自保管人和存货人意思表示一致时成立。	第382条：仓储合同自成立时生效。

（二）考点精讲

	保管合同	仓储合同
法律特征	1. **无约为实践合同：**保管合同自保管物交付时成立，但是当事人另有约定的除外。 2. 保管合同**可有偿可无偿，无约视为无偿**。 3. 寄存人向保管人交付保管物的，保管人应当给付保管凭证，但是另有交易习惯的除外。	1. 仓储合同为**诺成合同**，仓储合同自保管人和存货人意思表示一致时成立。 2. 仓储合同为**有偿合同**，存货人负有支付仓储费的义务。 3. 仓储合同的保管人接收保管物时，必须出具仓单。

续表

	保管合同	仓储合同
损害赔偿	1. 保管期间，因保管人保管不善造成保管物毁损、灭失的，保管人应当承担赔偿责任。但是，**无偿保管人证明自己没有故意或者重大过失的，不承担赔偿责任**。 2. 寄存人寄存货币、有价证券或者其他贵重物品的，应当向保管人声明，由保管人验收或者封存；寄存人未声明的，该物品毁损、灭失后，**保管人可以按照一般物品予以赔偿**。	1. 保管人对入库仓储物验收后，发生仓储物的品种、数量、质量不符合约定的，保管人应当承担赔偿责任。 2. **储存期间，因保管不善造成仓储物毁损、灭失的，保管人应当承担赔偿责任**。因仓储物的性质、包装不符合约定或者超过有效储存期造成仓储物变质、损坏的，保管人不承担赔偿责任。

典型真题

［例 154］关于保管合同和仓储合同，下列哪些说法是错误的？（2010 年卷三第 61 题，多选）①

A. 二者都是有偿合同

B. 二者都是实践性合同

C. 寄存人和存货人均有权随时提取保管物或仓储物而无须承担责任

D. 因保管人保管不善造成保管物或仓储物毁损、灭失的，保管人承担严格责任

① 答案：ABCD

19 第十九章 委托合同、行纪合同与中介合同

考点92 委托合同

（一）修改说明

《民法典·合同编》	《合同法》
第933条：委托人或者受托人可以随时解除委托合同。因解除合同造成对方损失的，除不可归责于该当事人的事由外，无偿委托合同的解除方应当赔偿因解除时间不当造成的直接损失，有偿委托合同的解除方应当赔偿对方的直接损失和可以获得的利益。	第410条：委托人或者受托人可以随时解除委托合同。因解除合同给对方造成损失的，除不可归责于该当事人的事由以外，应当赔偿损失。

（二）考点精讲

一般规定	1. 委托合同是委托人和受托人约定，由受托人处理委托人事务的合同。 2. 有偿的委托合同，因受托人的过错造成委托人损失的，委托人可以请求赔偿损失。**无偿的委托合同，因受托人的故意或者重大过失造成委托人损失的，委托人可以请求赔偿损失**。
转委托	1. 受托人应当亲自处理委托事务。 2. 经委托人同意，受托人可以转委托。转委托经同意或者追认的，委托人可以就委托事务直接指示转委托的第三人，受托人仅就第三人的选任及其对第三人的指示承担责任。 3. 转委托未经同意或者追认的，受托人应当对转委托的第三人的行为承担责任；但是，在紧急情况下受托人为维护委托人的利益需要转委托的除外。
披露义务与介入权	1. 受托人以自己的名义，在委托人的授权范围内与第三人订立的合同，**第三人在订立合同时知道受托人与委托人之间的代理关系的，该合同直接约束委托人和第三人**；但是，有证据证明该合同只约束受托人和第三人的除外。 2. 受托人以自己的名义与第三人订立合同时，第三人不知道受托人与委托人之间的代理关系的，受托人因第三人的原因对委托人不履行义务，受托人应当向委托人披露第三人，委托人因此可以行使受托人对第三人的权利。但是，第三人与受托人订立合同时如果知道该委托人就不会订立合同的除外。 3. 受托人因委托人的原因对第三人不履行义务，受托人应当向第三人披露委托人，第三人因此可以选择受托人或者委托人作为相对人主张其权利，但是第三人不得变更选定的相对人。

续表

披露义务与介入权	4. 委托人行使受托人对第三人的权利的，第三人可以向委托人主张其对受托人的抗辩。第三人选定委托人作为其相对人的，委托人可以向第三人主张其对受托人的抗辩以及受托人对第三人的抗辩。

典型真题

［例155］甲委托乙销售一批首饰并交付，乙经甲同意转委托给丙。丙以其名义与丁签订买卖合同，约定将这批首饰以高于市场价10%的价格卖给丁，并赠其一批箱包。丙因此与戊签订箱包买卖合同。丙依约向丁交付首饰，但因戊不能向丙交付箱包，导致丙无法向丁交付箱包。丁拒绝向丙支付首饰款。下列哪一表述是正确的？（2011年卷三第4题，单选）①

A. 乙的转委托行为无效

B. 丙与丁签订的买卖合同直接约束甲和丁

C. 丙应向甲披露丁，甲可以行使丙对丁的权利

D. 丙应向丁披露戊，丁可以行使丙对戊的权利

考点93　行纪合同

第951条：行纪合同是行纪人以自己的名义为委托人从事贸易活动，委托人支付报酬的合同。

效力	1. 行纪人以自己的名义为委托人从事贸易活动，行纪人与第三人订立合同的，**行纪人对该合同直接享有权利、承担义务**。 2. 第三人不履行义务致使委托人受到损害的，行纪人应当承担赔偿责任，但是行纪人与委托人另有约定的除外。
费用承担	1. **行纪人处理委托事务支出的费用，由行纪人负担**，但是当事人另有约定的除外。 2. 委托人支付报酬。
交易价格	1. 行纪人低于委托人指定的价格卖出或者高于委托人指定的价格买入的，应当经委托人同意；未经委托人同意，行纪人补偿其差额的，该买卖对委托人发生效力。 2. **行纪人高于委托人指定的价格卖出或者低于委托人指定的价格买入的，可以按照约定增加报酬。没有约定或者约定不明确，依据合同漏洞填补规则的规定仍不能确定的，该利益属于委托人**。 3. 委托人对价格有特别指示的，行纪人不得违背该指示卖出或者买入。
介入权	1. 行纪人卖出或者买入具有市场定价的商品，除委托人有相反的意思表示外，行纪人自己可以作为买受人或者出卖人。 2. 行纪人仍然可以请求委托人支付报酬。

① 答案：C

典型真题

［例156］甲委托乙寄售行以该行名义将甲的一台仪器以3,000元出售，除酬金外双方对其它事项未作约定。其后，乙将该仪器以3,500元卖给了丙，为此乙多支付费用100元。对此，下列哪些选项是正确的？(2010年卷三第60题，多选)①

A. 甲与乙订立的是居间合同

B. 高于约定价格卖得的500元属于甲

C. 如仪器出现质量问题，丙应向乙主张违约责任

D. 乙无权要求甲承担100元费用

考点94　中介合同

(一) 修改说明

《民法典·合同编》	《合同法》
第961条： 中介合同是中介人向委托人报告订立合同的机会或者提供订立合同的媒介服务，委托人支付报酬的合同。	第424条：居间合同是居间人向委托人报告订立合同的机会或者提供订立合同的媒介服务，委托人支付报酬的合同。
评析： 因实践中“中介”一词已普遍使用，与此相关的中介公司、中介人员等用法也已被多数人接受，此处采纳了这一用法。同时，将该章中的“居间人”也修改为“中介人”。	
(新增) 第965条： 委托人在接受中介人的服务后，利用中介人提供的交易机会或者媒介服务，绕开中介人直接订立合同的，应当向中介人支付报酬。	
评析： 该条系对中介市场中时常出现的跳单现象的规定。依据该规定，委托人应当向中介人支付报酬。	
(新增) 第966条： 本章没有规定的，参照适用委托合同的有关规定。	
评析： 该条规定了中介合同的法律适用规则。从性质上说，中介合同和行纪合同均是特殊的委托合同，在中介合同章和行纪合同章没有相应规定时，可以参照适用委托合同的有关规定。	

(二) 考点精讲

第961条：中介合同是中介人向委托人报告订立合同的机会或者提供订立合同的媒介服务，委托人支付报酬的合同。

中介人的义务	1. **报告义务：** 中介人应当就有关订立合同的事项向委托人如实报告。 2. **忠实和勤勉义务：** 中介人故意隐瞒与订立合同有关的重要事实或者提供虚假情况，损害委托人利益的，不得请求支付报酬并应当承担赔偿责任。 3. **保密义务：** 中介人不得将掌握的委托人的有关隐秘事项告知相对人。

① 答案：BCD

续表

报酬与费用	1. 中介人促成合同成立的，委托人应当按照约定支付报酬。对中介人的报酬没有约定或者约定不明确，依据合同漏洞填补规则的规定仍不能确定的，根据中介人的劳务合理确定。因中介人提供订立合同的媒介服务而促成合同成立的，由该合同的当事人平均负担中介人的报酬。 **2. 中介人促成合同成立的，中介活动的费用，由中介人负担。** **3. 中介人未促成合同成立的，不得请求支付报酬；但是，可以按照约定请求委托人支付从事中介活动支出的必要费用。**
不得"跳单"	委托人在接受中介人的服务后，利用中介人提供的交易机会或者媒介服务，绕开中介人直接订立合同的，应当向中介人支付报酬。

典型真题

[例 157] 刘某与甲房屋中介公司签订合同，委托甲公司帮助出售房屋一套。关于甲公司的权利义务，下列哪一说法是错误的？（2015 年卷三第 15 题，单选）①

A. 如有顾客要求上门看房时，甲公司应及时通知刘某

B. 甲公司可代刘某签订房屋买卖合同

C. 如促成房屋买卖合同成立，甲公司可向刘某收取报酬

D. 如促成房屋买卖合同成立，甲公司自行承担居间活动费用

① 答案：B

第三分编　准合同

在不设置债法总则的情形下，如何妥当规定各类法定之债（如不当得利、无因管理等）的规则，存在疑问。《民法典·合同编（草案）》第一稿曾将不当得利、无因管理规定在《民法典·合同编》分则之后，作为典型合同加以规定，这显然是不妥当的。因为不当得利、无因管理显然并非有名合同。但在不设置债法总则的情形下，如何规定这些法定之债的规则值得探讨。就此，笔者认同现行草案的做法，即借鉴英美法和法国法上“准合同”的概念，对各类法定之债的规则作出规定，并将其置于《民法典·合同编》最后。所谓准合同，是指类似于合同的债的关系。准合同的概念起源于罗马法，盖尤斯认为，不当得利、无因管理也在一定程度上体现了当事人的意思，因此是类似于合同的债的关系，这一观点后来被法国法和英美法所吸收。从法律上看，将无因管理、给付型不当得利的规则规定在准合同部分是没有问题的，因为此类债的关系与合同之债类似，都与当事人的意思具有一定的联系，但就加害型不当得利而言，其属于典型的侵权行为，与当事人的意思表示并不存在直接关联，如果将其规定在准合同之中，则可以考虑在加害型不当得利的规则之后增加规定准用条款，规定其可以参照适用《民法典·侵权责任编》的规定。①

20 第二十章 无因管理

考点 95　无因管理

第 979 条：管理人没有法定的或者约定的义务，为避免他人利益受损失而管理他人事务，可以请求受益人偿还因管理事务而支出的必要费用；管理人因管理事务受到损失的，可以请求受益人给予适当补偿。

管理事务不符合受益人真实意思的，管理人不享有前款规定的权利；但是，受益人的真实意思违反法律或者违背公序良俗的除外。

构成要件	1. **管理他人事物。** **“事务”：** 无因管理中的他人“事务”，指一切能够满足生活利益并适合作为债之客体的事项。管理下列

① 王利明：《民法典合同编的十大重大疑难问题剖析》，载于《云南社会科学》2020 年第 1 期。

续表

构成要件	事务不构成无因管理： (1) 违法事项（如替人打架；替他人看管赃物）； (2) 不能发生债之关系的纯粹道德、宗教或好意施惠行为（如养子女对生父母的照料；顺便帮邻居清扫积雪）； (3) 依法必须由本人亲自办理的事项（如登记结婚）； (4) 非经本人授权不得办理的事项（如放弃继承权；公司股东出席股东会并行使表决权）； (5) 单纯的不作为（如不侵犯他人权利的不作为义务，无法进行无因管理）。 **“他人”：** (1) 误将自己事务当成他人事务管理，即使具有管理意思，亦不能成立无因管理； (2) 他人需为特定的一人或数人，一个行为可以管理数个他人的事务，从而一个行为成立数个无因管理之债；只要为他人事务即可，不需要知道具体的被管理人，对被管理人发生误认的，仍可对真实权利人成立无因管理。 **“管理”：可以通过事实行为或法律行为来管理。** (1) 管理人为管理实施法律行为时，可以自己名义为之，亦可以本人名义为之。以本人名义为之构成无权代理的，不影响无因管理的成立。 (2) 管理人为管理实施法律行为时，若不具备相应的民事行为能力，则实施的法律行为可能无效或效力待定，但不影响无因管理的成立。 **2. 具有管理意思。** 管理意思，指具有为他人管理事务的意思，即管理人认识其所管理的系他人事务，并欲使管理事务所生的利益归于本人。 (1) 为自己而管理他人事务，缺乏管理意思，不成立无因管理，其情形有二：①明知系他人事务，仍作为自己事务管理（不法管理）；②误将他人事务作为自己事务管理（误信管理）。 **(2) 为他人利益，兼为自己利益仍可在为他人利益范围内成立无因管理。** **3. 无法定或约定义务。** 管理人不具有管理之法定或约定义务，但管理人误以为具有义务，并因此管理他人事务的，欠缺管理意思，不成立无因管理（可成立不当得利）。 **4. 管理利于本人，不违反本人明示的或可推知的意思表示。** (1) 主观正当的无因管理：管理的事务不违反被管理人本人明示或可推知的意思，并且管理事务的效果也有利于被管理人本人。 (2) 客观正当的无因管理：管理的事务违反被管理人本人明示或可推知的意思，但管理的事务是被管理人本人应尽的法定义务或具有公益性义务的事务。 (3) 不当的无因管理：违反了被管理人的明示或可推知的意思，而且所管理的事务又不是被管理人应尽的法定义务和公益义务的管理行为。 **三个例外：管理人虽违反本人明示或可得推知的意思，但仍成立正当的无因管理：** (1) 为本人尽公益上的强制义务（如缴纳捐税、修缮具有危险性的建筑物）； (2) 为本人履行法定扶养义务（如为本人扶养妻子、赡养父母）； (3) 本人之意思违反公共秩序或善良风俗（如本人自杀，管理人救助的）。
法律后果	**1. 正当无因管理具有违法阻却性，在管理的限度内不构成侵权。** 2. 本人获得利益的不构成不当得利。

续表

法律后果	**3. 自动在管理人与本人之间成立无因管理之债，双方互负有特定内容的权利与义务。** **（1）管理人义务。** ①**适当管理的义务**。以善良管理人的注意标准，实施管理行为，管理人未尽适当管理义务，构成债务之不履行，应承担损害赔偿责任。例外情形：管理人为免除本人生命、身体或财产上之急迫危险而管理事务时，只对故意或重大过失所致损害，承担赔偿责任。 ②**通知义务**。 ③**报告、计算义务**。管理人应将管理事务的状况报告本人，因处理事务所收取之金钱、物品及孳息，应返还本人。 **（2）管理人的权利：** **①必要费用偿还请求权；** **②负债清偿请求权；** **③损失赔偿请求权；** **注：管理人无权请求报酬。** ［例］甲发现一头牛在自家田里吃麦苗，便将其牵回家喂养。后牛生病，甲请来兽医为其治疗。一个月后，乙发现自己的牛在甲家牛棚，便向甲要求返还。甲同意返还，但要求乙支付下列费用。乙应当支付的费用有（　　）① A. 拾牛报酬　　B. 麦苗损失费 C. 饲料费　　D. 牛的治疗费 4. 时效期间：管理人因无因管理行为产生的给付必要管理费用、赔偿损失请求权的诉讼时效期间，从无因管理行为结束并且管理人知道或者应当知道本人之日起计算。 本人因不当无因管理行为产生的赔偿损失请求权的诉讼时效期间，从其知道或者应当知道管理人及损害事实之日起计算。

典型真题

［例 158］刘某承包西瓜园，收获季节突然病故。好友刁某因联系不上刘某家人，便主动为刘某办理后事和照看西瓜园，并将西瓜卖出，获益 5 万元。其中，办理后事花费 1 万元、摘卖西瓜雇工费以及其他必要费用共 5000 元。刁某认为自己应得劳务费 5000 元。关于刁某的行为，下列哪一说法是正确的？（2011 年卷三第 20 题，单选）②

A. 5 万元属于不当得利

B. 应向刘某家人给付 3 万元

C. 应向刘某家人给付 4 万元

D. 应向刘某家人给付 3.5 万元

［例 159］甲聘请乙负责照看小孩，丙聘请丁做家务。甲和丙为邻居，乙和丁为好友。一日，甲突生急病昏迷不醒，乙联系不上甲的亲属，急将甲送往医院，并将甲的小孩委托给丁临时照看。丁疏于照看，致甲的小孩在玩耍中受伤。下列哪一说法是正确的？（2012 年卷三第 21 题，单选）③

① 答案：BCD
② 答案：D
③ 答案：A

A. 乙将甲送往医院的行为属于无因管理

B. 丁照看小孩的行为属于无因管理，不构成侵权行为

C. 丙应当承担甲小孩的医疗费

D. 乙和丁对甲小孩的医疗费承担连带责任

[例 160] 下列哪一情形会引起无因管理之债？（2013 年卷三第 21 题，单选）①

A. 甲向乙借款，丙在明知诉讼时效已过后擅自代甲向乙还本付息

B. 甲在自家门口扫雪，顺便将邻居乙的小轿车上的积雪清扫干净

C. 甲与乙结婚后，乙生育一子丙，甲抚养丙 5 年后才得知丙是乙和丁所生

D. 甲拾得乙遗失的牛，寻找失主未果后牵回暂养。因地震致屋塌牛死，甲出卖牛皮、牛肉获价款若干

[例 161] 甲的房屋与乙的房屋相邻。乙把房屋出租给丙居住，并为该房屋在 A 公司买了火灾保险。某日甲见乙的房屋起火，唯恐大火蔓延自家受损，遂率家人救火，火势得到及时控制，但甲被烧伤住院治疗。下列哪一表述是正确的？（2014 年卷三第 20 题，单选）②

A. 甲主观上为避免自家房屋受损，不构成无因管理，应自行承担医疗费用

B. 甲依据无因管理只能向乙主张医疗费赔偿，因乙是房屋所有人

C. 甲依据无因管理只能向丙主张医疗费赔偿，因丙是房屋实际使用人

D. 甲依据无因管理不能向 A 公司主张医疗费赔偿，因甲欠缺为 A 公司的利益实施管理的主观意思

① 答案：D

② 答案：D

21 第二十一章 不当得利

考点 96　不当得利

第 985 条：得利人没有法律根据取得不当利益的，受损失的人可以请求得利人返还取得的利益，但是有下列情形之一的除外：

（一）为履行道德义务进行的给付；

（二）债务到期之前的清偿；

（三）明知无给付义务而进行的债务清偿。

构成要件	1. **一方获得财产利益（财产的积极增加和消极增加）；** 2. **他方受有财产损失（包括：财产积极减少与财产消极减少）；** 3. **获得利益与受到损失间具有因果关系；** 4. **获得利益没有法律上的原因。**
基本类型	1. 因给付产生欠缺给付目的：（1）非债清偿——误偿他人债务；（2）作为给付原因行为未成立、无效或被撤销；（3）事前有原因，事后该原因不存在；（4）为将来的目的给付，但实际未能达成给付目的。 2. 基于给付外的事实产生：（1）侵害他人权益而发生的不当得利；（2）无权处分他人之物；（3）无权使用或消费他人之物；（4）擅自出租他人之物；（5）侵害他人知识产权。因无权使用他人的知识产权受有利益时，构成不当得利；（6）侵害他人人格权获得不当经济利益。擅自使用他人的肖像、姓名或名称而获得不当经济利益，无权使用人可构成不当得利。 3. 基于受损人行为发生的不当得利。 4. 基于第三人行为发生的不当得利。
排除情形	1. 履行道德上的义务（如对救助自己生命的人支付报酬）。 2. **清偿未到期债务或已过诉讼时效的债务：提前履行债务丧失期限利益。** **（1）超过诉讼时效期间，当事人自愿履行的，不受诉讼时效限制。** **（2）过了诉讼时效期间，义务人履行义务后，又以超过诉讼时效为由反悔的，不予支持。** 据此可知，债务人对已过诉讼时效的债务履行后，再以自己不知超过诉讼时效为由反悔的，不予支持。因此，债权人取得清偿款是有法律依据的，不产生不当得利之债。 3. **于给付时明知无给付义务的（视为赠与）。** 4. **因双方不法原因而给付**（如支付赌债、行贿、支付毒资）。但不法原因仅在受领一方存在的除外（如对绑架者支付赎金，索贿）。

续表

排除情形	5. **强迫得利**。指受损人因其行为使受益人受有利益，但违反了受益人的意思，不符合其经济计划的情形。例如：油漆他人即将拆除的围墙；维修他人预计拆除的房屋等。 6. **反射利益。指一方的财产因另一方的行为而增值，但并未致另一方损害，故不属于不当得利。比如，某大学新建校区，当地居民乙的房屋大幅升值，乙不构成不当得利。** 7. 受有非财产性受益。不当得利属于债法范畴，仅调整财产利益关系，故无法律上原因而受有非财产利益不成立不当得利。
法律后果	1. **返还原物。** 2. **返还孳息。** 3. **受益人利用不当得利所取得的其他利益（主要是投资所产生的收益），扣除劳务管理费用后，予以“收缴”。** 4. 返还数额。 不当得利制度的意义在于去除不当得利，而非损害赔偿。所以： （1）得利少于损失时，返还数额以得利为准； （2）得利大于损失时，返还数额以损失为准。 5. 返还范围： 受益人善意的，返还现存利益；受益人恶意的，返还一切所受利益。 所得利益无偿转让给第三人时： （1）善意受益人不负返还义务，第三人在受益人免除返还责任的限度内负相应返还责任； （2）恶意受益人的返还义务不受影响，受害人有权选择要求受益人或第三人返还不当得利。 注意：不当得利之债不以受益人恶意为构成要件，仅在确定返还范围时考虑受益人主观上究竟为善意或恶意。

典型真题

［例 162］王先生驾车前往某酒店就餐，将轿车停在酒店停车场内。饭后驾车离去时，停车场工作人员称：“已经给你洗了车，请付洗车费 5 元。”王先生表示“我并未让你们帮我洗车”，双方发生争执。本案应如何处理？（2004 年卷三第 11 题，单选）①

A. 基于不当得利，王先生须返还 5 元

B. 基于无因管理，王先生须支付 5 元

C. 基于合同关系，王先生须支付 5 元

D. 无法律依据，王先生无须支付 5 元

［例 163］下列哪一情形不产生不当得利之债？（2011 年卷三第 19 题，单选）②

A. 甲向乙借款 10 万元，1 年后根据约定偿还本息 15 万元

B. 甲不知诉讼时效已过，向债权人乙清偿债务

C. 甲久别归家，误把乙的鸡当成自家的吃掉

D. 甲雇佣的装修工人，误把邻居乙的装修材料用于甲的房屋装修

［例 164］甲将某物出售于乙，乙转售于丙，甲应乙的要求，将该物直接交付于丙。

① 答案：D

② 答案：B

下列哪一说法是错误的？（2012 年卷三第 20 题，单选）①

A. 如仅甲、乙间买卖合同无效，则甲有权向乙主张不当得利返还请求权

B. 如仅乙、丙间买卖合同无效，则乙有权向丙主张不当得利返还请求权

C. 如甲、乙间以及乙、丙间买卖合同均无效，甲无权向丙主张不当得利返还请求权

D. 如甲、乙间以及乙、丙间买卖合同均无效，甲有权向乙、乙有权向丙主张不当得利返还请求权

［例 165］下列哪一情形产生了不当得利之债？（2013 年卷三第 20 题，单选）②

A. 甲欠乙款超过诉讼时效后，甲向乙还款

B. 甲欠乙款，提前支付全部利息后又在借期届满前提前还款

C. 甲向乙支付因前晚打麻将输掉的 2000 元现金

D. 甲在乙银行的存款账户因银行电脑故障多出 1 万元

［例 166］甲遗失其为乙保管的迪亚手表，为偿还乙，甲窃取丙的美茄手表和 4000 元现金。甲将美茄手表交乙，因美茄手表比迪亚手表便宜 1000 元，甲又从 4000 元中补偿乙 1000 元。乙不知甲盗窃情节。乙将美茄手表赠与丁，又用该 1000 元的一半支付某自来水公司水费，另一半购得某商场一件衬衣。下列哪些说法是正确的？（2015 年卷三第 61 题，多选）③

A. 丙可请求丁返还手表

B. 丙可请求甲返还 3000 元、请求自来水公司和商场各返还 500 元

C. 丙可请求乙返还 1000 元不当得利

D. 丙可请求甲返还 4000 元不当得利

［例 167］顺风电器租赁公司将一台电脑出租给张某，租期为 2 年。在租赁期间内，张某谎称电脑是自己的，分别以市价与甲、乙、丙签订了三份电脑买卖合同并收取了三份价款，但张某把电脑实际交付给了乙。后乙的这台电脑被李某拾得，因暂时找不到失主，李某将电脑出租给王某获得很高收益。王某租用该电脑时出了故障，遂将电脑交给康成电脑维修公司维修。王某和李某就维修费的承担发生争执。康成公司因未收到修理费而将电脑留置，并告知王某如 7 天内不交费，将变卖电脑抵债。李某听闻后，于当日潜入康成公司偷回电脑。

如乙请求李某返还电脑和所获利益，下列说法正确的是？（2015 年卷三第 90 题，不定项）④

A. 李某向乙返还所获利益时，应以乙所受损失为限

B. 李某应将所获利益作为不当得利返还给乙，但可以扣除支出的必要费用

C. 乙应以所有权人身份而非不当得利债权人身份请求李某返还电脑

D. 如李某拒绝返还电脑，需向乙承担侵权责任

① 答案：C

② 答案：D

③ 答案：AD

④ 答案：D

第四编　人格权

民法典各分编草案将人格权作为独立的一编加以规定，该编下设六章，包括 51 个条文，详细规定了生命权、身体权、健康权、姓名权、名称权、肖像权、名誉权、荣誉权、隐私权、个人信息保护等权益，并规定了人格权保护的一般规定。

将人格权单独成编规定是我国民法典体系顺应时代需求而进行的重大创新，是落实十九大报告精神的具体体现，也是新时代全面保障个人人格尊严、保障人民体面生活的重要举措。人格权独立成编有利于弘扬社会主义核心价值观，充分彰显了民法典编纂的中国特色。

01 第一章 一般规定

考点 97　人格权的一般规定

《民法典·人格权编》	
第 990 条：人格权是民事主体享有的生命权、身体权、健康权、姓名权、名称权、肖像权、名誉权、荣誉权、隐私权等权利。 除前款规定的人格权外，自然人享有基于人身自由、人格尊严产生的其他人格权益。	《民法总则》 第 109 条：自然人的人身自由、人格尊严受法律保护。 第 110 条：自然人享有生命权、身体权、健康权、姓名权、肖像权、名誉权、荣誉权、隐私权、婚姻自主权等权利。 法人、非法人组织享有名称权、名誉权、荣誉权等权利。
评析： 1.《征求意见稿》将人格权的调整对象规定为“人格权益”，但草案明确为因“人格权”产生的民事关系，这些人格权指向的是《民法总则》第 110 条规定的各种具体人格权。这是我国法律体系中第一次明确规定人格权。① 2. 本条第二款是关于一般人格权的规定。所谓一般人格权，是法律采用高度概括的方式而赋予个人享有的具有权利集合性特点的人格权，是适应新型人格利益保护而产生的兜底保护条款。	

① 张红：《〈民法典各分编（草案）〉人格权编评析》，载《法学评论》2019 年第 1 期。

续表

《民法典·人格权编》	
第 991 条： 民事主体的人格权受法律保护，任何组织或者个人不得侵害。	
第 992 条： 人格权不得放弃、转让或者继承。	**《民法典（草案）·人格权编》二审稿** 第 775 条：人格权不得放弃、转让、继承，~~但是法律另有规定的除外~~。
评析： 人格权具有积极权能和消极权能。人格权与人自身不可分离。人格权不可放弃、转让、继承，权利人不能主动放弃自己的生命、身体、健康权等。人格权的积极权能体现为对人格权的占有、使用、收益和处分。诸如姓名、名称的决定、变更与使用，隐私的隐瞒、处分、自主与使用权等都是人格权积极行使的体现。	
第 993 条： 民事主体**可以将自己的**姓名、名称、肖像**等许可他人使用**，但是依照法律规定或者根据其性质不得许可的除外。	**《民法典（草案）·人格权编》二审稿** 第 776 条：民事主体**可以许可他人使用**姓名、名称、肖像等，但是依照法律规定或者根据其性质不得许可的除外。
第 994 条： 死者的姓名、肖像、名誉、荣誉、**隐私**、遗体等受到侵害的，其配偶、子女、父母有权依法请求行为人承担民事责任；死者没有配偶、子女并且父母已经死亡的，其他近亲属有权依法请求行为人承担民事责任。	**《民法典（草案）·人格权编》二审稿** 第 777 条：死者的姓名、肖像、名誉、荣誉、遗体等受到侵害的，其配偶、子女、父母有权依法请求行为人承担民事责任；死者没有配偶、子女并且父母已经死亡的，其他近亲属有权依法请求行为人承担民事责任。
第 995 条： 人格权受到侵害的，受害人有权依照本法和其他法律的规定请求行为人承担民事责任。受害人的停止侵害、排除妨碍、消除危险、消除影响、恢复名誉、赔礼道歉请求权，不适用诉讼时效的规定。	**《民法典（草案）·人格权编》二审稿** 第 778 条：人格权受到侵害的，受害人有权依照本法和其他法律的规定请求行为人承担民事责任。 依据前款规定提出的停止侵害、排除妨碍、消除危险、消除影响、恢复名誉请求权的，不适用诉讼时效的规定。
第 996 条： 因当事人一方的违约行为，损害对方人格权**并**造成严重精神损害，受损害方选择请求其承担违约责任的，不影响受损害方请求精神损害赔偿。	**《民法典（草案）·人格权编》二审稿** 第 779 条：因当事人一方的违约行为，损害对方人格权造成严重精神损害，受损害方选择请求其承担违约责任的，不影响受损害方请求精神损害赔偿。
第 997 条： 民事主体有证据证明行为人正在实施或者即将实施侵害其人格权的行为，不及时制止**将**使其合法权益受到难以弥补的损害的，有权依法向人民法院申请采取**责令行为人停止**有关行为的措施。	**《民法典（草案）·人格权编》二审稿** 第 780 条：民事主体有证据证明行为人正在实施或者即将实施侵害其人格权的行为，不及时制止**将会**使其合法权益受到难以弥补的损害的，有权依法向人民法院申请采取**责令停止**有关行为的措施。

续表

《民法典·人格权编》	
评析：明确规定了诉前禁令制度。所谓诉前禁令，是指民事主体面临正在实施或有侵害人格权之虞的行为，有权在起诉前依法向人民法院申请采取责令停止有关行为的措施，以防止损害的实际发生或扩大。	
第998条：认定行为人承担侵害除生命权、身体权和健康权外的人格权的民事责任，**应当考虑**行为人和受害人的职业、影响范围、过错程度，以及行为的目的、方式、后果等因素。	**《民法典（草案）·人格权编》二审稿** 第781条：认定行为人承担侵害除生命权、身体权和健康权外的人格权的民事责任，**可以考虑**行为人和受害人的职业、影响范围、过错程度，以及行为的目的、方式、后果等因素。
第999条：为公共利益实施新闻报道、舆论监督等行为的，可以合理使用民事主体的姓名、名称、肖像、个人信息等；使用不合理侵害民事主体人格权的，应当依法承担民事责任。	**《民法典（草案）·人格权编》二审稿** 第781条之一：实施新闻报道、舆论监督等行为的，可以合理使用民事主体的姓名、名称、肖像、个人信息等。 **行为人未合理使用的**，应当依法承担民事责任。
第1000条：行为人因侵害人格权承担消除影响、恢复名誉、赔礼道歉等民事责任的，应当与行为的具体方式和造成的影响范围相当。 行为人拒不承担前款规定的民事责任的，人民法院可以采取在报刊、网络等媒体上发布公告或者公布生效裁判文书等方式执行，产生的费用由行为人负担。	
第1001条：对自然人因婚姻家庭关系等产生的身份权利的保护，**适用本法第一编、第五编和其他法律的相关规定**；没有规定的，可以根据其性质参照适用本编人格权保护的有关规定。	**《民法典（草案）·人格权编》二审稿** 第782条之一：自然人因婚姻、家庭关系等产生的身份权利的保护，参照适用本编人格权保护的有关规定。
评析：自然人因婚姻家庭关系产生的身份权利，与人格权在保护上具有一定相似性。对这些身份权利的保护，除了适用婚姻家庭编的规定外，还应当参照适用人格权保护的相关规定。	

02 第二章 生命权、身体权和健康权

考点 98 生命权、身体权和健康权

<table>
<tr><th>《民法典·人格权编》</th><th></th></tr>
<tr><td>第 1002 条：自然人享有生命权。自然人的生命安全和生命尊严受法律保护。任何组织或者个人不得侵害他人的生命权。
第 1003 条：自然人享有身体权。自然人的身体完整和行动自由受法律保护。任何组织或者个人不得侵害他人的身体权。
第 1004 条：自然人享有健康权。自然人的身心健康受法律保护。任何组织或者个人不得侵害他人的健康权。</td><td>《民法典（草案）·人格权编》
第 1002 条：自然人享有生命权<s>，有权维护自己的生命安全和生命尊严</s>。任何组织或者个人不得侵害他人的生命权。
第 1003 条：自然人享有身体权<s>，有权维护自己的身体完整和行动自由</s>。任何组织或者个人不得侵害他人的身体权。
第 1004 条：自然人享有健康权<s>，有权维护自己的身心健康</s>。任何组织或者个人不得侵害他人的健康权。</td></tr>
<tr><td colspan="2">评析：将生命权、身体权和健康权用三个条文分别规定，精炼简短，值得肯定。但也在一定程度上失去了法律条文实操性，宣誓性过强。
1. 自然人享有的生命安全不受非法侵害的权利。生命权是自然人作为权利主体的前提条件，也是行使其他权利的基础。故为自然人最基本的人格权。
2. 自然人享有的对其肢体、器官和其他组织进行支配并维护其安全与完整，从而享有一定利益的权利。
3. 自然人依法享有的维护其健康，保持与利用其劳动能力并排除他人非法侵害的权利。健康权与身体权和生命权不同，生命权的客体是生命安全；身体权的客体是身体完整，主要指肉体的构造；而健康权的客体是生命的机能与良好运行。但是由于健康一般是通过身体构造的完整性而表现，故侵害肉体通常也会影响身体的机能，构成同时侵犯身体权和健康权。如仅侵害身体构造，而未侵犯身体机能正常发挥的，则仅构成侵犯身体权。</td></tr>
<tr><td>第 1005 条：自然人的生命权、身体权、健康权受到侵害或者处于其他危难情形的，负有法定救助义务的组织或者个人应当及时施救。</td><td></td></tr>
<tr><td>第 1006 条：完全民事行为能力人有权依法自主决定无偿捐献其人体细胞、人体组织、人体器官、遗</td><td>《人体器官移植条例》
第 8 条：捐献人体器官的公民应当具有完全民事</td></tr>
</table>

续表

<table>
<tr><th>《民法典·人格权编》</th><th></th></tr>
<tr><td>体。任何组织或者个人不得强迫、欺骗、利诱其捐献。
完全民事行为能力人依据前款规定同意捐献的，应当采用书面形式，也可以订立遗嘱。
自然人生前未表示不同意捐献的，该自然人死亡后，其配偶、成年子女、父母可以共同决定捐献，决定捐献应当采用书面形式。</td><td>行为能力。公民捐献其人体器官应当有书面形式的捐献意愿，对已经表示捐献其人体器官的意愿，有权予以撤销。
公民生前表示不同意捐献其人体器官的，任何组织或者个人不得捐献、摘取该公民的人体器官；公民生前未表示不同意捐献其人体器官的，该公民死亡后，其配偶、成年子女、父母可以以书面形式共同表示同意捐献该公民人体器官的意愿。</td></tr>
<tr><td>第1007条：禁止以任何形式买卖人体细胞、人体组织、人体器官、遗体。
违反前款规定的买卖行为无效。</td><td>《人体器官移植条例》
第3条：任何组织或者个人不得以任何形式买卖人体器官，不得从事与买卖人体器官有关的活动。</td></tr>
<tr><td>第1008条：为研制新药、医疗器械或者发展新的预防和治疗方法，需要进行临床试验的，应当依法经相关主管部门批准并经伦理委员会审查同意，向受试者或者受试者的监护人告知试验目的、用途和可能产生的风险等详细情况，并经其书面同意。
进行临床试验的，不得向受试者收取试验费用。</td><td>《民法典（草案）·人格权编》二审稿
第789条：为研制新药、医疗器械或者发展新的预防和治疗方法，需要进行临床试验的，应当依法经相关主管部门批准并经伦理委员会审查同意，向受试者或者受试者的监护人告知试验目的、用途和可能产生的风险等详细情况，并经其书面同意。</td></tr>
<tr><td colspan="2">评析：
1. 此类活动的规范范围为“为研制新药、医疗器械或者发展新的预防和治疗方法”的所有活动。开展此类活动，除经主管部门批准外，还应取得伦理委员会的审查同意。
2. 任何以人为试验对象的活动，都应当将对生命尊严的尊重放在首位。运用新技术和新产品在人体上进行试验活动，都必须要将受试者的生命健康放在首位，尊重、保护受试者的生命尊严。</td></tr>
<tr><td>第1009条：从事与人体基因、人体胚胎等有关的医学和科研活动，应当遵守法律、行政法规和国家有关规定，不得危害人体健康，不得违背伦理道德，不得损害公共利益。</td><td>《民法典（草案）·人格权编》二审稿
第789条之一：从事与人体基因、人体胚胎等有关的医学和科研活动的，应当遵守法律、行政法规和国家有关规定，不得危害人体健康，不得违背伦理道德。</td></tr>
<tr><td colspan="2">评析：开展与人体基因、人体胚胎等有关的医学和科学研究，可能带来人体生命健康安全和伦理道德方面的风险，必须有严格的法律规范。</td></tr>
<tr><td>第1010条：违背他人意愿，以言语、文字、图像、肢体行为等方式对他人实施性骚扰的，受害人有权依法请求行为人承担民事责任。
机关、企业、学校等单位应当采取合理的预防、受理投诉、调查处置等措施，防止和制止利用职权、从属关系等实施性骚扰。</td><td>《民法典（草案）·人格权编》二审稿
第790条：违背他人意愿，以言语、行为等方式对他人实施性骚扰的，受害人有权依法请求行为人承担民事责任。
机关、企业、学校等单位应当采取合理的预防、投诉调查、处置等措施，防止和制止利用从属关系等实施性骚扰。</td></tr>
</table>

续表

<table>
<tr><th>《民法典·人格权编》</th><th></th></tr>
<tr><td colspan="2">评析：
1. 所谓性骚扰，是指以身体、语言、动作、文字或图像等方式，违背他人意愿而对其实施的有辱其尊严的、以性为取向的行为。性骚扰实质上是一种损害他人人格尊严的行为，其表现形式往往与性取向相关。
2. 行为人在实施性骚扰行为时，其主观上都是故意的，从实践来看，大多数性骚扰侵害了受害人的身体权，损害了受害人的人格尊严，因此，将性骚扰置于身体权之中加以规定，从体系上看也是合理的。
3. 由于法律规范性骚扰行为最初主要针对职业中的性别歧视，是为了保护在工作中受害的弱者，从实践来看，性骚扰行为也大多发生在工作场所中，尤其是和工作联系在一起。因此，为了有效防止性骚扰的发生，规定了用人单位防范性骚扰行为的义务，有助于在最大限度上预防和减少性骚扰行为的发生。</td></tr>
<tr><td>第 1011 条：以非法拘禁等方式剥夺、限制他人的行动自由，或者非法搜查他人身体的，受害人有权依法请求行为人承担民事责任。</td><td>《民法典（草案）·人格权编》二审稿
第 791 条：~~任何组织或者个人~~以非法拘禁等方式剥夺、限制他人的行动自由，或者非法搜查他人身体的，受害人有权依法请求行为人承担民事责任。</td></tr>
</table>

典型真题

［例 168］ 下列哪一情形构成对生命权的侵犯？（2016 年卷三第 22 题，单选）①

A. 甲女视其长发如生命，被情敌乙尽数剪去

B. 丙应丁要求，协助丁完成自杀行为

C. 戊为报复欲致己于死地，结果将己打成重伤

D. 庚医师因误诊致辛出生即残疾，辛认为庚应对自己的错误出生负责

① 答案：B

03 第三章 姓名权和名称权

考点99 姓名权和名称权

《民法典·人格权编》	
第1012条：自然人享有姓名权，有权依法决定、使用、变更或者许可他人使用自己的姓名，但是不得违背公序良俗。 第1013条：法人、非法人组织享有名称权，有权依法使用、变更、转让或者许可他人使用自己的名称。 第1014条：任何组织或者个人不得以**干涉**、**盗用**、**假冒**等方式侵害他人的姓名权或者名称权。	《民法通则》第99条：公民享有姓名权，有权决定、使用和依照规定改变自己的姓名，禁止他人干涉、盗用、假冒。 法人、个体工商户、个人合伙享有名称权。企业法人、个体工商户、个人合伙有权使用、依法转让自己的名称。
评析：盗用和冒用姓名的区别：盗用主要指盗取某人姓名，自己不一定就是姓名者本人。如A盗用B的姓名，向C说自己是B的好友，骗取C的信任从而获得某种利益。冒用则是冒用某人姓名，自己扮演的就是姓名者本人。如A说自己就是B，进行欺骗从而获得某种利益。	
第1015条：自然人的姓氏应当随父姓或者母姓，但是有下列情形之一的，可以在父姓和母姓之外选取姓氏： （一）选取其他直系长辈血亲的姓氏； （二）因由法定扶养人以外的人扶养而选取扶养人姓氏； （三）有不违背公序良俗的其他正当理由。 少数民族自然人的姓氏可以遵从本民族的文化传统和风俗习惯。	全国人民代表大会常务委员会关于《中华人民共和国民法通则》第九十九条第一款、《中华人民共和国婚姻法》第二十二条的解释 公民依法享有姓名权。公民行使姓名权，还应当尊重社会公德，不得损害社会公共利益。 公民原则上应当随父姓或者母姓。有下列情形之一的，可以在父姓和母姓之外选取姓氏： （一）选取其他直系长辈血亲的姓氏； （二）因由法定扶养人以外的人扶养而选取扶养人姓氏； （三）有不违反公序良俗的其他正当理由。 少数民族公民的姓氏可以从本民族的文化传统和风俗习惯。

续表

<table>
<tr><th>《民法典·人格权编》</th><th></th></tr>
<tr><td colspan="2">评析：
1. 姓名是每个自然人的特定名称符号，是通过语言文字区别个体差异的标志。姓名不仅构成了自然人社会交往的前提，也是社会管理的手段，同时它还承载着传统文化价值，浸润着父辈对子女的亲情。个性解放和自由意志逐渐成为时代潮流的当下，姓名文字选择自由与社会管理、传统文化价值之间存在着显而易见的张力。①
2. 公民依法享有姓名权。公民行使姓名权属于民事活动，既应当依照《民法通则》第 99 条第 1 款和《婚姻法》第 22 条的规定，还应当遵守《民法通则》第 7 条的规定，即应当尊重社会公德，不得损害社会公共利益。在中华传统文化中，“姓名”中的“姓”，即姓氏，体现着血缘传承、伦理秩序和文化传统，公民选取姓氏涉及公序良俗。公民原则上随父姓或者母姓符合中华传统文化和伦理观念，符合绝大多数公民的意愿和实际做法。同时，考虑到社会实际情况，公民有正当理由的也可以选取其他姓氏。</td></tr>
<tr><td>第 1016 条：自然人决定、变更姓名，或者法人、非法人组织决定、变更、转让名称的，应当依法向有关机关办理登记手续，但是法律另有规定的除外。
民事主体变更姓名、名称的，变更前实施的民事法律行为对其具有法律约束力。</td><td>《民法典（草案）·人格权编》
第 1016 条：~~民事主体决定、变更自己的姓名、名称，或者转让自己的名称的，~~应当依法向有关机关办理登记手续，但是法律另有规定的除外。
民事主体变更姓名、名称的，变更前实施的民事法律行为对其具有法律约束力。</td></tr>
<tr><td>第 1017 条：具有一定社会知名度，被他人使用足以造成公众混淆的笔名、艺名、网名、译名、字号、姓名和名称的简称等，参照适用姓名权和名称权保护的有关规定。</td><td>《民法典（草案）·人格权编》
第 1017 条：具有一定社会知名度的笔名、艺名、网名、字号、姓名和名称的简称等~~，被他人使用足以造成公众混淆的，与姓名和名称受同等保护~~。</td></tr>
<tr><td colspan="2">评析：
1. 在法人、非法人组织的名称权方面，第一次将简称、字号等纳入保护范围。简称是指法人和非法人组织名称的缩减，例如中央电视台简称“央视”，阿里巴巴简称“阿里”等。简称在性质上并不属于名称，因此无法直接适用名称权的保护规则，但与名称一样，简称也可以起到标识法人、非法人组织的作用，尤其是许多法人、非法人组织的简称具有一定的社会知名度，能够为相关公众所知悉，应当受到法律保护。
2. 姓名权、名称权的扩张保护，即如果笔名、艺名、网名等能够识别个人的身份，具有一定社会知名度、为相关公众所知悉的，则其也应当受到人格权法保护。之所以作出此种规定，主要是基于如下原因：一方面，这些符号与特定个人的身份、人格尊严具有内在的联系，对他人笔名、艺名、网名的冒用，以其名义发布信息，会对特定个人的公众形象与声誉等带来损害。正如王泽鉴先生所指出的，“凡在社会交易及生活上具有识别性功能的标志，均应纳入受‘姓名权’保护的范围”。另一方面，笔名、艺名、网名有时候还具有一定的商业价值，对这些特定符号的保护，有利于防止不诚实的商业行为和不正当竞争行为，有利于维护社会经济秩序。</td></tr>
</table>

① 黄泷一：《最高法院第 89 号指导案例与姓名权立法解释评述》，载《法治研究》2018 年第 5 期。

典型真题

［例 169］高甲患有精神病，其父高乙为监护人。2009 年高甲与陈小美经人介绍认识，同年 12 月陈小美以其双胞胎妹妹陈小丽的名义与高甲登记结婚，2011 年生育一子高小甲。2012 年高乙得知儿媳的真实姓名为陈小美，遂向法院起诉。诉讼期间，陈小美将一直由其抚养的高小甲户口迁往自己原籍，并将高小甲改名为陈龙，高乙对此提出异议。下列哪一选项是正确的？（2017 年卷三第 17 题，单选）①

C. 陈小美为高小甲改名的行为侵害了高小甲的合法权益

D. 陈小美为高小甲改名的行为未侵害高甲的合法权益

① 分析：陈小美系高小甲的监护人、法定代理人，有权代理高小甲行使姓名权，使高小甲更名随其姓，故 C 项错误、D 项正确。

04 第四章 肖像权

考点 100　肖像权

《民法典·人格权编》	
第 1018 条：自然人享有肖像权，有权依法制作、使用、公开或者许可他人使用自己的肖像。 肖像是通过影像、雕塑、绘画等方式在一定载体上所反映的特定自然人可以被识别的外部形象。	**《民法典（草案）·人格权编》二审稿** 第 798 条：自然人享有肖像权，有权依法制作、使用、公开或者许可他人使用自己的肖像。 ~~本法所称~~肖像是通过影像、雕塑、绘画等方式在一定载体上所反映的特定自然人可以被识别的外部形象。
评析：学理传统上将肖像的内涵限于以面部特征为中心的外部形象，即肖像应当再现自然人的面部特征，自然人的其他身体特征即便能够反映个人的外在形象，也不应当属于肖像。 民法典在规定肖像的内涵时已经放弃了"以面部为中心"的理论，而转向"可被识别"性的标准。例如，某人特有的肢体动作、背影等，如果为相关公众所知悉，能够对外展现个人的形象，则应当受到法律保护。所以，肖像是指通过摄影、雕塑、录像、电影等方式在一定载体上所反映的特定自然人可被识别的外部形象。从"以面部为中心"到"可被识别"性的转化，旨在扩大肖像的保护范围，符合肖像权制度设立的初衷。	
第 1019 条：任何组织或者个人不得以丑化、污损，或者利用信息技术手段伪造等方式侵害他人的肖像权。未经肖像权人同意，不得制作、使用、公开肖像权人的肖像，但是法律另有规定的除外。 未经肖像权人同意，肖像作品权利人不得以发表、复制、发行、出租、展览等方式使用或者公开肖像权人的肖像。	
评析：本条规定肖像权的消极权能。其中"任何组织或者个人不得以丑化、污损，或者利用信息技术手段伪造等方式侵害他人的肖像权"体现的是肖像的精神利益，而"未经肖像权人同意，不得制作、使用、公开肖像权人的肖像"体现其财产利益。	
第 1020 条：**合理实施下列行为的**，可以不经肖像权人同意：	**《民法典（草案）·人格权编》二审稿** 第 800 条：**实施下列行为的**，可以不经肖像权人

续表

<table>
<tr><th>《民法典·人格权编》</th><th></th></tr>
<tr><td>(一) 为个人学习、艺术欣赏、课堂教学或者科学研究，在必要范围内使用肖像权人已经公开的肖像；
(二) 为实施新闻报道，不可避免地**制作**、使用、公开肖像权人的肖像；
(三) 为依法履行职责，国家机关在必要范围内**制作**、使用、公开肖像权人的肖像；
(四) 为展示特定公共环境，不可避免地制作、使用、公开肖像权人的肖像；
(五) 为维护公共利益或者肖像权人合法权益，**制作**、使用、公开肖像权人的肖像的其他行为。</td><td>同意：
(一) 为个人学习、艺术欣赏、课堂教学或者科学研究，在必要范围内使用肖像权人已经公开的肖像；
(二) 为实施新闻报道，不可避免地使用、公开肖像权人的肖像；
(三) 为依法履行职责，国家机关在必要范围内使用、公开肖像权人的肖像；
(四) 为展示特定公共环境，不可避免地使用、公开肖像权人的肖像；
(五) 为维护公共利益或者肖像权人合法权益，使用、公开肖像权人的肖像的其他行为。</td></tr>
<tr><td colspan="2">**评析**：本条是关于肖像权的合理使用规则，同时也是相应的免责条款。本条所规定的五项内容都是从行为的正当性角度加以规定的。</td></tr>
<tr><td>第 1021 条：当事人对肖像许可使用合同中关于肖像使用条款的理解有争议的，应当作出有利于肖像权人的解释。</td><td>**《民法典（草案）·人格权编》二审稿**
第 801 条：肖像许可使用合同中~~就肖像使用的范围、方式等约定有争议的，~~应当作出有利于肖像权人的解释。</td></tr>
<tr><td colspan="2">**评析**：本条规定的是有利解释规则。《民法典·总则编》和《民法典·合同编》关于意思表示解释、合同解释的规定，都是立足于双方利益的平衡，探究双方的共同意思，遵从习惯和诚信原则，而不是仅对一方有利的解释；而草案第 801 条是对其的突破，是侧重保护肖像权这一人格权的法政策需要。</td></tr>
<tr><td>第 1022 条：当事人对肖像许可使用期限没有约定或者约定不明确的，任何一方当事人可以随时解除肖像许可使用合同，但是应当在合理期限之前通知对方。
当事人对肖像许可使用期限有明确约定，肖像权人有正当理由的，可以解除肖像许可使用合同，但是应当在合理期限之前通知对方。因解除合同造成对方损失的，除不可归责于肖像权人的事由外，应当赔偿损失。</td><td></td></tr>
<tr><td colspan="2">**评析**：实际上是赋予了肖像权人任意解除肖像权许可使用合同的权利，这实际上也体现了当人格权和财产权发生冲突时应当向人格权保护倾斜的精神。</td></tr>
<tr><td>第 1023 条：对姓名等的许可使用，参照适用肖像许可使用的有关规定。
对自然人声音的保护，参照适用肖像权保护的有关规定。</td><td>**《民法典（草案）·人格权编》二审稿**
第 803 条：其他人格权的许可使用和自然人声音的保护，参照适用本章的有关规定。</td></tr>
</table>

续表

《民法典·人格权编》	
评析： 这就意味着关于肖像权许可使用的规则不是仅仅适用于肖像，而实际上为人格权的商业化利用确定了一般性的规则，从而弥补了我国现行立法在这方面规定的不足。	

典型真题

［例 170］甲女委托乙公司为其拍摄一套艺术照。不久，甲女发现丙网站有其多张半裸照片，受到众人嘲讽和指责。经查，乙公司未经甲女同意将其照片上传到公司网站做宣传，丁男下载后将甲女头部移植至他人半裸照片，上传到丙网站。下列哪些说法是正确的？（2011 年卷三第 66 题，多选）①

A. 乙公司侵犯了甲女的肖像权

B. 丁男侵犯了乙公司的著作权

C. 丁男侵犯了甲女的名誉权

D. 甲女有权主张精神损害赔偿

［例 171］摄影爱好者李某为好友丁某拍摄了一组生活照，并经丁某同意上传于某社交媒体群中。蔡某在社交媒体群中看到后，擅自将该组照片上传于某营利性摄影网站，获得报酬若干。对蔡某的行为，下列哪一说法是正确的？（2017 年卷三第 21 题，单选）②

A. 侵害了丁某的肖像权和身体权

B. 侵害了丁某的肖像权和李某的著作权

C. 侵害了丁某的身体权和李某的著作权

D. 不构成侵权

① 答案：ABCD

② 答案：B

05 第五章 名誉权和荣誉权

考点 101　名誉权与荣誉权

《民法典·人格权编》	
第 1024 条：民事主体享有名誉权。任何组织或者个人不得以侮辱、诽谤等方式侵害他人的名誉权。 名誉是对民事主体的品德、声望、才能、信用等的社会评价。	**《民法典（草案）·人格权编》二审稿** 第 804 条：民事主体享有名誉权。任何组织或者个人不得以侮辱、诽谤等方式侵害他人的名誉权。 ~~本法所称~~名誉是对民事主体的品德、声望、才能、信用等的社会评价。
第 1025 条：行为人为公共利益实施新闻报道、舆论监督等行为，影响他人名誉的，不承担民事责任，但是有下列情形之一的除外： （一）捏造、歪曲事实； （二）对他人提供的严重失实内容未尽到合理核实义务； （三）使用侮辱性言辞等贬损他人名誉。	**《民法典（草案）·人格权编》** 1025 条：行为人实施新闻报道、舆论监督等行为，影响他人名誉的，不承担民事责任，但是有下列情形之一的除外： （一）捏造~~事实、~~歪曲事实； （二）对他人提供的失实内容未尽到合理审查义务； （三）使用侮辱性言辞等贬损他人名誉。
第 1026 条：认定行为人是否尽到前条第二项规定的合理核实义务，应当考虑下列因素： （一）内容来源的可信度； （二）对明显可能引发争议的内容是否进行了必要的调查； （三）内容的时限性； （四）内容与公序良俗的关联性； （五）受害人名誉受贬损的可能性； （六）核实能力和核实成本。	**《民法典（草案）·人格权编》** 第 1026 条：认定行为人是否尽到前条第二项规定的合理审查义务，应当考虑下列因素： （一）内容来源的可信度； （二）对明显可能引发争议的内容是否进行了必要的调查； （三）内容的时效性； （四）内容与公序良俗的关联性； （五）受害人名誉受贬损的可能性； （六）审查能力和审查成本。 行为人应当就其尽到合理审查义务承担举证责任。
评析：本条规定的是合理审查义务的确定因素。行为人对特定的民事主体及其某些行为进行批评、发表评论或从事正当监督时，必须依据一定的事实。且行为人对该事实负有合理审查的义务，以确保依据事实的真实性、准确性。行为人若未尽到合理审查的义务，则构成名誉权的侵权，这种侵权是不作为侵权。	

续表

《民法典·人格权编》	
第 1027 条：行为人发表的文学、艺术作品以真人真事或者特定人为描述对象，含有侮辱、诽谤内容，侵害他人名誉权的，受害人有权依法请求该行为人承担民事责任。 行为人发表的文学、艺术作品不以特定人为描述对象，仅其中的情节与该特定人的情况相似的，不承担民事责任。	
第 1028 条：民事主体有证据证明报刊、网络等媒体报道的内容失实，侵害其名誉权的，有权请求该媒体及时采取更正或者删除等必要措施。	**《民法典（草案）·人格权编》** 第 1028 条：报刊、网络等媒体报道的内容失实，侵害他人名誉权的，受害人有权请求该媒体及时采取更正或者删除等必要措施；媒体不及时采取措施的，受害人有权请求人民法院责令该媒体在一定期限内履行。
评析：为了及时制止侵害行为，减少对受害人权益的损害，借鉴《出版管理条例》的相关规定，对媒体报道内容失实而侵害他人名誉权的，明确受害人有权要求媒体及时更正、删除该不实报道。	
第 1029 条：民事主体可以依法查询自己的信用评价；发现信用评价不当的，有权提出异议并请求采取更正、删除等必要措施。信用评价人应当及时核查，经核查属实的，应当及时采取必要措施。	**《民法典（草案）·人格权编》** 第 1029 条：民事主体可以依法查询自己的信用评价；发现信用评价错误的，有权提出异议并请求采取更正、删除等必要措施。信用评价人应当及时核查，经核查属实的，应当及时采取必要措施。
第 1030 条：民事主体与征信机构等信用信息处理者之间的关系，适用本编有关个人信息保护的规定和其他法律、行政法规的有关规定。	**《民法典（草案）·人格权编》** 第 809 条：民事主体与征信机构等信用信息收集者、**持有者**之间的关系，适用本编有关个人信息保护的规定和其他法律、行政法规的有关规定。
第 1031 条：民事主体享有荣誉权。任何组织或者个人不得非法剥夺他人的荣誉称号，不得诋毁、贬损他人的荣誉。 **获得的荣誉称号应当记载而没有记载的，民事主体可以请求记载；获得的荣誉称号记载错误的，民事主体可以请求更正。**	**《民法典（草案）·人格权编》二审稿** 第 810 条：民事主体享有荣誉权。任何组织或者个人不得非法剥夺他人的荣誉称号，不得诋毁、贬损他人的荣誉。 **获得的荣誉称号应当记载而没有记载或者记载错误的，民事主体可以请求记载或者更正。**
评析：对于荣誉的可能"侵害"，可区分为来自授予者和来自非授予者两种类型。授予者的"侵害"主要是非法剥夺。非荣誉授予者对"荣誉权"可能的"侵害"，常见形态主要有：否认荣誉取得的事实，声称荣誉享有者不配获得相应的荣誉等。	

典型真题

［例 172］张某旅游时抱着当地一小女孩拍摄了一张照片，并将照片放在自己的博客中，后来发现该照片被用在某杂志的封面，并配以"母女情深"的文字说明。张某并未

结婚，朋友看到杂志后纷纷询问张某，熟人对此也议论纷纷，张某深受困扰。下列哪些说法是正确的？（2008 年卷三第 61 题，多选）①

A. 杂志社侵害了张某的肖像权

B. 杂志社侵害了张某的名誉权

C. 杂志社侵害了张某的隐私权

D. 张某有权向杂志社要求精神损害赔偿

① 答案：ABD

06 第六章 隐私权和个人信息保护

考点 102　隐私权和个人信息保护

《民法典·人格权编》	
第 1032 条：自然人享有隐私权。任何组织或者个人不得以刺探、侵扰、泄露、公开等方式侵害他人的隐私权。 **隐私是自然人的私人生活安宁和不愿为他人知晓的私密空间、私密活动、私密信息。**	**《民法典（草案）·人格权编》二审稿** 第 811 条：自然人享有隐私权。任何组织或者个人不得以刺探、侵扰、泄露、公开等方式侵害他人的隐私权。 本法所称隐私是具有私密性的私人空间、私人活动和私人信息等。
评析： 1. 隐私权概念最早由美国学者沃伦和布兰代斯于 1890 年提出，并为两大法系所普遍承认。一百多年来，隐私权的内涵和外延不断扩张，不少学者认为，现代社会的重要特征在于，要求政府的行为越来越公开透明，而对个人隐私则越来越强化保护。① 2. 隐私权存在的基础是个人人格尊严。隐私权作为具体人格权，通过对隐私以赋权保护，使自然人不受他人打扰以及生活秘密不受他人非法披露，使自然人免受隐私的侵害。 将隐私规定为具有私密性的私人空间、私人活动和私人信息等值得肯定。但对隐私权的关注侧重于隐私维护权，没有涉及隐私的自主决定权，略有遗憾。作为一种具体人格权，隐私的自主决定权亦应纳入隐私权中加以保护。	
第 1033 条：除法律另有规定或者权利人明确同意外，任何组织或者个人不得实施下列行为： （一）以电话、短信、即时通讯工具、电子邮件、传单等方式侵扰他人的私人生活安宁； （二）进入、拍摄、窥视他人的住宅、宾馆房间等私密空间； （三）拍摄、窥视、窃听、公开他人的私密活动；	**《民法典（草案）·人格权编》** 第 1033 条：除权利人明确同意外，任何组织或者个人不得实施下列行为： （一）以短信、电话、即时通讯工具、电子邮件、传单等方式侵扰他人的私人生活安宁； （二）进入、窥视、拍摄他人的住宅、宾馆房间等私密空间； （三）拍摄、录制、公开、窥视、窃听他人的私密活动；

① 王利明：《人格权法的新发展与我国民法典人格权编的完善》，载北大法宝法学期刊库《浙江工商大学学报》，2019 年第 6 期。

续表

《民法典·人格权编》	
（四）拍摄、窥视他人身体的私密部位； （五）处理他人的私密信息； （六）以其他方式侵害他人的隐私权。	（四）拍摄、窥视他人身体的私密部位； （五）收集、处理他人的私密信息； （六）以其他方式侵害他人的隐私权。
第1034条：自然人的个人信息受法律保护。 个人信息是以电子或者其他方式记录的能够单独或者与其他信息结合识别特定自然人的各种信息，包括自然人的姓名、出生日期、身份证件号码、生物识别信息、住址、电话号码、电子邮箱、健康信息、行踪信息等。 个人信息中的私密信息，适用有关隐私权的规定；没有规定的，适用有关个人信息保护的规定。	**《民法典（草案）·人格权编》** 第1034条：自然人的个人信息受法律保护。 个人信息是以电子或者其他方式记录的能够单独或者与其他信息结合识别特定自然人的各种信息，包括自然人的姓名、出生日期、身份证件号码、生物识别信息、住址、电话号码、电子邮箱~~地址~~、行踪信息等。 个人信息中的私密信息，~~同时~~适用隐私权保护的有关规定。
评析：本条对个人信息进行了定义，相较于私人信息，个人信息侧重于自然人的“识别”。	
第1035条：处理个人信息的，应当遵循合法、正当、必要原则，不得过度收集、处理，并符合下列条件： （一）征得该自然人或者其监护人同意，但是法律、行政法规另有规定的除外； （二）公开收集、**处理**信息的规则； （三）明示收集、**处理**信息的目的、方式和范围； （四）不违反法律、行政法规的规定和双方的约定。 **个人信息的处理包括个人信息的收集、存储、使用、加工、传输、提供、公开等。**	**《民法典（草案）·人格权编》** 第1035条：~~收集、~~处理自然人个人信息的，应当遵循合法、正当、必要原则，不得过度~~收集、~~处理，并符合下列条件： （一）征得该自然人或者其监护人同意，但是法律、行政法规另有规定的除外； （二）公开~~收集、~~处理信息的规则； （三）明示~~收集、~~处理信息的目的、方式和范围； （四）不违反法律、行政法规的规定和双方的约定。 个人信息的处理包括个人信息的使用、加工、传输、提供、公开等。
第1036条：处理个人信息，有下列情形之一的，行为人不承担民事责任： （一）在该自然人或者其监护人同意的范围内合理实施的行为； （二）合理处理该自然人自行公开的或者其他已经合法公开的信息，但是该自然人明确拒绝或者处理该信息侵害其重大利益的除外； （三）为维护公共利益或者该自然人合法权益，合理实施的其他行为。	**《民法典（草案）·人格权编》** 第1037条：~~收集、~~处理自然人个人信息，有下列情形之一的，行为人不承担民事责任： （一）在该自然人或者其监护人同意的范围内实施的行为； （二）处理该自然人自行公开的或者其他已经合法公开的信息，但是该自然人明确拒绝或者处理该信息侵害其重大利益的除外； （三）为维护公共利益或者该自然人合法权益，合理实施的其他行为。

续表

《民法典·人格权编》	
第1037条： 自然人可以依法向信息处理者查阅或者复制其个人信息；发现信息有错误的，有权提出异议并请求及时采取更正等必要措施。 自然人发现信息处理者违反法律、行政法规的规定或者双方的约定处理其个人信息的，有权请求信息处理者及时删除。	**《民法典（草案）·人格权编》** 第1036条：自然人可以依法向信息控制者查阅、抄录其个人信息；发现信息有错误的，有权提出异议并请求及时采取更正等必要措施。 自然人发现信息控制者违反法律、行政法规的规定或者双方的约定收集、处理其个人信息的，有权请求信息控制者及时删除。
第1038条： 信息处理者不得泄露或者篡改其收集、存储的个人信息；未经自然人同意，不得向他人非法提供其个人信息，但是经过加工无法识别特定个人且不能复原的除外。 信息处理者应当采取技术措施和其他必要措施，确保其收集、存储的个人信息安全，防止信息泄露、篡改、丢失；发生或者可能发生个人信息泄露、篡改、丢失的，应当及时采取补救措施，按照规定告知自然人并向有关主管部门报告。	**《民法典（草案）·人格权编》** 第1038条：信息~~收集者、控制者~~不得泄露、篡改其收集、存储的个人信息；未经~~被收集者~~同意，不得向他人非法提供个人信息，但是经过加工无法识别特定个人且不能复原的除外。 信息~~收集者、控制者~~应当采取技术措施和其他必要措施，确保其收集、存储的个人信息安全，防止信息泄露、篡改、丢失；发生或者可能发生个人信息泄露、篡改、丢失的，应当及时采取补救措施，依照规定告知~~被收集者~~并向有关主管部门报告。
第1039条： 国家机关、承担行政职能的法定机构及其工作人员对于履行职责过程中知悉的自然人的**隐私和个人信息**，应当予以保密，不得泄露或者**向他人非法提供**。	**《民法典（草案）·人格权编》二审稿** 第817条之一：国家机关及其工作人员对于履行职责过程中知悉的自然人的隐私、个人信息，应当予以保密，不得泄露或者非法向他人提供。

典型真题

［例173］张某毕业要去外地工作，将自己贴身生活用品、私密照片及平板电脑等装箱交给甲快递公司运送。张某在箱外贴了“私人物品，严禁打开”的字条。张某到外地收到快递后察觉有异，经查实，甲公司工作人员李某曾翻看箱内物品，并损坏了平板电脑。下列哪些选项是正确的？（2015年卷三第66题，多选）①

A. 甲公司侵犯了张某的隐私权

B. 张某可请求甲公司承担精神损害赔偿责任

C. 张某可请求甲公司赔偿平板电脑的损失

D. 张某可请求甲公司和李某承担连带赔偿责任

［例174］张某因出售公民个人信息被判刑，孙某的姓名、身份证号码、家庭住址等信息也在其中，买方是某公司。下列哪一选项是正确的？（2017年卷三第20题，单选）②

---

① 答案：AC

② 答案：C

A. 张某侵害了孙某的身份权
B. 张某侵害了孙某的名誉权
C. 张某侵害了孙某对其个人信息享有的民事权益
D. 某公司无须对孙某承担民事责任

第五编　婚姻家庭

01 第一章 结　婚

考点 103　结婚

（一）修改说明

《民法典·婚姻家庭编》	《婚姻法》
第 1048 条：直系血亲或者三代以内的旁系血亲禁止结婚。	第 7 条：有下列情形之一的，禁止结婚： （一）直系血亲和三代以内的旁系血亲； （二）患有医学上认为不应当结婚的疾病。
评析：从优生优育的角度保留了血亲之间禁止结婚的规定，但删除了患有不适合结婚疾病的规定，实际上是明确了疾病不再是禁止结婚情形。此种规定主要是尊重当事人的婚姻自由选择权。在《民法典》第 1053 条规定，一方患有重大疾病的，应当在结婚登记前如实告知另方。如一方知道对方患有重大疾病，仍然选择与其结婚的，法律不再禁止双方缔结婚姻，从而充分尊重了宪法所规定的当事人的婚姻自由与自主。	

（二）考点精讲

结婚，又称婚姻的成立，是指男女双方依照法律规定的条件和程序，确立夫妻关系的民事法律行为。

结婚条件	1. **必备条件**。 结婚的必备条件又称积极要件，是指男女双方结婚时必须具备的法定条件。 （1）男女双方完全自愿。 **（2）男女双方必须达到法定的结婚年龄，即男不得早于 22 周岁，女不得早于 20 周岁。** （3）符合一夫一妻制。 2. **禁止条件**。 结婚的禁止条件又称消极要件，是指男女双方结婚时不得具有法律不允许结婚的情形。**直系血亲和三代以内的旁系血亲禁止结婚。** **（1）直系血亲，是指直接具有血缘关系的亲属，即生育自己和自己所生育的上下各代亲属，**

续表

结婚条件	包括父母子女、祖父母与孙子女、外祖父母与外孙子女等，不受代数的限制。① **(2) 旁系血亲，是指双方之间无从出关系，但同由一共同祖先所生育的血亲**，如同源于父母的兄弟姐妹（相同辈分的二代以内的旁系血亲）；同源于祖父母的伯、叔与侄女，姑与侄子（不同辈分的三代以内的旁系血亲）；同源于外祖父母的舅与外甥女，姨与外甥（不同辈分的三代以内的旁系血亲）；同源于祖父母的堂兄弟姐妹（相同辈分的三代以内的旁系血亲）；同源于外祖父母的表兄弟姐妹（相同辈分的三代以内的旁系血亲）。② 3. **形式条件**。 (1) 结婚的形式要件，是指男女双方结婚时必须履行的法定程序。**要求结婚的男女双方应当亲自到婚姻登记机关申请结婚登记**。符合法律规定的，予以登记，发给结婚证。完成结婚登记，即确立婚姻关系。未办理结婚登记的，应当补办登记。 (2) 尽管法律明确规定结婚必须采取登记形式，但是在现实生活中，男女双方未办理结婚登记而以夫妻名义共同生活的情况仍大量存在。**未办理结婚登记而以夫妻名义共同生活的现象称为事实婚姻**。我国《婚姻法》对事实婚姻的处理原则是： ①1994 年 2 月 1 日前同居并符合结婚实质要件的，仍可认定为事实婚姻，当事人之间形成夫妻关系。 ②1994 年 2 月 1 日后同居的，可以通过补办婚姻登记确立婚姻关系。男女双方补办结婚登记的，其婚姻关系的效力从双方均符合婚姻法所规定的结婚的实质要件时起算，即补办结婚登记的效力具有溯及力。 ③1994 年 2 月 1 日后形成的同居关系，如未补办结婚登记，性质上属于同居关系。当事人起诉要求解除同居关系的，人民法院不予受理。但因同居引起财产分割与子女抚养纠纷而起诉的，人民法院应当受理。认定同居关系的，当事人之间不形成夫妻关系。同居期间因共同生活而形成的财产关系，按照共同共有关系处理。同居期间一方死亡的，另一方不能以配偶身份继承其遗产；当事人在同居期间所生子女属于非婚生子女，但法律地位与婚生子女相同。 (3) 结婚登记程序分为申请、审查和登记三个环节。婚姻登记属于具体行政行为。**如果结婚登记程序存在瑕疵，当事人主张撤销结婚登记的，可以依法申请行政复议或者提起行政诉讼，行政机关或者人民法院有权撤销婚姻登记**。
彩礼问题	**《婚姻法解释（二）》第 10 条**：当事人请求返还按照习俗给付的彩礼的，如果查明属于以下情形，人民法院应当予以支持： （一）双方未办理结婚登记手续的； （二）双方办理结婚登记手续但确未共同生活的； （三）婚前给付并导致给付人生活困难的。 适用前款第（二）、（三）项的规定，应当以双方离婚为条件。

① 直系血亲的计算方法：计算自己与长辈直系血亲之间的亲属关系时，以己身作为计算起点，己身为一代，向上数至父母时为二代，再数至祖父母、外祖父母时为三代，依此类推。计算自己与晚辈直系血亲之间的亲属关系时，仍以己身为一代，向下数至子女时为二代，再数至孙子女、外孙子女时为三代，依此类推。

② 旁系血亲的计算方法：首先找出要计算的两个旁系血亲的同源直系血亲，然后按照直系血亲的计算方法，分别计算出每一方与同源直系血亲之间的代数。如果两边的代数相同，则用一边的代数定代数。如果两边的世代数不同，则取世代数大的一边定代数。

典型真题

[例 175] 刘男按当地习俗向戴女支付了结婚彩礼现金 10 万元及金银首饰数件，婚后不久刘男即主张离婚并要求返还彩礼。关于该彩礼的返还，下列哪一选项是正确的？(2017 年卷三第 18 题，单选)①

A. 因双方已办理结婚登记，故不能主张返还

B. 刘男主张彩礼返还，不以双方离婚为条件

C. 已办理结婚登记，未共同生活的，可主张返还

D. 已办理结婚登记，并已共同生活的，仍可主张返还

考点 104　无效婚姻

（一）修改说明

《民法典·婚姻家庭编》	《婚姻法》
第 1051 条：有下列情形之一的，婚姻无效： （一）重婚； （二）有禁止结婚的亲属关系； （三）未到法定婚龄。	第 10 条：有下列情形之一的，婚姻无效： （一）重婚的； （二）有禁止结婚的亲属关系的； ~~（三）婚前患有医学上认为不应当结婚的疾病，婚后尚未治愈的；~~ （四）未到法定婚龄的。
评析：修改禁止结婚的条件。现行《婚姻法》规定，患有医学上认为不应当结婚的疾病者禁止结婚。这一规定在实践中很难操作，且在对方知情的情况下，是否患有疾病并不必然会影响当事人的结婚意愿。为尊重当事人的婚姻自主权，一方患有严重疾病的应当在结婚登记前如实告知对方，不如实告知的，对方可以请求撤销该婚姻。	
第 1054 条：无效的或者被撤销的婚姻自始没有法律约束力，当事人不具有夫妻的权利和义务。同居期间所得的财产，由当事人协议处理；协议不成的，由人民法院根据照顾无过错方的原则判决。对重婚导致的无效婚姻的财产处理，不得侵害合法婚姻当事人的财产权益。当事人所生的子女，适用本法关于父母子女的规定。 婚姻无效或者被撤销的，无过错方有权请求损害赔偿。	第 12 条：无效或被撤销的婚姻，自始无效。当事人不具有夫妻的权利和义务。同居期间所得的财产，由当事人协议处理；协议不成时，由人民法院根据照顾无过错方的原则判决。对重婚导致的婚姻无效的财产处理，不得侵害合法婚姻当事人的财产权益。当事人所生的子女，适用本法有关父母子女的规定。
评析：《婚姻法》仅对被撤销或无效婚姻同居期间财产处理方式进行了规定，但被撤销或无效婚姻中无过错方在这段婚姻中所遭受的精神损害往往非常大，但却没有法律依据进行救济。《民法典》对此进行了弥补，算是亮点之一，增加无效和被撤销婚姻中无过错方的请求损害赔偿的权利，从经济上给予无过错方一定的补偿、慰藉。	

① 答案：C

（二）考点精讲

无效婚姻，是指不符合结婚实质要件但已办理结婚登记的男女两性的结合。

无效情形	1. 婚姻无效的情形包括：（1）**重婚的**；（2）**有禁止结婚的亲属关系的**；（3）**未达到法定婚龄的**。 2. 当事人以上述以外的情形申请宣告婚姻无效的，人民法院应当判决驳回当事人的申请。
宣告程序	1. 无效婚姻的宣告机关是人民法院，其他任何单位都无权宣告无效。 2. 有权依法向人民法院就已办理结婚登记的婚姻申请宣告婚姻无效的主体，包括婚姻当事人及利害关系人。利害关系人包括： （1）以重婚为由申请宣告婚姻无效的，为当事人的近亲属及基层组织。 （2）以未到法定婚龄为由申请宣告婚姻无效的，为未达法定婚龄者的近亲属。 （3）以有禁止结婚的亲属关系为由申请宣告婚姻无效的，为当事人的近亲属。 3. 当事人依法向人民法院申请宣告婚姻无效的，申请时，法定的无效婚姻情形已经消失的（比如已经达到法定婚龄），人民法院不予支持。 4. 在婚姻当事人双方生存期间，只要无效婚姻的原因没有消除，请求权人都可提出宣告婚姻无效的申请；**如果当事人一方或者双方死亡的，须在其死亡以后一年内提出宣告婚姻无效的申请**。 5. 人民法院就同一婚姻关系分别受理了离婚和申请宣告婚姻无效案件的，对于离婚案件的审理，应当待申请宣告婚姻无效案件作出判决后进行。此外，**人民法院审理宣告婚姻无效案件，对婚姻效力的审理不适用调解，应当依法作出判决**。**有关婚姻效力的判决一经作出，即发生法律效力**。**涉及财产分割和子女抚养的，可以调解**。**调解达成协议的，另行制作调解书**。**对财产分割和子女抚养问题的判决不服的，当事人可以上诉**。
法律后果	1. 无效婚姻，自始无效。当事人不具有夫妻的权利和义务。 2. 同居期间所得的财产，由当事人协议处理；协议不成的，由人民法院根据照顾无过错方的原则判决。对重婚导致的无效婚姻的财产处理，不得侵害合法婚姻当事人的财产权益。 3. 当事人所生的子女，适用法律有关父母子女的规定。 4. **无过错方有权请求损害赔偿**。

典型真题

［例 176］ 甲（男，22 周岁）为达到与乙（女，19 周岁）结婚的目的，故意隐瞒乙的真实年龄办理了结婚登记。两年后，因双方经常吵架，乙以办理结婚登记时未达到法定婚龄为由向法院起诉，请求宣告婚姻无效。人民法院应如何处理？（2003 年卷三第 4 题，单选）①

A. 以办理结婚登记时未达到法定婚龄为由宣告婚姻无效

B. 对乙的请求不予支持

C. 宣告婚姻无效，确认为非法同居关系，并予以解除

D. 认定为可撤销婚姻，乙可行使撤销权

［例 177］ 甲与乙登记结婚 3 年后，乙向法院请求确认该婚姻无效。乙提出的下列哪

① 答案：B

一理由可以成立？（2011 年卷三第 22 题，单选）①

A. 乙登记结婚的实际年龄离法定婚龄相差 2 年

B. 甲婚前谎称是海归博士且有车有房，乙婚后发现上当受骗

C. 甲与乙是表兄妹关系

D. 甲以揭发乙父受贿为由胁迫乙结婚

[例 178] 高甲患有精神病，其父高乙为监护人。2009 年高甲与陈小美经人介绍认识，同年 12 月陈小美以其双胞胎妹妹陈小丽的名义与高甲登记结婚，2011 年生育一子高小甲。2012 年高乙得知儿媳的真实姓名为陈小美，遂向法院起诉。诉讼期间，陈小美将一直由其抚养的高小甲户口迁往自己原籍，并将高小甲改名为陈龙，高乙对此提出异议。下列哪一选项是正确的？（2017 年卷三第 17 题）②

A. 高甲与陈小美的婚姻属无效婚姻

B. 高甲与陈小美的婚姻属可撤销婚姻

考点 105 可撤销婚姻

（一）修改说明

《民法典·婚姻家庭编》	《婚姻法》
第 1052 条：因胁迫结婚的，受胁迫的一方可以向婚姻登记机关或者人民法院请求撤销婚姻。 请求撤销婚姻的，应当**自胁迫行为终止之日起一年内提出**。 被非法限制人身自由的当事人请求撤销婚姻的，应当自恢复人身自由之日起一年内提出。	第 11 条：因胁迫结婚的，受胁迫的一方可以向婚姻登记机关或人民法院请求撤销该婚姻。受胁迫的一方撤销婚姻的请求，应当~~自结婚登记之日起一年内提出~~。被非法限制人身自由的当事人请求撤销婚姻的，应当自恢复人身自由之日起一年内提出。
评析：将请求撤销婚姻的起始时间改为“自胁迫行为终止之日”，更加合理更加人性化。因为在有些被胁迫的婚姻中，受胁迫人的人身自由可能会受限，且受限时间有可能长达数年，此时早已超过了“婚姻登记之日起一年”的时间，就会导致有些受胁迫人无法在获得人身自由后提起撤销婚姻的诉请，其合法权益无法得到法律保护。	
（新增）第 1053 条：一方患有重大疾病的，应当在结婚登记前如实告知另一方；不如实告知的，另一方可以向人民法院请求撤销婚姻。 请求撤销婚姻的，应当自知道或者应当知道撤销事由之日起一年内提出。	
评析：患有重大疾病的人结婚必须履行如实告知义务，让另一方充分知晓并做出真实选择，否则另一方可以请求撤销婚姻。	

① 答案：C

② 分析：婚姻无效是欠缺结婚实质要件的婚姻在民事法律关系上的后果，不能以结婚登记时的程序瑕疵来主张婚姻无效。

（二）考点精讲

可撤销婚姻，是指已经成立的婚姻关系，因欠缺婚姻合意，依法享有撤销权的人可以向有关机关请求撤销的婚姻。

撤销事由	1. **胁迫：**行为人以给另一方当事人或者其近亲属的生命、身体健康、名誉、财产等方面造成损害为要挟，迫使另一方当事人违背真实意愿结婚的情况。 2. **一方患有重大疾病的，在结婚登记前未如实告知另一方的**。
撤销主体	仅限于受胁迫方或者被隐瞒方的婚姻关系当事人本人。
撤销机关	**有权撤销婚姻的机关有两个，即婚姻登记机关和人民法院**。不同的撤销机关适用不同的程序，婚姻登记机关依行政程序撤销婚姻，人民法院依诉讼程序撤销婚姻。 （1）胁迫情形导致的可撤销婚姻，撤销机关为婚姻登记机关或者人民法院； （2）未告知重大疾病导致的可撤销婚姻，撤销机关为人民法院。
除斥期间	1. 受胁迫方**自胁迫行为终止之日起一年内提出**。 2. 被非法限制人身自由的当事人请求撤销婚姻的，应当**自恢复人身自由之日起一年内提出**。 3. 未告知重大疾病导致的可撤销婚姻，被隐瞒方应当**自知道或者应当知道撤销事由之日起一年内提出**。
法律后果	同无效婚姻。

典型真题

［例 179］网名“我心飞飞”的 21 岁女子甲与网名“我行我素”的 25 岁男子乙在网上聊天后产生好感，乙秘密将甲裸聊的镜头复制保存。后乙要求与甲结婚，甲不同意。乙威胁要公布其裸聊镜头，甲只好同意结婚并办理了登记。下列哪些说法是错误的？（2006 年卷三第 66 题，多选）①

A. 甲可以自婚姻登记之日起 1 年内请求撤销该婚姻

B. 甲可以在婚姻登记后以没有感情基础为由起诉要求离婚

C. 甲有权主张该婚姻无效

① 答案：BC（本题答案有删减）

02 第二章 家庭关系

《民法典·婚姻家庭编》	
（新增）第 1073 条：对亲子关系有异议且有正当理由的，父或者母可以向人民法院提起诉讼，请求确认或者否认亲子关系。 对亲子关系有异议且有正当理由的，成年子女可以向人民法院提起诉讼，请求确认亲子关系。	
评析：《民法典》新增了亲子关系异议制度。随着社会的发展，婚姻期间夫妻一方不忠，或者未婚生子的现象越来越多，非婚生子女数量也随之增长，近年来，亲子关系争议也是越来越多，故而本次《民法典》针对这一社会现象增设亲子异议制度，赋予利害关系人的“异议权”，在协商不成时，可向人民法院起诉，寻求司法确认或否认亲子关系，实有必要。这一规定不仅仅关涉当事人继承生父母遗产的个体利益，也关涉禁止相互结婚的亲属关系这一血缘关系秩序等一系列的公共利益。但该规定不足之处是提起亲子关系异议诉讼制度的前提是要有“正当理由”，却又未对正当理由" 加以解释或明确，“正当理由8 的标准如何确定？有待相关的司法解释予以明确了。	

考点 106　夫妻关系

（一）修改说明

《民法典·婚姻家庭编》	《婚姻法》
（新增）第 1058 条：夫妻双方平等享有对未成年子女抚养、教育和保护的权利，共同承担对未成年子女抚养、教育和保护的义务。	
（新增）第 1060 条：夫妻一方因家庭日常生活需要而实施的民事法律行为，对夫妻双方发生效力，但是夫妻一方与相对人另有约定的除外。 夫妻之间对一方可以实施的民事法律行为范围的限制，不得对抗善意相对人。	
评析：最高人民法院司法解释已采取此观点，于 2001 年 12 月 27 开始实施的《最高人民法院关于适用〈婚姻法〉若干问题的解释（一）》第 17 条规定，“因日常生活需要而处理夫妻共同财产的”，夫妻“任何一方均有权决定”。“他人有理由相信其为夫妻双方共同意思表示的，另一方不得以不同意或不知	

续表

<table>
<tr><th>《民法典·婚姻家庭编》</th><th>《婚姻法》</th></tr>
<tr><td colspan="2">道为由对抗善意第三人”。引入“日常家事代理权”制度，也有助于防范夫妻之间巨额债务争议。
本条为《民法典》吸收了司法解释的规定，将夫妻之间日常家事代理权提高立法层级。夫妻之间“日常家事代理权”即夫妻一方代表家庭所为的日常家事行为，视为夫妻共同的意思表示，夫妻他方亦必须承担法律后果，夫妻双方对该行为承担共同的连带责任。夫妻一方因家庭生活需要而实施的日常家事行为，对内均发生法律效力，除非有相反约定；对外是否有效，区别相对人是否善意。</td></tr>
<tr><td>第 1062 条：夫妻在婚姻关系存续期间所得的下列财产，为夫妻的共同财产，归夫妻共同所有：
（一）工资、奖金、劳务报酬；
（二）生产、经营、投资的收益；
（三）知识产权的收益；
（四）继承或者受赠的财产，但是本法第一千零六十三条第三项规定的除外；
（五）其他应当归共同所有的财产。夫妻对共同财产，有平等的处理权。</td><td>第 17 条：夫妻在婚姻关系存续期间所得的下列财产，归夫妻共同所有：
（一）工资、奖金；
（二）生产、经营的收益；
（三）知识产权的收益；
（四）继承或赠与所得的财产，但本法第十八条第三项规定的除外；
（五）其他应当归共同所有的财产。
夫妻对共同所有的财产，有平等的处理权。</td></tr>
<tr><td colspan="2">评析：增加了夫妻共同财产的范围，随着经济的发展，夫妻的收入不再局限于工资、奖金，还有其他形式的收入，如其他形式的劳务报酬或者投资的收益均纳入了夫妻共同财产的范畴。《民法典》的规定实质上并未扩大夫妻共同财产范围，只是随着社会经济的发展，夫妻的收入形式也越来越多样化，《民法典》就将该多样化的收入形式进行了明确规定。</td></tr>
<tr><td>第 1063 条：下列财产为夫妻一方的个人财产：
（一）一方的婚前财产；
（二）一方因受到人身损害获得的赔偿和补偿；
（三）遗嘱或者赠与合同中确定只归一方的财产；
（四）一方专用的生活用品；
（五）其他应当归一方的财产。</td><td>第 18 条：有下列情形之一的，为夫妻一方的财产：
（一）一方的婚前财产；
（二）一方因身体受到伤害获得的医疗费、残疾人生活补助费等费用；
（三）遗嘱或赠与合同中确定只归夫或妻一方的财产；
（四）一方专用的生活用品；
（五）其他应当归一方的财产。</td></tr>
<tr><td colspan="2">评析：《民法典》将人身损害所得的赔偿和补偿全部归一个人财产，不再区分人身损害赔偿的具体项目是什么。</td></tr>
<tr><td>（新增）第 1064 条：夫妻双方共同签名或者夫妻一方事后追认等共同意思表示所负的债务，以及夫妻一方在婚姻关系存续期间以个人名义为家庭日常生活需要所负的债务，属于夫妻共同债务。
夫妻一方在婚姻关系存续期间以个人名义超出家庭日常生活需要所负的债务，不属于夫妻共同债务；但是，债权人能够证明该债务用于夫妻共同生活、共同生产经营或者基于夫妻双方共同意思表示的除外。</td><td></td></tr>
</table>

续表

《民法典·婚姻家庭编》	《婚姻法》
评析：原《婚姻法》对夫妻共债并无详细约定，而是散见于婚姻法司法解释中，2018 年 1 月，最高院出台了《关于审理涉及夫妻债务纠纷案件适用法律有关问题的解释》，确定了夫妻债务的共债共签"原则。《民法典》则将这一原则吸收进来，提高了立法层级。夫妻共同债务一直是婚姻家事案件中容易发生争议的热点问题，不少案件中，夫妻双方因为离婚诉诸法院，一方为了一已私利，串通第三人故意制造巨额债务，达到让对方不分或少分夫妻共同财产的目的，增加司法审查的难度，那么夫妻共同债务的范围到底包括哪些？《民法典》将家庭日常生活所负债务界定为夫妻共同债务，该规定原则上也就为夫妻共同债务金额提供了封顶"上限"，有助于防范夫妻一方为己私利而极端不公平地逼迫另一方共同承担巨额债务清偿责任。 另一方面，"共债共签"原则的确立，为造假一方堵上了漏洞，这一规定既有利于当事人自动履行债务，也有助于债权人考虑相关风险作出是否出借款项的决定，进而有利于法院审判质量的提高以及社会和谐稳定。	
（新增）第 1066 条：婚姻关系存续期间，有下列情形之一的，夫妻一方可以向人民法院请求分割共同财产： （一）一方有隐藏、转移、变卖、毁损、挥霍夫妻共同财产或者伪造夫妻共同债务等严重损害夫妻共同财产利益的行为； （二）一方负有法定扶养义务的人患重大疾病需要医治，另一方不同意支付相关医疗费用。	《婚姻法解释（三）》第 4 条：婚姻关系存续期间，夫妻一方请求分割共同财产的，人民法院不予支持，但有下列重大理由且不损害债权人利益的除外： （一）一方有隐藏、转移、变卖、毁损、挥霍夫妻共同财产或者伪造夫妻共同债务等严重损害夫妻共同财产利益行为的； （二）一方负有法定扶养义务的人患重大疾病需要医治，另一方不同意支付相关医疗费用的。
评析：早在 2011 年公布实施的《婚姻法解释（三）》第 4 条就已有一模一样的规定，只不过草案把司法解释上升到更高法律位阶的民法典中。但是现实情况往往是夫妻一方已经将共同财产进行了隐藏、转移、变卖、毁损、挥霍，导致没有了夫妻共同财产，如何处理呢？是否赋予一方追偿权？《民法典》并未解决这一问题，尚需相关配套司法解释予以明确。	

（二）考点精讲

婚姻关系存续期间男女双方的称呼，又称为配偶。夫妻关系包括夫妻人身和财产的权利义务关系。

人身关系	1. 夫妻在婚姻家庭关系中地位平等。 2. 夫妻双方都有各自使用自己姓名的权利。 3. 夫妻双方人身自由权。夫妻双方都有参加生产、工作、学习和社会活动的自由，一方不得对另一方加以限制或者干涉。 4. 夫妻双方平等享有对未成年子女抚养、教育和保护的权利，共同承担对未成年子女抚养、教育和保护的义务。 5. 夫妻之间忠实义务。 6. 夫妻住所选定权。登记结婚后，根据男女双方约定，女方可以成为男方家庭的成员，男方可以成为女方家庭的成员。

续表

财产关系	**★法定夫妻财产制：**夫妻双方在婚前、婚后都没有约定或约定无效时，直接适用有关法律规定的夫妻财产制度。 **1. 夫妻共同财产。** （1）夫妻在婚姻关系存续期间所得的下列财产，为夫妻的共同财产，归夫妻共同所有： ①工资、奖金、劳务报酬； ②生产、经营、投资的收益； ③知识产权的收益：**婚姻关系存续期间，实际取得或者已经明确可以取得的财产性收益。** ④继承或者受赠的财产，但遗嘱或赠与合同中确定只归夫或妻一方的财产除外； ⑤其他应当归共同所有的财产。**包括一方以个人财产投资取得的收益；男女双方实际取得或者应当取得的住房补贴、住房公积金；男女双方实际取得或者应当取得的养老保险金、破产安置补偿费；夫妻一方个人财产在婚后产生的收益，除孳息和自然增值外，应认定为夫妻共同财产。** **（2）夫妻共有财产权的行使：** ①在婚姻关系存续期间，夫妻共有财产原则上是一个不分份额的整体，是一种共同共有关系。夫妻因共有财产而发生的债务，属于夫妻共同债务，夫妻对外承担连带责任。 **②夫妻双方对共有财产的处理是平等的。夫妻对共同所有的财产，有平等的处理权。这里的"有平等的处理权"有两层含义：其一，夫或妻在处理夫妻共同财产上的权利是平等的。因日常生活需要而处理夫妻共同财产的，任何一方均有权决定。其二，夫或妻非因日常生活需要对夫妻共同财产做重要处理决定，夫妻双方应当平等协商，取得一致意见。他人有理由相信其为夫妻双方共同意思表示的，另一方不得以不同意或不知道为由对抗善意第三人。如果一方未经另一方同意出售夫妻共同共有的房屋，第三人善意购买、支付合理对价并办理产权登记手续，另一方主张追回该房屋的，人民法院不予支持。夫妻一方擅自处分共同共有的房屋造成另一方损失，离婚时另一方请求赔偿损失的，人民法院应予支持。** ③婚姻关系存续期间，夫妻双方对共有财产的管理和处分不能协商一致，一方要求分割夫妻共有财产的，原则上不予支持。因为夫妻共同共有的财产是夫妻共同生活的物质基础，为维系婚姻关系，法律不支持婚内析产的主张。但现实中有夫妻一方利用管理共有财产之便，大肆侵害另一方共同财产权之现象，对此，法律作出了例外规定。 第1066条：**婚姻关系存续期间，有下列情形之一的，夫妻一方可以向人民法院请求分割共同财产：** **（一）一方有隐藏、转移、变卖、毁损、挥霍夫妻共同财产或者伪造夫妻共同债务等严重损害夫妻共同财产利益的行为；** **（二）一方负有法定扶养义务的人患重大疾病需要医治，另一方不同意支付相关医疗费用。** **2. 夫妻个人财产。** （1）下列财产为夫妻一方的个人财产： ①一方的婚前财产； ②一方因受到人身损害获得的赔偿和补偿； ③遗嘱或者赠与合同中确定只归一方的财产； ④一方专用的生活用品； ⑤其他应当归一方的财产，如军人的伤亡保险金、伤残补助金、医药生活补助费等。 （2）属于夫或妻一方所有的财产，无论是动产还是不动产，均不因婚姻关系的延续而转化为夫妻共同财产，但当事人另有约定的除外。

续表

财产关系	3. **关于房产问题。** (1) **婚后由一方父母出资**为子女购买的不动产，**产权登记在出资人子女名下的**，视为只对自己子女一方的赠与，该不动产**应认定为夫妻一方的个人财产**。 (2) **由双方父母出资**购买的不动产，产权登记在一方子女名下的，该不动产可认定为双方按照各自父母的出资份额**按份共有**，但当事人另有约定的除外。 (3) 夫妻一方**婚前**签订不动产买卖合同，**以个人财产支付首付款**并在银行贷款，**婚后用夫妻共同财产还贷**，不动产**登记于首付款支付方名下的**，离婚时该不动产由双方协议处理。不能达成协议的，人民法院可以判决该不动产**归产权登记一方**，尚未归还的贷款为产权登记一方的**个人债务**。双方婚后共同还贷支付的款项及其相对应财产增值部分，离婚时由产权登记一方对另一方进行**补偿**。 (4) 婚姻关系存续期间，双方用夫妻共同财产出资购买**以一方父母名义参加房改的房屋**，产权登记在一方父母名下，离婚时另一方主张按照夫妻共同财产对该房屋进行分割的，人民法院不予支持。购买该房屋时的出资，可以**作为债权处理**。 ★**约定夫妻财产制**：夫妻双方通过协商对婚前、婚后取得的财产归属、处分以及在婚姻关系解除后的财产分割达成协议，并优先于法定夫妻财产制适用的夫妻财产制度。

典型真题

［例180］ 甲乙是夫妻，甲在婚前发表小说《昨天》，婚后获得稿费。乙在婚姻存续期间发表了小说《今天》，离婚后第二天获得稿费。甲在婚姻存续期间创作小说《明天》，离婚后发表并获得稿费。下列哪一选项是正确的？（2007年卷三第16题，单选）①

A. 《昨天》的稿费属于甲婚前个人财产

B. 《今天》的稿费属于夫妻共同财产

C. 《明天》的稿费属于夫妻共同财产

D. 《昨天》、《今天》和《明天》的稿费都属于夫妻共同财产

［例181］ 甲乙夫妻的下列哪一项婚后增值或所得，属于夫妻共同财产？（2013年卷三第23题，单选）②

A. 甲婚前承包果园，婚后果树上结的果实

B. 乙婚前购买的1套房屋升值了50万元

C. 甲用婚前的10万元婚后投资股市，得利5万元

D. 乙婚前收藏的玉石升值了10万元

［例182］ 甲（男）、乙（女）结婚后，甲承诺，在子女出生后，将其婚前所有的一间门面房，变更登记为夫妻共同财产。后女儿丙出生，但甲不愿兑现承诺，导致夫妻感情破裂离婚，女儿丙随乙一起生活。后甲又与丁（女）结婚。未成年的丙因生重病住院急需医疗费20万元，甲与丁签订借款协议从夫妻共同财产中支取该20万元。下列哪一表述是错误的？（2014年卷三第23题，单选）③

---

① 答案：B
② 答案：C
③ 答案：C

A. 甲与乙离婚时，乙无权请求将门面房作为夫妻共同财产分割

B. 甲与丁的协议应视为双方约定处分共同财产

C. 如甲、丁离婚，有关医疗费按借款协议约定处理

D. 如丁不同意甲支付医疗费，甲无权要求分割共有财产

［例 183］ 刘山峰、王翠花系老夫少妻，刘山峰婚前个人名下拥有别墅一栋。关于婚后该别墅的归属，下列哪一选项是正确的？（2016 年卷三第 20 题，单选）①

A. 该别墅不可能转化为夫妻共同财产

B. 婚后该别墅自动转化为夫妻共同财产

C. 婚姻持续满八年后该别墅即依法转化为夫妻共同财产

D. 刘、王可约定婚姻持续八年后该别墅转化为夫妻共同财产

① 答案：D

03 第三章 离　婚

考点 107　离婚的一般规定

（一）修改说明

《民法典·婚姻家庭编》	《婚姻法》
第 1076 条：夫妻双方自愿离婚的，应当订立书面离婚协议，并亲自到婚姻登记机关申请离婚登记。 离婚协议应当载明双方自愿离婚的意思表示和对子女抚养、财产及债务处理等事项协商一致的意见。 第 1077 条：自婚姻登记机关收到离婚登记申请之日起三十日内，任何一方不愿意离婚的，可以向婚姻登记机关撤回离婚登记申请。 前款规定期间届满后三十日内，双方应当亲自到婚姻登记机关申请发给离婚证；未申请的，视为撤回离婚登记申请。 第 1078 条：婚姻登记机关查明双方确实是自愿离婚，并已对子女抚养、财产及债务处理等事项协商一致的，予以登记，发给离婚证。	第 31 条：男女双方自愿离婚的，准予离婚。双方必须到婚姻登记机关申请离婚。婚姻登记机关查明双方确实是自愿并对子女和财产问题已有适当处理时，发给离婚证。
评析：实践中，由于离婚登记手续过于简便，轻率离婚的现象增多，不利于家庭稳定。为此，规定了 30 日的离婚冷静期，在此期间，任何一方可以向登记机关撤回离婚申请。 “离婚冷静期”制度的设置是本次《民法典》争议最大的一个规定，赞成者有之，反对者亦之，赞成者认为现在年轻一代冲动型离婚的越来越多，也是导致目前国家离婚率增高的原因之一。夫妻共同生活中，有矛盾是常态，有冲突也属正常；多数冲突情形不会也不应该导致离婚。同时，夫妻在婚姻中的成长需要一个过程，而不应该一发生矛盾冲突就首选离婚做为解决问题的方案。为自愿离婚的当事人在登记离婚中设置适当的时间“门槛”，可以促进当事人冷静思考、妥抉择，既能保障当事人的离婚自由，又能保障双方当事人作出正确抉择、保护好未成年子女的利益。因此设置一个月的冷静期有利于冲动型离婚的当事人冷静思考是否真得要离婚还是仅仅逞时之快，冷静思考后后悔的可以申请撤回。 不过值得大家注意的是，这个离婚冷静期设置适用的情形是双方到婚姻登记机关申请离婚，并不是到法院诉讼离婚，一般存在家暴、虐待情形的夫妻，双方再协商到婚姻登记机关协议离婚的可能性比较小了，一般会有一方直接到法院诉讼离婚，而法院泝讼离婚是没有离婚冷静期的设置。	

续表

<table>
<tr><th>《民法典·婚姻家庭编》</th><th>《婚姻法》</th></tr>
<tr><td>第 1079 条：夫妻一方要求离婚的，可以由有关组织进行调解或者直接向人民法院提起离婚诉讼。
人民法院审理离婚案件，应当进行调解；如果感情确已破裂，调解无效的，应当准予离婚。
有下列情形之一，调解无效的，应当准予离婚：
（一）重婚或者与他人同居；
（二）实施家庭暴力或者虐待、遗弃家庭成员；
（三）有赌博、吸毒等恶习屡教不改；
（四）因感情不和分居满二年；
（五）其他导致夫妻感情破裂的情形。
一方被宣告失踪，另一方提起离婚诉讼的，应当准予离婚。
经人民法院判决不准离婚后，双方又分居满一年，一方再次提起离婚诉讼的，应当准予离婚。</td><td>第 32 条：男女一方要求离婚的，可由有关部门进行调解或直接向人民法院提出离婚诉讼。
人民法院审理离婚案件，应当进行调解；如感情确已破裂，调解无效，应准予离婚。
有下列情形之一，调解无效的，应准予离婚：
（一）重婚或有配偶者与他人同居的；
（二）实施家庭暴力或虐待、遗弃家庭成员的；
（三）有赌博、吸毒等恶习屡教不改的；
（四）因感情不和分居满二年的；
（五）其他导致夫妻感情破裂的情形。
一方被宣告失踪，另一方提出离婚诉讼的，应准予离婚。</td></tr>
<tr><td colspan="2">评析：1989 年颁布的《最高院人民法院审理离婚案件如何认定夫妻感情确已破裂的若干具体意见》第七条规定因感情不和分居已满三年，确无和好可能的，或者经人民法院判决不准离婚后又分居满一年，互不履行夫妻义务的。现在离婚越来越难，一方不同意离婚，第一次起诉至法院基本上会判决不准予离婚，起诉一方要等六个月，才可以第二次起诉离婚，但即使第二次起诉离婚的，对方仍然坚持不同意离婚的，也不一定会百分百判决准予离婚，虽然有第七条的规定，但司法实践中引用的并不多，此次《民法典》将此规定进行了吸收，有利于夫妻感情确已破裂案件给予法院判决离婚提供了依据，也提高了司法效率，减少了司法资源的浪费。</td></tr>
<tr><td>（新增）第 1080 条：完成离婚登记，或者离婚判决书、调解书生效，即解除婚姻关系。</td><td></td></tr>
<tr><td colspan="2">评析：在民政局协议离婚的，民政局会发给每个人一张离婚证，以证明解除了婚姻关系。但在法院通过诉讼程序离婚的，无论是法院判决离婚还是调解离婚的，很多当事人不知道法院判决或调解离婚后是否还需要再到民政局领取离婚证，笔者代理的离婚案件不少当事人拿到法院的判决书或调解书后都还会问笔者是否还需要到民政局去领离婚证，也就是说《婚姻法》对出没有明确规定法院的判决书或调解书就相当于是离婚证，可以证明双方解除了婚姻关系，此次《民法典》新增了此内容，对此予以明确规定，大家也就清楚经过法院判决或调解离婚的，判决书或调解书生效后双方的婚姻关系即解除，无须再到民政局领离婚证。</td></tr>
<tr><td>第 1084 条：父母与子女间的关系，不因父母离婚而消除。离婚后，子女无论由父或者母直接抚养，仍是父母双方的子女。
离婚后，父母对于子女仍有抚养、教育、保护的权利和义务。
离婚后，不满两周岁的子女，以由母亲直接抚养为原则。</td><td>第 36 条：父母与子女间的关系，不因父母离婚而消除。离婚后，子女无论由父或母直接抚养，仍是父母双方的子女。
离婚后，父母对于子女仍有抚养和教育的权利和义务。
离婚后，哺乳期内的子女，以随哺乳的母亲</td></tr>
</table>

续表

《民法典·婚姻家庭编》	《婚姻法》
已满两周岁的子女，父母双方对抚养问题协议不成的，由人民法院根据双方的具体情况，按照最有利于未成年子女的原则判决。子女已满八周岁的，应当尊重其真实意愿。	抚养为原则。哺乳期后的子女，如双方因抚养问题发生争执不能达成协议时，由人民法院根据子女的权益和双方的具体情况判决。

评析：1993年颁布的《最高人民法院关于人民法院审理离婚案件处理子女抚养问题的若干具体意见》就有了“两周岁以下的子女，一般随母方生活”的规定，此次《民法典》仍是对此规定的吸收，并非新增内容。但新增加了“按照最有利于未成年子女的原则”规定，将法院判决子女抚养归属问题首先要从有利于子女的角度出发来考量，侧重保护未成年人的利益，以防止离婚夫妻双方利用未成年人争夺利益。

《民法典·婚姻家庭编》	《婚姻法》
第1088条：夫妻一方因抚育子女、照料老年人、协助另一方工作等负担较多义务的，离婚时有权向另一方请求补偿，另一方应当给予补偿。具体办法由双方协议；协议不成的，由人民法院判决。	第40条：~~夫妻书面约定婚姻关系存续期间所得的财产归各自所有，~~一方因抚育子女、照料老人、协助另一方工作等付出较多义务的，离婚时有权向另一方请求补偿，另一方应当予以补偿。
第1090条：离婚时，如一方生活困难，有负担能力的另一方应当给予适当帮助。具体办法由双方协议；协议不成的，由人民法院判决。	第42条：离婚时，如一方生活困难，另一方应从其住房等个人财产中给予适当帮助。具体办法由双方协议；协议不成时，由人民法院判决。
第1091条：有下列情形之一，导致离婚的，无过错方有权请求损害赔偿： （一）重婚； （二）与他人同居； （三）实施家庭暴力； （四）虐待、遗弃家庭成员； （五）有其他重大过错。	第46条：有下列情形之一，导致离婚的，无过错方有权请求损害赔偿： （一）重婚的； （二）~~有配偶者~~与他人同居的； （三）实施家庭暴力的； （四）虐待、遗弃家庭成员的。

评析：原《婚姻法》第46条规定的离婚损害赔偿法定事由只有四项，包括夫妻一方“重婚的”、“有配偶者与他人同居的”、“实施家庭暴力的”、“虐待、遗弃家庭成员的”。然而，实际生活中，确有夫妻一方的行为严重损害另一方人格尊严和利益的其他情形发生，例如，夫妻一方在婚姻住所内与他人通奸、与他人长期通奸、与多人通奸、嫖娼、卖淫，可是，受限于法律规定，不仅受害配偶无法主张离婚损害赔偿，而且有些侵权行为因违法无成本而有恃无恐，气焰嚣张；如此状况长期存续，不仅使受害人不能在个案中感受到公平正义，而且将严重损害社会风气。所以，增设这条“兜底条款”，既能涵盖可能出现的严重损害配偶一方权益的其他情形，又为司法公平裁量提供了依据。但不足之处，“其他重大过错”具体是指哪些情形，还有待进一步的配套司法解释予以列举明确。

《民法典·婚姻家庭编》	《婚姻法》
第1092条：夫妻一方**隐藏、转移、变卖、毁损、挥霍**夫妻共同财产，或者伪造夫妻共同债务企图侵占另一方财产的，在离婚分割夫妻共同财产时，对该方可以少分	第47条：离婚时，一方隐藏、转移、变卖、毁损夫妻共同财产，或伪造债务企图侵占另一方财产的，分割夫妻共同财产时，对隐藏、

续表

《民法典·婚姻家庭编》	《婚姻法》
或者不分。离婚后，另一方发现有上述行为的，可以向人民法院提起诉讼，请求再次分割夫妻共同财产。	转移、变卖、毁损夫妻共同财产或伪造债务的一方，可以少分或不分。离婚后，另一方发现有上述行为的，可以向人民法院提起诉讼，请求再次分割夫妻共同财产。 人民法院对前款规定的妨害民事诉讼的行为，依照民事诉讼法的规定予以制裁。

（二）考点精讲

离婚，又称婚姻的解除，是指夫妻一方或者双方依照法律规定解除婚姻关系的法律行为，分为协议离婚和诉讼离婚。

第一，协议离婚。

1. 夫妻双方自愿离婚，并就离婚的法律后果达成协议，经婚姻登记机关认可，即可解除婚姻关系的离婚方式。

2. **离婚的“冷静期”**。

（1）自婚姻登记机关收到离婚登记申请之日起三十日内，任何一方不愿意离婚的，可以向婚姻登记机关撤回离婚登记申请。

（2）婚姻登记机关收到离婚登记申请之日起三十日届满后，双方应当亲自到婚姻登记机关申请发给离婚证；未申请的，视为撤回离婚登记申请。

第二，诉讼离婚。

夫妻一方向人民法院提起离婚诉讼，人民法院依法通过调解或判决而解除婚姻关系的离婚方式。

法定情形	1.“人民法院审理离婚案件，应当进行调解；如果感情确已破裂，调解无效的，应当准予离婚。”**据此，人民法院判决离婚需要有两个前提条件，即“调解无效”和“感情确已破裂”**。其中，“调解无效”是程序性条件，要求人民法院在判决离婚之前必须先行调解，调解是人民法院审理离婚案件的必经程序，不经调解，一般不得直接作出离婚判决。“感情确已破裂”是实质性条件，是判决离婚的唯一法定理由。 2. **有下列情形之一，调解无效的，应当准予离婚：** （1）重婚或者与他人同居； （2）实施家庭暴力或者虐待、遗弃家庭成员； （3）有赌博、吸毒等恶习屡教不改； （4）因感情不和分居满二年； （5）一方被宣告失踪，另一方提起离婚诉讼的，应当准予离婚； （6）经人民法院判决不准离婚后，双方又分居满一年，一方再次提起离婚诉讼的，应当准予离婚； （7）夫以妻擅自中止妊娠侵犯其生育权为由请求损害赔偿的，人民法院不予支持；夫妻双方因是否生育发生纠纷，致使感情确已破裂，一方请求离婚的，人民法院经调解无效，应依法认为为感情确已破裂判决离婚。

续表

特殊保护	1. **对现役军人的配偶要求离婚的限制**。 现役军人的配偶要求离婚的，须得军人同意，但军人一方有重大过错的除外（包括重婚或者与他人同居；实施家庭暴力或者虐待、遗弃家庭成员；有赌博、吸毒等恶习屡教不改）。 2. **对男方要求离婚的限制**。 女方在怀孕期间、分娩后一年内或中止妊娠后 6 个月内，男方不得提出离婚。女方提出离婚的，或人民法院确有必要受理男方离婚请求的，不在此限。

考点 108　离婚的法律后果

人身关系	1. **夫妻关系**。 婚姻关系的解除导致配偶身份的丧失，忠实义务的终止，双方均有再婚的自由。 2. **父母子女关系：** (1) **父母与子女间的关系，不因父母离婚而消除**。离婚后，子女无论由父或者母直接抚养，仍是父母双方的子女。 (2) 离婚后，父母对于子女仍有抚养、教育、保护的权利和义务。离婚后，**不满两周岁的子女，以由母亲直接抚养为原则**。已满两周岁的子女，父母双方对抚养问题协议不成的，由人民法院根据双方的具体情况，**按照最有利于未成年子女的原则判决**。 (3) **离婚后，子女由一方直接抚养的，另一方应当负担部分或者全部抚养费**，负担费用的多少和期限的长短，由双方协议；协议不成的，由人民法院判决。 子女在必要时可以向父母任何一方提出超过协议或者判决原定数额的合理要求。 (4) **离婚后，不直接抚养子女的父或者母，有探望子女的权利，另一方有协助的义务**。行使探望权利的方式、时间由当事人协议；协议不成的，由人民法院判决。父或者母探望子女，不利于子女身心健康的，由人民法院依法中止探望；中止的事由消失后，应当恢复探望。
财产关系	**离婚导致夫妻之间扶养义务的终止、夫妻相互间继承权的丧失以及引起夫妻共同财产的分割、夫妻共同债务的清偿**。 1. **夫妻共同财产的分割**。 (1) 离婚时，夫妻的共同财产由双方协议处理；协议不成的，由人民法院根据财产的具体情况，按照照顾子女、女方和无过错方权益的原则判决。 (2) 夫妻一方**隐藏、转移、变卖、毁损、挥霍**夫妻共同财产，或者伪造夫妻共同债务企图侵占另一方财产的，在离婚分割夫妻共同财产时，**对该方可以少分或者不分**。离婚后，另一方发现有上述行为的，可以向人民法院提起诉讼，请求**再次分割**夫妻共同财产。 2. **夫妻共同债务的清偿**。 离婚时，原为夫妻共同生活所负的债务，应当共同偿还。共同财产不足清偿的，或财产归各自所有的，由双方协议清偿；协议不成时，由双方承担连带清偿责任（无论是否分得夫妻共同财产、无论分得多少）。 2018 年 1 月 18 日，《最高法院关于审理涉及夫妻共同债务纠纷案件适用法律有关问题的解释》正式施行，就当前司法实践中争议较大的夫妻共同债务认定问题作出明确规定： (1) 夫妻双方**共同签字**或者夫妻一方**事后追认**等**共同意思表示**所负的债务，应当认定为夫妻共同债务。

续表

财产关系	(2) 夫妻一方在**婚姻关系存续期间**以个人名义为**家庭日常生活需要**所负的债务，债权人以属于夫妻共同债务为由主张权利的，应予支持。 (3) 夫妻一方在婚姻关系存续期间以个人名义超出家庭日常生活需要所负的债务，债权人以属于夫妻共同债务为由主张权利的，不予支持，**但债权人能够证明该债务用于夫妻共同生活、共同生产经营或者基于夫妻双方共同意思表示的除外**。 ★下列两种情形，第三人主张为夫妻共同债务的，人民法院不予支持： (1) 夫妻一方与第三人串通，虚构债务的； (2) 夫妻一方在从事赌博、吸毒等违法犯罪活动中所负债务。

典型真题

[例 184] 屈赞与曲玲协议离婚并约定婚生子屈曲由**屈赞抚养**，另口头约定曲玲按其能力给付抚养费并**可随时探望屈曲**。对此，下列哪些选项是正确的？（2016 年卷三第 65 题，多选）①

A. 曲玲有探望权，屈赞应履行必要的协助义务

B. 曲玲连续几年对屈曲不闻不问，违背了法定的探望义务

C. 屈赞拒不履行协助曲玲探望的义务，经由裁判可依法对屈赞采取拘留、罚款等强制措施

D. 屈赞拒不履行协助曲玲探望的义务，经由裁判可依法强制从屈赞处接领屈曲与曲玲会面

典型案例

案例：失独家庭的祖父母、外祖父母可以主张探望权——徐某、李某诉倪某隔代探望权纠纷案。②

[裁判要旨] 二审法院认为：我国《婚姻法》虽将探望主体规定为离婚后不直接抚养子女的父或母，但在探望主体死亡或者丧失行为能力的情况下祖父母、外祖父母可否代替子女对孙子女或外孙子女进行探望未有明确规定。对此，应从法律规定之精神和中华民族文化传统进行综合衡量并作出妥当安排：首先，探望作为亲属权的重要内容之一，既是成年近亲属对未成年人的法定权利，也是成年近亲属对未成年人的法定义务，其他成年近亲属的精神关怀与物质支持对未成年人人格健全、身心发育成长有着积极意义，符合《未成年人保护法》的保护原则。因此，代替已经死亡或者丧失行为能力的子女对孙子女或外孙子女进行探望既是祖父母、外祖父母应当之权利，亦是保护未成年人权利的应有之义务。其次，探望孙辈是失独老人获得精神慰藉的重要途径之一，应视为老年人应有之权益，且可与孙辈享有代位继承权利之法律原理相对应。《老年人权益保护法》规定老年人养老以居家为基础，享有家庭成员尊重、关心和照料的权利。既然《继承法》赋予孙子女、外孙子女等在父或母先于祖父母、外祖父母死亡情形下有代位继承祖父母、外祖父母遗产的权利，同理失独老年人代替死亡子女行使探望权于法于理并不相

① 答案：AC

② 案号：（2015）锡民终字第 01904 号。

悖，亦是对失独老年人的特殊保护和关心。第三，近亲属担任未成年人的监护人应当遵循法定的顺序位阶，在未成年人有法定监护人的情形下，其他近亲属探望须遵守监护权行使的代际位阶，不得妨碍序位在先的监护人履行监护职责，否则监护人可依法要求中止不当探视。当然，监护人在行使监护权之时亦应为其他近亲属合理探视提供必要之便利。第四，允许失独老人隔代探望、和谐共处履行监护职责与公序良俗、社会公德相符，亦是对中华民族传统美德的继承与发扬。在有利于未成年人健康成长、有利于亲属间感情融合的基础上，在不影响监护人履行法定监护职责的前提下，应当支持祖父母、外祖父母对孙辈的合理探望。

考点109 离婚时的救济

经济补偿请求权	夫妻一方因抚育子女、照料老年人、协助另一方工作等负担较多义务的，离婚时有权向另一方请求补偿，另一方应当给予补偿。具体办法由双方协议；协议不成的，由人民法院判决。
经济帮助请求权	离婚时，如一方生活困难，有负担能力的另一方应当给予适当帮助。具体办法由双方协议；协议不成的，由人民法院判决。
离婚损害赔偿请求权	1. 情形： （1）重婚； （2）与他人同居； （3）实施家庭暴力； （4）虐待、遗弃家庭成员； （5）有其他重大过错。 ［例］顾某欲与闫某离婚。下列情形中，顾某既可以之作为起诉离婚的理由，同时可请求损害赔偿的有？（多选）① A. 闫某变卖夫妻共同财产　B. 闫某殴打顾某致其残疾 C. 闫某与婚外异性同居　D. 闫某经常赌博且屡教不改 2. 权利人：无过错方。 3. 义务人：过错方（第三人不是义务主体），夫妻双方都有过错的，任何一方均无离婚损害赔偿请求权。 4. 前提条件：离婚（当事人仅起诉赔偿的，不予受理；法院判决不准离婚的，对赔偿请求不予支持）。 5. 范围：损害赔偿包括物质损害赔偿和精神损害赔偿。 （1）无过错方作为原告，向人民法院提起损害赔偿请求的，必须在离婚诉讼的同时提出。 （2）无过错方作为被告的离婚诉讼案件，如果被告不同意离婚也不提起损害赔偿请求的，可以在离婚后1年内就此单独提起诉讼。 （3）无过错方作为被告的离婚诉讼案件，一审时被告未提出损害赔偿请求，二审期间提出的，人民法院应当进行调解，调解不成的，告知当事人在离婚后1年内另行起诉。 （4）协议离婚的，如果已经放弃离婚损害赔偿请求权，不得再度主张；未放弃的，可于协议离婚后1年内提出。

① 答案：BC

典型真题

[例 185] 黄某与唐某自愿达成离婚协议并约定财产平均分配，婚姻关系存续期间的债务全部由唐某偿还。经查，黄某以个人名义在婚姻存续期间向刘某借款 10 万元用于购买婚房。下列哪一表述是正确的？(2011 年卷三第 22 题，单选)①

A. 刘某只能要求唐某偿还 10 万元

B. 刘某只能要求黄某偿还 10 万元

C. 如黄某偿还了 10 万元，则有权向唐某追偿 10 万元

D. 如唐某偿还了 10 万元，则有权向黄某追偿 5 万元

[例 186] 甲与乙结婚多年后，乙患重大疾病需要医治，甲保管夫妻共同财产但拒绝向乙提供治疗费，致乙疾病得不到及时治疗而恶化。下列哪一说法是错误的？(2012 年卷三第 23 题，单选)②

A. 乙在婚姻关系存续期间，有权起诉请求分割夫妻共同财产

B. 乙有权提出离婚诉讼并请求甲损害赔偿

C. 乙在离婚诉讼中有权请求多分夫妻共同财产

D. 乙有权请求公安机关依照《治安管理处罚法》对甲予以行政处罚

[例 187] 董楠（男）和申蓓（女）是美术学院同学，共同创作一幅油画作品《爱你一千年》。毕业后二人结婚育有一女。董楠染上吸毒恶习，未经申蓓同意变卖了《爱你一千年》，所得款项用于吸毒。因董楠恶习不改，申蓓在女儿不满 1 周岁时提起离婚诉讼。下列哪些说法是正确的？(2015 年卷三第 65 题，多选)③

A. 申蓓虽在分娩后 1 年内提出离婚，法院应予受理

B. 如调解无效，应准予离婚

C. 董楠出售《爱你一千年》侵犯了申蓓的物权和著作权

D. 对董楠吸毒恶习，申蓓有权请求离婚损害赔偿

[例 188] 乙起诉离婚时，才得知丈夫甲此前已着手隐匿并转移财产。关于甲、乙离婚的财产分割，下列哪一选项是错误的？(2016 年卷三第 18 题，单选)④

A. 甲隐匿转移财产，分割财产时可少分或不分

B. 就履行离婚财产分割协议事宜发生纠纷，乙可再起诉

C. 离婚后发现甲还隐匿其他共同财产，乙可另诉再次分割财产

D. 离婚后因发现甲还隐匿其他共同财产，乙再行起诉不受诉讼时效限制

[例 189] 钟某性情暴躁，常殴打妻子柳某，柳某经常找同村未婚男青年杜某诉苦排遣，日久生情。现柳某起诉离婚，关于钟、柳二人的离婚财产处理事宜，下列哪一选项是正确的？(2016 年卷三第 19 题，单选)⑤

A. 针对钟某家庭暴力，柳某不能向其主张损害赔偿

---

① 答案：C

② 答案：C

③ 答案：ABC

④ 答案：D

⑤ 答案：C

B. 针对钟某家庭暴力，柳某不能向其主张精神损害赔偿

C. 如柳某婚内与杜某同居，则柳某不能向钟某主张损害赔偿

D. 如柳某婚内与杜某同居，则钟某可以向柳某主张损害赔偿

［例190］ 乙女与甲男婚后多年未生育，后甲男发现乙女因不愿生育曾数次擅自中止妊娠，为此甲男多次殴打乙女。乙女在被打住院后诉至法院要求离婚并请求损害赔偿，甲男以生育权被侵害为由提起反诉，请求乙女赔偿其精神损害。法院经调解无效，拟判决双方离婚。下列哪些选项是正确的？（2017年卷三第65题，多选）①

A. 法院应支持乙女的赔偿请求

B. 乙女侵害了甲男的生育权

C. 乙女侵害了甲男的人格尊严

D. 法院不应支持甲男的赔偿请求

---

① 答案：AD

04 第四章 收　养

考点110　收养的条件

（一）修改说明

《民法典·婚姻家庭编》	《收养法》
第1093条：下列未成年人，可以被收养： （一）丧失父母的孤儿； （二）查找不到生父母的未成年人； （三）生父母有特殊困难无力抚养的子女。	第4条：下列~~不满十四周岁~~的未成年人可以被收养： （一）丧失父母的孤儿； （二）查找不到生父母的弃婴和儿童； （三）生父母有特殊困难无力抚养的子女。
（新增）第1096条：监护人送养孤儿的，应当征得有抚养义务的人同意。有抚养义务的人不同意送养、监护人不愿意继续履行监护职责的，应当依照本法总则编的规定另行确定监护人。	
第1098条：收养人应当同时具备下列条件： （一）无子女或者只有一名子女； （二）有抚养、教育和保护被收养人的能力； （三）未患有在医学上认为不应当收养子女的疾病； （四）无不利于被收养人健康成长的违法犯罪记录； （五）年满三十周岁。	第6条：收养人应当同时具备下列条件： （一）无子女； （二）有抚养教育被收养人的能力； （三）未患有在医学上认为不应当收养子女的疾病； （四）年满三十周岁。
第1099条：收养三代以内旁系同辈血亲的子女，可以不受本法第一千零九十三条第三项、第一千零九十四条第三项和第一千一百零二条规定的限制。 华侨收养三代以内旁系同辈血亲的子女，还可以不受本法第一千零九十八条第一项规定的限制。	第7条：收养三代以内同辈旁系血亲的子女，可以不受本法第四条第三项、第五条第三项、第九条和被收养人不满十四周岁的限制。 华侨收养三代以内同辈旁系血亲的子女，还可以不受收养人无子女的限制。
第1100条：无子女的收养人可以收养两名子女；有子女的收养人只能收养一名子女。 收养孤儿、残疾未成年人或者儿童福利机构抚养的查找不到生父母的未成年人，可以不受前款和本法第一千零九十八条第一项规定的限制。	第8条：收养人只能收养一名子女。 收养孤儿、残疾儿童或者社会福利机构抚养的查找不到生父母的弃婴和儿童，可以不受收养人无子女和收养一名的限制。

续表

《民法典·婚姻家庭编》	《收养法》
第 1102 条：无配偶者收养异性子女的，收养人与被收养人的年龄应当相差四十周岁以上。	第 9 条：无配偶的男性收养女性的，收养人与被收养人的年龄应当相差四十周岁以上。

（二）考点精讲

被收养人	1. 下列未成年人，可以被收养： （1）丧失父母的孤儿； （2）查找不到生父母的未成年人； （3）生父母有特殊困难无力抚养的子女。 2. 收养三代以内旁系同辈血亲的子女的，不受“未成年人是生父母有特殊困难无力抚养的子女”的限制。
送养人	1. 下列个人、组织可以作送养人： （1）孤儿的监护人； （2）儿童福利机构； （3）有特殊困难无力抚养子女的生父母。 2. 收养三代以内旁系同辈血亲的子女的，不受“送养人是有特殊困难无力抚养子女的生父母”的限制。 3. 未成年人的父母均不具备完全民事行为能力且可能严重危害该未成年人的，该未成年人的监护人可以将其送养。
收养人	1. 收养人应当同时具备下列条件： （1）无子女的收养人可以收养两名子女；有子女的收养人只能收养一名子女； （2）有抚养、教育和保护被收养人的能力； （3）未患有在医学上认为不应当收养子女的疾病； （4）无不利于被收养人健康成长的违法犯罪记录； （5）年满三十周岁； （6）无配偶者收养异性子女的，收养人与被收养人的年龄应当相差四十周岁以上。 2. 以下两种情况，不受“收养人无子女或者只有一名子女”的限制： （1）华侨收养三代以内旁系同辈血亲的子女； （2）收养孤儿、残疾未成年人或者儿童福利机构抚养的查找不到生父母的未成年人。 3. 收养三代以内旁系同辈血亲的子女，可以不受“收养人与被收养人的年龄应当相差四十周岁以上”的限制。 4. 继父或者继母收养继子女，可以不受下列限制： （1）未成年人是生父母有特殊困难无力抚养的子女； （2）送养人是有特殊困难无力抚养子女的生父母； （3）收养人无子女或者只有一名子女； （4）收养人有抚养、教育和保护被收养人的能力； （5）收养人未患有在医学上认为不应当收养子女的疾病； （6）收养人无不利于被收养人健康成长的违法犯罪记录； （7）收养人年满三十周岁；

续表

收养人	(8) 无子女的收养人可以收养两名子女；有一名子女的收养人只能收养一名子女。

考点111 收养的成立

(一) 修改说明

《民法典·婚姻家庭编》	《收养法》
第1101条：有配偶者收养子女，应当夫妻共同收养。	
第1103条：继父或者继母经继子女的生父母同意，可以收养继子女，并可以不受本法第一千零九十三条第三项、第一千零九十四条第三项、第一千零九十八条和第一千一百条第一款规定的限制。	第14条：继父或者继母经继子女的生父母同意，可以收养继子女，并可以不受本法第四条第三项、第五条第三项、第六条和被收养人不满十四周岁以及收养一名的限制。
第1104条：收养人收养与送养人送养，应当双方自愿。收养八周岁以上未成年人的，应当征得被收养人的同意。	第11条：收养人收养与送养人送养，须双方自愿。收养年满十周岁以上未成年人的，应当征得被收养人的同意。
第1105条：收养应当向县级以上人民政府民政部门登记。收养关系自登记之日起成立。 收养查找不到生父母的未成年人的，办理登记的民政部门应当在登记前予以公告。 收养关系当事人愿意签订收养协议的，可以签订收养协议。 收养关系当事人各方或者一方要求办理收养公证的，应当办理收养公证。 县级以上人民政府民政部门应当依法进行收养评估。	**《民法典（草案）·婚姻家庭编》** 第1105条：收养应当向县级以上人民政府民政部门登记。收养关系自登记之日起成立。 收养查找不到生父母的未成年人的，办理登记的民政部门应当在登记前予以公告。 收养关系当事人愿意订立收养协议的，可以订立收养协议。 收养关系当事人各方或者一方要求办理收养公证的，应当办理收养公证。

(二) 考点精讲

达成收养合意	1. 送养的决定。 (1) 生父母送养子女，应当双方共同送养。 (2) 生父母一方不明或者查找不到的，可以单方送养。 (3) 配偶一方死亡，另一方送养未成年子女的，死亡一方的父母有优先抚养的权利。 (4) 监护人送养孤儿的，应当征得有抚养义务的人同意。有抚养义务的人不同意送养、监护人不愿意继续履行监护职责的，应当依法另行确定监护人。 2. 收养的决定。 (1) 有配偶者收养子女，应当夫妻共同收养。 **(2) 继父或者继母收养继子女，需要经继子女的生父母同意。** 3. 被收养人的意见。 收养八周岁以上未成年人的，应当征得被收养人的同意。

续表

办理收养登记	收养应当向县级以上人民政府民政部门登记。收养关系自登记之日起成立。
收养的效力	1. 收养关系成立之日起： （1）养父母与养子女间的权利义务关系，适用父母子女关系的规定； （2）养子女与养父母的近亲属间的权利义务关系，适用子女与父母的近亲属关系的规定。 （3）养子女与生父母以及其他近亲属间的权利义务关系，因收养关系的成立而消除。 2. 养子女可以随养父或者养母的姓氏，经当事人协商一致，也可以保留原姓氏。 3. 有关于民事法律行为无效规定情形或者违反法律规定的收养行为无效。无效的收养行为自始没有法律约束力。

考点 112　收养的解除

（一）修改说明

《民法典·婚姻家庭编》	《收养法》
第 1114 条：收养人在被收养人成年以前，不得解除收养关系，但是收养人、送养人双方协议解除的除外。养子女八周岁以上的，应当征得本人同意。 收养人不履行抚养义务，有虐待、遗弃等侵害未成年养子女合法权益行为的，送养人有权要求解除养父母与养子女间的收养关系。送养人、收养人不能达成解除收养关系协议的，可以向人民法院提起诉讼。	第 26 条：收养人在被收养人成年以前，不得解除收养关系，但收养人、送养人双方协议解除的除外，养子女年满十周岁以上的，应当征得本人同意。 收养人不履行抚养义务，有虐待、遗弃等侵害未成年养子女合法权益行为的，送养人有权要求解除养父母与养子女间的收养关系。送养人、收养人不能达成解除收养关系协议的，可以向人民法院起诉。

（二）考点精讲

解除方式	1. 收养人在被收养人成年以前，不得解除收养关系，但是收养人、送养人双方协议解除的除外。养子女八周岁以上的，应当征得本人同意。 2. 收养人不履行抚养义务，有虐待、遗弃等侵害未成年养子女合法权益行为的，送养人有权要求解除养父母与养子女间的收养关系。送养人、收养人不能达成解除收养关系协议的，可以向人民法院提起诉讼。 3. 养父母与成年养子女关系恶化、无法共同生活的，可以协议解除收养关系。不能达成协议的，可以向人民法院提起诉讼。 4. 当事人协议解除收养关系的，应当到民政部门办理解除收养关系登记。
法律后果	1. 亲属法律关系。 （1）收养关系解除后，养子女与养父母及其他近亲属间的权利义务关系即行消除。 （2）收养关系解除后，养子女与与生父母及其他近亲属间的权利义务关系自行恢复。但是，成年养子女与生父母及其他近亲属间的权利义务关系是否恢复，可以协商确定。 2. 财产法律关系。

续表

法律后果	(1) 收养关系解除后，经养父母抚养的成年养子女，对缺乏劳动能力又缺乏生活来源的养父母，应当给付生活费。因养子女成年后虐待、遗弃养父母而解除收养关系的，养父母可以要求养子女补偿收养期间支出的抚养费。 (2) 生父母要求解除收养关系的，养父母可以要求生父母适当补偿收养期间支出的抚养费，但是因养父母虐待、遗弃养子女而解除收养关系的除外。 (3) 生父母要求解除收养关系的，养父母不得请求偿付收养期间因所承担的监护人责任而支出的费用。

典型真题

[例 191] 小强现年 9 周岁，生父谭某已故，生母徐某虽有抚养能力，但因准备再婚决定将其送养。徐某的姐姐要求收养，其系华侨富商，除已育有一子外符合收养人的其他条件；谭某父母为退休教师，也要求抚养。下列哪一选项是正确的？(2017 年卷三第 19 题，单选)①

A. 徐某因有抚养能力不能将小强送其姐姐收养

B. 徐某的姐姐因有子女不能收养小强

C. 谭某父母有优先抚养的权利

D. 收养应征得小强同意

[例 192] 张某和李某达成收养协议，约定由李某收养张某 6 岁的孩子小张；任何一方违反约定，应承担违约责任。双方办理了登记手续，张某依约向李某支付了 10 万元。李某收养小张 1 年后，因小张殴打他人赔偿了 1 万元，李某要求解除收养协议并要求张某赔偿该 1 万元。张某同意解除但要求李某返还 10 万元。下列哪一表述是正确的？(2014 年卷三第 2 题，单选)②

A. 李某、张某不得解除收养关系

B. 李某应对张某承担违约责任

C. 张某应赔偿李某 1 万元

D. 李某应返还不当得利

① 答案：B

② 答案：D

第六编 继 承

01 第一章 一般规定

考点113 继承概述

（一）修改说明

《民法典·继承编》	《继承法》
第1121条：继承从被继承人死亡时开始。 相互有继承关系的数人在同一事件中死亡，难以确定死亡时间的，推定没有其他继承人的人先死亡。都有其他继承人，辈份不同的，推定长辈先死亡；辈份相同的，推定同时死亡，相互不发生继承。	第2条：继承从被继承人死亡时开始。
第1122条：遗产是自然人死亡时遗留的个人合法财产。 依照法律规定或者根据其性质不得继承的遗产，不得继承。	第3条：遗产是公民死亡时遗留的个人合法财产，包括： （一）公民的收入； （二）公民的房屋、储蓄和生活用品； （三）公民的林木、牲畜和家禽； （四）公民的文物、图书资料； （五）法律允许公民所有的生产资料； （六）公民的著作权、专利权中的财产权利； （七）公民的其他合法财产。

评析：原《继承法》对于遗产的范围采取列举+概括的方式，但随着社会的发展，自然人的财产形式越来越多样化，特别是一些游戏账号等虚拟财产、上海汽车牌照等形式的存在，使得举例式方式根本无法涵盖将来更加丰富的财产形式。因此《民法典》对遗产范围采取概括式规定，纠正了对遗产列举无论达到何等详细程度，在财产类型日益增加和财产形式不断丰富的情形下，也无法涵盖遗产的全部范围，甚至可能发生法律属性争议的弊病。而且本条还采用“但法律规定或者依其性质不得继承的除外”的概括式规定，具有更好的涵摄力，开放性更强。

续表

《民法典·继承编》	《继承法》
第1125条：继承人有下列行为之一的，丧失继承权： （一）故意杀害被继承人； （二）为争夺遗产而杀害其他继承人； （三）遗弃被继承人，或者虐待被继承人情节严重； （四）伪造、篡改、隐匿或者销毁遗嘱，情节严重； （五）以欺诈、胁迫手段迫使或者妨碍被继承人设立、变更或者撤回遗嘱，情节严重。继承人有前款第三项至第五项行为，确有悔改表现，被继承人表示宽恕或者事后在遗嘱中将其列为继承人的，该继承人不丧失继承权。 受遗赠人有本条第一款规定行为的，丧失受遗赠权。	第7条：继承人有下列行为之一的，丧失继承权： （一）故意杀害被继承人的； （二）为争夺遗产而杀害其他继承人的； （三）遗弃被继承人的，或者虐待被继承人情节严重的； （四）伪造、篡改或者销毁遗嘱，情节严重的。
评析：《民法典》新增被继承人的"宽恕制度"，现实生活中，确实存在这样的情形，即面对遗产，不乏会有继承人"见财起意"，做出一些篡改遗嘱、胁迫制定遗嘱等不智之举，导致最终丧失继承权。虽然继承人存在法律规定的丧失继承权的情形，但如果继承人确有悔改表现，且被继承人在生前表示宽恕，或者在后续的遗嘱中将其列为继承人之一的，该继承人就不再丧失继承权。宽恕制度的设立，可以说是一大进步。中国家庭大多属于传统型的家庭，父母对子女可以奉献切，在子女犯错以后也可以无限谅解，对此法律对于犯错的继承人给予剥夺其继承权的惩罚，同时也给确有悔改表现且被继承人宽恕的一个机会，这样的规定方面可以尊重当事人自由意愿，另一方面也有利于维护和谐的家庭关系，其实还是在民法领域深刻落实意思自治的原则，你的钱你做主。	

（二）考点精讲

自然人死亡后，由法律规定的一定范围内的人或遗嘱指定的人依法取得死者遗留的个人合法财产的法律制度。在继承法律关系中，死者为被继承人，被继承人死亡时遗留的合法财产为遗产，依法承受遗产的人为继承人。

继承方式	法定继承、遗嘱继承、遗赠和遗赠扶养协议。
继承开始的时间	1. 被继承人死亡的时间为继承开始的时间。死亡包括生理死亡和宣告死亡。 2. 死亡推定制度。相互有继承关系的数人在同一事件中死亡，难以确定死亡时间的，推定没有其他继承人的人先死亡。都有其他继承人，辈份不同的，推定长辈先死亡；辈份相同的，推定同时死亡，相互不发生继承。
继承权的发生根据	1. 在法定继承中，继承权的发生仅需要一个法律事实，即被继承人死亡。 2. 在遗嘱继承中，继承权的发生则需要两个法律事实：一是被继承人立有有效的遗嘱，二是立遗嘱人死亡。
继承权接受与行使	1. **继承人在继承开始后、遗产分割前，**以书面形式作出的拒绝接受被继承人遗产的意思表示。放弃继承的意思表示属单方法律行为，只要放弃继承的继承人有放弃继承的意思表示即可，无须经他人同意。 2. 继承人在遗产分割前没有作出意思表示的，视为接受继承。

续表

继承权的丧失	1. 继承人有下列行为之一的，丧失继承权： （1）故意杀害被继承人； （2）为争夺遗产而杀害其他继承人； （3）遗弃被继承人，或者虐待被继承人情节严重； （4）伪造、篡改、隐匿或者销毁遗嘱，情节严重； （5）以欺诈、胁迫手段迫使或者妨碍被继承人设立、变更或者撤回遗嘱，情节严重。 继承人有上述第三项至第五项行为，确有悔改表现，被继承人表示宽恕或者事后在遗嘱中将其列为继承人的，该继承人不丧失继承权。 2. 受遗赠人有上述行为的，丧失受遗赠权。
遗产	1. 遗产的范围。是公民死亡时遗留的个人合法财产。包括积极遗产和消极遗产。 **（1）夫妻一方死亡时，应将夫妻共同财产一分为二，仅其中的一半是遗产。** （2）被继承人投保的人身保险合同：若没有指定受益人，保险金属于遗产；若指定了受益人，保险金不属于遗产，由受益人取得。但有例外：若受益人先于被继承人死亡或者丧失、放弃受益权，则保险金仍属于遗产。 **注：受益人与被保险人在同一事件中死亡，且不能确定死亡先后顺序，推定受益人死亡在先。** （3）被继承人享有的精神损害赔偿请求权，具有专属性，原则上不能继承。但有例外：若被继承人生前已经起诉或者赔偿义务人已经书面承诺予以赔偿的，可以作为遗产继承。 （4）根据概括继承与限制继承的规则，被继承人的财产权利与义务都是遗产，继承人继承财产权利时，应当在继承的财产权利的范围内承担清偿被继承人生前所负债务的义务。 2. 下列权利，不属于遗产。 （1）被继承人享有的人格权、身份权（有例外：著作权的发表权可以继承）。 **（2）被继承人死亡后，其亲属应得的抚恤金。** （3）被继承人个人承包享有的土地承办经营权（个人承包应得的个人收益，属于遗产）。 （4）被继承人享有的国有、集体自然资源用益物权。 （5）被继承人享有的自留山、自留地、宅基地使用权。

典型真题

［例 193］甲在乙寺院出家修行，立下遗嘱，将下列财产分配给女儿丙：乙寺院出资购买并登记在甲名下的房产；甲以僧人身份注册的微博账号；甲撰写《金刚经解说》的发表权；甲的个人存款。甲死后，在遗产分割上乙寺院与丙之间发生争议。下列哪一说法是正确的？（2012 年卷三第 22 题，单选）①

A. 房产虽然登记在甲名下，但甲并非事实上所有权人，其房产应归寺院所有

B. 甲以僧人身份注册的微博账号，目的是为推广佛法理念，其微博账号应归寺院所有

C. 甲撰写的《金刚经解说》属于职务作品，为保护寺院的利益，其发表权应归寺院所有

① 答案：A

D. 甲既已出家，四大皆空，个人存款应属寺院财产，为维护宗教事业发展，其个人存款应归寺院所有

[例 194] 甲与乙结婚，女儿丙三岁时，甲因医疗事故死亡，获得 60 万元赔款。甲生前留有遗书，载明其死亡后的全部财产由其母丁继承。经查，甲与乙婚后除共同购买了一套住房外，另有 20 万元存款。下列哪一说法是正确的？（2013 年卷三第 24 题，单选）①

A. 60 万元赔款属于遗产

B. 甲的遗嘱未保留丙的遗产份额，遗嘱全部无效

C. 住房和存款的各一半属于遗产

D. 乙有权继承甲的遗产

① 答案：C

02 第二章 法定继承

考点 114　法定继承

（一）修改说明

《民法典·继承编》	《继承法》
第 1131 条：对继承人以外的依靠被继承人扶养的人，或者继承人以外的对被继承人扶养较多的人，可以分给适当的遗产。	第 14 条：对继承人以外的依靠被继承人扶养的缺乏劳动能力又没有生活来源的人，或者继承人以外的对被继承人扶养较多的人，可以分给他们适当的遗产。
评析：将继承人以外的可以适当分得财产的人员范围扩大，由“继承人以外的依靠被继承人扶养的缺乏劳动能力又没有生活来源的人”改为“继承人以外的依靠被继承人扶养的人”。	

（二）考点精讲

法定继承又称无遗嘱继承，指继承人的范围、继承顺序和遗产分配原则均由法律直接规定的一种继承方式。

适用条件	有下列情形之一的，遗产中的有关部分按照法定继承办理： （一）遗嘱继承人放弃继承或者受遗赠人放弃受遗赠； （二）遗嘱继承人丧失继承权或者受遗赠人丧失受遗赠权； **（三）遗嘱继承人、受遗赠人先于遗嘱人死亡或者终止；** （四）遗嘱无效部分所涉及的遗产； （五）遗嘱未处分的遗产。
继承顺序	1. 遗产按照下列顺序继承： （1）第一顺序：配偶、子女、父母；**对公婆、岳父母，尽了主要赡养义务的丧偶儿媳、丧偶女婿（是否再婚在所不论）；代位继承人。** **①子女，包括婚生子女、非婚生子女、养子女和有扶养关系的继子女。** ②父母，包括生父母、养父母和有扶养关系的继父母。 ［例］甲与妻子乙育有一子一女，女儿丙已出嫁，儿子与其妻丁生有一子戊，儿子于 2015 年遇车祸死亡。儿子去世后，甲、乙年老无生活来源，丙拒不赡养，甲、乙主要由再婚的丁供养。甲于 2020 年 3 月死亡，留下房屋 3 间。①乙是甲的配偶，故而当然是第一顺位继承人。②甲的儿子早于其去世，故甲之孙戊应代位继承，成为第一顺位的继承人。③对于丙，尽管法律规定，有抚养能力和有抚养条件的继承人，不尽抚养义务的，分配遗产时，应当不分或

续表

继承顺序	者少分，但该规定并没有完全、确定地剥夺丙的继承资格，因此丙依然是第一顺位的继承人。 ④丧偶儿媳对公婆，丧偶女婿对岳父母尽了主要赡养义务的，作为第一顺位继承人。因此丁也是第一顺位的继承人。 (2) 第二顺序：兄弟姐妹、祖父母、外祖父母。 兄弟姐妹，包括同父母的兄弟姐妹、同父异母或者同母异父的兄弟姐妹、养兄弟姐妹、有扶养关系的继兄弟姐妹。 2. 继承开始后，由第一顺序继承人继承，第二顺序继承人不继承。没有第一顺序继承人继承的，由第二顺序继承人继承。

典型真题

［例 195］甲（男）与乙（女）结婚，其子小明 20 周岁时，甲与乙离婚。后甲与丙（女）再婚，丙子小亮 8 周岁，随甲、丙共同生活。小亮成年成家后，甲与丙甚感孤寂，收养孤儿小光为养子，视同己出，未办理收养手续。丙去世，其遗产的第一顺序继承人有哪些？（2014 年卷三第 65 题，多选）①

A. 小明　　B. 小亮

C. 甲　　D. 小光

［例 196］熊某与杨某结婚后，杨某与前夫所生之子小强由二人一直抚养，熊某死亡，未立遗嘱。熊某去世前杨某孕有一对龙凤胎，于熊某死后生产，产出时男婴为死体，女婴为活体但旋即死亡。关于对熊某遗产的继承，下列哪些选项是正确的？（2016 年卷三第 66 题，多选）②

A. 杨某、小强均是第一顺位的法定继承人

B. 女婴死亡后，应当发生法定的代位继承

C. 为男婴保留的遗产份额由杨某、小强继承

D. 为女婴保留的遗产份额由杨某继承

考点 115　代位继承与转继承

（一）修改说明

《民法典·继承编》	《继承法》
第 1128 条：被继承人的子女先于被继承人死亡的，由被继承人的子女的直系晚辈血亲代位继承。 **被继承人的兄弟姐妹先于被继承人死亡的，由被继承人的兄弟姐妹的子女代位继承。** **代位继承人一般只能继承被代位继承人有权继承的遗产份额。**	第 11 条：被继承人的子女先于被继承人死亡的，由被继承人的子女的晚辈直系血亲代位继承。代位继承人一般只能继承他的父亲或者母亲有权继承的遗产份额。

① 答案：BC

② 答案：ACD

续表

评析：本条文对“代位继承制度”的=进行完善。为了保证被继承人的权益受到最大保护，《民法典》在编纂时考虑到我国独生子女家庭较多的现状，将被继承人的甥侄也纳入了代位继承人的范围。 以前代位继承只局限在被继承人的子女，现在继承编的修改就是将兄弟姐妹纳入进来，从而他们的子女也就被纳入进来，即侄子侄女外甥外甥女也可以实现代位继承。这样的修改目的是为了解决财富传承的问题，多纳入继承人的范围，就意味着死者的遗产更大可能被家族亲人继承，而不用最后因为无人继承而上交国家。其实还是更大程度地保障了自然人的私权，尽可能让自然人一辈子奋斗的财富留在自己的家族，国家能不收的就不收，值得肯定。 当然，甥侄的代位继承，是在逝者的第一顺序继承人，即配偶、子女、父母均无法进行继承，且逝者的兄弟姐妹本人也已去世的情况下才会适用。

（二）考点精讲

代位继承	1. **代位继承，是指被代位继承人先于被继承人死亡的，由代位继承人根据被代位继承人的继承地位，继承该被继承人遗产的继承制度。“白发人送黑发人”。** （1）被代位继承人，是被继承人的子女或者被继承人的兄弟姐妹。 （2）代位继承人，是被代位继承人的晚辈直系血亲。晚辈直系血亲既包括自然血亲，也包括拟制血亲。晚辈直系血亲的范围不受辈数的限制。 **（3）代位继承中的继承人（被代位继承人）先于被继承人死亡。** （4）适用范围：代位继承只适用于法定继承。 （5）代位继承是替补继承，代位继承人基于其代位继承权而直接取得被继承人的遗产。 2. **代位继承的两种模式：** （1）被继承人的子女先于被继承人死亡的，由被继承人的子女的直系晚辈血亲代位继承。 （2）被继承人的兄弟姐妹先于被继承人死亡的，由被继承人的兄弟姐妹的子女代位继承。代位继承人一般只能继承被代位继承人有权继承的遗产份额。
转继承	**转继承，是指继承人在被继承人死亡后、遗产分割前死亡，本该由该继承人继承的遗产份额转由其合法继承人继承的法律制度。** 1. 转继承中的继承人（被转继承人）后于被继承人死亡。 2. 转继承人可以是被转继承人的所有法定继承人。 3. 转继承既适用于法定继承，也适用于遗嘱继承和遗赠。 4. 转继承是连续发生的二次继承，即由继承人直接继承后又由转继承人继承继承人的遗产。

典型真题

[例197] 张某李某系夫妻，生有一子张甲和一女张乙。张甲于2007年意外去世，有一女丙。张某在2010年死亡，生前拥有个人房产一套，遗嘱将该房产处分给李某。关于该房产的继承，下列哪些表述是正确的？（2011年卷三第65题，多选）①

A. 李某可以通过张某的遗嘱继承该房产

B. 丙可以通过代位继承要求对该房产进行遗产分割

C. 继承人自张某死亡时取得该房产所有权

① 答案：AC

D. 继承人自该房产变更登记后取得所有权

[例 198] 甲育有二子乙和丙。甲生前立下遗嘱，其个人所有的房屋死后由乙继承。乙与丁结婚，并有一女戊。乙因病先于甲死亡后，丁接替乙赡养甲。丙未婚。甲死亡后遗有房屋和现金。下列哪些表述是正确的？(2012 年卷三第 66 题，多选)①

A. 戊可代位继承

B. 戊、丁无权继承现金

C. 丙、丁为第一顺序继承人

D. 丙无权继承房屋

[例 199] 甲自书遗嘱将所有遗产全部留给长子乙，并明确次子丙不能继承。乙与丁婚后育有一女戊、一子己。后乙、丁遇车祸，死亡先后时间不能确定。甲悲痛成疾，不久去世。丁母健在。下列哪些表述是正确的？(2013 年卷三第 66 题，多选)②

A. 甲、戊、己有权继承乙的遗产

B. 丁母有权转继承乙的遗产

C. 戊、己、丁母有权继承丁的遗产

D. 丙有权继承、戊和己有权代位继承甲的遗产

① 答案：AC

② 答案：ACD

03 第三章 遗嘱继承和遗赠

考点 116 遗嘱继承

（一）修改说明

《民法典·继承编》	《继承法》
第 1134 条： 自书遗嘱由遗嘱人亲笔书写，签名，注明年、月、日。 **第 1135 条：** 代书遗嘱应当有两个以上见证人在场见证，由其中一人代书，并由遗嘱人、代书人和其他见证人签名，注明年、月、日。 **第 1136 条：** 打印遗嘱应当有两个以上见证人在场见证。遗嘱人和见证人应当在遗嘱每一页签名，注明年、月、日。 **第 1137 条：** 以录音录像形式立的遗嘱，应当有两个以上见证人在场见证。遗嘱人和见证人应当在录音录像中记录其姓名或者肖像，以及年、月、日。 **第 1138 条：** 遗嘱人在危急情况下，可以立口头遗嘱。口头遗嘱应当有两个以上见证人在场见证。危急情况消除后，遗嘱人能够以书面或者录音录像形式立遗嘱的，所立的口头遗嘱无效。 **第 1139 条：** 公证遗嘱由遗嘱人经公证机构办理。	第 17 条：公证遗嘱由遗嘱人经公证机关办理。 自书遗嘱由遗嘱人亲笔书写，签名，注明年、月、日。 代书遗嘱应当有两个以上见证人在场见证，由其中一人代书，注明年、月、日，并由代书人、其他见证人和遗嘱人签名。 以录音形式立的遗嘱，应当有两个以上见证人在场见证。 遗嘱人在危急情况下，可以立口头遗嘱。口头遗嘱应当有两个以上见证人在场见证。危急情况解除后，遗嘱人能够用书面或者录音形式立遗嘱的，所立的口头遗嘱无效。
评析： 原《继承法》中规定了五种遗嘱方式：公证遗嘱、自书遗嘱、代书遗嘱、录音遗嘱和口头遗嘱。 《民法典》增加了“打印遗嘱”和“录像遗嘱”。新增的两种遗嘱形式一方面是适应社会发展所产生的新的遗嘱形式，电脑已经普及到家家户户，会使用电脑的人也越来越多，打印遗嘱的形式更成为普遍现现象，《继承法》中无打印遗嘱这一形式，造成打印遗嘱到底属于自书遗嘱还是代书遗嘱往往产生争议，因此《民法典》将遗嘱的形式进行了扩大；另一方面继承法虽然有强烈的身份属性，涉及公序良俗，但终究还是属于私法领域。只要被继承人的行为不违反法律的强制性规定，那么法律就应该最大限度地为其提供便利。这种思想在《民法典》中就得到了体现。打印和录像在目前来说应该是比较便捷且很流行的方式，如果坚持定要手写，不能打印；坚持只能书面不能通过数码技术记录，就无法紧跟时代潮流，也就不能更好地保障公民权利。	

续表

《民法典·继承编》	《继承法》
第1140条：下列人员不能作为遗嘱见证人： （一）无民事行为能力人、限制民事行为能力人以及其他不具有见证能力的人； （二）继承人、受遗赠人； （三）与继承人、受遗赠人有利害关系的人。	第18条：下列人员不能作为遗嘱见证人： （一）无行为能力人、限制行为能力人； （二）继承人、受遗赠人； （三）与继承人、受遗赠人有利害关系的人。
第1142条：遗嘱人可以撤回、变更自己所立的遗嘱。 立遗嘱后，遗嘱人实施与遗嘱内容相反的民事法律行为的，视为对遗嘱相关内容的撤回。 立有数份遗嘱，内容相抵触的，以最后的遗嘱为准。	第20条：遗嘱人可以撤销、变更自己所立的遗嘱。 立有数份遗嘱，内容相抵触的，以最后的遗嘱为准。 ~~自书、代书、录音、口头遗嘱，不得撤销、变更公证遗嘱。~~
评析：《民法典》取消了公证遗嘱的优先效力，公证遗嘱优先效力在现实生活中，其实已经违反了当事人意思自治的原则。比如立遗嘱人曾立过公证遗嘱，但后来在重病之隙想改变遗嘱，此时要求立遗嘱人再去重新做一份公证遗嘱已不现实，但是其他形式的遗嘱又无法撤销之前所立的公证遗嘱，违背了当事人真实意思。因此《民法典》不仅增加了遗嘱继承的种类，还将公证遗嘱与其他方式的遗嘱列为“平起平坐”的地位，真真正正体现了民法作为“权利法”的属性。	
第1144条：遗嘱继承或者遗赠附有义务的，继承人或者受遗赠人应当履行义务。没有正当理由不履行义务的，经利害关系人或者有关组织请求，人民法院可以取消其接受附义务部分遗产的权利。	第21条：遗嘱继承或者遗赠附有义务的，继承人或者受遗赠人应当履行义务。没有正当理由不履行义务的，经有关单位或者个人请求，人民法院可以取消他接受遗产的权利。
第1143条：无民事行为能力人或者限制民事行为能力人所立的遗嘱无效。 遗嘱必须表示遗嘱人的真实意思，受欺诈、胁迫所立的遗嘱无效。 伪造的遗嘱无效。 遗嘱被篡改的，篡改的内容无效。	第22条：无行为能力人或者限制行为能力人所立的遗嘱无效。 遗嘱必须表示遗嘱人的真实意思，受胁迫、欺骗所立的遗嘱无效。 伪造的遗嘱无效。 遗嘱被篡改的，篡改的内容无效。

（二）考点精讲

遗嘱继承的特征	遗嘱继承，是指按照被继承人生前所立的合法有效遗嘱继承被继承人遗产的法律制度。遗嘱继承具有以下法律特征： 1. 遗嘱继承的发生须以有效遗嘱的存在为前提。 2. 遗嘱继承直接体现着被继承人的意愿，是对被继承人自由处分自己财产的尊重。 3. 遗嘱继承是对法定继承的排斥，遗嘱继承不受法定继承人的继承顺序、份额的约束。 4. 遗嘱继承的效力优于法定继承。
适用条件	1. 没有遗赠扶养协议（遗赠扶养协议的效力优于遗嘱继承）。 2. 被继承人生前所立遗嘱合法有效。 3. 须遗嘱指定的继承人享有继承权，即遗嘱指定的继承人未丧失、也未放弃继承权。

续表

遗嘱的特征	遗嘱是公民生前依法处分自己的财产和安排有关事务，并于死后生效的民事法律行为。遗嘱具有以下法律特征： 1. 遗嘱是单方民事法律行为，只需遗嘱人一方意思表示即可成立。 2. 遗嘱是死因法律行为，在遗嘱人死后生效。 3. 遗嘱行为必须由遗嘱人亲自独立进行，不得由他人代理。 4. 遗嘱是要式法律行为，遗嘱的形式必须符合《继承法》的规定。
遗嘱的形式	1. **遗嘱的七种形式**。 （1）**自书遗嘱**由遗嘱人亲笔书写，签名，注明年、月、日。 （2）**代书遗嘱**应当有两个以上见证人在场见证，由其中一人代书，并由遗嘱人、代书人和其他见证人签名，注明年、月、日。 （3）**打印遗嘱**应当有两个以上见证人在场见证。遗嘱人和见证人应当在遗嘱每一页签名，注明年、月、日。 （4）**录音录像遗嘱**，应当有两个以上见证人在场见证。遗嘱人和见证人应当在录音录像中记录其姓名或者肖像，以及年、月、日。 （5）遗嘱人在危急情况下（一般是指遗嘱人生命垂危、突遇自然灾害、意外事故、战争等），可以立**口头遗嘱**。口头遗嘱应当有两个以上见证人在场见证。危急情况消除后，遗嘱人能够以书面或者录音录像形式立遗嘱的，所立的口头遗嘱无效。 （6）**公证遗嘱**由遗嘱人经公证机构办理。 2. **见证人的要求**。 **为保证代书遗嘱、打印遗嘱、录音录像遗嘱和口头遗嘱的真实性，这四种遗嘱必须有两个以上见证人在场见证**，并对见证人的资格作了限制性规定，即下列人员不能作为遗嘱见证人：下列人员不能作为遗嘱见证人： （1）无民事行为能力人、限制民事行为能力人以及其他不具有见证能力的人； （2）继承人、受遗赠人； （3）与继承人、受遗赠人有利害关系的人，如债权人、债务人、合伙人以及继承人、受遗赠人的近亲属等。
遗嘱的效力	1. **有效遗嘱应具备下列条件**： （1）立遗嘱人必须有遗嘱能力，即立遗嘱时必须具有完全民事行为能力。 （2）遗嘱人在立遗嘱时必须意思表示真实。 （3）遗嘱内容必须合法，即遗嘱的内容不得违反公序良俗。 （4）遗嘱的形式必须符合《继承法》的规定。 2. **遗嘱无效的情形，下列遗嘱全部或者部分无效，遗嘱处分的遗产按照法定继承办理**： （1）遗嘱人订立遗嘱时为无民事行为能力或者限制民事行为能力。 （2）受欺诈、胁迫订立的遗嘱。 （3）伪造的遗嘱无效；遗嘱被篡改的，篡改的内容无效。 （4）遗嘱生效时，如果遗嘱剥夺了缺乏劳动能力又没有生活来源的继承人的遗产份额，遗嘱的该部分内容无效。 （5）遗嘱处分了国家、集体或他人所有的财产的，遗嘱的该部分内容无效。

续表

遗嘱的变更与撤回	遗嘱的变更、撤回，是指立遗嘱人在订立有效遗嘱之后，又变更该遗嘱的内容，或者撤回该遗嘱的行为。 1. 明示：若前后两份有效遗嘱的内容相互有冲突，以最后的遗嘱为准。 2. 遗嘱人生前的行为与遗嘱的意思表示相反，而使遗嘱处分的财产在继承开始前灭失，部分灭失或所有权转移、部分转移的，遗嘱视为被撤回或部分被撤回。

典型真题

[例 200] 老夫妇王冬与张霞有一子王希、一女王楠，王希婚后育有一子王小力。王冬和张霞曾约定，自家的门面房和住房属于王冬所有。2012 年 8 月 9 日，王冬办理了公证遗嘱，确定门面房由张霞和王希共同继承。2013 年 7 月 10 日，王冬将门面房卖给他人并办理了过户手续。2013 年 12 月，王冬去世，不久王希也去世。关于住房和出售门面房价款的继承，下列哪一说法是错误的？（2015 年卷三第 21 题，单选）①

A. 张霞有部分继承权

B. 王楠有部分继承权

C. 王小力有部分继承权

D. 王小力对住房有部分继承权、对出售门面房的价款有全部继承权

[例 201] 甲有乙、丙和丁三个女儿。甲于 2013 年 1 月 1 日亲笔书写一份遗嘱，写明其全部遗产由乙继承，并签名和注明年月日。同年 3 月 2 日，甲又请张律师代书一份遗嘱，写明其全部遗产由丙继承。同年 5 月 3 日，甲因病被丁送至医院急救，甲又立口头遗嘱一份，内容是其全部遗产由丁继承，在场的赵医生和李护士见证。甲病好转后出院休养，未立新遗嘱。如甲死亡，下列哪一选项是甲遗产的继承权人？（2014 年卷三第 24 题，单选）②

A. 乙　　B. 丙

C. 丁　　D. 乙、丙、丁

[例 202] 韩某于 2017 年 3 月病故，留有住房 1 套、存款 50 万元、名人字画 10 余幅及某有限责任公司股权等遗产。韩某在 2014 年所立第一份自书遗嘱中表示全部遗产由其长子韩大继承。在 2015 年所立第二份自书遗嘱中，韩某表示其死后公司股权和名人字画留给 7 岁的外孙女婷婷。2017 年 6 月，韩大在未办理韩某遗留房屋所有权变更登记的情况下以自己的名义与陈卫订立了商品房买卖合同。下列哪些选项是错误的？（2017 年卷三第 66 题，多选）③

A. 韩某的第一份遗嘱失效

B. 韩某的第二份遗嘱无效

① 答案：D
② 答案：A
③ 答案：AB（本题答案有删减）

考点117 遗赠与遗嘱继承的区别

（一）修改说明

《民法典·继承编》	《继承法》
第1124条：继承开始后，继承人放弃继承的，应当在遗产处理前，**以书面形式作出**放弃继承的表示；没有表示的，视为接受继承。 受遗赠人应当在知道受遗赠后**六十日**内，作出接受或者放弃受遗赠的表示；到期没有表示的，视为放弃受遗赠。	第25条：继承开始后，继承人放弃继承的，应当在遗产处理前，作出放弃继承的表示。没有表示的，视为接受继承。 受遗赠人应当在知道受遗赠后两个月内，作出接受或者放弃受遗赠的表示。到期没有表示的，视为放弃受遗赠。
评析：《民法典》明确规定放弃继承权的，必须以书面形式作出。	

（二）考点精讲

遗赠是指自然人以遗嘱的方式将其个人财产赠与国家、集体或者法定继承人以外的人，并于其死后生效的民事法律行为。

	遗赠	遗嘱继承
法律地位	受遗赠人不是继承人，没有继承权。	遗嘱继承人是继承人，享有继承权。
主体范围	在遗赠中，接受遗赠权的主体只能是国家、集体或法定继承人以外的人。	接受遗嘱继承权的主体只能是法定继承人范围以内的人，并且只能是自然人。
客体范围	受遗赠人只享受接受遗赠财产的权利，不承担清偿死者债务的义务。	遗嘱继承人既有依遗嘱继承遗产的权利，又承担在遗产继承的实际价值范围内清偿被继承人债务的义务。
行使方式	继承开始后，继承人放弃继承的，应当在遗产处理前，以书面形式作出放弃继承的表示；没有表示的，视为接受继承。 受遗赠人应当在知道受遗赠后六十日内，作出接受或者放弃受遗赠的表示；到期没有表示的，视为放弃受遗赠。	遗嘱继承人放弃继承的，应当在继承开始后遗产处理前，作出放弃继承的表示，没有表示的，视为接受继承。

04 第四章 遗产的处理

考点 118　遗赠扶养协议

（一）修改说明

《民法典·继承编》	《继承法》
第 1158 条：自然人可以与继承人以外的组织或者个人签订遗赠扶养协议。按照协议，该组织或者个人承担该自然人生养死葬的义务，享有受遗赠的权利。	第 31 条：公民可以与扶养人签订遗赠扶养协议。按照协议，扶养人承担该公民生养死葬的义务，享有受遗赠的权利。 公民可以与集体所有制组织签订遗赠扶养协议。按照协议，集体所有制组织承担该公民生养死葬的义务，享有受遗赠的权利。
评析：《民法典》将遗赠抚养协议相对人的范围扩大，而且不再限定组织的性质。这一规定正是为满足养老形式多样化需求，促进老龄产业发展，只要双方愿意，老人可以找任何人支付对价，签订遗赠扶养协议。即从法律角度来说，社会化的家庭养老是可行的，是可以探索的。	

（二）考点精讲

遗赠扶养协议，是指由遗赠人与扶养人签订的，由扶养人对遗赠人负生养死葬的义务，遗赠人将自己财产的一部分或全部在其死后转移给扶养人所有的协议。

特征	1. **遗赠扶养协议是双方、双务、诺成、有偿、要式民事法律行为**。 2. **遗赠扶养协议的扶养人是继承人以外的组织或者个人**。 3. **生前行为与死因行为相统一的双方法律行为**。双方当事人就遗赠扶养达成协议，遗赠扶养协议即生效，扶养人应履行被扶养人生养死葬的义务，故为生前行为；但是扶养人须等待被扶养人死亡时，才有权取得被扶养人的遗产，故为死因行为。 4. **遗赠扶养协议在适用上具有最优先性**。 （1）继承开始时，遗赠扶养协议优先于遗嘱继承、遗赠、法定继承办理； （2）被继承人生前与他人订有遗赠扶养协议，同时又立有遗嘱的，继承开始后，如果遗赠扶养协议与遗嘱没有抵触，遗产分别按协议和遗嘱处理；如果有抵触，按协议处理，与协议抵触的遗嘱全部或部分无效。
效力	1. **当事人的权利与义务：** （1）扶养人负有对被扶养人生前扶养、死后丧葬的义务； （2）扶养人享有被抚养人死亡时取得其遗产的权利。

续表

效力	2. **违约救济：** （1）因扶养人违反义务而解除协议的，扶养人丧失取得被扶养人遗产的权利，其支付的供养费用一般不予补偿； （2）因被扶养人违反义务而解除协议的，被扶养人应当返还已支付的供养费用。

典型真题

［例 203］甲妻病故，膝下无子女，养子乙成年后常年在外地工作。甲与村委会签订遗赠扶养协议，约定甲的生养死葬由村委会负责，死后遗产归村委会所有。后甲又自书一份遗嘱，将其全部财产赠与侄子丙。甲死后，乙就甲的遗产与村委会以及丙发生争议。对此，下列哪一选项是正确的？（2010 年卷三第 19 题，单选）①

A. 甲的遗产应归村委会所有

B. 甲所立遗嘱应予撤销

C. 村委会、乙和丙共同分割遗产，村委会可适当多分

D. 村委会和丙平分遗产，乙无权分得任何遗产

［例 204］甲与保姆乙约定：甲生前由乙照料，死后遗产全部归乙。乙一直细心照料甲。后甲女儿丙回国，与乙一起照料甲，半年后甲去世。丙认为自己是第一顺序继承人，且尽了义务，主张甲、乙约定无效。下列哪一表述是正确的？（2012 年卷三第 24 题，单选）②

A. 遗赠抚养协议有效

B. 协议部分无效，丙可以继承甲的一半遗产

C. 协议无效，应按法定继承处理

D. 协议有效，应按遗嘱继承处理

考点 119　遗产的分割原则

（一）修改说明

《民法典·继承编》	《继承法》
（新增）第 1145 条：继承开始后，遗嘱执行人为遗产管理人；没有遗嘱执行人的，继承人应当及时推选遗产管理人；继承人未推选的，由继承人共同担任遗产管理人；没有继承人或者继承人均放弃继承的，由被继承人生前住所地的民政部门或者村民委员会担任遗产管理人。	
（新增）第 1146 条：对遗产管理人的确定有争议的，利害关系人可以向人民法院申请指定遗产管理人。	

① 答案：A

② 答案：A

续表

《民法典·继承编》	《继承法》
(新增) 第1147条：遗产管理人应当履行下列职责： (一) 清理遗产并制作遗产清单； (二) 向继承人报告遗产情况； (三) 采取必要措施防止遗产毁损、灭失； (四) 处理被继承人的债权债务； (五) 按照遗嘱或者依照法律规定分割遗产； (六) 实施与管理遗产有关的其他必要行为。	
(新增) 第1148条：遗产管理人应当依法履行职责，因故意或者重大过失造成继承人、受遗赠人、债权人损害的，应当承担民事责任。	
(新增) 第1149条：遗产管理人可以依照法律规定或者按照约定获得报酬。	
评析：《民法典》新增了遗产管理人制度，并规定村民委员会也可担任遗产管理人。随着社会的发展，人们所拥有的财产种类、财产形式日趋多样，使财产状态变得不稳定的因素和风险也越来越多。为确保遗产得到妥善管理、顺利分割，更好地维护继承人、债权人利益，避免和减少纠纷，《民法典》增加了遗产管理人制度，明确了遗产管理人的产生方式、职责和权利等内容，这些具体规定，增强了遗产管理人制度的可操作性。	
(新增) 第1152条：继承开始后，继承人于遗产分割前死亡，并没有放弃继承的，该继承人应当继承的遗产转给其继承人；但是遗嘱另有安排的除外。	
第1154条：有下列情形之一的，遗产中的有关部分按照法定继承办理： (一) 遗嘱继承人放弃继承或者受遗赠人放弃受遗赠； (二) 遗嘱继承人丧失继承权或者受遗赠人丧失受遗赠权； (三) 遗嘱继承人、受遗赠人先于遗嘱人死亡或者终止； (四) 遗嘱无效部分所涉及的遗产； (五) 遗嘱未处分的遗产。	第27条：有下列情形之一的，遗产中的有关部分按照法定继承办理： (一) 遗嘱继承人放弃继承或者受遗赠人放弃受遗赠的； (二) 遗嘱继承人丧失继承权的； (三) 遗嘱继承人、受遗赠人先于遗嘱人死亡的； (四) 遗嘱无效部分所涉及的遗产； (五) 遗嘱未处分的遗产。
第1155条：遗产分割时，应当保留胎儿的继承份额。胎儿娩出时是死体的，保留的份额按照法定继承办理。	第28条：遗产分割时，应当保留胎儿的继承份额。胎儿出生时是死体的，保留的份额按照法定继承办理。
第1160条：无人继承又无人受遗赠的遗产，归国家所有，用于公益事业；死者生前是集体所有制组织成员的，归所在集体所有制组织所有。	第32条：无人继承又无人受遗赠的遗产，归国家所有；死者生前是集体所有制组织成员的，归所在集体所有制组织所有。

续表

《民法典·继承编》	《继承法》
评析：《民法典》限定了归国家所有的遗产的用途，即归国家所有后只能用于公益事业。	
第1159条：分割遗产，应当清偿被继承人依法应当缴纳的税款和债务。但是，应当为缺乏劳动能力又没有生活来源的继承人保留必要的遗产。 **第1161条**：继承人以所得遗产实际价值为限清偿被继承人依法应当缴纳的税款和债务。超过遗产实际价值部分，继承人自愿偿还的不在此限。 继承人放弃继承的，对被继承人依法应当缴纳的税款和债务可以不负清偿责任。	第33条：继承遗产应当清偿被继承人依法应当缴纳的税款和债务，缴纳税款和清偿债务以他的遗产实际价值为限。超过遗产实际价值部分，继承人自愿偿还的不在此限。 继承人放弃继承的，对被继承人依法应当缴纳的税款和债务可以不负偿还责任。
评析：原《继承法》仅在遗嘱中规定应当保留特留份，而在法定继承中则无此规定。《民法典》规定在法定继承中，也应当保留特留份。	
（新增）第1163条：既有法定继承又有遗嘱继承、遗赠的，由法定继承人清偿被继承人依法应当缴纳的税款和债务；超过法定继承遗产实际价值部分，由遗嘱继承人和受遗赠人按比例以所得遗产清偿。	

（二）考点精讲

遗产管理人	1. **遗产管理人的确定**： （1）继承开始后，遗嘱执行人为遗产管理人。 （2）没有遗嘱执行人的，继承人应当及时推选遗产管理人。 （3）继承人未推选的，由继承人共同担任遗产管理人。 （4）没有继承人或者继承人均放弃继承的，由被继承人生前住所地的民政部门或者村民委员会担任遗产管理人。 （5）对遗产管理人的确定有争议的，利害关系人可以向人民法院申请指定遗产管理人。 2. **遗产管理人的权利与责任**： （1）遗产管理人可以依照法律规定或者按照约定获得报酬。 （2）遗产管理人应当履行下列职责：①清理遗产并制作遗产清单；②向继承人报告遗产情况；③采取必要措施防止遗产毁损、灭失；④处理被继承人的债权债务；⑤按照遗嘱或者依照法律规定分割遗产；⑥实施与管理遗产有关的其他必要行为。 （3）遗产管理人应当依法履行职责，因故意或者重大过失造成继承人、受遗赠人、债权人损害的，应当承担民事责任。
适用顺序	**首先执行遗赠扶养协议——有剩余的执行遗嘱和遗赠——最后执行法定继承**。
遗产的确定	遗产的确定，是指在分割遗产前，应将遗产与夫妻共同财产、家庭共同财产以及与其他共有财产区分开来（**“先析产、后继承”规则**）： 1. 夫妻在婚姻关系存续期间共同所有的财产，分割遗产时，应当先将共同所有财产的一半分出为配偶所有，其余的为被继承人的遗产。

续表

遗产的确定	2. 遗产包含在家庭共有财产或其他共有财产之中的，遗产分割时，应当先分出他人的财产，剩余的为遗产。
债务清偿	1. **继承遗产时被继承人生前所负债务的清偿** (1) **概括继承原则**。 遗产的继承，不仅包括被继承人积极遗产的继承，也包括其消极遗产（即债务）的继承。继承人放弃继承的，对被继承人依法应当缴纳的税款和债务可以不负偿还责任。 (2) **限定继承原则**。 继承遗产应当清偿被继承人依法应当缴纳的税款和债务，**缴纳税款和清偿债务以他的遗产实际价值为限**。超过遗产实际价值部分，继承人自愿偿还的不在此限。 (3) **清偿债务优先于执行遗嘱原则**。 执行遗赠不得妨碍清偿遗赠人依法应当缴纳的税款和债务。 (4) **保留必留份原则**。 继承人中有缺乏劳动能力又没有生活来源的人，即使遗产不足清偿债务，也应为其保留必要遗产。 (5) **连带责任原则**。 继承人共同继承遗产系共同共有，各共同继承人对遗产债务应当承担连带责任。但在共同继承人内部，则应当按照各自继承遗产份额的比例分担遗产债务（**对外连带、对内按份**）。 2. **遗产分割后被继承人生前所负债务的清偿**。 (1) 既有法定继承又有遗嘱继承、遗赠的，由法定继承人清偿被继承人依法应当缴纳的税款和债务。 (2) 超过法定继承遗产实际价值部分，由遗嘱继承人和受遗赠人按比例以所得遗产清偿。 [例] 赵某死亡后，甲依遗嘱继承了一套房屋（价值180万元），乙依遗赠分得一幅字画（价值40万元），丙依法定继承分得现金60万元。遗产分割完毕后，赵某的债权人找到甲、乙、丙，要求偿还欠款40万元。该欠款应全部由丙偿还。
分割方式	1. **遗嘱继承的遗产分配原则**。 (1) 尊重被继承人意思原则。在有遗嘱的情况下，首先应按照遗嘱的指定分割遗产。 (2) 保留必留份原则。遗嘱人未保留缺乏劳动能力又没有生活来源的继承人的遗产份额，遗产处理时，应当为该类继承人留下必要的遗产，剩余部分，才可参照遗嘱继承。 2. **法定继承的遗产分配原则**。 (1) 一般情况下应当均等原则。同一顺序继承人继承遗产的份额一般应当均等。 (2) **特殊情况下可以不均等原则。在下列情况下，同一顺序继承人的继承份额可以不均等：①对生活有特殊困难的缺乏劳动能力的继承人，分配遗产时，应当予以照顾；②对被继承人尽了主要扶养义务或者与被继承人共同生活的继承人，分配遗产时，可以多分；③有扶养能力和有扶养条件的继承人，不尽扶养义务的，分配遗产时，应当不分或者少分；④继承人协商同意的，也可以不均等**。 (3) 适当分配原则。对继承人以外的依靠被继承人扶养的缺乏劳动能力又没有生活来源的人，或者继承人以外的对被继承人扶养较多的人，可以分给他们适当的遗产。分给他们遗产时，按具体情况可多于或少于继承人。 (4) 保留胎儿继承份额原则。遗产分割时，应当保留胎儿的继承份额。应当为胎儿保留的

续表

分割方式	遗产份额没有保留的应从继承人所继承的遗产中扣回。为胎儿保留的遗产份额，如胎儿出生后死亡的，由其继承人继承；胎儿娩出时是死体的，保留的份额按照法定继承办理，即由被继承人的继承人继承。
无主遗产	无人继承又无人受遗赠的遗产，归国家所有，用于公益事业；死者生前是集体所有制组织成员的，归所在集体所有制组织所有。

典型真题

［例 205］徐某死后留有遗产 100 万元。徐某立有遗嘱，将价值 50 万元的房产留给女儿，将价值 10 万元的汽车留给侄子。遗嘱未处分的剩余 40 万元存款由妻子刘某与女儿按照法定继承各分得一半。遗产处理完毕后，张某通知刘某等人，徐某死亡前 1 年向其借款，本息累计 70 万元至今未还。经查，张某所言属实，此借款系徐某个人债务。女儿应向张某偿还多少钱？（2008 年卷三延考第 15 题，单选）①

A. 20 万元　　B. 40 万元

C. 45 万元　　D. 50 万元

［例 206］郭大爷女儿五年前病故，留下一子甲。女婿乙一直与郭大爷共同生活，尽了主要赡养义务。郭大爷继子丙虽然与其无扶养关系，但也不时从外地回来探望。郭大爷还有一丧失劳动能力的养子丁。郭大爷病故，关于其遗产的继承，下列哪些选项是正确的？（2010 年卷三第 67 题，多选）②

A. 甲为第一顺序继承人

B. 乙在分配财产时，可多分

C. 丙无权继承遗产

D. 分配遗产时应该对丁予以照顾

① 答案：C
② 答案：ABCD

第七编 侵权责任

01 第一章 一般规定

考点 120 一般侵权责任的构成要件

加害行为	行为人实施的加害于被侵权人民事权益的不法行为。
损害事实	1. 造成他人财产或者人身权益所遭受的不利影响。 2. 损害是所有侵权责任的构成要件。损害包括所受损失以及所失利益。如财产的减少、利益的丧失以及名誉的毁损、精神上的痛苦、生命的丧失、身体健康自由的损害等。
因果关系	侵权法的因果关系包括责任成立的因果关系和责任范围的因果关系。前者是指行为与权益受侵害之间的因果关系，考量的问题的是责任的成立。后者是指权益受侵害与损害之间的因果关系，涉及的是责任成立后责任形式以及责任大小的问题。
主观过错	1. 行为人应受责难的主观状态。 2. 过错通常可分为故意、重大过失或者一般过失。 (1) 故意是指行为人预见到自己行为的结果，却仍然希望或者放任这一有害结果的发生。 (2) 过失是指行为人应当预见自己的行为可能发生不良后果而没有预见，或是虽然预见到了却轻信此种结果可以避免的心理状态。 **区分重大过失与一般过失的标准：专业人士违反了普通预见水平的，构成重大过失；普通人违反了普通预见水平的，即为一般过失。**

考点 121 过错责任

基础理论	1. **过错责任原则，也称过失责任原则，是以行为人的过错作为归责根据的原则**。过错责任原则包括两层含义： (1) 以行为人的过错作为责任构成要件，行为人具有故意或者过失才能承担侵权责任。 (2) 以行为人的过错程度作为确定责任形式、责任范围的依据。 2. **过错推定属于过错责任原则**。依照法律规定推定行为人有过错，行为人不能证明自己没有过错的，应当承担侵权责任。

续表

具体应用	1. **过错推定责任的适用总结归纳：** (1) 无民事行为能力人在幼儿园、学校或者其他教育机构学习、生活期间受到人身损害的，幼儿园、学校或者其他教育机构应当承担侵权责任；但是，能够证明尽到教育、管理职责的，不承担侵权责任。 (2) 患者在诊疗活动中受到损害，有下列情形之一的，推定医疗机构有过错： (一) 违反法律、行政法规、规章以及其他有关诊疗规范的规定； (二) 隐匿或者拒绝提供与纠纷有关的病历资料； (三) 遗失、伪造、篡改或者违法销毁病历资料。 (3) 动物园的动物造成他人损害的，动物园应当承担侵权责任；但是，能够证明尽到管理职责的，不承担侵权责任。 (4) 建筑物、构筑物或者其他设施及其搁置物、悬挂物发生脱落、坠落造成他人损害，所有人、管理人或者使用人不能证明自己没有过错的，应当承担侵权责任。所有人、管理人或者使用人赔偿后，有其他责任人的，有权向其他责任人追偿。 (5) 堆放物倒塌、滚落或者滑落造成他人损害，堆放人不能证明自己没有过错的，应当承担侵权责任。 (6) 在公共道路上堆放、倾倒、遗撒妨碍通行的物品造成他人损害的，由行为人承担侵权责任。公共道路管理人不能证明已经尽到清理、防护、警示等义务的，应当承担相应的责任。 (7) 因林木折断、倾倒或者果实坠落等造成他人损害，林木的所有人或者管理人不能证明自己没有过错的，应当承担侵权责任。 (8) 在公共场所或者道路上挖掘、修缮安装地下设施等造成他人损害，施工人不能证明已经设置明显标志和采取安全措施的，应当承担侵权责任。窨井等地下设施造成他人损害，管理人不能证明尽到管理职责的，应当承担侵权责任。 2. **过错补充责任的适用总结归纳：** (1) 因第三人的行为造成他人损害的，由第三人承担侵权责任；经营者、管理者或者组织者未尽到安全保障义务的，承担相应的补充责任。经营者、管理者或者组织者承担补充责任后，可以向第三人追偿。 (2) 无民事行为能力人或者限制民事行为能力人在幼儿园、学校或者其他教育机构学习、生活期间，受到幼儿园、学校或者其他教育机构以外的第三人人身损害的，由第三人承担侵权责任；幼儿园、学校或者其他教育机构未尽到管理职责的，承担相应的补充责任。幼儿园、学校或者其他教育机构承担补充责任后，可以向第三人追偿。

考点122 无过错责任

基础理论	1. 无过错责任，指根据法律明文规定，不论加害人是否具有过错，均须为其加害行为承担侵权责任的归责原则。 2. 无过错责任可进一步划分为绝对无过错责任与相对无过错责任： (1) 绝对无过错责任：即使受害人具有故意、重大过失，侵害人也不得据此免责的无过错责任。 (2) 相对无过错责任：侵害人可以在符合法定情形下，如受害人故意、第三人的原因等情形下得以免责的无过错责任。

续表

具体应用	1. 绝对无过错责任。 禁止饲养的烈性犬等危险动物造成他人损害的，动物饲养人或者管理人应当承担侵权责任。 2. 相对无过错责任： （1）无民事行为能力人、限制民事行为能力人造成他人损害的，由监护人承担侵权责任。监护人尽到监护职责的，可以减轻其侵权责任。 （2）用人单位的工作人员因执行工作任务造成他人损害的，由用人单位承担侵权责任。用人单位承担侵权责任后，可以向有故意或者重大过失的工作人员追偿。 （3）个人之间形成劳务关系，提供劳务一方因劳务造成他人损害的，由接受劳务一方承担侵权责任。接受劳务一方承担侵权责任后，可以向有故意或者重大过失的提供劳务一方追偿。 （4）因产品存在缺陷造成他人损害的，生产者和销售者承担的不真正连带责任，为无过错责任。销售者具有过错的，承担最终责任；销售者无过错的，生产者承担最终责任。 （5）机动车与行人、非机动车驾驶人之间发生道路交通事故的，机动车一方承担无过错责任。 （6）因污染环境、破坏生态造成他人损害的，侵权人应当承担侵权责任。 （7）高度危险责任中，从事高度危险作业者，高度危险物品的经营者、占有人承担无过错责任。 （8）饲养的动物造成他人损害的，动物饲养人或者管理人应当承担侵权责任；但是，能够证明损害是因被侵权人故意或者重大过失造成的，可以不承担或者减轻责任。 （9）违反管理规定，未对动物采取安全措施造成他人损害的，动物饲养人或者管理人应当承担侵权责任；但是，能够证明损害是因被侵权人故意造成的，可以减轻责任。 （10）建筑物、构筑物或者其他设施倒塌造成他人损害的，由建设单位与施工单位承担连带责任，但是建设单位与施工单位能够证明不存在质量缺陷的除外。

考点 123　共同侵权与无意思联络的侵权

共同加害行为	第 1168 条：二人以上共同实施侵权行为，造成他人损害的，应当承担连带责任。 1. 共同故意侵权：指数个加害人基于共同故意实施侵权行为。 2. 共同过失侵权：指二人以上基于共同的行为，产生防范损害发生的共同注意义务，因共同违反该注意义务导致同一损害。
教唆、帮助侵权	利用言语对他人进行开导、说服，或者通过刺激、利诱、怂恿等方法使被教唆者接受教唆意图，进而实施侵权行为。 1. 教唆、帮助他人实施侵权行为的，应当与行为人承担连带责任。 2. 教唆或帮助无民事行为能力人、限制民事行为能力人实施侵权行为的，教唆人、帮助人实际上是为了实现自己的非法目的，利用被教唆人、被帮助人的身体动作作为侵害他人权益的工具，此时应由教唆人或帮助人就被教唆人、被帮助人的加害行为负单独的侵权责任；该无民事行为能力人、限制民事行为能力人的监护人未尽到监护职责的，应当承担相应的责任。

续表

共同危险行为	**第 1170 条：** 二人以上实施危及他人人身、财产安全的行为，其中一人或者数人的行为造成他人损害，能够确定具体侵权人的，由侵权人承担责任；不能确定具体侵权人的，行为人承担连带责任。 1. 构成要件： （1）两个以上的人均实施了足以造成他人人身、财产损害的行为。 （2）其中**一个行为或者部分行为**造成了损害后果。 （3）每个人都有独立的过错。 （4）不能确定是谁的行为造成了损害后果。 2. 责任承担： （1）共同危险行为人承担连带责任。 （2）免责事由：证明实际加害人。 （3）若不能确定实际加害人，行为人即使证明自己的行为与损害无因果关系，也不能免除责任。
分别侵权	1. **二人以上分别实施侵权行为造成同一损害，每个人的侵权行为都足以造成全部损害的，行为人承担连带责任**。 （1）二人以上分别实施加害行为，无共同故意或者共同过失，因而不构成共同侵权。 （2）其加害行为结合在一起，同时造成同一个不可分割的损害后果（应作为一个案件处理）。 （3）每个人的行为单独均造成损害后果。 2. **二人以上分别实施侵权行为造成同一损害，能够确定责任大小的，各自承担相应的责任；难以确定责任大小的，平均承担责任**。 （1）二人以上分别实施加害行为，无共同故意或者共同过失，因而不构成共同侵权。 （2）其加害行为结合在一起，同时造成同一个不可分割的损害后果（应作为一个案件处理）。 （3）每个人的行为单独不足以造成损害，只有结合在一起才能共同造成损害后果。

典型真题

［例 207］甲晚 10 点 30 分酒后驾车回家，车速每小时 80 公里，该路段限速 60 公里。为躲避乙逆向行驶的摩托车，将行人丙撞伤，丙因住院治疗花去 10 万元。关于丙的损害责任承担，下列哪一说法是正确的？（2010 年卷三第 20 题，单选）①

A. 甲应承担全部责任

B. 乙应承担全部责任

C. 甲、乙应承担按份责任

D. 甲、乙应承担连带责任

［例 208］甲、乙、丙三家毗邻而居，甲、乙分别饲养山羊各一只。某日二羊走脱，将丙辛苦栽培的珍稀药材悉数啃光。关于甲、乙的责任，下列哪些选项是正确的？（2017

① 答案：C（原司法部答案 D）

年卷三第 67 题，多选)①

A. 甲、乙可各自通过证明已尽到管理职责而免责

B. 基于共同致害行为，甲、乙应承担连带责任

C. 如能确定二羊各自啃食的数量，则甲、乙各自承担相应赔偿责任

D. 如不能确定二羊各自啃食的数量，则甲、乙平均承担赔偿责任

考点 124　不承担或减轻责任的情形

（一）修改说明

《民法典·侵权编》	
（新增）第 1176 条：自愿参加具有一定风险的文体活动，因其他参加者的行为受到损害的，受害人不得请求其他参加者承担侵权责任，但是其他参加者对损害的发生有故意或者重大过失的除外。 活动组织者的责任适用本法第一千一百九十八条至第一千二百零一条的规定。	**评析**：“自甘风险”规则的适用范围不宜过宽，应限定为体育比赛等具有一定风险的文体活动。
（新增）第 1177 条：合法权益受到侵害，情况紧迫且不能及时获得国家机关保护，不立即采取措施将使其合法权益受到难以弥补的损害的，受害人可以在保护自己合法权益的必要范围内采取扣留侵权人的财物等合理措施；但是，应当立即请求有关国家机关处理。 受害人采取的措施不当造成他人损害的，应当承担侵权责任。	**评析**：规定“自助行为”规则，赋予自然人一定的自我保护权利是必要的，但为防止该规则被滥用，需要进一步严格限定适用条件，即“不立即采取措施将使其权益受到难以弥补的损害的”，才可以实施自助行为。

（二）考点精讲

受害人故意	损害是因受害人故意造成的，行为人不承担责任。
第三人侵权	损害是因第三人造成的，第三人应当承担侵权责任。
危险共同体	自愿参加具有一定风险的文体活动，因其他参加者的行为受到损害的，受害人不得请求其他参加者承担侵权责任，但是其他参加者对损害的发生有故意或者重大过失的除外。 活动组织者的责任适用违反安全保障义务的侵权责任的规定。
自助行为	合法权益受到侵害，情况紧迫且不能及时获得国家机关保护，不立即采取措施将使其合法权益受到难以弥补的损害的，受害人可以在必要范围内采取扣留侵权人的财物等合理措施；但是，应当立即请求有关国家机关处理。 受害人采取的措施不当造成他人损害的，应当承担侵权责任。

① 答案：CD

典型真题

［例 209］刘婆婆回家途中，看见邻居肖婆婆带着外孙小勇和另一家邻居的孩子小囡（均为 4 岁多）在小区花园中玩耍，便上前拿出几根香蕉递给小勇，随后离去。小勇接过香蕉后，递给小囡一根，小囡吞食时误入气管导致休克，经抢救无效死亡。对此，下列哪一选项是正确的？（2017 年卷三第 23 题，单选）①

A. 刘婆婆应对小囡的死亡承担民事责任

B. 肖婆婆应对小囡的死亡承担民事责任

C. 小勇的父母应对小囡的死亡承担民事责任

D. 属意外事件，不产生相关人员的过错责任

① 答案：D

02 第二章 损害赔偿

考点 125　侵权损害赔偿

（一）修改说明

《民法典·侵权责任编》	《侵权责任法》
第 1183 条：侵害自然人人身权益造成严重精神损害的，被侵权人有权请求精神损害赔偿。 **因故意或者重大过失侵害自然人具有人身意义的特定物造成严重精神损害的，被侵权人有权请求精神损害赔偿。**	第 22 条：侵害他人人身权益，造成他人严重精神损害的，被侵权人可以请求精神损害赔偿。
评析：根据审判实践需要，扩大了精神损害赔偿的适用范围，增加规定，故意侵害自然人具有人身意义的特定物品造成严重精神损害的，被侵权人有权请求精神损害赔偿。	

（二）考点精讲

财产损害赔偿	1. 侵害他人财产的，财产损失按照损失发生时的市场价格或者其他合理方式计算。 2. 侵害他人人身权益造成财产损失的（**实际损失　侵权获益　法院酌定**）： （1）按照被侵权人因此受到的损失或者侵权人因此获得的利益赔偿。 （2）被侵权人因此受到的损失以及侵权人因此获得的利益难以确定，被侵权人和侵权人就赔偿数额协商不一致，向人民法院提起诉讼的，由人民法院根据实际情况确定赔偿数额。
人身损害赔偿	1. 侵害他人造成人身损害的。 （1）应当赔偿医疗费、护理费、交通费、营养费等为治疗和康复支出的合理费用，以及因误工减少的收入。 （2）造成残疾的，还应当赔偿辅助器具费和残疾赔偿金。 （3）造成死亡的，还应当赔偿丧葬费和死亡赔偿金。 2. 因同一侵权行为造成多人死亡的，可以以相同数额确定死亡赔偿金。
精神损害赔偿	1. 精神损害赔偿请求权是专属于自然人的权利，法人和非法人组织不得主张精神损害赔偿。 2. 侵害自然人人身权益造成严重精神损害的，被侵权人有权请求精神损害赔偿。 3. 非法使被监护人脱离监护，导致亲子关系或者近亲属间的亲属关系遭受严重损害，可

续表

精神损害赔偿	以主张精神损害赔偿。 4. 侵害死者姓名、肖像、名誉、荣誉、隐私、遗体、遗骨等人格利益，死者的近亲属可以主张精神损害赔偿。 5. 因故意或者重大过失侵害自然人具有人身意义的特定物造成严重精神损害的，被侵权人有权请求精神损害赔偿。 ［例］下列情形中，权利人可以请求精神损害赔偿的有（　　）① A. 某医院将甲之子与乙之子抱错，10年后发现 B. 某扩印部将丙丁结婚照的底片丢失 C. 某公司使用知名企业戊的名称促销自己的产品 D. 某人冒用明星庚的姓名演出获利 6. 精神损害抚慰金的请求权，不得让与或者继承。但赔偿义务人已经以书面方式承诺给予金钱赔偿，或者赔偿权利人已经向人民法院起诉的除外。 7. 精神损害的赔偿数额根据以下因素确定： （1）侵权人的过错程度，法律另有规定的除外； （2）侵害的手段、场合、行为方式等具体情节； （3）侵权行为所造成的后果； （4）侵权人的获利情况； （5）侵权人承担责任的经济能力； （6）受诉法院所在地平均生活水平。
惩罚性赔偿	故意侵害他人知识产权，情节严重的，被侵权人有权请求相应的惩罚性赔偿。

典型真题

［例210］姚某旅游途中，前往某玉石市场参观，在唐某经营的摊位上拿起一只翡翠手镯，经唐某同意后试戴，并问价。唐某报价18万元（实际进货价8万元，市价9万元），姚某感觉价格太高，急忙取下，不慎将手镯摔断。关于姚某的赔偿责任，下列哪一选项是正确的？（2017年卷三第22题，单选）②

A. 应承担违约责任　　B. 应赔偿唐某8万元损失

C. 应赔偿唐某9万元损失　　D. 应赔偿唐某18万元损失

考点126　公平责任

（一）修改说明

《民法典·侵权责任编》	《侵权责任法》
第1186条：受害人和行为人对损害的发生都没有过错的，依照法律的规定由双方分担损失。	第24条：受害人和行为人对损害的发生都没有过错的，可以根据实际情况，由双方分担损失。

① 答案：ABD
② 答案：C

续表

评析：《侵权责任法》规定，受害人和行为人对损害的发生都没有过错的，可以根据实际情况，由双方分担损失。实践中，该规定因裁判标准不明导致适用范围过宽，社会效果不是很好。为进一步明确该规则的适用范围，统一裁判尺度，将《侵权责任法》规定中的“根据实际情况”修改为“依照法律的规定”。

（二）考点精讲

依据	第 1186 条：受害人和行为人对损害的发生都没有过错的，依照法律的规定由双方分担损失。
释义	1. 公平责任是指在当事人对造成的损害都无过错，又不能适用无过错责任要求加害人承担赔偿责任，但如果不赔偿受害人遭受的损失又显失公平的情况下，由法院根据当事人的财产状况及其他实际情况，责令加害人对受害人的财产损失给与适当补偿的一种责任形式。 2. 公平责任并不是侵权法的一个归责原则，而是独立于过错责任与无过错责任原则之外，在两原则不足以调整某些利益关系时的补充性法律规则。公平责任在性质上不是赔偿而是补偿。
应用	1. 无过错双方当事人公平分担损害后果。 2. 见义勇为行为中的受益人的补偿义务。 3. 某些特定行为人的补偿义务。 （1）紧急避险人的补偿责任。 （2）暂无民事行为能力人的补偿责任。 （3）高空抛物中可能加害人的补偿责任。 （4）帮工人因第三人侵权遭受人身损害，由第三人承担责任，因第三人不能确定或没有赔偿能力，可由被帮人适当补偿。

典型真题

［例 211］甲为父亲祝寿宴请亲友，请乙帮忙买酒，乙骑摩托车回村途中被货车撞成重伤，公安部门认定货车司机丙承担全部责任。经查：丙无赔偿能力。丁为货车车主，该货车一年前被盗，未买任何保险。关于乙人身损害的赔偿责任承担，下列哪一选项是正确的？（2010 年卷三第 24 题，单选）①

A. 甲承担全部赔偿责任　　B. 甲予以适当补偿

C. 丁承担全部赔偿责任　　D. 丁予以适当补偿

① 答案：B

03 第三章 责任主体的特殊规定

考点127 监护人责任

（一）修改说明

《民法典·侵权责任编》	
（新增）第1189条：无民事行为能力人、限制民事行为能力人造成他人损害，监护人将监护职责委托给他人的，由监护人承担侵权责任；受托人有过错的，承担相应的责任。	

（二）考点精讲

概述	监护人责任是指作为被监护人的无民事行为能力人、限制民事行为能力人造成他人损害的，由监护人承担的侵权责任。
依据	第1188条：无民事行为能力人、限制民事行为能力人造成他人损害的，由监护人承担侵权责任。监护人尽到监护职责的，可以减轻其侵权责任。 有财产的无民事行为能力人、限制民事行为能力人造成他人损害的，从本人财产中支付赔偿费用；不足部分，由监护人赔偿。 第1189条：无民事行为能力人、限制民事行为能力人造成他人损害，监护人将监护职责委托给他人的，监护人应当承担侵权责任；受托人有过错的，承担相应的责任。
释义	1. 监护人责任是替代责任（**孩子闯祸，爹妈埋单**）。 2. 监护人责任是无过错责任。 3. 监护人在承担赔偿责任时，有财产的被监护人造成他人损害的，从本人财产中支付赔偿费用。不足部分，由监护人赔偿。夫妻离婚后，未成年子女侵害他人权益的，同该子女共同生活的一方应当承担民事责任；如果独立承担民事责任确有困难的，可以责令未与该子女共同生活的一方共同承担民事责任。 4. 监护人尽了监护职责的可以适当减轻责任。

典型真题

[例212] 甲的儿子乙（8岁）因遗嘱继承了祖父遗产10万元。某日，乙玩耍时将另一小朋友丙的眼睛划伤。丙的监护人要求甲承担赔偿责任2万元。后法院查明，甲已尽到监护职责。下列哪一说法是正确的？（2015年卷三第24题，单选）①

① 答案：A

A. 因乙的财产足以赔偿丙，故不需用甲的财产赔偿
B. 甲已尽到监护职责，无需承担侵权责任
C. 用乙的财产向丙赔偿，乙赔偿后可在甲应承担的份额内向甲追偿
D. 应由甲直接赔偿，否则会损害被监护人乙的利益

考点 128　用人者责任

（一）修改说明

《民法典·侵权责任编》	《侵权责任法》
第 1191 条：用人单位的工作人员因执行工作任务造成他人损害的，由用人单位承担侵权责任。用人单位承担侵权责任后，可以向有故意或者重大过失的工作人员追偿。 劳务派遣期间，被派遣的工作人员因执行工作任务造成他人损害的，由接受劳务派遣的用工单位承担侵权责任；**劳务派遣单位有过错的，承担相应的责任**。	第 34 条：用人单位的工作人员因执行工作任务造成他人损害的，由用人单位承担侵权责任。 劳务派遣期间，被派遣的工作人员因执行工作任务造成他人损害的，由接受劳务派遣的用工单位承担侵权责任；**劳务派遣单位有过错的，承担相应的补充责任**。
第 1192 条：个人之间形成劳务关系，提供劳务一方因劳务造成他人损害的，由接受劳务一方承担侵权责任。接受劳务一方承担侵权责任后，可以向有故意或者重大过失的提供劳务一方追偿。提供劳务一方因劳务受到损害的，根据双方各自的过错承担相应的责任。 提供劳务期间，因第三人的行为造成提供劳务一方损害的，提供劳务一方有权请求第三人承担侵权责任，也有权请求接受劳务一方给予补偿。接受劳务一方补偿后，可以向第三人追偿。	第 35 条：个人之间形成劳务关系，提供劳务一方因劳务造成他人损害的，由接受劳务一方承担侵权责任。提供劳务一方因劳务自己受到损害的，根据双方各自的过错承担相应的责任。
（新增）第 1193 条：承揽人在完成工作过程中造成第三人损害或者自己损害的，定作人不承担侵权责任。但是，定作人对定作、指示或者选任有过错的，应当承担相应的责任。	《人身损害解释》第 10 条：承揽人在完成工作过程中对第三人造成损害或者造成自身损害的，定作人不承担赔偿责任。但定作人对定作、指示或者选任有过失的，应当承担相应的赔偿责任。

（二）考点精讲

用人单位	1. 用人单位工作人员因执行工作任务造成他人损害的，由用人单位承担无过错的替代责任。 2. 工作人员不是责任主体。工作人员即使对损害的发生具有故意或者重大过失，亦不承担连带责任。用人单位承担侵权责任后，可以向有故意或者重大过失的工作人员追偿。 3. 用人单位应作广义理解，包括国家机关、企事业单位、公司、合伙组织等。 4. “因执行工作任务”： （1）执行单位授权或者指示范围内的工作任务。 （2）工作人员的行为虽然超出单位授权、指示的范围，只要其表现形式是执行工作任务或者与执行工作任务具有内在联系，亦属于执行工作任务。

续表

劳务派遣	劳务派遣期间，被派遣的工作人员因执行工作任务造成他人损害的： （1）由接受劳务派遣的用工单位承担无过错的替代责任； **（2）劳务派遣单位有过错的，承担相应的责任**。
个人劳务	1. 个人之间形成劳务关系，提供劳务一方因劳务造成他人损害的，由接受劳务一方承担侵权责任。接受劳务一方承担侵权责任后，可以向有故意或者重大过失的提供劳务一方追偿。 2. 提供劳务一方因劳务自己受到损害的，根据双方各自的过错承担相应的责任。 3. 提供劳务期间，因第三人的行为造成提供劳务一方损害的，提供劳务一方有权请求第三人承担侵权责任，也有权请求接受劳务一方承担侵权责任。接受劳务一方承担侵权责任后，可以向第三人追偿。
无偿帮工	1. 帮工人在从事无偿帮工活动中致人损害，被帮工人承担赔偿责任。 2. 帮工人因帮工活动遭受人身损害，被帮工人承担赔偿责任。 3. 上述两种情形，被帮工人明确拒绝帮工的，不承担赔偿责任。 4. 帮工人因第三人侵权遭受人身损害，由第三人承担责任，因第三人不能确定或没有赔偿能力，可由被帮人适当补偿。

典型真题

［例213］甲赴宴饮酒，遂由有驾照的乙代驾其车，乙违章撞伤丙。交管部门认定乙负全责。以下假定情形中对丙的赔偿责任，哪些表述是正确的？（2013年卷三第67题，多选）①

B. 如乙是代驾公司派出的驾驶员，该公司应承担赔偿责任

C. 如乙是酒店雇佣的为饮酒客人提供代驾服务的驾驶员，乙不承担赔偿责任

D. 如乙是出租车公司驾驶员，公司明文禁止代驾，乙为获高额报酬而代驾，乙应承担赔偿责任

［例214］甲公司为劳务派遣单位，根据合同约定向乙公司派遣搬运工。搬运工丙脾气暴躁常与人争吵，乙公司要求甲公司更换丙或对其教育管理，甲公司不予理会。一天，乙公司安排丙为顾客丁免费搬运电视机，丙与丁发生激烈争吵故意摔坏电视机。对此，下列哪些说法是错误的？（2010年卷三第70题，多选）②

A. 甲公司和乙公司承担连带赔偿责任

B. 甲公司承担赔偿责任，乙公司承担相应的责任

C. 甲公司和丙承担连带赔偿责任

D. 丙承担赔偿责任，甲公司承担相应的责任

［例215］甲电器销售公司的安装工人李某在为消费者黄某安装空调的过程中，不慎从高处掉落安装工具，将路人王某砸成重伤。李某是乙公司的劳务派遣人员，此前曾多次发生类似小事故，甲公司曾要求乙公司另派他人，但乙公司未予换人。下列哪一选项

① 答案：BC
② 答案：ABCD

是正确的?(2014年卷三第21题，单选)[1]

A. 对王某的赔偿责任应由李某承担，黄某承担补充责任

B. 对王某的赔偿责任应由甲公司承担，乙公司承担相应的责任

C. 甲公司与乙公司应对王某承担连带赔偿责任

D. 对王某的赔偿责任承担应采用过错责任原则

考点129 网络侵权责任

(一) 修改说明

《民法典·侵权责任编》	《侵权责任法》
第1194条： 网络用户、网络服务提供者利用网络侵害他人民事权益的，应当承担侵权责任。法律另有规定的，依照其规定。 **第1195条：** 网络用户利用网络服务实施侵权行为的，权利人有权通知网络服务提供者采取删除、屏蔽、断开链接等必要措施。通知应当包括构成侵权的初步证据及权利人的真实身份信息。 网络服务提供者接到通知后，应当及时将该通知转送相关网络用户，并根据构成侵权的初步证据和服务类型采取必要措施；未及时采取必要措施的，对损害的扩大部分与该网络用户承担连带责任。 权利人因错误通知造成网络用户或者网络服务提供者损害的，应当承担侵权责任。法律另有规定的，依照其规定。 **第1197条：** 网络服务提供者知道或者应当知道网络用户利用其网络服务侵害他人民事权益，未采取必要措施的，与该网络用户承担连带责任。	第36条：网络用户、网络服务提供者利用网络侵害他人民事权益的，应当承担侵权责任。 网络用户利用网络服务实施侵权行为的，被侵权人有权通知网络服务提供者采取删除、屏蔽、断开链接等必要措施。网络服务提供者接到通知后未及时采取必要措施的，对损害的扩大部分与该网络用户承担连带责任。 网络服务提供者知道网络用户利用其网络服务侵害他人民事权益，未采取必要措施的，与该网络用户承担连带责任。
(新增) 第1196条： 网络用户接到转送的通知后，可以向网络服务提供者提交不存在侵权行为的声明。声明应当包括不存在侵权行为的初步证据以及网络用户的真实身份信息。 网络服务提供者接到声明后，应当将该声明转送发出通知的权利人，并告知其可以向有关部门投诉或者向人民法院提起诉讼。网络服务提供者在转送声明到达权利人后的合理期限内，未收到权利人已经投诉或者提起诉讼通知的，应当及时终止所采取的措施。	
评析： 随着互联网的快速发展，网络侵权行为越来越复杂，为了更好地保护权利人的利益，同时平衡好网络用户和网络服务提供者之间的利益，在侵权责任法的基础上细化了网络侵权责任的具体规则。 网络侵权责任中有关的“通知—删除”规则，最初来自美国数字千禧年版权法，实际上包括通知删除、反通知恢复两个环节。目前，这个原本为网络著作权侵权量身设计的“通知—删除”规则，经由《侵权责任法》第36条，在我国已经扩展至互联网上的所有侵权样态。2018年《电子商务法》在引用该规则的基础上又补充了等待期的规定。而《民法典·侵权责任编》在编纂中，也吸收了电子商务法的有关规定。	

① 答案：B

（二）考点精讲

网络用户的侵权责任	网络用户利用网络侵害他人民事权益的，应当承担侵权责任。
网络服务提供者的侵权责任	1. 网络服务提供者的直接侵权责任： 网络服务提供者利用网络侵害他人民事权益的，应当承担侵权责任。 2. 网络用户侵权时网络服务提供者的侵权责任： （1）**避风港原则**。 网络用户利用网络服务实施侵权行为的，权利人有权通知网络服务提供者采取删除、屏蔽、断开链接等必要措施。通知应当包括构成侵权的初步证据及权利人的真实身份信息。网络服务提供者接到通知后，应当及时将该通知转送相关网络用户，并根据构成侵权的初步证据和服务类型采取必要措施；**未及时采取必要措施的，对损害的扩大部分与该网络用户承担连带责任**。 （2）**红旗原则**。 网络服务提供者知道或者应当知道网络用户利用其网络服务侵害他人民事权益，未采取必要措施的，与该网络用户承担连带责任。
网络侵权其他规定	1. **非法删帖责任**。 （1）被侵权人与侵权方签订的有偿删帖协议因违反善良风俗而无效。 （2）擅自非法删帖者须对发布信息的网络用户或者网络服务提供者承担侵权责任。 （3）接受委托实施擅自非法删帖行为的，委托人与受托人须承担连带责任。 2. **网络水军责任**。 雇佣、组织、教唆或者帮助他人发布、转发网络信息侵害他人人身权益，被侵权人请求行为人承担连带责任的，应予支持。 3. **损害赔偿限额**。 被侵权人因人身权益受侵害造成的财产损失最高赔偿限额为 50 万。其中包括被侵权人为制止侵权行为所支付的合理开支、合理开支中包括被侵权人或者委托代理人对侵权行为进行调查、取证的合理费用以及符合国家规定的律师费用。

典型真题

[例 216] 甲、乙是同事，因工作争执甲对乙不满，写了一份丑化乙的短文发布在丙网站。乙发现后要求丙删除，丙不予理会，致使乙遭受的损害扩大。关于扩大损害部分的责任承担，下列哪一说法是正确的？（2010 年卷三第 23 题，单选）①

A. 甲承担全部责任　　B. 丙承担全部责任

C. 甲和丙承担连带责任　　D. 甲和丙承担按份责任

① 答案：C

考点 130　违反安全保障义务的侵权责任

（一）修改说明

《民法典·侵权责任编》	《侵权责任法》
第 1198 条：宾馆、商场、银行、车站、机场、体育场馆、娱乐场所等经营场所、公共场所的经营者、管理者或者群众性活动的组织者，未尽到安全保障义务，造成他人损害的，应当承担侵权责任。 因第三人的行为造成他人损害的，由第三人承担侵权责任；经营者、管理者或者组织者未尽到安全保障义务的，承担相应的补充责任。经营者、管理者或者组织者承担补充责任后，可以向第三人追偿。	第 37 条：宾馆、商场、银行、车站、娱乐场所等公共场所的管理人或者群众性活动的组织者，未尽到安全保障义务，造成他人损害的，应当承担侵权责任。 因第三人的行为造成他人损害的，由第三人承担侵权责任；管理人或者组织者未尽到安全保障义务的，承担相应的补充责任。

（二）考点精讲

责任主体	宾馆、商场、银行、车站、机场、体育场馆、娱乐场所等经营场所、公共场所的经营者、管理者或者群众性活动的组织者。	
加害行为	违反了法定的作为义务，应当履行作为的安全保障义务而未履行，即不作为。	
归责原则	过错责任原则。安全保障义务就其性质而言属于注意义务，未尽到适当的注意义务，则应认定为过错的存在。	
责任承担	**直接责任**	在没有第三人的行为介入的情况下，公共场所的管理人或者群众性活动的组织者未尽到安全保障义务，造成他人损害的，应当承担侵权责任。
	补充责任	在损害是由第三人行为所致的情况下： 1. 由第三人承担侵权责任； 2. 第三人不能确定或无力承担，管理人或者组织者未尽到安全保障义务的，承担相应的补充责任。经营者、管理者或者组织者承担补充责任后，可以向第三人追偿。

典型真题

［例 217］小偷甲在某商场窃得乙的钱包后逃跑，乙发现后急追。甲逃跑中撞上欲借用商场厕所的丙，因商场地板湿滑，丙摔成重伤。下列哪些说法是错误的？（2010 年卷三第 67 题，多选）①

A. 小偷甲应当赔偿丙的损失

B. 商场须对丙的损失承担补充赔偿责任

C. 乙应适当补偿丙的损失

D. 甲和商场对丙的损失承担连带责任

［例 218］某洗浴中心大堂处有醒目提示语："到店洗浴客人的贵重物品，请放前台

① 答案：CD

保管”。甲在更衣时因地滑摔成重伤，并摔碎了手上价值20万元的定情信物玉镯。经查明：因该中心雇用的清洁工乙清洁不彻底，地面湿滑导致甲摔倒。下列哪一选项是正确的？（2015年卷三第23题，单选）①

A. 甲应自行承担玉镯损失

B. 洗浴中心应承担玉镯的全部损失

C. 甲有权请求洗浴中心赔偿精神损害

D. 洗浴中心和乙对甲的损害承担连带责任

典型案例

案例1：安全保障义务之合理限度的界定——陈甲、郑某甲与四川某医院侵权责任纠纷案。②

［裁判要旨］认定行为人是否违反了安全保障义务，通常需要判断其是否违反了法定义务及其是否符合善良管理人的标准。如果法律对于安全保障的内容有直接规定，应当严格依照法律法规的明确规定作出判断；如果法律没有规定确定的标准，要通过善良管理人的标准来判断，即行为人是否尽到了同种情形下通常的注意义务，如考虑安全保障义务人是否达到了主管机关所要求的安全保护标准，在执行这些标准规定时是否存在疏忽、过错，在发生损害时的处置措施是否妥当等。大型商场这种以营利为目的的公共场所，其对消费者的安全保障义务应当重于非营利性场所如免费公园、图书馆等。

案例2：赵宝华诉上海也宁阁酒店有限公司、上海市静升实业有限公司生命权、健康权、身体权纠纷案。③

［裁判要旨］作为提供住宿服务的酒店经营者，对入住酒店的消费者应履行合理限度的安全保障义务。酒店经营者因管理、服务瑕疵等安全隐患而致消费者产生人身伤害的，应承担民事赔偿责任。酒店经营场所的出租方对于事发场所管理不善的，亦应承担相应的责任。受害人对于损害发生也有过错的，应根据过失相抵原则，减轻侵害人的民事责任。

考点131　教育机构责任

无人遭受人身损害	无民事行为能力人在幼儿园、学校或者其他教育机构学习、生活期间受到人身损害的，幼儿园、学校或者其他教育机构应当承担侵权责任；但是，能够证明尽到教育、管理职责的，不承担侵权责任。
限人遭受人身损害	限制民事行为能力人在学校或者其他教育机构学习、生活期间受到人身损害，学校或者其他教育机构未尽到教育、管理职责的，应当承担侵权责任。

① 答案：C

② 案号：（2013）武侯民初字第4537号。

③ 《最高人民法院公报》2014年第1期，第41-44页。

续表

第三人导致的损害	1. 无民事行为能力人或者限制民事行为能力人在幼儿园、学校或者其他教育机构学习、生活期间，受到幼儿园、学校或者其他教育机构以外的第三人人身损害的，由第三人承担侵权责任；幼儿园、学校或者其他教育机构未尽到管理职责的，承担相应的补充责任。 2. 幼儿园、学校或者其他教育机构承担补充责任后，可以向第三人追偿。

典型真题

［例 219］ 某小学组织春游，队伍行进中某班班主任张某和其他教师闲谈，未跟进照顾本班学生。该班学生李某私自离队购买食物，与小贩刘某发生争执被打伤。对李某的人身损害，下列哪一说法是正确的？（2009 年卷三第 23 题，单选）①

A. 刘某应承担赔偿责任

B. 某小学应承担赔偿责任

C. 某小学应与刘某承担连带赔偿责任

D. 刘某应承担赔偿责任，某小学应承担相应的补充赔偿责任

① 答案：D

04 第四章 产品责任

考点 132　产品瑕疵责任与产品责任

<table>
<tr><td>概述</td><td colspan="2">1. 产品质量瑕疵担保责任与产品责任是两码事。前者性质上属于合同法调整的违约责任，后者是因产品存在缺陷而造成他人人身、财产损害的损害赔偿责任，性质上属于侵权责任。
2. 问题的复杂性在于，产品瑕疵责任只发生违约责任，但产品责任中会发生违约责任与侵权责任的竞合。</td></tr>
<tr><td rowspan="4">加害给付</td><td colspan="2">侵权责任与违约责任的请求权竞合时，权利人不得同时主张两个请求权，必须择一行使。进一步作以下区分：</td></tr>
<tr><td>原告</td><td>(1) 若提起违约之诉，根据合同相对应原理可知，原告只能是合同一方当事人而不能是其他受害人。
(2) 若提起侵权之诉，不限于合同一方当事人，凡受害人均可提起。</td></tr>
<tr><td>被告</td><td>(1) 侵权之诉：生产者或者销售者。
(2) 违约之诉：销售者。因生产者不是买卖合同当事人，故不是被告。</td></tr>
<tr><td>责任方式</td><td>(1) 精神损害赔偿。
①侵害自然人人身权益造成严重精神损害的，被侵权人有权请求精神损害赔偿。
②因故意或者重大过失侵害自然人具有人身意义的特定物造成严重精神损害的，被侵权人有权请求精神损害赔偿。
③因当事人一方的违约行为，损害对方人格权并造成严重精神损害，受损害方选择请求其承担违约责任的，不影响受损害方请求精神损害赔偿。
(2) 违约金、定金责任。
如原告欲追究对方违约金、定金责任的，则需提起违约之诉，侵权之诉自然不得主张违约金、定金责任。</td></tr>
</table>

典型真题

[例 220] 大学生甲在寝室复习功课，隔壁寝室的学生乙、丙到甲寝室强烈要求甲打开电视观看足球比赛，甲只好照办。由于质量问题，电视机突然爆炸，甲乙丙三人均受重伤。关于三人遭受的损害，下列哪一选项是正确的？(2010 年卷三第 21 题，单选)①

① 答案：A

A. 甲可要求电视机的销售者承担赔偿责任

B. 甲可要求乙、丙承担损害赔偿责任

C. 乙、丙无权要求电视机的销售者承担赔偿责任

D. 乙、丙有权要求甲承担损害赔偿责任

[例 221] 李某用 100 元从甲商场购买一只电热壶，使用时因漏电致李某手臂灼伤，花去医药费 500 元。经查该电热壶是乙厂生产的。下列哪一表述是正确的？（2013 年卷三第 15 题，单选）①

A. 李某可直接起诉乙厂要求其赔偿 500 元损失

B. 根据合同相对性原理，李某只能要求甲商场赔偿 500 元损失

C. 如李某起诉甲商场，则甲商场的赔偿范围以 100 元为限

D. 李某只能要求甲商场更换电热壶，500 元损失则只能要求乙厂承担

[例 222] 赵某从商店购买了一台甲公司生产的家用洗衣机，洗涤衣物时，该洗衣机因技术缺陷发生爆裂，叶轮飞出造成赵某严重人身损害并毁坏衣物。赵某的下列哪些诉求是正确的？（2015 年卷三第 58 题，多选）②

A. 商店应承担更换洗衣机或退货、赔偿衣物损失和赔偿人身损害的违约责任

B. 商店应按违约责任更换洗衣机或者退货，也可请求甲公司按侵权责任赔偿衣物损失和人身损害

C. 商店或者甲公司应赔偿因洗衣机缺陷造成的损害

D. 商店或者甲公司应赔偿物质损害和精神损害

考点 133　产品责任的一般构成

构成	1. 产品有**缺陷**。产品，是指经过加工、制作、用于销售的产品；缺陷是指产品存在危及人身、他人财产安全的不合理的危险。 2. 他人人身、财产遭受损害。 3. 产品缺陷与他人损害之间具有因果关系。	
主体	产品的生产者与销售者承担**不真正连带责任**。③	
归责原则	无过错责任	（1）生产者和销售者对直接责任的承担，均适用无过错责任原则。 （2）生产者的最终责任。
	过错责任	（1）销售者的最终责任。 （2）运输者、仓储者及中间供货人的最终责任。

① 答案：A

② 答案：ABCD

③ 各债务人基于不同的发生原因而对于同一债权人负有以同一给付为标的的数个债务，因一个债务人的履行而使全体债务均归于消灭，此时数个债务人之间所负的责任即为不真正连带责任。在不真正连带责任中，当一债务人履行全部债务以后，其他债务人的债务亦因此消灭。具体到某一个债务人清偿完毕后，是否可以向其他债务人追偿，则视谁为最终的责任承担者而定。

续表

免责事由	1. 生产者能够证明有下列情形之一的，不承担赔偿责任： （1）未将产品投入流通的； （2）产品投入流通时，引起损害的缺陷尚不存在的； （3）将产品投入流通时的科学技术水平尚不能发现缺陷的存在的。 2. 第三人原因不免责。 因运输者、仓储者等第三人的过错使产品存在缺陷，造成他人损害的，产品的生产者、销售者赔偿后，有权向第三人追偿。

考点134　产品责任的具体承担方式

（一）修改说明

《民法典·侵权责任编》	《侵权责任法》
第1206条：产品投入流通后发现存在缺陷的，生产者、销售者应当及时采取停止销售、警示、召回等补救措施。未及时采取补救措施或者补救措施不力造成损害扩大的，对扩大的损害也应当承担侵权责任。 依据前款规定采取召回措施的，生产者、销售者应当负担被侵权人因此支出的必要费用。	第46条：产品投入流通后发现存在缺陷的，生产者、销售者应当及时采取警示、召回等补救措施。未及时采取补救措施或者补救措施不力造成损害的，应当承担侵权责任。
第1207条：明知产品存在缺陷仍然生产、销售，或者没有依据前条规定采取补救措施，造成他人死亡或者健康严重损害的，被侵权人有权请求相应的惩罚性赔偿。	第47条：明知产品存在缺陷仍然生产、销售，造成他人死亡或者健康严重损害的，被侵权人有权请求相应的惩罚性赔偿。

（二）考点精讲

依据	第1205条	因产品缺陷危及他人人身、财产安全的，被侵权人有权请求生产者、销售者承担停止侵害、排除妨碍、消除危险等侵权责任。
	第1206条	1. 产品投入流通后发现存在缺陷的，生产者、销售者应当**及时**采取**停止销售、警示、召回**等补救措施。**未及时采取**补救措施或者补救**措施不力**造成损害扩大的，**对扩大的损害也应当承担侵权责任**。 2. 依据前款规定采取召回措施的，生产者、销售者应当负担被侵权人因此支出的**必要费用**。
	第1207条	**明知**产品存在**缺陷**仍然生产、销售，或者没有依据前条规定采取补救措施，**造成他人死亡或者健康严重损害的**，被侵权人有权请求相应的惩罚性赔偿。
释义	1. 上述第1205、1206条规定的是：（1）赔偿损失。（2）排除妨害、消除危险。（3）警示、召回责任。第1207条规定的是惩罚性赔偿制度。笔者着重介绍一下惩罚性赔偿制度。目前，我国共建立三个惩罚性赔偿制度，分别是： （1）单纯的惩罚性侵权损害赔偿金。明知产品存在缺陷仍然生产、销售，或者没有依法采取补救措施，造成他人死亡或者健康严重损害的，被侵权人有权请求相应的惩罚性赔偿。	

续表

释义	（2）经营者的3倍惩罚性违约损害赔偿金或者2倍侵权损害赔偿金。 （3）伪劣食品的惩罚性损害赔偿金：10倍的违约损害赔偿金或者3倍的侵权损害赔偿金。

典型真题

［例223］甲系某品牌汽车制造商，发现已投入流通的某款车型刹车系统存在技术缺陷，即通过媒体和销售商发布召回该款车进行技术处理的通知。乙购买该车，看到通知后立即驱车前往丙销售公司，途中因刹车系统失灵撞上大树，造成伤害。下列哪些说法是正确的？(2011年卷三第67题，多选)①

A. 乙有权请求甲承担赔偿责任

B. 乙有权请求丙承担赔偿责任

C. 乙有权请求惩罚性赔偿

D. 甲的责任是无过错责任

① 答案：ABD

05 第五章 机动车交通事故责任

考点 135　机动车交通事故责任的一般规定

（一）修改说明

《民法典·侵权责任编》	
（增加）第 1217 条：非营运机动车发生交通事故造成无偿搭乘人损害，属于该机动车一方责任的，应当减轻其赔偿责任，但是机动车使用人有故意或者重大过失的除外。	

（二）考点精讲

<table>
<tr><td>依据</td><td colspan="3">1. 第 1208 条：机动车发生交通事故造成损害的，依照道路交通安全法和本法的有关规定承担赔偿责任。
2.《道路交通安全法》第 76 条规定，机动车发生交通事故造成人身伤亡、财产损失的，由保险公司在机动车第三者责任强制保险责任限额范围内予以赔偿；不足的部分，按照下列规定承担赔偿责任：
（一）机动车之间发生交通事故的，由有过错的一方承担赔偿责任；双方都有过错的，按照各自过错的比例分担责任。
（二）机动车与非机动车驾驶人、行人之间发生交通事故，非机动车驾驶人、行人没有过错的，由机动车一方承担赔偿责任；有证据证明非机动车驾驶人、行人有过错的，根据过错程度适当减轻机动车一方的赔偿责任；机动车一方没有过错的，承担不超过百分之十的赔偿责任。
交通事故的损失是由非机动车驾驶人、行人故意碰撞机动车造成的，机动车一方不承担赔偿责任。</td></tr>
<tr><td rowspan="3">释义</td><td rowspan="2">归责原则</td><td>过错责任</td><td>机动车之间适用过错责任。</td></tr>
<tr><td>无过错责任</td><td>机动车对非机动车、行人适用无过错责任。</td></tr>
<tr><td>免责事由</td><td colspan="2">交通事故的损失是由非机动车驾驶人、行人故意碰撞机动车造成的，机动车一方不承担赔偿责任。</td></tr>
</table>

考点 136　具体规定：几种特殊情形下责任承担（实际控制原则）

《民法典·侵权责任编》	《侵权责任法》
第 1209 条：因租赁、借用等情形机动车所有人、管理人与使用人不是同一人时，发生交通事故造成损害，属于该机动车一方责任的，由机动车使用人承担赔偿责任；机动车所有人、管理人对损害的发生有过错的，承担相应的赔偿责任。	第 49 条：因租赁、借用等情形机动车所有人与使用人不是同一人时，发生交通事故后属于该机动车一方责任的，由保险公司在机动车强制保险责任限额范围内予以赔偿。不足部分，由机动车使用人承担赔偿责任；机动车所有人对损害的发生有过错的，承担相应的赔偿责任。
第 1210 条：当事人之间已经以买卖或者其他方式转让并交付机动车但是未办理登记，发生交通事故造成损害，属于该机动车一方责任的，由受让人承担赔偿责任。	第 50 条：当事人之间已经以买卖等方式转让并交付机动车但未办理所有权转移登记，发生交通事故后属于该机动车一方责任的，由保险公司在机动车强制保险责任限额范围内予以赔偿。不足部分，由受让人承担赔偿责任。
第 1211 条：以挂靠形式从事道路运输经营活动的机动车，发生交通事故造成损害，属于该机动车一方责任的，由挂靠人和被挂靠人承担连带责任。	**《道路损害赔偿解释》第 3 条**：以挂靠形式从事道路运输经营活动的机动车发生交通事故造成损害，属于该机动车一方责任，当事人请求由挂靠人和被挂靠人承担连带责任的，人民法院应予支持。
	《道路损害赔偿解释》第 5 条：套牌机动车发生交通事故造成损害，属于该机动车一方责任，当事人请求由套牌机动车的所有人或者管理人承担赔偿责任的，人民法院应予支持；被套牌机动车所有人或者管理人同意套牌的，应当与套牌机动车的所有人或者管理人承担连带责任。
第 1212 条：未经允许驾驶他人机动车，发生交通事故造成损害，属于该机动车一方责任的，由机动车使用人承担赔偿责任；机动车所有人、管理人对损害的发生有过错的，承担相应的赔偿责任，但是本章另有规定的除外。	
第 1213 条：机动车发生交通事故造成损害，属于该机动车一方责任的，先由承保机动车强制保险的保险人在强制保险责任限额范围内予以赔偿；不足部分，由承保机动车商业保险的保险人按照保险合同的约定予以赔偿；仍然不足或者没有投保机动车商业保险的，由侵权人赔偿。	

续表

《民法典·侵权责任编》	《侵权责任法》
第 1214 条：以买卖或者其他方式转让拼装或者已达到报废标准的机动车，发生交通事故造成损害的，由转让人和受让人承担连带责任。	第 51 条：以买卖等方式转让拼装或者已达到报废标准的机动车，发生交通事故造成损害的，由转让人和受让人承担连带责任。 **《道路损害赔偿解释》第 6 条：** 拼装车、已达到报废标准的机动车或者依法禁止行驶的其他机动车被多次转让，并发生交通事故造成损害，当事人请求由所有的转让人和受让人承担连带责任的，人民法院应予支持。
第 1215 条：盗窃、抢劫或者抢夺的机动车发生交通事故造成损害的，由盗窃人、抢劫人或者抢夺人承担赔偿责任。盗窃人、抢劫人或者抢夺人与机动车使用人不是同一人，发生交通事故造成损害，属于该机动车一方责任的，由盗窃人、抢劫人或者抢夺人与机动车使用人承担连带责任。 保险人在机动车强制保险责任限额范围内垫付抢救费用的，有权向交通事故责任人追偿。	第 52 条：盗窃、抢劫或者抢夺的机动车发生交通事故造成损害的，由盗窃人、抢劫人或者抢夺人承担赔偿责任。保险公司在机动车强制保险责任限额范围内垫付抢救费用的，有权向交通事故责任人追偿。

典型真题

［例 224］周某从迅达汽车贸易公司购买了 1 辆车，约定周某试用 10 天，试用期满后 3 天内办理登记过户手续。试用期间，周某违反交通规则将李某撞成重伤。现周某困难，无力赔偿。关于李某受到的损害，下列哪一表述是正确的？（2011 年卷三第 6 题，单选）①

A. 因在试用期间该车未交付，李某有权请求迅达公司赔偿

B. 因该汽车未过户，不知该汽车已经出卖，李某有权请求迅达公司赔偿

C. 李某有权请求周某赔偿，因周某是该汽车的使用人

D. 李某有权请求周某和迅达公司承担连带赔偿责任，因周某和迅达公司是共同侵权人

① 答案：C

06 第六章 医疗损害责任

《民法典·侵权责任编》	《侵权责任法》
第 1226 条：医疗机构及其医务人员应当对患者的隐私和个人信息保密。泄露患者的隐私和个人信息，或者未经患者同意公开其病历资料的，应当承担侵权责任。	第 62 条：医疗机构及其医务人员应当对患者的隐私保密。泄露患者隐私或者未经患者同意公开其病历资料，造成患者损害的，应当承担侵权责任。
第 1228 条：医疗机构及其医务人员的合法权益受法律保护。 干扰医疗秩序，妨碍医务人员工作、生活，侵害医务人员合法权益的，应当依法承担法律责任。	第 64 条：医疗机构及其医务人员的合法权益受法律保护。干扰医疗秩序，妨害医务人员工作、生活的，应当依法承担法律责任。

考点 137　医疗技术损害责任

（一）修改说明

《民法典·侵权责任编》	《侵权责任法》
第 1218 条：患者在诊疗活动中受到损害，医疗机构或者其医务人员有过错的，由医疗机构承担赔偿责任。	第 54 条：患者在诊疗活动中受到损害，医疗机构及其医务人员有过错的，由医疗机构承担赔偿责任。
第 1222 条：患者在诊疗活动中受到损害，有下列情形之一的，推定医疗机构有过错： （一）违反法律、行政法规、规章以及其他有关诊疗规范的规定； （二）隐匿或者拒绝提供与纠纷有关的病历资料； （三）遗失、伪造、篡改或者违法销毁病历资料。	第 58 条：患者有损害，因下列情形之一的，推定医疗机构有过错： （一）违反法律、行政法规、规章以及其他有关诊疗规范的规定； （二）隐匿或者拒绝提供与纠纷有关的病历资料； （三）伪造、篡改或者销毁病历资料。
第 1225 条：医疗机构及其医务人员应当按照规定填写并妥善保管住院志、医嘱单、检验报告、手术及麻醉记录、病理资料、护理记录等病历资料。 患者要求查阅、复制前款规定的病历资料的，医疗机构**应当及时提供**。	第 61 条：医疗机构及其医务人员应当按照规定填写并妥善保管住院志、医嘱单、检验报告、手术及麻醉记录、病理资料、护理记录、医疗费用等病历资料 患者要求查阅、复制前款规定的病历资料的，医疗机构**应当提供**。

（二）考点精讲

适用情形	医疗机构的医务人员在诊断、治疗过程中因**过失**给患者造成**人身损害**。
归责原则	1. **过错责任：** （1）医疗机构、医务人员有过错。 （2）医务人员在诊疗活动中应当向患者说明病情和医疗措施、尽到与当时的医疗水平相应的诊疗义务告知同意义务等，未尽到这些义务，即存在过错。 2. **过错推定：** **患者有损害，因下列情形之一的，推定医疗机构有过错：** （1）违反法律、行政法规、规章以及其他有关诊疗规范的规定； （2）隐匿或者拒绝提供与纠纷有关的病历资料； （3）遗失、伪造、篡改或者违法销毁病历资料。
责任主体	医疗机构。 1. **医疗机构承担替代责任**。 2. 医务人员具有重大过失的，不承担连带责任。
免责事由	患者在诊疗活动中受到损害，有下列情形之一的，医疗机构不承担赔偿责任： 1. **患者或者其近亲属不配合医疗机构进行符合诊疗规范的诊疗；** （1）主要指不遵医嘱诊疗，不遵医嘱用药。 （2）医疗机构或者其医务人员也有过错的，应当承担相应的赔偿责任。 2. **医务人员在抢救生命垂危的患者等紧急情况下已经尽到合理诊疗义务；** 3. **限于当时的医疗水平难以诊疗**。

考点138　违反告知义务的医疗损害责任

（一）修改说明

《民法典·侵权责任编》	《侵权责任法》
第1219条：医务人员在诊疗活动中应当向患者说明病情和医疗措施。需要实施手术、特殊检查、特殊治疗的，医务人员应当及时向患者具体说明医疗风险、替代医疗方案等情况，并取得其明确同意；不能或者不宜向患者说明的，应当向患者的近亲属说明，并取得其明确同意。 医务人员未尽到前款义务，造成患者损害的，医疗机构应当承担赔偿责任。	第55条：医务人员在诊疗活动中应当向患者说明病情和医疗措施。需要实施手术、特殊检查、特殊治疗的，医务人员应当及时向患者说明医疗风险、替代医疗方案等情况，并取得其书面同意；不宜向患者说明的，应当向患者的近亲属说明，并取得其书面同意。 医务人员未尽到前款义务，造成患者损害的，医疗机构应当承担赔偿责任。

（二）考点精讲

违反一般告知义务的医疗损害责任	适用情形	医疗机构的医务人员在诊疗过程中未向患者说明病情和医疗措施，给患者造成损害（如病情恶化、减低治愈概率、缩短生存时间）。

续表

违反一般告知义务的医疗损害责任	责任主体	医疗机构承担替代责任。
	归责方式	过错责任，即违反告知说明义务。
违反特殊告知义务的医疗损害责任	适用情形	在治疗过程中，需要实施**手术**、**特殊检查**、**特殊治疗**的，医务人员未及时向患者具体说明医疗风险、替代医疗方案等情况，并取得其**明确同意**；不能或者不宜向患者说明的，未向患者的近亲属说明，并取得其明确同意，（医疗行为虽无差错），但仍给患者造成损害的（如并发症、医疗意外）。
	责任主体	医疗机构承担替代责任。
	归责方式	过错责任，即违反告知义务。具体而言： （1）特殊病情：说明——明确同意； （2）实施手术、特殊检查、特殊治疗：说明——明确同意；不宜向患者说明的：向患者近亲属说明——明确同意。
医疗机构的紧急处置权	适用情形	因抢救生命垂危的患者等紧急情况，必须进行手术、特殊检查、特殊治疗、限于客观情况，不能告知或取得患者或者其近亲属意见的（如患者昏迷且不知其近亲属；又如，患者近亲属无正当理由拒不签字）。
	处置内容	经医疗机构负责人或者授权的负责人批准，可以立即实施相应的医疗措施。
	法律效果	只要医务人员**不存在技术上的差错**，不构成医疗侵权。

考点 139　医疗产品致人损害的责任承担

适用情形	医疗机构在诊断、治疗过程中，因药品、消毒产品、医疗器械的缺陷，或者输入不合格的血液造成患者损害的。
责任主体	医疗机构与有责任的医疗产品承担**不真正连带责任**。 1. 患者可以向药品上市许可持有人、生产者、血液提供机构请求赔偿。 2. 患者也可以向医疗机构请求赔偿。 3. 患者向医疗机构请求赔偿的，医疗机构赔偿后，有权向负有责任的药品上市许可持有人、生产者、血液提供机构追偿。
归责方式	无过错责任。

典型真题

[例 225] 田某突发重病神志不清，田父将其送至医院，医院使用进口医疗器械实施手术，手术失败，田某死亡。田父认为医院在诊疗过程中存在一系列违规操作，应对田某的死亡承担赔偿责任。关于本案，下列哪一选项是正确的？（2016 年卷三第 23 题，单选）①

① 答案：A

A. 医疗损害适用过错责任原则，由患方承担举证责任

B. 医院实施该手术，无法取得田某的同意，可自主决定

C. 如因医疗器械缺陷致损，患方只能向生产者主张赔偿

D. 医院有权拒绝提供相关病历，且不会因此承担不利后果

07 第七章 环境污染与生态破坏责任

考点 140 环境污染与生态破坏责任的承担

（一）修改说明

《民法典·侵权责任编》	
（新增）第 1232 条：侵权人故意违反国家规定污染环境、破坏生态造成严重后果的，被侵权人有权请求相应的惩罚性赔偿。	评析：为了落实党的十八届三中全会提出的“对造成生态环境损害的责任者严格实行赔偿制度”要求，贯彻党的十九大报告提出的“要加大生态系统保护力度”的决策部署，结合 2017 年中共中央办公厅和国务院办公厅联合印发的《生态环境损害赔偿制度改革方案》，修改完善了生态环境损害责任制度：增加规定生态环境损害的惩罚性赔偿制度。规定，侵权人故意违反国家规定损害生态环境的，被侵权人有权请求相应的惩罚性赔偿；明确生态环境损害的修复和赔偿制度。
（新增）第 1234 条：违反国家规定造成生态环境损害，生态环境能够修复的，国家规定的机关或者法律规定的组织有权请求侵权人在合理期限内承担修复责任。侵权人在期限内未修复的，国家规定的机关或者法律规定的组织可以自行或者委托他人进行修复，所需费用由侵权人负担。	
（新增）第 1235 条：违反国家规定造成生态环境损害的，国家规定的机关或者法律规定的组织有权请求侵权人赔偿下列损失和费用： （一）生态环境受到损害至恢复原状期间服务功能丧失导致的损失； （二）生态环境功能永久性损害造成的损失； （三）生态环境损害调查、鉴定评估等费用； （四）清除污染、修复生态环境费用； （五）防止损害的发生和扩大所支出的合理费用。	

（二）考点精讲

归责	无过错责任原则。
举证责任	1. 因污染环境发生纠纷，污染者应当就法律规定的不承担责任或者减轻责任的情形及其行为与损害之间不存在因果关系承担举证责任。 2. 被侵权人请求损害赔偿的，应当提供证明以下事实的证据材料： （1）污染者排放了污染物； （2）所遭受的损失； （3）污染者排放的污染物或者其次生污染物与损害之间具有关联性。

续表

免责事由	1. 不可抗力，同时需要污染者已经采取合理措施方可免责。 2. 污染者以第三人的过错污染环境造成损害为由主张不承担责任或者减轻责任的，不予支持。据此，第三人过错不能作为免责事由。
责任承担	1. 因污染环境造成损害的，污染者应当承担侵权责任。 2. 因第三人的过错污染环境造成损害的，被侵权人可以向污染者请求赔偿，也可以向第三人请求赔偿。污染者赔偿后，有权向第三人追偿（第三人承担终局责任）。据此，污染者与第三人承担**不真正连带责任**。 3. 被侵权人分别或者同时起诉污染者、第三人的，法院应予受理。被侵权人请求第三人承担赔偿责任的，应当根据第三人的过错程度确定其相应赔偿责任。
诉讼时效	1. 3年。从当事人知道或者应当知道其受到损害时起计算。 2. 被侵权人提起诉讼，请求污染者停止侵害、排除妨碍、消除危险的，不受时效期间的限制。

考点141　共同排污的责任

（一）修改说明

《民法典·侵权责任编》	《侵权责任法》
第1231条：两个以上侵权人污染环境、破坏生态的，承担责任的大小，根据污染物的种类、浓度、排放量，破坏生态的方式、范围、程度，以及行为对损害后果所起的作用等因素确定。	第67条：两个以上污染者污染环境，污染者承担责任的大小，根据污染物的种类、排放量等因素确定。

（二）考点精讲

1. 构成累计因果关系的分别侵权责任	构成要件	（1）二人以上分别实施加害行为，无共同故意，亦无共同过失，不成立共同侵权。 （2）两个以上加害行为结合在一起，造成同一个在法律上不能分割的损害。 （3）从因果关系上看，每一个加害行为都足以造成全部损害。
	责任	分别排污者承担**连带责任**。
2. 构成共同因果关系的分别侵权责任	构成要件	（1）二人以上分别实施加害行为，无共同故意，亦无共同过失，不成立共同侵权。 （2）两个以上加害行为结合在一起，造成同一个在法律上不能分割的损害。 （3）从因果关系上看，每一个加害行为单独均不足以造成全部损害，须结合在一起才足以造成全部损害。
	责任	（1）**按份责任**。 （2）两个以上污染者污染环境，对污染者承担责任的大小，法院应当

续表

2. 构成共同因果关系的分别侵权责任	责任	根据污染物的种类、浓度、排放量，破坏生态的方式、范围、程度，以及行为对损害后果所起的作用等因素确定。
3. 部分累计因果关系、部分共同因果关系的分别侵权责任	两个以上污染者分别实施污染行为造成同一损害，部分污染者的污染行为足以造成全部损害，部分污染者的污染行为只造成部分损害，被侵权人请求足以造成全部损害的污染者与其他污染者就共同造成的损害部分承担**连带责任**，并对全部损害承担责任的，应予支持。	

典型真题

［例 226］甲、乙、丙三家公司生产三种不同的化工产品，生产场地的排污口相邻。某年，当地大旱导致河水水位大幅下降，三家公司排放的污水混合发生化学反应，产生有毒物质致使河流下游丁养殖场的鱼类大量死亡。经查明，三家公司排放的污水均分别经过处理且符合国家排放标准。后丁养殖场向三家公司索赔。下列哪一选项是正确的？(2015 年卷三第 22 题，单选)①

A. 三家公司均无过错，不承担赔偿责任

B. 三家公司对丁养殖场的损害承担连带责任

C. 本案的诉讼时效是 2 年

D. 三家公司应按照污染物的种类、排放量等因素承担责任

① 答案：D

08 第八章 高度危险责任

考点 142　高度危险责任概述

（一）修改说明

《民法典·侵权责任编》	《侵权责任法》
第 1244 条：承担高度危险责任，法律规定赔偿限额的，依照其规定，但是行为人有故意或者重大过失的除外。	第 77 条：承担高度危险责任，法律规定赔偿限额的，依照其规定。

（二）考点精讲

<table>
<tr><td rowspan="2">归责原则</td><td>原则</td><td>高度危险责任适用无过错原则。</td></tr>
<tr><td>例外</td><td>在两种特殊情形下适用过错责任原则：
（1）遗失、抛弃高度危险物造成他人损害的，由所有人承担侵权责任。所有人将高度危险物交由他人管理的，由管理人承担侵权责任；所有人有过错的，与管理人承担连带责任。
（2）非法占有高度危险物造成他人损害的，由非法占有人承担侵权责任。所有人、管理人不能证明对防止他人非法占有尽到高度注意义务的，与非法占有人承担连带责任。</td></tr>
<tr><td>责任承担</td><td colspan="2">承担高度危险责任，法律规定赔偿限额的，依照其规定，但是行为人有故意或者重大过失的除外。</td></tr>
<tr><td>免责</td><td colspan="2">免责事由依据本法第 1237～1243 条的规定加以确认。</td></tr>
</table>

考点 143　因高度危险作业致人损害的责任

（一）修改说明

《民法典·侵权责任编》	《侵权责任法》
第 1237 条：民用核设施或者运入运出核设施的核材料发生核事故造成他人损害的，民用核设施的营运单位应当承担侵权责任；但是，能够证明损害是因战争、武装冲突、暴乱等情形或者受害人故意造成的，不承担责任。	第 70 条：民用核设施发生核事故造成他人损害的，民用核设施的经营者应当承担侵权责任，但能够证明损害是因战争等情形或者受害人故意造成的，不承担责任。

续表

《民法典·侵权责任编》	《侵权责任法》
第1240条：从事高空、高压、地下挖掘活动或者使用高速轨道运输工具造成他人损害的，经营者应当承担侵权责任；但是，能够证明损害是因受害人故意或者不可抗力造成的，不承担责任。被侵权人对损害的发生有重大过失的，可以减轻经营者的责任。	第73条：从事高空、高压、地下挖掘活动或者使用高速轨道运输工具造成他人损害的，经营者应当承担侵权责任，但能够证明损害是因受害人故意或者不可抗力造成的，不承担责任。被侵权人对损害的发生有过失的，可以减轻经营者的责任。

（二）考点精讲

民用核设施发生核事故致人损害责任	责任主体	经营者。
	归责方式	无过错责任。
	免责事由	1. 损害是因**战争**、**武装冲突**、**暴乱**等情形造成的。 2. 受害人故意造成的。
民用航空器致人损害责任	责任主体	经营者。
	归责方式	无过错责任。
	免责事由	只有一种情形，即损害是因受害人故意造成的。
从事高空、高压、地下挖掘活动或者使用高速轨道运输工具致人损害责任	责任主体	经营者。
	归责方式	无过错责任。
	免责事由	1. 能够证明损害是因受害人故意或者不可抗力造成的，不承担责任。 2. 被侵权人对损害的发生有**重大过失**的，可以减轻经营者的责任。

考点144　因高度危险物致人损害的责任

占有或者使用高度危险物致人损害责任	责任主体	高度危险物的占有人或者使用人。
	归责方式	无过错责任。
	免责事由	1. 能够证明损害是因受害人故意或者不可抗力造成的，不承担责任。 2. 被侵权人对损害的发生有重大过失的，可以减轻占有人或者使用人的责任。 3. 若被侵权人对损害的发生仅有一般过失的，不能减轻责任。
遗失、抛弃高度危险物致人损害责任	责任承担	1. 高度危险物所有人承担无过错责任。 2. 所有人将高度危险物交由他人管理的： （1）由管理人承担侵权责任。 （2）所有人有过错的，与管理人承担连带责任。

续表

非法占有高度危险物致人损害责任	责任承担	1. 高度危险物非法占有人承担无过错责任。 2. 所有人、管理人不能证明对防止他人非法占有尽到高度注意义务的，与非法占有人承担连带责任。

考点 145　未经许可进入高度危险活动区域或者高度危险物存放区域受到损害的责任

（一）修改说明

《民法典·侵权责任编》	《侵权责任法》
第 1243 条：未经许可进入高度危险活动区域或者高度危险物存放区域受到损害，管理人能够证明已经采取足够安全措施并尽到充分警示义务的，可以减轻或者不承担责任。	第 76 条：未经许可进入高度危险活动区域或者高度危险物存放区域受到损害，管理人已经采取安全措施并尽到警示义务的，可以减轻或者不承担责任。

（二）考点精讲

责任承担	高度危险物管理人承担无过错责任。
免责事由	1. 管理人能够证明已经采取足够安全措施并尽到充分警示义务的，可以减轻或者不承担责任。 2. 若受害人存在重大过失，可以免除或者减轻管理人责任。

09 第九章 饲养动物损害责任

考点 146 饲养动物损害责任的一般规定

范围界定	1. “动物”仅限于饲养的动物。 2. 须为动物独立致害。 3. 包括给他人造成人身或者财产损失。	
责任承担	责任主体	动物饲养人、管理人。
	归责原则	无过错责任原则。即只要饲养的动物造成他人损害，动物饲养人或者管理人就应当承担责任。
	免责事由	受害人挑逗动物，对损害的发生具有故意或者重大过失的，可以减轻或者免除动物饲养人或者管理人的责任。

典型真题

［例 227］王某因全家外出旅游，请邻居戴某代为看管其饲养的宠物狗。戴某看管期间，张某偷狗，被狗咬伤。关于张某被咬伤的损害，下列哪一选项是正确的？（2017 年卷三第 24 题，单选）①

A. 王某应对张某所受损害承担全部责任

B. 戴某应对张某所受损害承担全部责任

C. 王某和戴某对张某损害共同承担全部责任

D. 王某或戴某不应对张某损害承担全部责任

考点 147 饲养动物致人损害责任承担

（一）修改说明

《民法典·侵权责任编》	《侵权责任法》
第 1246 条：违反管理规定，未对动物采取安全措施造成他人损害的，动物饲养人或者管理人应当承担侵权责任；但是，能够证明损害是因被侵权人故意造成的，可以减轻责任。	第 79 条：违反管理规定，未对动物采取安全措施造成他人损害的，动物饲养人或者管理人应当承担侵权责任。

① 答案：D

（二）考点精讲

适用情形	1. 违反管理规定，未对动物采取安全措施，造成他人损害的。 2. 饲养了禁止饲养的烈性犬等危险动物，造成他人损害的。
责任承担	1. 违反管理规定，未对动物采取安全措施，造成他人损害的，动物饲养人或者管理人应当承担侵权责任；但是，能够证明损害是因被侵权人故意造成的，可以减轻责任。 2. 饲养了禁止饲养的烈性犬等危险动物，造成他人损害的，无免责事由。所谓“无免责事由”是指即使受害人挑逗动物，对损害的发生具有故意或者重大过失，也不能免除或者减轻动物饲养人或者管理人的责任。

典型案例

案例 1：唐淑梅与于宪亮饲养动物损害责任纠纷案。①

[裁判要旨] 本院认为：根据《中华人民共和国侵权责任法》第八十条的规定：禁止饲养的烈性犬等危险动物造成他人损害的，动物饲养人或者管理人应当承担侵权责任。从上述规定看出，该条实行的是最为严格的无过错责任，且不得进行过失相抵。藏獒属于烈性犬，上诉人于宪亮未经批准进行饲养，违反相关规定，对给被上诉人唐淑梅造成的损害应承担赔偿责任。于宪亮主张唐淑梅未经允许进入院内，该理由不属于免责事由，本院不予支持。

案例 2：在公共场所放任动物自由行动致人损害，如何认定动物饲养人的责任——顾某与范某饲养动物损害责任纠纷案。②

[裁判要旨] 由于饲养的动物无理智可言，放任动物在公共场所自由行动，本身就具有可能给不特定的社会公众造成一定损害的危险性，而要防止这一危险源可能给社会公众造成的损害，就必须由饲养人或者管理人通过主动、积极和有效的方式方法对该动物进行管理、约束和控制，防患于未然，尽量杜绝这一危险源可能造成的损害，保障不特定多数的社会公众的合法权益。

考点 148　动物园饲养的动物致人损害的责任承担

概念界定	动物园的管理职责，指的是须采取社会观念所要求的安全管理措施，如对于用栅栏围起来的动物，动物园要确保栅栏没有毁坏，且避免动物逃出栅栏。
归责方式	过错推定，即动物园能够证明尽到管理职责的，不承担责任。

考点 149　遗弃、逃逸的动物致人损害的责任承担

归责方式	无过错责任。
责任承担	1. 遗弃、逃逸的动物致人损害的，由原动物饲养人或者管理人承担侵权责任。 2. 若遗弃、逃逸的动物被他人收养的，该动物致人损害则由新的动物饲养人承担责任，原饲养人或者管理人不再承担责任。

---

① （2015）淄民三终字第 773 号。

② 案号：（2014）伊州民三终字第 376 号。

考点 150　因第三人过错导致饲养的动物致人损害的责任承担

概念界定	第三人是指动物饲养人或者管理人以及受害人以外的人。动物饲养人或者管理人为法人或者非法人组织的，其工作人员不属于此处的第三人。
责任承担	1. 有过错的第三人与动物饲养人或者管理人承担不真正连带责任。 2. 有过错的第三人承担终局责任，动物饲养人或者管理人赔偿后，有权向第三人追偿。 [例] 村民方某将自己饲养的马拴在树上。同村村民何某出来遛狗，狗见到马乱叫，并向马咬去。马受惊挣断缰绳，疯狂往公路上跑，将正在公路上练习骑摩托车的赵某撞倒，花去医疗费共2万余万元。①这是一种不真正的连带责任。②何某由于管理不善使自己的狗惊了方某的马，造成了赵某的损害，故赵某可以向何某也可以向方某索赔，方某赔偿后可以向何某追偿。

考点 151　动物侵权归责原则再回首

三个原则	**绝对无过错责任→相对无过错责任→过错推定责任。**
具体规定	1. **绝对无过错责任。** 饲养了禁止饲养的烈性犬等危险动物，造成他人损害的，饲养人管理人承担无过错责任且没有免责由。 2. **相对无过错责任。** (1) 一般的动物侵权，饲养人或者管理人承担无过错责任；受害人有故意或者重大过失，饲养人减轻或免除责任。 (2) 违反管理规定，未对动物采取安全措施，造成他人损害的，动物饲养人或者管理人应当承担侵权责任；但是，能够证明损害是因被侵权人故意造成的，可以减轻责任。 3. **过错推定责任。** 动物园的动物造成他人损害的，动物园应当承担侵权责任；但是，能够证明尽到管理职责的，不承担侵权责任。

典型真题

[例228] 关于动物致害侵权责任的说法，下列哪些选项是正确的？（2015年卷三第67题，多选）①

A. 甲8周岁的儿子翻墙进入邻居院中玩耍，被院内藏獒咬伤，邻居应承担侵权责任

B. 小学生乙和丙放学途经养狗的王平家，丙故意逗狗，狗被激怒咬伤乙，只能由丙的监护人对乙承担侵权责任

C. 丁下夜班回家途经邻居家门时，未看到邻居饲养的小猪趴在路上而绊倒摔伤，邻居应承担侵权责任

D. 戊带女儿到动物园游玩时，动物园饲养的老虎从破损的虎笼蹿出将戊女儿咬伤，动物园应承担侵权责任

① 答案：ACD

10 第十章 建筑物和物件损害责任

考点 152　建筑物倒塌致人损害的责任

（一）修改说明

《民法典·侵权责任编》	《侵权责任法》
第 1252 条：建筑物、构筑物或者其他设施倒塌、塌陷造成他人损害的，由建设单位与施工单位承担连带责任，**但是建设单位与施工单位能够证明不存在质量缺陷的除外**。建设单位、施工单位赔偿后，有其他责任人的，有权向其他责任人追偿。 因所有人、管理人、使用人或者第三人的原因，建筑物、构筑物或者其他设施倒塌、塌陷造成他人损害的，由所有人、管理人、使用人或者第三人承担侵权责任。	第 86 条：建筑物、构筑物或者其他设施倒塌造成他人损害的，由建设单位与施工单位承担连带责任。建设单位、施工单位赔偿后，有其他责任人的，有权向其他责任人追偿。 因其他责任人的原因，建筑物、构筑物或者其他设施倒塌造成他人损害的，由其他责任人承担侵权责任。

（二）考点精讲

因质量原因倒塌、塌陷	责任主体	建设单位、施工单位承担连带责任。
	免责事由	**建设单位与施工单位能够证明不存在质量缺陷**。
	归责方式	无过错责任。
	勘察、设计、监理、验收单位具有过错的，不对外承担责任，建设单位、施工单位对外承担连带责任后，可以向有过错的勘察、设计、监理、验收单位追偿。	
因第三人原因倒塌、塌陷	责任主体	1. 第三人承担全部责任。 2. 因所有人、管理人、使用人或者第三人的原因，建筑物、构筑物或者其他设施倒塌造成他人损害的，由所有人、管理人、使用人或者第三人承担侵权责任。
	归责方式	无过错责任。

考点 153　建筑物、建筑物上的搁置物、悬挂物脱落、坠落致人损害的责任

第 1253 条：建筑物、构筑物或者其他设施及其搁置物、悬挂物发生脱落、坠落造成他人损害，所有人、管理人或者使用人不能证明自己没有过错的，应当承担侵权责任。所有人、管理人或者使用人赔偿后，有其他责任人的，有权向其他责任人追偿。

责任主体	所有人、管理人或者使用人（谁负有维修或管理义务就由谁承担）。
归责方式	过错推定责任。
他人原因	因其他人原因造成损害的，由所有人、管理人或者使用人对外承担责任。其承担责任后有权向其他责任人追偿。

区分建筑物上搁置物、悬挂物脱落、坠落致人损害与建筑物倒塌致人损害两种责任：

侵权形态	责任主体	归责原则
脱落、坠落	所有人、管理人或者使用人	过错推定
倒塌	建设单位、施工单位承担连带责任	无过错责任

典型真题

［例 229］大华商场委托飞达广告公司制作了一块宣传企业形象的广告牌，并由飞达公司负责安装在商场外墙。某日风大，广告牌被吹落砸伤过路人郑某。经查，广告牌的安装存在质量问题。关于郑某的损害，下列哪一选项是正确的？（2008 年卷三第 16 题，单选）①

A. 大华商场承担赔偿责任，飞达公司承担补充赔偿责任

B. 飞达公司承担赔偿责任，大华商场承担补充赔偿责任

C. 大华商场承担赔偿责任，但其有权向飞达公司追偿

D. 飞达公司承担赔偿责任，大华商场不承担责任

考点 154　高空抛物致人损害的责任

高空抛物坠物被称为“悬在城市上空的痛”，它的致命性远超大众想象。有研究人员曾做实验，将鸡蛋、苹果、塑料花盆从高空扔下，结果发现：12 米高度时，地面钢板被苹果、鸡蛋砸出凹痕；25 米高时，扔下来的苹果可以砸碎一层玻璃，而小小塑料花盆的威力，则能比肩 56 式步枪。许多物件一旦在高空释放，更像一个行踪诡秘的隐形杀手，威胁市民生命安全，造成无法挽回的重大危害。

（一）修改说明

《民法典·侵权责任编》	《侵权责任法》
第 1254 条：禁止从建筑物中抛掷物品。从建筑物中抛掷物品或者从建筑物上坠落的物品造成他人损害的，由侵权人依法承担侵权责任；经调查难以确定具体侵权人的，除能够证明自己不是侵权人的外，由可能加害的建筑物使用人给予补偿。可能加害的建筑物使用人补偿后，有权向侵权人追偿。 物业服务企业等建筑物管理人应当采取必要的安全保障措施防止前款规定情形的发生；未采取必要的安全保障措施的，应当依法承担未履行安全保障义务的侵权责任。 发生本条第一款规定的情形的，公安等机关应当依法及时调查，查清责任人。	第 87 条：从建筑物中抛掷物品或者从建筑物上坠落的物品造成他人损害，难以确定具体侵权人的，除能够证明自己不是侵权人的外，由可能加害的建筑物使用人给予补偿。

① 答案：C

续表

评析： 针对司法实践中侵权人认定难导致“一人抛物全楼赔偿”的问题，规定，有关机关应当依法及时调查，查清责任人。经调查难以确定具体侵权人的，才适用由可能加害的建筑物使用人给予补偿的规定。可能加害的建筑物使用人补偿后发现侵权人的，有权向侵权人追偿。
草案三次审议稿规定，建筑物管理人应当采取必要的安全保障措施防止高空抛物坠物情形的发生。有的专家学者、单位提出，为了明确责任主体，建议规定“建筑物管理人”主要是指物业服务企业。宪法和法律委员会经研究，建议采纳这一意见，将上述规定修改为：物业服务企业等建筑物管理人应当采取必要的安全保障措施，防止高空抛物坠物情形的发生。

（二）考点精讲

责任承担	责任主体	1. 由可能加害的建筑物使用人给予补偿。 2. 物业服务企业等建筑物管理人未采取必要的安全保障措施的，应当依法承担未履行安全保障义务的侵权责任。
	归责方式	公平责任。
免责事由	能够证明自己不是侵权人。	

高空抛物致人损害的责任与共同危险行为的区别

	高空抛物致人损害	共同危险行为
几个行为	一般只有一个行为人实施危险	有数个危险行为人
免责事由	证明自己不是侵权人	必须确定侵权行为人
责任主体	可能加害的建筑物使用人	危险行为人
责任方式	公平补偿责任	连带责任

典型真题

［例 230］张小飞邀请关小羽来家中做客，关小羽进入张小飞所住小区后，突然从小区的高楼内抛出一块砚台，将关小羽砸伤。关于砸伤关小羽的责任承担，下列哪一选项是正确的？（2016 年卷三第 24 题，单选）①

A. 张小飞违反安全保障义务，应承担侵权责任

B. 顶层业主通过证明当日家中无人，可以免责

C. 小区物业违反安全保障义务，应承担侵权责任

D. 如查明砚台系从 10 层抛出，10 层以上业主仍应承担补充责任

① 答案：B

考点 155　堆放物倒塌、林木折断等致人损害的责任

（一）修改说明

《民法典·侵权责任编》	《侵权责任法》
第 1255 条：堆放物倒塌、滚落或者滑落造成他人损害，堆放人不能证明自己没有过错的，应当承担侵权责任。	第 88 条：堆放物倒塌造成他人损害，堆放人不能证明自己没有过错的，应当承担侵权责任。
第 1257 条：因林木折断、倾倒或者果实坠落等造成他人损害，林木的所有人或者管理人不能证明自己没有过错的，应当承担侵权责任。	第 90 条：因林木折断造成他人损害，林木的所有人或者管理人不能证明自己没有过错的，应当承担侵权责任。

（二）考点精讲

归责方式	过错推定责任。
责任承担	1. 堆放物倒塌、滚落或者滑落造成他人损害，堆放人不能证明自己没有过错的，应当承担侵权责任。 2. 因林木折断、倾倒或者果实坠落等造成他人损害，林木的所有人或者管理人不能证明自己没有过错的，应当承担侵权责任。

考点 156　公共道路上堆放、倾倒、遗撒妨害通行的物品致人损害的责任

（一）修改说明

《民法典·侵权责任编》	《侵权责任法》
第 1256 条：在公共道路上堆放、倾倒、遗撒妨碍通行的物品造成他人损害的，由行为人承担侵权责任。公共道路管理人不能证明已经尽到清理、防护、警示等义务的，应当承担相应的责任。	第 89 条：在公共道路上堆放、倾倒、遗撒妨碍通行的物品造成他人损害的，有关单位或者个人应当承担侵权责任。

（二）考点精讲

责任主体	1. 行为人。 2. 未尽到管理职责的公共道路管理人。
归责方式	过错推定，即道路管理者不能证明已按照法律、法规、规章、国家标准、行业标准或者地方标准尽到清理、防护、警示等义务的，应当承担相应的赔偿责任。

考点157 工程施工致人损害的责任

（一）修改说明

《民法典·侵权责任编》	《侵权责任法》
第1258条：在公共场所或者道路上挖掘、修缮安装地下设施等造成他人损害，施工人不能证明已经设置明显标志和采取安全措施的，应当承担侵权责任。 窨井等地下设施造成他人损害，管理人不能证明尽到管理职责的，应当承担侵权责任。	第91条：在公共场所或者道路上挖坑、修缮安装地下设施等，没有设置明显标志和采取安全措施造成他人损害的，施工人应当承担侵权责任。 窨井等地下设施造成他人损害，管理人不能证明尽到管理职责的，应当承担侵权责任。

（二）考点精讲

地面施工致人损害	施工地点	公共场所或者道路、通道等可能危及他人安全的场所。
	加害行为	不作为，即没有设置明显标志和采取安全措施。
	责任主体	施工单位。
	归责方式	过错推定。
地下设施致人损害	责任主体	窨井等地下设施的管理人。
	归责方式	过错推定。

典型真题

［例231］4名行人正常经过北方牧场时跌入粪坑，1人获救3人死亡。据查，当地牧民为养草放牧，储存牛羊粪便用于施肥，一家牧场往往挖有三四个粪坑，深者达三四米，之前也发生过同类事故。关于牧场的责任，下列哪些选项是正确的？（2016年卷三第67题，多选）①

A. 应当适用无过错责任原则

B. 应当适用过错推定责任原则

C. 本案情形已经构成不可抗力

D. 牧场管理人可通过证明自己尽到管理职责而免责

① 答案：BD

11 第十一章 旅游侵权责任

考点 158　旅游经营者、旅游辅助服务者违反告知义务造成侵权的责任

依据	《旅游纠纷解释》第 8 条第 1 款规定，旅游经营者、旅游辅助服务者对可能危及旅游者人身、财产安全的旅游项目未履行告知、警示义务，造成旅游者人身损害、财产损失，旅游者请求旅游经营者、旅游辅助服务者承担责任的，法院应予支持。
释义	1. 旅游经营者、旅游辅助服务者对可能危及旅游者人身、财产安全的旅游项目应履行告知、警示义务。若未履行，则违反了合同的从给付义务，构成违约。 2. 旅游经营者、旅游辅助服务者承担侵权责任。

考点 159　旅游经营者、旅游辅助服务者违反安全保障义务造成侵权的责任

依据	《旅游纠纷解释》第 7 条规定，旅游经营者、旅游辅助服务者未尽到安全保障义务，造成旅游者人身损害、财产损失，旅游者请求旅游经营者、旅游辅助服务者承担责任的，法院应予支持。因第三人的行为造成旅游者人身损害、财产损失，由第三人承担责任；旅游经营者、旅游辅助服务者未尽安全保障义务，旅游者请求其承担相应补充责任的，法院应予支持。
释义	1. 旅游经营者、旅游辅助服务者未尽到安全保障义务，造成旅游者人身损害、财产损失，旅游经营者、旅游辅助服务者应承担责任。 2. 第三人的行为造成侵权的责任承担：①第三人承担责任。②旅游经营者、旅游辅助服务者未尽安全保障义务的，承担相应的补充责任。

考点 160　旅游经营者擅自转让旅游业务致使旅游者遭受损害的责任

适用情形	旅游经营者擅自将其旅游业务转让给其他旅游经营者，即旅游经营者转让旅游业务未经旅游者的同意，旅游者在旅游过程中遭受损失。	
责任承担	违约责任	旅游者不同意旅游经营者转让旅游业务，旅游经营者将旅游业务转让给其他旅游经营者，旅游者有权追究旅游经营者违约责任。
	侵权责任	旅游经营者擅自将其旅游业务转让给其他旅游经营者，旅游者在旅游过程中遭受损害，有权请求与其签订旅游合同的旅游经营者和实际提供旅游服务的旅游经营者承担连带责任。

考点 161　旅游辅助服务者造成侵权的责任承担

责任主体	旅游辅助服务者、旅游经营者（**未尽谨慎选择义务**）。
责任承担	1. 旅游辅助服务者承担侵权责任。 2. 旅游经营者若对损害的发生无过错的，不承担侵权责任，但旅游者仍可以请求旅游经营者承担违约责任。 3. 旅游经营者对旅游辅助服务者未尽谨慎选择义务，即对损害发生有过错的，旅游者可以请求旅游经营者承担与其过错相应补充责任。

典型真题

［例 232］甲参加乙旅行社组织的旅游活动。未经甲和其他旅游者同意，乙旅行社将本次业务转让给当地的丙旅行社。丙旅行社聘请丁公司提供大巴运输服务。途中，由于丁公司司机黄某酒后驾驶与迎面违章变道的个体运输户刘某货车相撞，造成甲受伤。甲的下列哪些请求能够获得法院的支持？（2014 年卷三第 67 题，多选）①

A. 请求丁公司和黄某承担连带赔偿责任

B. 请求黄某与刘某承担连带赔偿责任

C. 请求乙旅行社和丙旅行社承担连带赔偿责任

D. 请求刘某承担赔偿责任

考点 162　旅游者在自行安排活动中遭受损害的责任

适用情形	1. 旅游者在自行安排活动期间遭受人身损害、财产损失。此处的“自行安排活动期间”，包括旅游经营者安排的在旅游行程中独立的自由活动期间、旅游者不参加旅游行程的活动期间以及旅游者经导游或者领队同意暂时离队的个人活动期间等。 2. 旅游经营者未尽到必要的提示义务、救助义务。
责任主体	旅游经营者。

① 答案：CD

图书在版编目（CIP）数据

2020年国家统一法律职业资格考试民法攻略．精讲卷：全2册／曹兴明著．—北京：中国民主法制出版社，2019.11

ISBN 978-7-5162-2112-9

Ⅰ.①2… Ⅱ.①曹… Ⅲ.①民法—中国—资格考试—自学参考资料 Ⅳ.①D923

中国版本图书馆CIP数据核字（2019）第237632号

图书出品人：刘海涛
出 版 统 筹：乔先彪
责 任 编 辑：姚丽娅　贾永青

书名／2020年国家统一法律职业资格考试民法攻略·精讲卷（下册）
作者／曹兴明　著

出版·发行／中国民主法制出版社
地址／北京市丰台区右安门外玉林里7号（100069）
电话／010-63292534　63057714（发行部）　63055259（总编室）
传真／010-63292534
Http：// www. npcpub. com
E-mail：mzfz@ npcpub. com
经销／新华书店
开本／16开　787毫米×1092毫米
印张／20.75　**字数**／500千字
版本／2020年6月第1版　2020年6月第1次印刷
印刷／三河市华润印刷厂

书号／ISBN 978-7-5162-2112-9
定价／88.00元（全2册）

Harchina 哈中 | 柏杜法考

2020年国家统一法律职业资格考试·精讲卷②

民法攻略（上）

曹兴明◎著

中国民主法制出版社
全国百佳图书出版单位

序　言

俗话说得好，One can't make bricks without straw.（巧妇难为无米之炊）对于参加国家统一法律职业资格考试的考生来说，如果没有一套比较精炼又不失考点的复习资料，就好比缺了下锅之“米”的巧妇一般，将步履维艰。为方便考生备考，2020 年国家统一法律职业资格考试《民法攻略·精讲卷》应运而生。时值本书出版之际，编者就本书特色及使用方法作以下说明。

一、体系设计上突出“表格化”

在体系的整体设计上，精讲卷采用了表格化体系，紧扣考试大纲，提炼精简了民法 360 个核心考点，重点一目了然。每个考点一张表格，每一张表格都是一个完整的逻辑闭环知识体系。同时，考点下面附注了近 10 年的真题，方便考生每学完一个考点及时巩固训练，提升实战能力。本书所涉全部真题的详细解析请参阅编者拙作 2020 年国家统一法律职业资格考试《民法攻略·真题卷》。

二、内容设计上突出“精简化”

市面上同类民法教材动辄 600 页，甚至更厚，这类教材一味地追求“厚而全”以致内容的臃肿，并不利于考生的精准记忆。鉴于此，本书将篇幅严格控制在 400 页左右。在内容上，本书并没有刻意删除考点，而是在法考“重者恒重”命题指导下，在保留核心考点的基础上，对非核心考点进行了总结式提炼。

三、学习方法上突出“案例化”

近些年，命题设计上对案例分析的考察力度不断加强。为顺应这一命题趋势，本书增加【案例索引】部分，结合一些热点案件，如“北雁云依姓名权纠纷案”、“中国首例民政机关申请撤销监护权案”、“麦当劳更名金拱门”等，培养考生案例分析思维能力。

2020，一路相随，为方便考生学习，本书配有高清视频课程，考生在复习过程中，可以结合配套视频加深对本书的理解。

靡不有初，鲜克有终！请牢记：成功的路上并不拥挤，因为坚持的人不多！

希望各位日拱一卒、功不唐捐，顺利通过 2020 年国家统一法律职业资格考试，开启自己的法律职业生涯。

曹兴明

2019 年 10 月 10 日　北京

新浪微博：民法曹兴明

目　录

第一编　民法总则

第一编　民法总则

01 第一部分 民法概述

第一节　民法的基本原则

导　读

民法的基本原则是民法基本精神和基本价值的体现，对民事立法与民事司法具有最高的指导意义。民法的基本原则虽不直接涉及当事人的具体权利义务，但其效力贯穿于整个民法规范之中。

考点1　公平原则☆☆

概念	公平原则是指在民事活动中以利益均衡作为价值判断标准，在民事主体之间发生利益关系摩擦时，以权利和义务是否均衡来平衡双方的利益。《民法总则》第6条规定："民事主体从事民事活动，应当遵循公平原则，合理的确定各方的权利和义务。"	
体现	物权法	(1) 在添附中，因添附而遭受损失的一方当事人有权要求获得利益的一方返还不当得利。 (2) 在相邻关系中，一方必须对另一方通行、排水等利用相邻不动产提供一定的便利，而使用人应当尽量避免对相邻的不动产造成损害；造成损害的，应当予以赔偿。
	民法总则	一方利用对方处于危困状态、缺乏判断能力等情形，致使民事法律行为成立时显失公平的，受胁迫方有权请求人民法院或者仲裁机构予以撤销。（《民法总则》第151条）
	侵权责任法	(1) 公平责任原则：当事人对造成损害都没有过错，且又不属于法律规定的特殊主体、特殊损害的无过错责任情况的，则应当根据当事人双方的经济状况、损害程度、社会影响等因素，公平地确定各自应承担的民事责任。 公平责任中的"责任"已经不是法律责任，不具有谴责性与惩罚性，本质上是

续表

体现	侵权责任法	一种法定补偿义务。 (2) 适用公平责任原则的目的不在于维护当事人的权利和义务，而在于以其特有的模糊性来消解当事人之间的权利边界，进而起到劫富济贫、扶危济困、稳定社会的作用。因而，与过错责任原则和无过错责任原则旨在实现矫正正义不同，公平责任原则旨在实现分配正义。
作用	公平原则既是一项法律适用的原则，即当民法规范缺乏规定时，可以根据公平原则来变动当事人之间的权利义务；又是一项司法原则，即法官的司法判决要做到公平合理，当法律缺乏规定时，应根据公平原则并权衡双方权利义务后作出合理的判决。	

真题链接

甲公司在城市公园旁开发预售期房，乙、丙等近百人一次性支付了购房款，总额近8000万元。但甲公司迟迟未开工，按期交房无望。乙、丙等购房人多次集体去甲公司交涉无果，险些引发群体性事件。面对疯涨房价，乙、丙等购房人为另行购房，无奈与甲公司签订《退款协议书》，承诺放弃数额巨大利息、违约金的支付要求，领回原购房款。经咨询，乙、丙等购房人起诉甲公司。下列哪一说法准确体现了公平正义的有关要求？(2011-3-01；单选)

A.《退款协议书》虽是当事人真实意思表示，但为兼顾情理，法院应当依据购房人的要求变更该协议，由甲公司支付利息和违约金

B.《退款协议书》是甲公司胁迫乙、丙等人订立的，为确保合法合理，法院应当依据购房人的要求宣告该协议无效，由甲公司支付利息和违约金

C.《退款协议书》的订立显失公平，为保护购房人的利益，法院应当依据购房人的要求撤销该协议，由甲公司支付利息和违约金

D.《退款协议书》损害社会公共利益，为确保利益均衡，法院应当依据购房人的要求撤销该协议，由甲公司支付利息和违约金

［答案］________①

考点2 自愿原则☆☆

概念	自愿原则也称为意思自治原则，其本意就是给予当事人在民事活动中的自主权，民法上称为意思自治，即当事人可以根据自己的判断，去从事民事活动，国家一般不干预当事人的自由意志，充分尊重当事人的选择。《民法总则》第5条规定："民事主体从事民事活动，应当遵循自愿原则，按照自己的意思设立、变更、终止民事法律关系。"
内容	其内容包括自己行为和自己责任两个方面。自己行为，即当事人可以根据自己的意愿决定是否参与民事活动，以及参与的内容、行为方式等；自己责任，即民事主体要对自己参与民事活动所导致的结果负起责任。

① C

续表

体现	自愿原则保障和鼓励人们依照自己的意志参与市场交易，强调在经济行为中尊重当事人的自由选择，让当事人按照自己的意愿形成合理的预期。意思自治不仅反映在债法中，而且反映在物权法（处分自由）、婚姻法（婚姻自由）、亲属法（遗嘱自由）等，当然最主要、最集中地反映在债法，尤其是合同法中。
限制	当然，意思自治从来都不是绝对的、无限制的自由，其受公序良俗的限制；法律承认习惯的效力时，还受习惯的制约。即使是最看重意思自治原则的合同法，也有许多例外：如《合同法》第167条对于分期付款买卖合同中出卖人行使合同解除权的限制。

考点3　平等原则☆☆

概念	民法中的平等，是指主体的身份平等。身份平等是特权的对立物，是指不论其自然条件和社会处境如何，其法律资格亦即权利能力一律平等。《民法总则》第4条规定：民事主体在民事活动中的法律地位一律平等。
作用	（1）平等原则是民事法律关系区别于其他法律关系的主要标志。 （2）平等原则是市场经济的本质特征和内在要求，是民法最基础、最根本的一项原则。

考点4　诚实信用原则☆☆☆☆☆

概念	诚实信用，其本意是要求按照市场制度的互惠性行事。在缔约时，诚实并不欺不诈；在缔约后，守信用并自觉履行。《民法总则》第7条规定："民事主体从事民事活动，应当遵循诚信原则，秉持诚实，恪守承诺。"
具体体现	《合同法》第60条第2款规定，当事人应当遵循诚实信用原则，根据合同的性质、目的和交易习惯履行通知、协助、保密等义务。诚实信用原则包括以下几个方面内容：（1）在债务人履行合同债务时，债权人应适当受领给付。（2）债务人履行债务，可以主动要求债权人创造必要的条件，提供便利。（3）债务人应根据合同的性质、目的和交易习惯履行通知、协助、保密等附随义务。（4）债务人因故不能履行或者不能完全履行债务的，应积极采取措施，避免或减少损失，否则需要就扩大的损失负责。
功能	诚实信用原则，有三项功能： （1）行为指引功能，即禁止权利滥用。诚实信用原则作为一般条款，对当事人的民事活动起着指引作用，确立了当事人以善意方式行使权利、履行义务的行为规则。 【甲、乙二人同村，宅基地毗邻。甲的宅基地倚山、地势较低，乙的宅基地在上将其环绕。乙因琐事与甲多次争吵而郁闷难解，便沿二人宅基地的边界线靠己方一侧，建起高5米围墙，使甲在自家院内却有身处监牢之感（2017年卷三第1题D选项）。乙建高围墙的行为自己所得利益极少，却给甲造成极大损失，应认定为以损害他人为目的行使权利，构成权利滥用。所以违反了诚实信用原则】

续表

功能	（2）规范解释功能，即诚实信用原则为不少民法规范提供了正当性依据，也是解释法律和民事法律行为的依据。 （3）法律漏洞填补功能，当裁判机关在司法审判或仲裁实践中遇到立法当时未预见的新情况、新问题时，可直接依据诚实信用原则行使自由裁量权，调整当事人之间的权利义务关系。
作用	诚实信用原则在现代民法中具有重要的地位，被誉为现代民法的“帝王条款”。然而，市场经济的复杂性和多变性昭示：无论法律多么严谨，也无法限制复杂多变的市场制度中暴露出的种种弊端，总会表现出某种局限性。民法规定该原则，一方面，使法院在审理具体案件中，能主动干预民事活动，调整当事人的利益摩擦，使民事法律关系符合正义的要求；另一方面，法院可根据该原则作出司法解释，填补法律的漏洞。由于该原则位阶高、不确定性强，运用不当也可能会成为司法专横的工具，对该原则的运用，必须与其他原则结合起来统筹考虑。

真题链接

张某从银行贷得80万元用于购买房屋，并以该房屋设定了抵押。在借款期间房屋被洪水冲毁。张某尽管生活艰难，仍想方设法还清了银行贷款。对此，周围多有议论。下列哪一观点可以成立？（2012-3-04；单选）

A. 甲认为，房屋被洪水冲毁属于不可抗力，张某无须履行还款义务。坚持还贷是多此一举

B. 乙认为，张某已不具备还贷能力，无须履行还款义务。坚持还贷是为难自己

C. 丙认为，张某对房屋的毁损没有过错，且此情况不止一家，银行应将贷款做坏账处理。坚持还贷是一厢情愿

D. 丁认为，张某与银行的贷款合同并未因房屋被冲毁而消灭。坚持还贷是严守合约、诚实信用

［答案］________①

考点5　公序良俗与合法原则☆☆

概念	民事活动虽然是私法关系，但不能违反法律，也不能违反公序良俗。公序，即公共秩序；良俗，指善良风俗。公共秩序，是由法律和社会共同体维护的秩序；善良风俗，指符合伦理道德的习惯和风俗。《民法总则》第8条规定，民事主体从事民事活动，不得违反法律，不得违背公序良俗。
作用	《民法总则》将公序良俗与法律并列，可见公序良俗的原则地位；在民事法律关系无法律可遵循时，可以适用习惯处理民事关系，但是不能违背公序良俗。公序良俗原则的本质在于，一是限制私权的行使，维护个人与社会共同体的和谐；二是在民法规范、公共政策不能周全的私生活领域，可依习惯处置；三是体现民法规范与传统伦理在价值取向上的一致性，即所谓的法以德为本。

① D

真题链接

甲以20万元从乙公司购得某小区地下停车位。乙公司经规划部门批准在该小区以200万元建设观光电梯。该梯入梯口占用了甲的停车位，乙公司同意为甲置换更好的车位。甲则要求拆除电梯，并赔偿损失。下列哪些表述是错误的？（2013-3-51；多选）

A. 建电梯获得规划部门批准，符合小区业主利益，未侵犯甲的权利

B. 即使建电梯符合业主整体利益，也不能以损害个人权利为代价，故应将电梯拆除

C. 甲车位使用权固然应予保护，但置换车位更能兼顾个人利益与整体利益

D. 电梯建成后，小区尾房更加畅销，为平衡双方利益，乙公司应适当让利于甲

[答案] ________①

考点6　绿色原则（增）☆☆☆

概念	《民法总则》第9条规定：民事主体从事民事活动，应当有利于节约资源、保护生态环境。
要求	（1）作为民事活动的基本原则，这个原则应适用于民事活动的全部领域，而非局部领域。
	（2）要求民事法律关系的当事人在行使权利或在履行义务时，要有节约资源、有利生态环境的自律，不应作出与此原则相悖的行为。
	（3）这个原则也是一个限制性原则，对不符合甚至违反这一原则的法律行为，应该有所约束。由于这是个全新的民法原则，还有待于通过审判实践的案例积累及学术探索，来确定其内涵及适用范围。
一波三折终于写入基本原则	2016年6月，《民法总则（草案）》提请全国人大常委会一审。在向社会公布的《征求意见稿》中，明确规定："民事主体从事民事活动，应当保护环境、节约资源，促进人与自然和谐发展。"这一条款被称之为"绿色原则"。 二审期间，一些全国人大常委会组成人员提出，保护环境、节约资源、促进人与自然和谐发展，值得提倡，但是在"基本规定"章节中作出规定，不如在"民事权利"章节从民事权利行使角度加以规范，更为适当。 2016年12月，提请全国人大常委会三审的草案稿将"绿色原则"从"基本规定"中移除。将其放在"民事权利"一节且与其他内容合并，规定为："民事主体行使民事权利，应当节约资源、保护生态环境；弘扬中华优秀文化，践行社会主义核心价值观。"这一修改，不仅大大降低了绿色发展理念在民法中的地位，由民事活动的基本原则变为了行使民事权利的公共义务，而且其内容也被大大限缩。 三审稿面向社会公开后，多位代表和学者发表意见，认为在"基本规定"部分恢复"绿色原则"更为合适，也更符合中国国情和现实需求。 《民法总则（草案）》四审稿将"民事主体从事民事活动，应当有利于节约资源、保护生态环境"这一规定恢复为"基本规定"。

① ABD

第二节　民法调整对象与民事法律关系

考点7　民事法律事实分类表☆☆

<table>
<tr><td rowspan="11">民事法律事实</td><td>状态</td><td colspan="4">近亲属关系、未成年、善意、恶意等。</td></tr>
<tr><td>事件</td><td colspan="4">事件指的是与当事人意志无关的，能够引起法律关系发生、变更或消灭的客观事实。简言之，就是指其本身不直接包含人的意志性的民事法律事实。如地震、人的自然出生与死亡、时间的经过等。</td></tr>
<tr><td rowspan="9">行为</td><td rowspan="8">表意行为</td><td rowspan="6">法律行为</td><td colspan="2">合同、单方允诺等债权行为</td></tr>
<tr><td colspan="2">抛弃、物权登记或交付等处分行为</td></tr>
<tr><td colspan="2">收养、婚姻等身份行为</td></tr>
<tr><td colspan="2">遗嘱行为</td></tr>
<tr><td rowspan="2">代理行为</td><td>有权代理</td></tr>
<tr><td>无权代理</td></tr>
<tr><td rowspan="2">准法律行为</td><td colspan="2">意思通知</td></tr>
<tr><td colspan="2">观念通知</td></tr>
<tr><td>非表意行为</td><td colspan="3">即事实行为，当事人在主观上并没有发生民事法律关系的意思，但一旦实施该行为即在客观上产生民事法律后果的行为（如：无因管理；侵权行为；拾得遗失物；创作作品；合法建造房屋等）。事实行为人的主观目的与行为发生的法律后果可能是不一致的。如侵权行为，行为人作出侵权行为的目的可能是为自己获得利益，本身并没有变动民事法律关系的意图，而侵权行为的法律后果却使侵权行为人与被害人之间产生赔偿的法律关系。</td></tr>
</table>

特别注意☆☆☆☆：好意施惠关系不属于民事法律事实。所谓好意施惠关系，又称情谊关系，是指不能在当事人之间产生合同关系的约定或承诺。如搭乘便车、火车过站叫醒、请人喝酒、陪看演出、陪同旅游等。

①【丙对女友书面承诺："如我在上海找到工作，则陪你去欧洲旅游"（2016年卷三第1题C选项）】

②【甲应允乙同看演出，但迟到半小时。乙要求甲赔偿损失（2010年卷三第1题A选项）】

③【甲对乙承诺，如乙比赛夺冠，乙出国旅游时甲将陪同，后乙果然夺冠，甲失约。乙要求甲承担赔偿责任（2010年卷三第1题D选项）】

以上三种情形都构成好意施惠！

好意施惠关系的法律效果：①好意施惠关系由于不产生合同关系，所以不能主张合同法上的责任即不产生违约责任或者缔约过失责任；②若有符合构成要件的侵权发生时，仍可成立侵权之债。如搭乘便车，司机因重大过失发生交通事故导致乘车人受损的，引发侵权赔偿之债。【甲单独邀请朋友乙到家中吃饭，乙爽快答应并表示一定赴约。甲为此精心准备，还因炒菜被热油烫伤。但当日乙因其他应酬而未赴约，也未及时告知甲，致使甲准备的饭菜浪费（2016年卷三第10题）。乙无须承担法律责任】

案例索引

案例名称	（2015）苏中民终字第01295号“李某与周某、张家港市航道管理处等交通事故责任纠纷案”。
基本案情	2014年，周某酒后驾车送娱乐会所服务员陈某回家，中途抛锚，陈某寻求救援时溺水身亡。
法院认为	（1）周某与陈某之间并无法定或约定权利义务关系，周某驾车送陈某回住处行为系无偿好意施惠行为。陈某死亡并非周某好意施惠行为所致，而系陈某自行离开车辆寻求救援过程中不幸溺水死亡。虽然周某饮酒后驾车行为存在明显过错，但该过错行为与陈某死亡之间无直接因果关系，故李某要求周某按过错承担全部赔偿责任缺乏事实和法律依据。（2）鉴于陈某离开车辆寻求救援行为系出于陈某和周某共同利益，此情形下周某处于受益人地位，陈某在为双方共同利益进行活动过程中遭受人身损害，周某应给予陈某一定经济补偿。（3）李某举证能证明陈某生前已在城市连续居住一年以上，且不以农业收入作为主要生活来源，故本案应按城镇居民标准进行补偿。判决周某补偿李某26万元。
实务要点	好意施惠行为对施惠人不形成法定或约定义务，施惠人非因故意或重大过失无需对受惠人因好意施惠所引发的损害承担赔偿责任。

真题链接

1. 兹有四个事例：①张某驾车违章发生交通事故致搭车的李某残疾；②唐某参加王某组织的自助登山活动因雪崩死亡；③吴某与人打赌举重物因用力过猛致残；④何某心情不好邀好友郑某喝酒，郑某畅饮后驾车撞树致死。根据公平正义的法治理念和民法有关规定，下列哪一观点可以成立？（2013-3-01；单选）

A. ①张某与李某未形成民事法律关系合意，如让张某承担赔偿责任，是惩善扬恶，显属不当

B. ②唐某应自担风险，如让王某承担赔偿责任，有违公平

C. ③吴某有完整意思能力，其自担损失，是非清楚

D. ④何某虽有召集但未劝酒，无需承担责任，方能兼顾法理与情理

[答案] ________①

2. 甲、乙、丙、丁系大学室友。期末考试前，四人约定：“成绩出来后，得奖学金的人出钱请四人吃饭。”成绩公布后，甲和乙得一等奖学金，丙和丁未得任何奖学金。一日，四人按前述约定到“卡贝拉餐厅”吃饭，花费800元。餐毕，甲拒绝按约定支付餐费，乙见状也借故离开，没有按照约定支付餐费。四人就餐费支付发生争执。就这800元餐费应由谁及如何对“卡贝拉餐厅”承担，下列表述正确的是？（2018年回忆金题）

A. 餐厅有权请求甲、乙各支付400元，但无权请求丙、丁支付餐费

B. 餐厅有权请求甲、乙、丙、丁中任何一人支付800元餐费

C. 餐厅有权请求甲、乙、丙、丁各支付200元，丙、丁支付后有权按照约定向甲、乙追偿

① B

D. 餐厅有权请求甲、乙、丙、丁各支付200元，丙、丁支付后无权按照约定向甲、乙追偿

［答案］________①

考点8　民事法律关系概述☆☆

<table>
<tr><td>概念</td><td colspan="2">（1）《民法总则》第2条规定：民法调整平等主体的自然人、法人和非法人组织之间的人身关系和财产关系。即民法调整的对象就是平等主体之间的人身关系和财产关系。
（2）民事法律关系是由民法规范调整的、以权利义务为内容的社会关系，它包括人身关系和财产关系。</td></tr>
<tr><td rowspan="2">调整对象</td><td>人身关系</td><td>人身关系是“人格关系”和“身份关系”的合称。民法调整的人身关系即是自然人的人格权关系和身份权关系。</td></tr>
<tr><td>财产关系</td><td>可分为两类：支配型与流转型。支配型财产关系表述的是财产归何人控制的状态，回答财产“是谁的”或“由谁利用”这样的问题。在支配型财产关系中，对物的支配，民法上谓之物权关系；对智力成果的支配，民法上谓之知识产权关系。流转型财产关系反映的是商品交换中的财产关系，即财产因买卖、租赁、借贷、承揽等行为而发生的移转状态。流转型财产关系在民法上谓之债的关系。</td></tr>
</table>

考点9　民事法律关系分类表之（一）☆☆

<table>
<tr><td rowspan="14">民事法律关系</td><td rowspan="2">人身法律关系</td><td colspan="2">人格权法律关系</td><td rowspan="6">绝对民事法律关系</td></tr>
<tr><td colspan="2">身份权法律关系</td></tr>
<tr><td rowspan="12">财产法律关系</td><td rowspan="3">知识产权法律关系</td><td>著作权法律关系</td></tr>
<tr><td>专利权法律关系</td></tr>
<tr><td>商标权法律关系</td></tr>
<tr><td colspan="2">物权法律关系</td></tr>
<tr><td colspan="2">物权请求权法律关系</td><td rowspan="8">相对民事法律关系</td></tr>
<tr><td colspan="2">占有保护请求权法律关系</td></tr>
<tr><td rowspan="6">债</td><td>侵权之债</td></tr>
<tr><td>合同之债</td></tr>
<tr><td>不当得利之债</td></tr>
<tr><td>无因管理之债</td></tr>
<tr><td>缔约过失之债</td></tr>
<tr><td>单方允诺之债</td></tr>
</table>

① D

真题链接

甲与同学打赌，故意将一台旧电脑遗留在某出租车上，看是否有人送还。与此同时，甲通过电台广播悬赏，称捡到电脑并归还者，付给奖金500元。该出租汽车司机乙很快将该电脑送回，主张奖金时遭拒。下列哪一表述是正确的？（2012-3-04；单选）

A. 甲的悬赏属于要约　　B. 甲的悬赏属于单方允诺

C. 乙归还电脑的行为是承诺　　D. 乙送还电脑是义务，不能获得奖金

［答案］________①

考点10　民事法律关系分类表之（二）☆☆

是否直接具有财产内容	财产法律关系	以财产利益为客体，具有直接物质利益内容的民事法律关系。包括物权法律关系和债权法律关系。
	人身法律关系	以人格利益、身份利益为客体，与民事主体的人身不可分离，不具有直接物质利益内容的民事法律关系。特别注意：人身法律关系遭受侵害后形成的侵权之债法律关系，属于财产法律关系。
义务主体是否特定	绝对民事法律关系	权利主体特定，义务主体不特定的法律关系。
	相对民事法律关系	权利主体特定，义务主体也特定的法律关系。
是否只有一组权利义务关系	单一民事法律关系	仅由一组对应的权利义务构成的民事法律关系，如赠与合同。
	复合民事法律关系	由两组以上对应的权利义务构成的民事法律关系，如买卖合同。
能否独立存在	主民事法律关系	相互依存的两个民事法律关系中，能够独立存在的民事法律关系。
	从民事法律关系	相互依存的两个民事法律关系中，不能独立存在，须依附于其他民事法律关系而存在的民事法律关系。从民事法律关系具有（成立、效力、内容、移转、消灭）从属性，主法律关系无效、消灭的，从法律关系随同无效、消灭。
是否因违法行为而成立	调整性民事法律关系	因合法行为而形成、主体权利能够正常实现的民事法律关系。如所有权法律关系、无因管理之债。
	保护性民事法律关系	因不合法行为而产生的民事法律关系。如侵权之债、不当得利之债。特别注意：调整性民事法律关系可能转化为保护性民事法律关系。例如：合同属于调整性民事法律关系，但是，一旦其中一方违约，则转化为保护性民事法律关系。

① B

考点11　民事法律关系要素☆☆

<table>
<tr><td rowspan="3">主体</td><td colspan="2">(1) 民事法律关系中享受权利、承担义务的参与者、当事人。</td></tr>
<tr><td colspan="2">(2) 民事主体参与民事法律关系还取决于能力，民法将此能力分解为民事权利能力和民事行为能力。</td></tr>
<tr><td colspan="2">(3) 民法承认的民事法律关系的主体主要是自然人、法人和非法人组织。自然人是因出生而获得生命的个体，是与法人相对应的概念。法人是法律拟制的“人”，是具有民事权利能力和民事行为能力，依法独立享有民事权利和承担民事义务的组织。非法人组织不具有独立责任能力。国家有时也直接参与民事活动，但基于民事主体的平等性，国家出现在民事活动中时，其身份只是公法人。</td></tr>
<tr><td rowspan="4">客体</td><td colspan="2">民事法律关系的客体，依利益的表现形式，可分为物、行为、智力成果三类。</td></tr>
<tr><td>物</td><td>物是能满足人的需要，能够被人支配或控制的物质实体或自然力。民法上的物要求有可支配性、存在性和效用性。物在民法中具有重要意义，大多数民事法律关系与物有密切联系，有的以物为客体，如所有权、担保物权等；有的虽以行为为客体，但仍以物为利益体现，如交付物的买卖合同。互联网交易兴起后，与实体物不同的虚拟物，在法律不禁止时，也可以援用对实体物的相关规定。</td></tr>
<tr><td>行为</td><td>作为客体的行为特指能满足债权人利益的行为，通常也称给付。行为主要是债这一民事法律关系的客体，因为债权是请求权，债权人只能就自己的利益请求债务人为给付，如交付物、完成工作等，而不能对债务人的物或其他财产直接加以支配。</td></tr>
<tr><td>智力成果</td><td>智力成果是人脑力劳动创造的精神财富，是知识产权的客体，包括文学、艺术、科技作品、发明、实用新型、外观设计以及商标等。知识产权保护的不是智力成果的载体，而是载体上的信息，载体本身属物权保护对象（见下例）。</td></tr>
<tr><td>内容</td><td colspan="2">民事法律关系的内容指民事主体之间基于客体所形成的具体联系，即民事权利和民事义务。</td></tr>
</table>

［例］老曹创作一幅油画《吉祥如意、竹报平安》。这幅画是物，为所有权法律关系的客体。以这幅画为载体的色彩、笔法、构图等所形成的具有“独创性”的表达是作品，为著作权法律关系的客体。所以，画不等于作品。如果有一天，老曹把画卖给了云云。①云云取得该画的所有权。②云云取得该作品的原件的展览权。其他的著作财产权（如复制权、发行权、出租权、信息网络传播权、复制件的展览权等）依然归著作权人老曹所有。

第三节　民事权利与民事义务

考点12　权利分类之一：人身权、财产权、知识产权、社员权（标准：权利客体所体现的利益性质）☆☆

人身权	人身权是以人格利益与身份利益为内容，与民事主体的人身不可分离，不具有直接物质利益内容的权利。

续表

人身权	人格权	包括一般人格权与具体人格权。一般人格权是以民事主体全部人格利益为标的的概括性权利。通常包括人身自由、人格尊严、人格独立与人格平等。具体人格权包括生命权、身体权、健康权、姓名权、肖像权、名誉权、隐私权等。
	身份权	包括配偶权、亲权、监护权等。
财产权	以财产或者涉财产行为为客体的权利。	
	物权	权利人在法律规定的范围内直接支配特定的物，并享受物的利益的排他性财产权。
	准物权	经特许设立，具有排他性并准用物权法相关规定取得物权之财产权。
	债权	权利人依约定或者法律规定而请求特定他人为特定行为的权利。
	继承权	无偿取得死亡近亲属遗产的权利。
知识产权	以受保护的知识性事物（智力成果）为客体的排他性支配型权利。	
社员权	团体成员依其在团体中的地位产生的对于团体的权利。	

考点 13　权利分类之二：支配权、请求权、抗辩权与形成权（标准：民事权利的作用）☆☆☆☆☆

1. 支配权

概念	支配权是对权利客体直接支配并排斥他人干涉的权利。
类型	物权、人格权、身份权、知识产权。
特征	（1）其客体通常是特定的（客体是特定的利益，如人格利益、身份利益、财产利益。最迟于支配权行使时客体须特定，如动产浮动抵押权）。 （2）其权利主体是特定的。 （3）其义务主体是权利主体以外的任何“不特定的第三人”。 （4）支配权的实现不需要义务人的积极行为，但义务人负有不侵害权利主体权利的消极不作为义务。 （5）支配权因支配而产生排他性的效力。同一客体上不能同时并存两个同一内容的支配权。
辨析	支配权不等同于支配权受到侵害后产生的损害赔偿请求权。支配权受到侵害后，权利人可以对加害人主张支配权请求权与损害赔偿请求权。但是，两种请求权的构成要件是不同的：支配权请求权不以加害人具有过错为要件，不适用诉讼时效；损害赔偿请求权原则上以加害人具有过错为要件，要求权利人受有损失，原则上适用诉讼时效。

2. 请求权

概念	请求权是得请求他人为或者不为一定行为的权利。

续表

类型	(1) 物权请求权：不受除斥期间的限制，也不受诉讼时效的限制（有例外：根据《民法总则》第196条规定，未登记的动产物权权利人请求返还财产适用3年的普通诉讼时效限制）。 (2) 债权请求权：原则上均受诉讼时效的限制（有例外：如《民法总则》第196条；《最高法院关于审理民事案件适用诉讼时效制度若干问题的规定》（以下简称《诉讼时效若干规定》）第1条；《公司法解释（三）》第20条）。 (3) 占有保护请求权：1年除斥期间的限制（《物权法》第245条）。
特征	(1) 相对性：权利人与义务人均特定，效力原则上仅及于当事人之间，仅能针对特定的义务人行使。合同的相对性为其最典型的体现。 (2) 客体为义务人的特定行为，所有的请求权都是行为请求权。包括作为和不作为。 (3) 非公示性：由于请求权约束双方当事人，对他人不产生约束力，所以无需第三人知晓。 (4) 平等性：同一标的物上。
产生	(1) 基于约定或者法定的义务而产生。如履行合同请求权，基于当事人双方的约定而发生，并不以基础权利受到侵害为前提。 (2) 基于基础权利受到侵害而发生。如侵权赔偿请求权，是由于物权、人身权、知识产权等绝对权受到侵害而产生的债权请求权。 (3) 基于基础权利有受侵害之虞发生。如物权有受到侵害的危险时，权利人可以主张消除危险请求权。

3. 抗辩权

概念	抗辩权是对抗对方请求权的权利。
类型	分为两类： (1) 一时性的抗辩权，主要有五种：一般保证人的先诉抗辩权；同时履行抗辩权；先履行抗辩权；不安抗辩权；债务人以自己财产提供物保时，提供担保的第三人的先诉抗辩权（《物权法》第176条）。 (2) 永久性的抗辩权。我国仅有时效经过的抗辩权。
特征	(1) 以请求权的行使且承认对方有请求权为前提，即抗辩权的作用在于对抗而非否认对方的权利。在未提出请求权的情况下，抗辩权无从提起。基于此，在权利已经消灭的情况下，不适用抗辩权。 (2) 抗辩权的行使有一定期限限制。《诉讼时效若干规定》第4条规定，当事人在一审期间未提出诉讼时效抗辩，在二审期间提出的，人民法院不予支持，但其基于新的证据能够证明对方当事人的请求权已过诉讼时效期间的情形除外。当事人未按照前款规定提出诉讼时效抗辩，以诉讼时效期间届满为由申请再审或者提出再审抗辩的，人民法院不予支持。
辨析	“抗辩权”不同于“狭义的抗辩”。“狭义的抗辩”又称为“否认权”，其特点在于，抗辩人不承认对方享有其主张的请求权，而是主张对方的请求权全部或者部分不成立（或者已经消灭）。“否认权”与抗辩权的区别有二： (1) 功能不同。抗辩权的功能在于虽认可对方的请求权存在，但阻碍请求权的行使；“否认权”的功能则在于否认对方的请求权存在。 (2) 在诉讼中，法院可以不待当事人主张依职权主动适用“否认权”；但抗辩权必须由抗辩权人主张，法院不得依职权主动适用。

4. 形成权

<table>
<tr><td>概念</td><td colspan="3">指权利人依单方意思表示就能使民事法律关系发生、变更与消灭的权利。形成权必须通过行使才能产生效力，否则，权利人虽享有该权利但不行使，不会影响现存的法律关系。</td></tr>
<tr><td rowspan="6">类型</td><td rowspan="2">财产法上的形成权</td><td>债法上的形成权</td><td>（效力待定合同中的）追认权；（可撤销合同中的）撤销权；（效力待定合同中善意相对人的）撤销权；（选择之债中的）选择权；法定抵销权；债务免除权；合同解除权（法定解除权与约定解除权）等。</td></tr>
<tr><td>物权法上的形成权</td><td>所有权的抛弃；他物权的抛弃；共有物分割请求权等。</td></tr>
<tr><td rowspan="2">身份法上的形成权</td><td>继承法上的形成权</td><td>遗嘱撤销权；继承权抛弃（明示或者默示抛弃均可）；受遗赠权抛弃（明示或者默示抛弃均可）；遗产分割请求权（特别注意：名为请求权，实为形成权）等。</td></tr>
<tr><td>其他身份法上的形成权</td><td>（可撤销婚姻中受胁迫人的）撤销权；离婚请求权；收养关系解除权等。</td></tr>
<tr><td>单纯形成权</td><td colspan="2">又称直接形成权，是指无需通过诉讼即可直接行使的形成权。绝大多数形成权均属单纯形成权，如（效力待定合同中善意相对人的）撤销权、合同解除权、赠与人的撤销权等。</td></tr>
<tr><td>形成诉权</td><td colspan="2">又称间接形成权，是指必须通过法院或者仲裁机关或者其他公权力机关行使的形成权。如（可撤销合同中的）撤销权、（可撤销婚姻中的）撤销权、离婚请求权。</td></tr>
<tr><td rowspan="3">特征</td><td colspan="3">（1）行使形成权的行为属于单方民事法律行为（即形成权属于一方说了算的权利）。行使形成权的单方面的意思表示到达对方或者为对方所了解时生效，无需对方当事人的同意，即产生权利变动的效果。</td></tr>
<tr><td colspan="3">（2）形成权无对应的义务。形成权赋予权利人得以其单方意思表示而形成一定法律效果的法律地位，相对人并不负相应的义务，只是受到拘束、容忍此项形成权的行使及其法律效果。</td></tr>
<tr><td colspan="3">（3）形成权具有从属性。形成权必须依附于一定的基础权利之上，不能与所依附的权利分离而单独转让。如，合同撤销权、解除权不得与合同相分离而转让。</td></tr>
<tr><td rowspan="2">行使</td><td colspan="3">（1）形成权受除斥期间的限制，除斥期间届满，形成权消灭。但个别形成权不适用除斥期间，如离婚请求权、共有物分割请求权、收养关系解除权。同时，并非适用除斥期间的权利均为形成权。如《物权法》第 245 条规定的占有回复请求权，属于请求权，但适用 1 年的除斥期间；再如，《合同法》第 74 条规定的债权人撤销权，属于综合性的权利，但适用 1 年和 5 年的除斥期间。</td></tr>
<tr><td colspan="3">（2）形成权的行使原则上不得附条件或者附期限。并且一经行使，不得撤销，但可撤回。</td></tr>
</table>

续表

行使	（3）形成权的行使方式包括明示（书面通知或者口头通知）和默示（推定或者单纯的沉默）两种。在下列两种情形下，单纯的沉默构成形成权的行使：①受遗赠人自知道受遗赠之日起2个月内未表示接受遗赠的，视为放弃受遗赠权；继承人在遗产分割前，未明确表示放弃继承的，视为接受继承（《继承法》第25条）；②试用买卖中，试用期间届满，买受人对是否购买标的物未作表示的，视为购买（《合同法》第171条）。
补充说明	下列两种权利不属于形成权：（1）债权人撤销权。《合同法》第74条规定的债权人撤销权具有两个方面的作用，一方面具有形成权的权能，债权人行使撤销权的行为能够使债务人与第三人之间的法律行为自始无效；另一方面又具有请求权的权能，即债权人可以请求第三人向自己给付。因此，通说采折中说，认为债权人撤销权属于综合性的权利，不是单纯的形成权。（2）效力待定合同中相对人的催告权。《合同法》第47、48条规定的相对人的催告权，不具有依据催告权人单方面的意思表示而引起权利变动的法律效果，因此不属于形成权。

真题链接

1. 关于民事权利，下列哪些选项是正确的？（2008-3-51；多选）

A. 甲公司与乙银行签订借款合同，乙对甲享有的要求其还款的权利不具有排他性

B. 丙公司与丁公司协议，丙不在丁建筑的某楼前建造高于该楼的建筑，丁对丙享有的此项权利具有支配性

C. 债权人要求保证人履行，保证人以债权人未对主债务人提起诉讼或申请仲裁为由拒绝履行，保证人的此项权利是抗辩权

D. 债权人撤销债务人与第三人的赠与合同的权利不受诉讼时效的限制

［答案］________①

2. 甲被乙家的狗咬伤，要求乙赔偿医药费，乙认为甲被狗咬与自己无关拒绝赔偿。下列哪一选项是正确的？（2009-3-01；单选）

A. 甲乙之间的赔偿关系属于民法所调整的人身关系

B. 甲请求乙赔偿的权利属于绝对权

C. 甲请求乙赔偿的权利适用诉讼时效

D. 乙拒绝赔偿是行使抗辩权

［答案］________②

考点14　权利分类之三：其他权利分类☆

权利的实现方式	绝对权	无需他人协助，即可行使、实现的权利。如物权、人身权、知识产权。
	相对权	须借助他人的协助，方可实现的权利。如债权。

① ABCD

② C

续表

权利的效力范围	对世权	效力及于世上一切人的权利。
	对人权	效力仅及于特定人的权利。
权利可否与其主体分离	专属权	只能由其主体享有或行使的权利。专属权不得让与和继承。如署名权等著作人身权。
	非专属权	非专属于特定主体，可以让与和继承的权利。如表演权等著作财产权。
权利相互间的依赖关系	主权利	相互关联的数项权利中，可以不依赖其他权利而独立存在的权利。如担保法律关系中，被担保的债权。
	从权利	相互关联的数项权利中，须以其他权利的存在为其存在前提的权利。如担保法律关系中，确保债权实现的担保物权。
原生与派生的数项权利中，依权利相互间的地位	原权利	原生性权利，居于基础权利地位。
	救济权	原权利受到侵害或危险时救援原权。

考点 15　民事权利的救济☆

<table>
<tr><td>概述</td><td colspan="3">民事权利的救济，又称为民事权利的保护。按照保护措施的性质，可以分为公力救济与自力救济。</td></tr>
<tr><td>公力救济</td><td colspan="3">公力救济是权利人通过行使诉权，诉请法院依民事诉讼和强制执行程序保护自己权利的措施。</td></tr>
<tr><td rowspan="3">自力救济</td><td>概述</td><td colspan="2">自力救济是权利人依靠自己的力量强制他人捍卫自己权利的行为，包括自卫行为和自助行为。自卫行为又包括正当防卫和紧急避险两种。自力救济只有在来不及援用公力救济而权利正有被侵犯的现实危险时才允许使用，以弥补公力救济的不足。因自卫行为与《刑法》上的规定并无区别，所以在此不再赘述。笔者着重介绍自助行为。</td></tr>
<tr><td rowspan="2">自助行为★★</td><td>概念</td><td>自助行为是权利人为了保护自己的利益，在紧急情况下对加害人的财产加以扣押、毁损或对其人身进行适当约束的行为。</td></tr>
<tr><td>构成要件</td><td>(1) 须自己的权利受到不法侵害。
(2) 须时间紧迫，来不及请求公力救济，并且如果不实施自助势必导致请求权难以实现或者无从实现。
(3) 不超过必要的限度。自助行为超过必要限度的，构成侵权行为。【特别注意】自助行为，无论如何，都不能伤及其身体。
(4) 事后必须及时请求公力救济。如不及时请求公力救济，不发生自助行为，不发生自助的效力。</td></tr>
</table>

续表

自力救济	自助行为★★	辨析	自助行为与留置权	(1) 自助行为既可以就财产进行自助，还可以就人身自由进行自助；留置权只能就财产进行留置。 (2) 自助行为不强调被扣押的财产与债务具有牵连关系；留置权原则上以财产与债务有牵连关系为前提（企业之间的留置除外）。 (3) 留置权以合法占有为前提；自助行为在扣押时没有占有标的物。

真题链接

一住店客人未付房钱即要离开旅馆去车站，旅馆服务员见状揪住他不让走，并打报警电话。客人说："你不让我走还限制我自由，我要告你们旅馆，耽误了乘火车要你们赔偿。"旅馆这样做的性质应如何认定？（2002-3-16；单选）

A. 属于侵权，系侵害人身自由权　　B. 属于侵权，系积极侵害债权

C. 不属于侵权，是行使抗辩权之行为　　D. 不属于侵权，是自助行为

［答案］________①

考点16　民事义务☆

概述	民事义务是指民法法律规范规定或当事人约定，义务人为一定的行为或不为一定的行为，以满足权利人利益的法律拘束。	
分类	积极义务	以特定的作为为内容的义务是积极义务，亦称作为义务。
	消极义务	以特定的不作为为内容的义务是消极义务，亦称不作为义务。
	基本义务	是根据合同约定或者法律规定所产生的给付义务，包括主给付义务和从给付义务。
	附随义务	是指合同当事人依据诚实信用原则所产生，根据合同的性质、目的和交易习惯所应当承担的照顾义务、通知义务、协助义务等。
需要提醒考生注意的是，在《合同法》中，根据义务产生的基础及在合同关系中的地位，可以将合同法上的义务分为主给付义务、从给付义务、附随义务及不真正义务四类：		
主给付义务	主给付义务，是指合同关系所固有、必备，直接影响到合同当事人订立合同目的的义务。如买卖合同中买受人交付价款的义务，出卖人交付标的物的义务都是买卖合同中的主给付义务。对主给付义务明确几点：①主给付义务是依据合同必备的和固有的义务，直接决定合同的性质。②当事人违反主给付义务时，非违约方可以要求其承担实际履行、赔偿损失等违约责任。③迟延履行合同主给付义务时，经当事人催告仍未履行的，即可解除合同。	

① D

续表

从给付义务	从给付义务，是指根据当事人的约定或合同性质，补助主给付义务，确保债权人利益能够获得最大满足的义务。如合同法第136条规定的“交付提取标的物单证以外的有关单证和资料”即属于从给付义务。对从给付义务明确几点：①迟延履行从给付义务的，不得当然解除合同。必须达到《合同法》第94条第4项规定的“致使不能实现合同目的”时，方享有解除权。这是其与主给付义务在具体责任形式中的最大区别。②当事人违反从给付义务时，非违约方可以要求其承担实际履行、赔偿损失等违约责任。
附随义务	附随义务，是指当事人依据诚实信用原则所产生的，根据合同性质、目的和交易习惯所应当承担的通知、协助、保密等义务。《合同法》第42条、第60条、第92条规定的内容均是对附随义务的规定。对附随义务明确：当事人违反附随义务时，非违约方不得要求实际履行，只能要求赔偿损失。这是其与主给付义务及从给付义务的最大区别。
不真正义务	不真正义务，亦称间接义务，是指在合同关系中权利人对自己利益的维护照顾义务。不真正义务的理论根据是诚实信用原则，比较典型的不真正义务就是非违约方的减损义务，《合同法》第119条规定，当事人一方违约后，对方应当采取积极的措施防止损失的扩大；没有采取适当措施致使损失扩大的，不得就扩大的损失要求赔偿。另外，《合同法》规定的买受人的受领义务、检验义务均属于不真正义务。对不真正义务明确几点：①不真正义务的违反，本质上是权利人对自己利益的疏忽或者放弃，相对方没有过错，因而不可归责于相对方。②权利人违反此义务，不得诉请履行，不得解除合同，不得要求损害赔偿。

02 第二部分 自然人

导 读

自然人这一部分实际上是民法基础理论部分的内容延伸。考生要把握以下主要知识点：(1) 自然人权利能力。要熟记自然人权利能力的起始点，并且需要把握胎儿和死者人格利益的保护。(2) 自然人行为能力。要熟记行为能力的三种类型，知道它们各自的划分标准，掌握法律为了补救自然人行为能力的欠缺而设置的监护人制度。特别要注意监护人的法律职责，尤其是无民事行为能力人、限制民事行为能力人造成他人损害的，监护人应当承担的无过错民事责任。(3) 关于自然人行为能力中，还有一点尤其重要：限制民事行为能力人如何参与民事活动，哪些行为必须由法定代理人代理或者经过法定代理人的同意；哪些行为可以由他们自己实施，对此部分应当结合《合同法》中的效力待定合同来加深理解。

第一节 自然人的民事权利能力

考点 17 自然人的民事权利能力☆☆☆☆

概述	民事权利能力是法律确认的自然人享有民事权利、承担民事义务的资格。自然人只有具备了民事权利能力，才能参与民事活动，享受权利并承担义务，因此，权利能力与权利是不同的概念。民事权利能力是法律上的人格或主体资格。 《民法总则》第 14 条规定："自然人的民事权利能力一律平等。"	
特征	(1) 是一种资格，而非实际的权利。	
	(2) 既包括享有权利，也包括承担义务的资格。	
	(3) 内容和范围具有法定性、平等性。	
	(4) 与民事主体不可分离，当事人不得转让或放弃。	
开始	(1) 自然人从出生时起到死亡时止，具有民事权利能力，依法享有民事权利，承担民事义务。这就是说，自然人的民事权利能力始于出生（《民法总则》第 13 条）。我国民法上的出生，采纳独立呼吸说：出生是指胎儿脱离母体并生存的法律事实。须具备两个条件：①"出"，即脱离母体；②"生"，即脱离母体后保有生命（无论存活时间之久暂）。出生这一事实界分了婴儿与胎儿，出生之前为胎儿，出生之后为婴儿。	

续表

<table>
<tr><td>开始</td><td colspan="2">（2）自然人的出生时间：
①以出生证明记载的时间为准。
②没有出生证明的，以户籍登记或者其他有效身份登记（如：暂住证）记载的时间为准。
③若其他证据足以推翻以上出生记载时间的，则以该证据证明的时间为准（如：接生婆的证言）。
法条依据：《民法总则》第 15 条：“自然人的出生时间和死亡时间，以出生证明、死亡证明记载的时间为准；没有出生证明、死亡证明的，以户籍登记或者其他有效身份登记记载的时间为准。有其他证据足以推翻以上记载时间的，以该证据证明的时间为准。”</td></tr>
<tr><td>胎儿利益</td><td colspan="2">法条依据：《民法总则》第 16 条：“涉及遗产继承、接受赠与等胎儿利益保护的，胎儿视为具有民事权利能力。但是胎儿娩出时为死体的，其民事权利能力自始不存在。”
【注意】胎儿的民事权利能力仅限于保护“胎儿利益”而享有民事权利能力（如：继承权、受赠权、侵权损害赔偿请求权等）的资格；并不包括“负担义务”的资格。
［例］甲、乙为夫妻，在妻子乙怀孕期间，受到第三人丙的外力撞击导致胎儿丁畸形。①若丁“活着”出生，则丁自受胎之时享有民事权利能力，出生前和出生后，丁均有权以自己的名义对第三人丙主张侵权损害赔偿。②若丁“娩出时为死体”，则追溯到自丁受胎之时不享有民事权利能力。此时不能以丁的名义对丙主张侵权损害赔偿。只能以母亲乙自己的名义以“身体权”受到侵害为由，对丙主张侵权损害赔偿。</td></tr>
<tr><td>终止</td><td colspan="2">自然人的民事权利能力于死亡时终止（《民法总则》第 13 条）。民法上的自然人的死亡有生理死亡与宣告死亡（见宣告死亡专节）之分。
生理死亡的推定：
（1）根据《继承法意见》第 2 条，相互有继承关系的几个人在同一事件中死亡，如不能确定死亡先后时间的，①推定没有继承人的人先死亡。②死亡人各自都有继承人的，如几个死亡人辈份不同，推定长辈先死亡；几个死亡人辈份相同，推定同时死亡，彼此不发生继承的，由他们各自的继承人分别继承。
（2）根据《保险法》第 42 条，被保险人死亡后，有下列情形之一的，保险金作为被保险人的遗产，由保险人依照《中华人民共和国继承法》的规定履行给付保险金的义务：（一）没有指定受益人，或者受益人指定不明无法确定的；（二）受益人先于被保险人死亡，没有其他受益人的；（三）受益人依法丧失受益权或者放弃受益权，没有其他受益人的。受益人与被保险人在同一事件中死亡，且不能确定死亡先后顺序的，推定受益人死亡在先。</td></tr>
<tr><td rowspan="2">死者利益</td><td>客体</td><td>死者的人格利益而非人格权（即姓名、肖像、名誉、荣誉、隐私、遗体、遗骨等）。保护的是社会公共利益及折射到死者近亲属的人格。</td></tr>
<tr><td>原告</td><td>以近亲属的自己名义。
【特别注意】近亲属作为原告以自己的名义主张精神损害赔偿时，有顺序要求：①第一顺序：配偶、子女和父母；②第二顺序：其他近亲属（祖父母、外祖父母、孙子女、外孙子女、兄弟姐妹）。
法条依据：《精神损害赔偿司法解释》第 7 条：“自然人因侵权行为致死，或者自然人死亡后其人格或者遗体遭受侵害，死者的配偶、父母和子女向人民法院起诉请求赔偿精神损害的，列其配偶、父母和子女为原告；没有配偶、父母和子女的，可以由其他近亲属提起诉讼，列其他近亲属为原告。”</td></tr>
</table>

续表

死者利益	死亡赔偿金	直接归原告（们）而非按死者遗产分配。
	参考法条	《民法总则》第 185 条规定："侵害英雄烈士等的姓名、肖像、名誉、荣誉，损害社会公共利益的，应当承担民事责任。" 《精神损害赔偿司法解释》第 3 条规定："自然人死亡后，其近亲属因下列侵权行为遭受精神痛苦，向人民法院起诉请求赔偿精神损害的，人民法院应当依法予以受理： （一）以侮辱、诽谤、贬损、丑化或者违反社会公共利益、社会公德的其他方式，侵害死者姓名、肖像、名誉、荣誉； （二）非法披露、利用死者隐私，或者以违反社会公共利益、社会公德的其他方式侵害死者隐私； （三）非法利用、损害遗体、遗骨，或者以违反社会公共利益、社会公德的其他方式侵害遗体、遗骨。"
补充说明	自然人的特殊权利能力，指自然人充当特定民事主体的资格，法律只将其赋予符合特定条件的自然人，而不赋予所有的自然人。如，男性满 22 周岁之前、女性满 20 周岁之前，均不具有结婚的权利能力。再如，在我国，同性间不得结婚。	

案例索引

案例名称	黑龙江省首例侵害英雄烈士肖像案
基本案情	被告大兴安岭某某叫车有限公司自 2016 年 3 月 9 日登记注册以来，召集加格达奇区内运营的部分出租车组建"锋雷车队"，为出租车提供有偿中介服务，在加格达奇区卫东大街立交桥南西侧设立带有雷锋烈士肖像及"锋雷叫车"字样的广告牌，并将带有同样内容的广告标签分发车队成员，张贴于出租车上，部分出租车张贴于车身营运两年之久。
裁判结果	2019 年 3 月 21 日上午，大兴安岭地区中级人民法院对黑龙江省人民检察院大兴安岭分院提起的侵害雷锋烈士肖像民事公益诉讼案件公开开庭审理并当庭宣判，判决被告大兴安岭某某叫车有限公司立即停止侵害，于判决生效之日起七日内拆除所有雷锋烈士肖像的广告牌和出租车使用的车标，并在报纸上公开赔礼道歉。
裁判理由	大兴安岭中院认为，英雄烈士的姓名、肖像、名誉、荣誉受法律保护。任何组织和个人不得在公共场所、互联网或者利用广播电视、电影、出版物等，以其他方式侵害英雄烈士的姓名、肖像、名誉、荣誉。英雄烈士是民族精神的载体，是国家的脊梁。敬重烈士、崇尚英雄精神，是凝聚民族力量，促进民族复兴的重要精神动力，是社会主义核心价值观的重要体现。本案中，被告大兴安岭某某叫车有限公司使用雷锋烈士肖像制作商业广告，并将雷锋烈士肖像制做成标签，提供给出租车进行有偿运营服务，侵害了雷锋烈士的肖像，损害了社会公共利益。黑龙江省人民检察院大兴安岭分院要求被告大兴安岭某某叫车有限公司停止侵害，通过媒体公开赔礼道歉的诉讼请求合理、合法，大兴安岭中院依法予以支持，当庭作出判决。

真题链接

欣欣美容医院在为青年女演员欢欢实施隆鼻手术过程中，因未严格消毒导致欢欢面部感染，经治愈后面部仍留下较大疤痕。欢欢因此诉诸法院，要求欣欣医院赔偿医疗费并主张精神损害赔偿。该案受理后不久，欢欢因心脏病急性发作猝死。网络名人洋洋在其博客上杜撰欢欢吸毒过量致死。下列哪一表述是错误的？（2014-3-22；单选）

A. 欣欣医院构成违约行为和侵权行为

B. 欢欢的继承人可继承欣欣医院对欢欢支付的精神损害赔偿金

C. 洋洋的行为侵犯了欢欢的名誉权

D. 欢欢的母亲可以欢欢的名义对洋洋提起侵权之诉

[答案] ________①

第二节　自然人的民事行为能力

考点18　自然人的民事行为能力☆☆☆☆☆

民事行为能力是民事主体独立实施民事法律行为的资格。具有民事权利能力，是自然人获得参与民事活动的资格，但能不能运用这一资格，还受自然人的理智、认识能力等主观条件的制约。自然人民事行为能力类型见下表：

<table>
<tr><th></th><th>未成年人</th><th>成年人</th><th colspan="2">民事法律行为效力</th></tr>
<tr><td>无民事行为能力人</td><td>不满八周岁的未成年人</td><td>不能辨认自己行为的成年人。</td><td colspan="2">无民事行为能力人参与民事活动，须由法定代理人代理实施。未经法定代理人代理，无民事行为能力人独立实施的民事法律行为无效。</td></tr>
<tr><td rowspan="4">限制民事行为能力人</td><td rowspan="4">八周岁以上，不满十八周岁的未成年人。
【特别注意】八周岁以上，不满十八周岁的未成年人，不能辨认自己行为的，为无民事行为能力人。</td><td rowspan="4">不能完全辨认自己行为的成年人。</td><td rowspan="2">两点有效</td><td>纯获利益（如：接受赠与、被授予委托代理权等）的民事法律行为。</td></tr>
<tr><td>与其年龄、智力、精神健康状况相适应的民事法律行为。</td></tr>
<tr><td>一点无效</td><td>不能独立实施的单方法律行为（如：抛弃、捐助、免除债务等）和多方法律行为。（如：订立合伙协议等）</td></tr>
<tr><td>一点待定</td><td>不能独立订立的合同。</td></tr>
</table>

① CD（作者认为应为多选）

续表

	未成年人	成年人	民事法律行为效力
完全民事行为能力人	16周岁以上不满18周岁的未成年人，以自己的劳动收入为主要生活来源的，视为完全民事行为能力人。	年满十八周岁的成年人	有效

法条依据

《民法总则》第20条 不满八周岁的未成年人为无民事行为能力人，由其法定代理人代理实施民事法律行为。

《民法总则》第21条 不能辨认自己行为的成年人为无民事行为能力人，由其法定代理人代理实施民事法律行为。

八周岁以上的未成年人不能辨认自己行为的，适用前款规定。

《民法总则》第22条 不能完全辨认自己行为的成年人为限制民事行为能力人，实施民事法律行为由其法定代理人代理或者经其法定代理人同意、追认，但是可以独立实施纯获利益的民事法律行为或者与其智力、精神健康状况相适应的民事法律行为。

《民法总则》第24条 不能辨认或者不能完全辨认自己行为的成年人，其利害关系人或者有关组织，可以向人民法院申请认定该成年人为无民事行为能力人或者限制民事行为能力人。

被人民法院认定为无民事行为能力人或者限制民事行为能力人的，经本人、利害关系人或者有关组织申请，人民法院可以根据其智力、精神健康恢复的状况，认定该成年人恢复为限制民事行为能力人或者完全民事行为能力人。

本条规定的有关组织包括：居民委员会、村民委员会、学校、医疗机构、妇女联合会、残疾人联合会、依法设立的老年人组织、民政部门等。

真题链接

1. 肖特有音乐天赋，16岁便不再上学，以演出收入为主要生活来源。肖特成长过程中，多有长辈馈赠：7岁时受赠口琴1个，9岁时受赠钢琴1架，15岁时受赠名贵小提琴1把。对肖特行为能力及其受赠行为效力的判断，根据《民法总则》相关规定，下列哪一选项是正确的？（2017-3-02；单选）

A. 肖特尚不具备完全的民事行为能力

B. 受赠口琴的行为无效，应由其法定代理人代理实施

C. 受赠钢琴的行为无效，因与其当时的年龄智力不相当

D. 受赠小提琴的行为无效，因与其当时的年龄智力不相当

［答案］________①

① B

2. 2008年1月，甄女和贾男结婚。2009年1月生一子贾小男。2010年2月，贾男生重病，甄女一人照顾贾男，直至其去世。父亲老贾在贾男生病期间对贾男不闻不问，事后深感愧疚。为此，老贾于2015年2月及2017年8月分别赠与贾小男价值百万元的名画一幅、价值十万元的名表一块。贾小男均表示接受，但事后甄女均表示拒绝。对此，下列哪些说法正确的？（2018年回忆金题）

A. 属纯获利益行为，贾小男接受该名表

B. 属纯获利益行为，贾小男接受该名画

C. 老贾与贾小男之间的名画赠与合同有效

D. 老贾与贾小男之间的名表赠与合同有效

[答案] ________①

第三节 监 护

考点19 监护☆☆☆☆☆

<table>
<tr><td>概念</td><td colspan="2">监护是对未成年人和无民事行为能力或者限制民事行为能力的成年人设定专人保护其利益，监督其行为，并且管理其财产的法律制度。监护关系多在亲属间发生，监护在性质上属于身份关系，因此，监护同时适用亲属法上的有关规定。</td></tr>
<tr><td>种类</td><td>法定监护</td><td>法定监护是由法律直接规定监护人范围和顺序的监护。法定监护人可以由一人或多人担任。包括对未成年人的监护与对不能辨认、不能完全辨认自己行为的成年人的监护。
（1）未成年人的法定监护人
《民法总则》第27条　父母是未成年子女的监护人。
未成年人的父母已经死亡或者没有监护能力的，由下列有监护能力的人按顺序担任监护人：
（一）祖父母、外祖父母；
（二）兄、姐；
（三）其他愿意担任监护人的个人或者组织，但是须经未成年人住所地的居民委员会、村民委员会或者民政部门同意。
【特别注意】父母担任未成年人的法定监护人时，即使父母离婚，也不影响法定监护关系，离婚后的父母仍为法定监护人，但是监护责任的轻重不同。
父母离婚后，与子女共同生活的一方独立承担民事责任；如果独立承担民事责任确有困难的，可以责令未与该子女共同生活的一方承担补充责任。
（2）无民事行为能力或者限制民事行为能力的成年人的监护人
《民法总则》第28条　无民事行为能力或者限制民事行为能力的成年人，由下列有监护能力的人按顺序担任监护人：</td></tr>
</table>

① AD

续表

种类	法定监护	（一）配偶； （二）父母、子女； （三）其他近亲属； （四）其他愿意担任监护人的个人或者组织，但是须经被监护人住所地的居民委员会、村民委员会或者民政部门同意。
	指定监护	指定监护是指有法定监护资格的人之间对监护人的确定有争议时，由特定单位（组织）指定监护人。根据民法总则的规定，指定监护只有在法定监护人有争议时才产生。所谓争议，在未成年人，是其父母以外的监护人（特别注意：未成年人的父母具有监护能力时，不适用指定监护，因为父母是未成年人的当然监护人）范围内的人，争抢担任监护人或互相推诿都不愿意担任监护人；在成年行为能力欠缺者，则是监护范围内的任何人之间的争议，互相争抢或者互相推诿。 【市民甲、乙之子丙 5 周岁，甲乙离婚后对谁担任丙的监护人发生争议，丙住所地的居民委员会有权指定（2013 年卷三第 2 题 D 选项）。此选项是错误的，因为指定监护对于未成年人必须是父母以外的监护人不愿意担任监护人的情形】 《民法总则》第 31 条第 1 款：“对监护人的确定有争议的，由被监护人住所地的居民委员会、村民委员会或者民政部门指定监护人，有关当事人对指定不服的，可以向人民法院申请指定监护人；有关当事人也可以直接向人民法院申请指定监护人。” 【特别注意】有关组织指定不再是人民法院指定的必经前置程序。对监护人的确定有争议的，有关当事人可以选择有关组织（居民委员会、村民委员会、民政部门）指定，也可以选择人民法院指定。 第 2 款：“居民委员会、村民委员会、民政部门或者人民法院应当尊重被监护人的真实意愿，按照最有利于被监护人的原则在依法具有监护资格的人中指定监护人。” 第 3 款：“依照本条第一款规定指定监护人前，被监护人的人身权利、财产权利以及其他合法权益处于无人保护状态的，由被监护人住所地的居民委员会、村民委员会、法律规定的有关组织或者民政部门担任临时监护人。”
	遗嘱监护	《民法总则》第 29 条规定：“被监护人的父母担任监护人的，可以通过遗嘱指定监护人。”据此，遗嘱指定监护仅适用于父母担任监护人的情形，至于指定对象则未作限制。由于遗嘱属于死因民事法律行为，故遗嘱监护于遗嘱人死亡时才会生效。 【余某与其妻婚后不育，依法收养了孤儿小翠。不久后余某与妻子离婚，小翠由余某抚养。现余某身患重病，为自己和幼女小翠的未来担忧，欲作相应安排。余某可通过遗嘱指定其父亲在其身故后担任小翠的监护人（2017 年卷三第 51 题 A 选项）此选项正确。特别提醒：余某完全可以在生前通过遗嘱指定监护人，因为无论是《继承法》中的遗嘱还是此处的遗嘱都是生前订立的，不可能死后订立。但是此处的遗嘱不生效，只有余某和前妻都死亡或者都失去行为能力才会生效，因为遗嘱监护属于指定监护】

续表

种类	协议监护	《民法总则》第 30 条规定：“依法具有监护资格的人之间可以协议确定监护人。协议确定监护人应当尊重被监护人的真实意愿。”协议监护体现意思自治原则，从最有利于监护和尊重被监护人意愿考虑，具有监护资格的人之间可以协商确定监护人，作为法定监护的补充。 【特别注意】未成年人的父母具有监护能力时，不能通过协议确定法定监护，因为父母是未成年人的当然法定监护人
	意定监护	《民法总则》第 33 条规定：“具有完全民事行为能力的成年人，可以与其近亲属、其他愿意担任监护人的个人或者组织事先协商，以书面形式确定自己的监护人。协商确定的监护人在该成年人丧失或者部分丧失民事行为能力时，履行监护职责。” 【余某与其妻婚后不育，依法收养了孤儿小翠。不久后余某与妻子离婚，小翠由余某抚养。现余某身患重病，为自己和幼女小翠的未来担忧，欲作相应安排。余某可与其堂兄事先协商以书面形式确定堂兄为自己的监护人（2017 年卷三第 51 题 C 选项）。此选项正确。特别提醒：意定监护是 2017 年《民法总则》新增加的监护形式，目的主要是为了应对老龄化社会的到来。结果 2017 年当年就考了，这也体现了“新增必考”的命题特点，所以 2020 年要特别注意《民法典》新增加的内容或者变化了的内容】 （1）意定监护即在法定监护之外通过当事人协议设立的监护，也称委托监护。委托监护可以是全权委托，也可以是限权委托。前者如父母将子女委托祖父母照料或配偶将精神病人委托精神病院照料；后者如将子女委托给寄宿制学校、幼儿园等。 （2）委托监护不论是全权委托还是限权委托，委托人仍要对被监护人的侵权行为承担民事责任，但另有约定的除外；被委托人只有在确有过错时，才承担连带赔偿责任。 ［例］甲、乙是夫妻，共同育有一子丙，已经五岁。现在夫妻二人去美国公差两年，只能把儿子丙委托给舅舅丁照看。在丁照看期间，丙把另一个小朋友打伤了，花去医疗费一万元。①该一万元医疗费用依然由父母甲和乙承担。②假设丙在打另一个小朋友的时候舅舅丁就在旁边而并未制止，此时丁需承担连带责任。③如果甲、乙和丁约定，甲、乙每月给丁三千元，在照料期间发生侵权，每人百分之五十的责任。则一万元的医疗费用依然由甲、乙承担，承担后可依约定向丁追偿五千元。
		【附条件委托监护与附条件委托合同】附条件委托监护，是依条件成立委托合同的监护。具有完全民事行为能力的成年人，可以与其近亲属、其他愿意担任监护人的个人或者组织事先协商，以书面形式确定自己的监护人。协商确定的监护人在该成年人丧失或者部分丧失民事行为能力时，履行监护职责。附条件委托合同，属于附生效条件之合同，须书面方式订立，该委托合同成立后并不立即生效，要在委托人丧失或者部分丧失民事行为能力时才生效。

续表

职责	（1）代理被监护人实施民事法律行为，代理被监护人进行诉讼。
	（2）监护人应当按照最有利于被监护人的原则履行监护职责，保护被监护人的人身权利、财产权利以及其他合法权益；除为维护被监护人利益外，不得处分被监护人的财产。 【特别注意】“除为维护被监护人利益外，不得处分被监护人的财产。”属于效力性强制性规定，若违反原则上会导致合同无效，但处分被监护人的货币（占有即所有）除外。 ①甲、乙为夫妻，育有一子丙，16周岁。丙名下有一套房屋，甲为担保丁向银行借款，将该房屋抵押给银行，办理了抵押登记。则该抵押合同无效，抵押权不设立。 ②小学生甲极具天赋，参演多部电视剧攒下存款若干。为让甲的存款保值，甲父在某城市以甲的名义购买多套房屋，未料周边房价均上涨，唯独该城市房价下跌，导致严重亏损。则该房屋买卖合同有效。 【特别提醒】在法考考试中，题干里出现了“货币”，大概率在考“占有即所有”！切记!!考试频率非常高!!! ①【甲与丙离婚期间，用夫妻共同存款向乙公司购买保险，指定自己为受益人（2013年卷三第53题A选项）。甲乙之间购买保险的合同有效】 ②【甲遗失其为乙保管的迪亚手表，为偿还乙，甲窃取丙的美茄手表和4000元现金。甲将美茄手表交乙，因美茄手表比迪亚手表便宜1000元，甲又从4000元中补偿乙1000元。乙不知甲盗窃情节。乙将美茄手表赠与丁，又用该1000元的一半支付某自来水公司水费，另一半购得某商场一件衬衣（2015年卷三第61题B选项）。“又用该1000元的一半支付某自来水公司水费，另一半购得某商场一件衬衣”，以上支出行为都有效，所以丙无权请求自来水公司和商场各返还500元】
	（3）对被监护人的侵权行为（在被监护人无财产或财产不足以承担责任时）承担无过错的替代责任。 法条依据：《侵权责任法》第32条：“无民事行为能力人、限制民事行为能力人造成他人损害的，由监护人承担侵权责任。监护人尽到监护责任的，可以减轻其侵权责任。有财产的无民事行为能力人、限制民事行为能力人造成他人损害的，从本人财产中支付赔偿费用。不足部分，由监护人赔偿。”
	（4）监护人不履行监护职责或者侵害被监护人合法权益的，应当承担法律责任。
终止	（1）有下列情形之一的，监护关系终止： ①被监护人取得或者恢复完全民事行为能力； ②监护人丧失监护能力； ③被监护人或者监护人死亡； ④法院认定监护关系终止的其他情形。 （2）监护关系终止后，被监护人仍然需要监护的，应当依法另行确定监护人。

真题链接

1. 甲十五岁，精神病人。关于其监护问题，下列哪一表述是正确的？（2010-3-03；旧题新解；多选）

A. 监护人只能是甲的近亲属或关系密切的其他亲属、朋友

B. 监护人可是同一顺序中的数人

C. 对担任监护人有争议的，可直接请求法院裁决

D. 为甲设定监护人，适用关于精神病人监护的规定

[答案] ________①

2. 关于监护，下列哪一表述是正确的？（2013-3-02；单选）

A. 甲委托医院照料其患精神病的配偶乙，医院是委托监护人

B. 甲的幼子乙在寄宿制幼儿园期间，甲的监护职责全部转移给幼儿园

C. 甲丧夫后携幼子乙改嫁，乙的爷爷有权要求法院确定自己为乙的法定监护人

D. 市民甲、乙之子丙5周岁，甲乙离婚后对谁担任丙的监护人发生争议，丙住所地的居民委员会有权指定

[答案] ________②

3. 甲8周岁，多次在国际钢琴大赛中获奖，并获得大量奖金。甲的父母乙、丙为了甲的利益，考虑到甲的奖金存放银行增值有限，遂将奖金全部购买了股票，但恰遇股市暴跌，甲的奖金损失过半。关于乙、丙的行为，下列哪些说法是正确的？（2016-3-52；多选）

A. 乙、丙应对投资股票给甲造成的损失承担责任

B. 乙、丙不能随意处分甲的财产

C. 乙、丙的行为构成无因管理，无需承担责任

D. 如主张赔偿，甲对父母的诉讼时效期间在进行中的最后6个月内因自己系无行为能力人而中止，待成年后继续计算

[答案] ________③

考点20　监护资格的撤销与恢复☆☆☆

概述	虽然在《民法通则》第20条、《未成年人保护法》第53条有规定“撤销监护权人资格”的条款，但却规定得较为原则，缺乏可操作性。但现实中的一个个案件又急需解决，于是，最高人民法院、最高人民检察院、公安部、民政部联合发布了《关于依法处理监护人侵害未成年人权益行为若干问题的意见》（以下简称《意见》），自2015年1月1日起实施。本次《民法总则》在制定过程中将该文件中的部分内容予以概括吸收，提炼上升为法律的原则性规定，进一步补充完善了我国监护人制度的体系设计，将监护人资格的进入、退出、有条件地再次进入等方面均做了具体规定，以法律的形式固定在民法总则部分，再配以具体实施细则的文件（如前述四部门联合发布的意见）将制度落地生根，使监护权部分内容更加丰富完整，真正做到有法可依，也让撤销监护权资格诉讼在法院审理过程中更加容易落到实处。

① BC（以前的答案是B）

② A

③ AB

续表

撤销	《民法总则》第36条	(1) 监护人有下列情形之一的，法院根据有关个人或者组织的申请，撤销其监护人资格，安排必要的临时监护措施，并按照最有利于被监护人的原则依法指定监护人：①实施严重损害被监护人身心健康行为的；②怠于履行监护职责，或者无法履行监护职责并且拒绝将监护职责部分或者全部委托给他人，导致被监护人处于危困状态的；③实施严重侵害被监护人合法权益的其他行为的。 (2) 有关个人和组织包括：其他依法具有监护资格的人，居民委员会、村民委员会、学校、医疗机构、妇女联合会、残疾人联合会、未成年人保护组织、依法设立的老年人组织、民政部门等。 (3) 前款规定的个人和民政部门以外的组织未及时向人民法院申请撤销监护人资格的，民政部门应当向法院申请。
	《民法总则》第37条	依法负担被监护人抚养费、赡养费、扶养费的父母、子女、配偶等，被法院撤销监护人资格后，应当继续履行负担的义务。
恢复	《民法总则》第38条	被监护人的父母或者子女被法院撤销监护人资格后，除对被监护人实施故意犯罪的外，确有悔改表现的，经其申请，法院可以在尊重被监护人真实意愿的前提下，视情况恢复其监护人资格，法院指定的监护人与被监护人的监护关系同时终止。

案例索引

案例名称	中国首例民政机关申请撤销监护权案
基本案情	10岁女童遭生父性侵，母亲不闻不问，当地民政局向法院提起诉讼：申请撤销其父母的监护权。
裁判结果	根据法院判决，女孩小丽生父母的监护权被双双撤销，然而，小丽的监护权并没有像很多人预测的那样，会直接判给临时照料人，最终监护权被法院判决归属江苏省徐州市铜山区民政局。民政局表示，小丽将被放在临时照料人家里抚养，并与其签订特别的“助养协议”。

第四节　宣告失踪与宣告死亡

考点21　宣告失踪☆☆

概述	(1) 宣告失踪是自然人下落不明达到法定期间，经利害关系人申请，由法院宣告为失踪人并为其设立财产代管人的法律制度。宣告失踪的主要法律意义在于为失踪人设立财产代管人。失踪人的财产代管人拒绝支付失踪人所欠的税款、债务和其他费用，债权人提起诉讼的，法院应当将代管人列为被告。失踪人的财产代管人向失踪人的债务人要求偿还债务的，可以作为原告提起诉讼。

续表

概述	(2) 宣告失踪是对自然事实状态的法律确认，其制度价值在于救济因自然人下落不明而导致的财产关系不稳定状态，而不涉及失踪人的人身关系，如婚姻关系等。通过宣告下落不明人为失踪人，可为其设立财产代管人，保管失踪人财产、处理应了结的债权债务，维护失踪人和利害关系人的利益，维护社会秩序的稳定。	
要件	(1) 受宣告人失踪	即受宣告人离开住所或居所没有任何音讯，处于下落不明的状态。
	(2) 失踪达到法定期间	申请宣告失踪的法定期间为下落不明满2年，从失踪人音讯消失之日起计算；战争期间失踪的，失踪期间从战争结束之日或者有关机关确定的下落不明之日起计算。
	(3) 经利害关系人申请	宣告失踪的程序不是自然启动，须经利害关系人申请，程序才开始。所谓利害关系人，是指与失踪人有人身关系或财产关系的人，如父母、配偶、近亲属、债权人、债务人等。对于申请权的行使，法律没有规定顺序以及序位的限制，即申请人之间没有排他效力，任一申请人都可以申请。
	(4) 由法院宣告	法院收到利害关系人的宣告失踪申请后，先要发出寻找公告，期间为3个月。公告期满，失踪事实得到确认，法院应以判决方式宣告失踪。
效力	(1) 法院在宣告失踪的判决中，为失踪人指定财产代管人。有资格充任财产代管人的，应是失踪人的配偶、父母、成年子女或其他愿意担任财产代管人的人。财产代管人的选任应先由前述范围内的人协商，由法院指定。协商不能时，则由法院直接指定。	
	(2) 财产代管人负保管失踪人财产的职责，对于失踪人所欠的税款、债务和其他费用，可从代管财产中支付。财产代管人因故意或者重大过失造成失踪人财产损失的，应当承担赔偿责任。	
撤销	当失踪人复出或者有人确知其下落时，经本人或利害关系人申请，由法院撤销对他的失踪宣告。法院的撤销失踪宣告作出后，财产代管人资格消灭，财产代管人应交还代管财产并汇报管理情况、提交收支账目等。	

参考法条

《民法总则》第40条　自然人下落不明满二年的，利害关系人可以向人民法院申请宣告该自然人为失踪人。

《民法总则》第42条　失踪人的财产由其配偶、成年子女、父母或者其他愿意担任财产代管人的人代管。

代管有争议，没有前款规定的人，或者前款规定的人无代管能力的，由人民法院指定的人代管。

《民法总则》第43条　财产代管人应当妥善管理失踪人的财产，维护其财产权益。

失踪人所欠税款、债务和应付的其他费用，由财产代管人从失踪人的财产中支付。

财产代管人因故意或者重大过失造成失踪人财产损失的，应当承担赔偿责任。

《民法总则》第44条 财产代管人不履行代管职责、侵害失踪人财产权益或者丧失代管能力的，失踪人的利害关系人可以向人民法院申请变更财产代管人。

财产代管人有正当理由的，可以向人民法院申请变更财产代管人。

人民法院变更财产代管人的，变更后的财产代管人有权要求原财产代管人及时移交有关财产并报告财产代管情况。

真题链接

甲与乙离婚，甲乙的子女均已成年，与乙一起生活。甲与丙再婚后购买了一套房屋，登记在甲的名下。后甲因中风不能自理，常年卧床。丙见状离家出走达3年之久。甲乙的子女和乙想要回房屋，进行法律咨询。下列哪些意见是错误的？（2011-3-52；多选）

A. 因房屋登记在甲的名下，故属于甲个人房产

B. 丙在甲中风后未尽妻子责任和义务，不能主张房产份额

C. 甲乙的子女可以申请宣告丙失踪

D. 甲本人向法院提交书面意见后，甲乙的子女可代理甲参与甲与丙的离婚诉讼

［答案］________①

考点22 宣告死亡概述☆☆☆☆☆

宣告死亡是指自然人离开自己的住所，下落不明达到法定期限，经利害关系人申请，由法院宣告其死亡的法律制度。宣告死亡的制度价值，在于维护生者的利益——包括配偶的再婚权、继承人的继承权、债权人的受偿权等。由于宣告死亡要消灭被宣告死亡人的民事主体资格，所以，法律对此慎之又慎。法律规定的宣告死亡的条件，要比宣告失踪条件严格得多。宣告死亡条件包括下述（1）、（2）、（3）。	
（1）自然人下落不明达法定的期间	①一般情况下，自然人离开住所下落不明满4年；②因意外事件下落不明的，从事故发生之日起满2年；③因意外事件下落不明的，经有关机关证明该自然人不可能生存的，申请宣告死亡不受2年时间的限制。
（2）须由利害关系人以书面方式向下落不明人住所地的基层法院提出申请	申请宣告死亡的利害关系人的范围： ①配偶、父母、子女；②兄弟姐妹、祖父母、外祖父母、孙子女、外孙子女；③其他与被申请宣告死亡人有民事权利义务关系的人，如债权人和债务人等。 【特别注意】申请宣告死亡的利害关系人没有顺序上的限制。
（3）须由法院依照法定程序进行宣告	宣告死亡，只能由法院依照法定程序进行宣告。法院受理宣告死亡案件后，应发出寻找失踪人的公告。公告期间为1年。因意外事故下落不明，经有关机关证明其不可能生存的，公告期间为3个月。公告期间届满失踪人仍未出现的，法院作出宣告死亡的判决。

① ABC

考点 23 宣告死亡与宣告失踪的关系☆☆☆

（1）两者互不关联	宣告失踪与宣告死亡是各自独立的程序，即当事人失踪以后，利害关系人可以根据充足的要件，选择申请宣告失踪或者申请宣告死亡。宣告失踪并不是宣告死亡的前置程序。
（2）两者同时被申请	《民法总则》第 47 条规定："对同一自然人，有的利害关系人申请宣告死亡，有的利害关系人申请宣告失踪，符合本法规定的宣告死亡条件的，法院应当宣告死亡。"

考点 24 宣告死亡法律后果☆☆☆

宣告死亡的效力，可以归结为"妻离子散、家破人亡"，具体内容见下表：

妻离	身份关系。被宣告死亡的人的婚姻关系，自死亡宣告之日起自动消灭。
子散	单方有权送养子女。
家破	财产关系。被宣告死亡的人的个人合法财产按遗产开始继承。
人亡	丧失民事主体资格。被宣告死亡的人，人民法院宣告死亡的判决作出之日视为其死亡日期；因意外事件下落不明宣告死亡的，意外事件发生之日视为其死亡的日期。

考点 25 死亡宣告的撤销（亡者归来）☆☆☆☆☆

撤销事由	被宣告死亡的人重新出现，经本人或者利害关系人申请，法院应当撤销死亡宣告。自然人被宣告死亡但是并未死亡的，不影响该自然人在被宣告死亡期间实施的民事法律行为的效力。（《民法总则》第 49 条） 【特别注意】此处的"的效力"含义为自然人被宣告死亡但是并未死亡的，该自然人在被宣告死亡期间实施的民事法律行为可能有效；可能无效；可能可撤销；可能效力待定。如： （1）该自然人在被宣告死亡期间卖羊肉串的行为有效； （2）该自然人在被宣告死亡期间卖毒品的行为无效； （3）该自然人在被宣告死亡期间卖假玉石的行为可撤销； （4）该自然人在被宣告死亡期间无权代理他人买彩票的行为效力待定。
婚姻关系	（1）死亡宣告被撤销的，婚姻关系自撤销死亡宣告之日起自行恢复；
	（2）例外：其配偶再婚或者向婚姻登记机关书面声明不愿意恢复的除外。
收养关系	被撤销死亡宣告人的子女在被宣告死亡期间被他人依法收养的，该收养关系有效，被撤销死亡宣告人仅以未经本人同意而主张收养关系无效的，一般不予准许，但收养人和被收养人同意的除外。

续表

财产关系	(1) 被撤销死亡宣告的人有权请求依照《继承法》取得其财产的民事主体返还原物。无法返还的，应当给予适当补偿。其原物已被第三人合法取得（如：买卖、赠与等）的，第三人可不予返还。
	(2) 利害关系人隐瞒真实情况，致使他人被宣告死亡而取得其财产的，除应当返还原物外，还应当对由此造成的损失承担赔偿责任。

真题链接

1. 甲、乙为夫妻，长期感情不和。2010年5月1日甲乘火车去外地出差，在火车上失踪，没有发现其被害尸体，也没有发现其在何处下车。2016年6月5日法院依照法定程序宣告甲死亡。之后，乙向法院起诉要求铁路公司对甲的死亡进行赔偿。关于甲被宣告死亡，下列哪些说法是正确的？（2016-3-51；多选）

A. 甲的继承人可以继承其财产

B. 甲、乙婚姻关系消灭，且不可能恢复

C. 2016年6月5日为甲的死亡日期

D. 铁路公司应当对甲的死亡进行赔偿

［答案］________①

2. 甲出境经商下落不明，2015年9月经其妻乙请求被K县法院宣告死亡，其后乙未再婚，乙是甲唯一的继承人。2016年3月，乙将家里的一辆轿车赠送给了弟弟丙，交付并办理了过户登记。2016年10月，经商失败的甲返回K县，为还债将登记于自己名下的一套夫妻共有住房私自卖给知情的丁；同年12月，甲的死亡宣告被撤销。下列哪些选项是正确的？（2017-3-52；多选）

A. 甲、乙的婚姻关系自撤销死亡宣告之日起自行恢复

B. 乙有权赠与该轿车

C. 丙可不返还该轿车

D. 甲出卖房屋的行为无效

［答案］________②

---

① AC

② ABC

03 第三部分 法人与非法人组织

导读

与自然人主体不同的是，法人是组织，它是自然人的集合，是拟制的人。法人部分的考点主要集中在法人的机关中尤其是法定代表人的问题；法人的责任中法人的有限责任、法人分支机构的责任等；法人的清算中清算法人的民事行为能力问题；法人的变更中法人的合并与分立等几个方面。尤其是法人的责任能力，是近年来考试的热点问题。另外，《民法总则》对法人进行了重新划分，这一点考生需要明确。

第一节　法　人

考点 26　法人的概念与特征☆☆

概念	法人是享有民事权利能力和民事行为能力，能以自己名义享有民事权利负担民事义务的组织。据此可知，法人不是人，是社会组织在法律上的人格化。我国《民法总则》规定的法人，既可以作为民事主体享受权利，负担义务，又可以以独立财产承担责任，即出资人负担有限责任，这一制度与大陆法系基本“接轨”。	
特征	（1）社会组织	法人区别于自然人的特点，就在于自然人是由个体充任民事主体，而法人是由自然人及其财产的集合而组成的团体或者说是社会组织，这个社会组织被法律确认为民事主体。
	（2）独立财产	法人的出资人一旦将财产所有权移转于法人，其享有的就只是股东权而不再是所有权，出资财产与出资人“脱钩”，使这部分财产成了法人的独立财产。法人能够独立享有民事权利能力和民事行为能力，就是依赖于其有独立财产，没有财产或者没有独立财产的法人，就是人们耻笑的“皮包公司”，就无法承担其应负的义务。
	（3）独立名义	法人作为拟制的人，其所为的行为总是由具体的自然人作出的，即法人在参加民事法律关系时，是由法人代表、代理人或者其他雇员出面的。但法人既为民事主体，任何自然人在代表法人从事民事活动时，其人格就被法人吸收，不再代表自己，其行为名义上属于法人，其效果自然也由法人承担。法人能以自己的

续表

特征	（3）独立名义	名义参加民事法律关系，使法人的独立人格显现于法律，也与法人拥有独立财产的特征相一致。
	（4）独立责任	这是法人拥有独立财产的逻辑结果。法人既然拥有独立财产，便能够以此财产负担自己行为的法律后果。显示法人这一特征的主要对照物，就是合伙。团体性合伙，合伙人对这一团体债务仍然要负无限连带责任，即在民事活动中，合伙团体所负的民事责任最终要归到合伙人的头上，合伙团体并不能自己承担责任。而法人的责任承担情况就不同，任何以法人名义所为的行为，其后果由法人承担。简言之，法人的出资人以其出资额或股份为限承担有限责任。

考点 27　民法学上的分类（1）：公法人与私法人☆☆

依据	按法人的设立行为及所依据的法律对法人的区分。	
公法人	公法人是以公共利益为目的，由国家依公法设立的行使或者分担国家权力或政府职能的法人。	
私法人	私法人是以私法为依据设立的法人。如公司等。	
区别	（1）设立方式	私法人依设立人意思设立，公法人依法律或者行政命令设立。
	（2）成立条件	私法人须登记，公法人无需登记。
	（3）财产来源	公法人是根据财政预算拨款，私法人则由设立人或捐赠人出资。
	（4）营利与否	公法人当然不得以营利为目的，根据意思自治，私法人则营利与非营利两者皆可设立。

考点 28　民法学上的分类（2）：社团法人与财团法人☆☆☆☆☆

依据	这一按照法人设立的基础对法人所作的划分，是大陆法系民法对法人的最基本的分类。我国民法目前虽未采纳，但对深化法人的认识，有重要的意义。	
社团法人	以人为基础而集合成立的法人，如公司为股东之集合，工会为会员之集合，均属社团法人。社团法人之成员统称社员，其享有的权利亦称社员权。需要指出的是：社团法人与社会团体法人，是完全不同的概念，社会团体法人中有的属于社团法人，如工会、学会等，有的则属于财团法人，如各种基金会。	
财团法人	以财产为基础而集合成立的法人，财团法人的主要形式就是基金，故民法总则称之捐助法人。	
区别	（1）设立人地位	财团法人的设立人或出资人的出资，属于捐赠或遗赠，因此，法人成立或捐赠完成后，所赠财产即移转为法人所有，捐赠人或遗赠人并不获得社员权对价。社团法人的设立人或其成员的出资，属于取得社员的合同行为，根据合同成为社员或股东。
	（2）目的事业	财团法人只能为公益事业，不得营利；社团法人既可从事公益事业，如工会，也可从事营利事业，如公司。

续表

区别	(3) 有无意思机关	财团法人参与民事活动，须以捐赠人的意思进行，所以，财团法人属他律法人，没有自己的意思机关。如捐赠人捐赠的扶贫基金，只能用于扶贫，而不能移作他用。而社团法人由社员组成意思机关，属自律法人，其从事的活动在章程范围内，由意思机关决定。
	(4) 监管体制	财团法人因无意思机关，其执行机关是否按捐助人意思行事，就需要有人监督。捐助人、主管机关都可以对其行为实施监督，若财团法人的行为违背法律、章程或捐助人意思的，捐助人、主管机关可以向法院申请撤销该行为；而在社团法人，原则上不受外部监督。
	(5) 剩余财产分配	社团法人终止时，经清算后有剩余财产的，须按章程或者社员大会的决议分配给社员；财团法人终止时，其剩余财产不得向出资人、设立人或者会员分配。根据我国民法总则的规定，为公益目的成立的非营利法人终止时，剩余财产应当按照法人章程的规定或者权力机构的决议用于公益目的；无法按照法人章程的规定或者权力机构的决议处理的，由主管机关主持转给宗旨相同或者相近的法人，并向社会公告。

真题链接

1. 宗某患尿毒症，其所在单位甲公司组织员工捐款 20 万元用于救治宗某。此 20 万元存放于专门设立的账户中。宗某医治无效死亡，花了 15 万元医疗费。关于余下 5 万元，下列哪一表述是正确的？（2014-3-04；单选）

A. 应归甲公司所有

B. 应归宗某继承人所有

C. 应按比例退还员工

D. 应用于同类公益事业

[答案] ________①

2. 甲以自己的名义，用家庭共有财产捐资设立以资助治疗麻风病为目的的基金会法人，由乙任理事长。后因对该病的防治工作卓有成效使其几乎绝迹，为实现基金会的公益性，现欲改变宗旨和目的。下列哪一选项是正确的？（2015-3-01；单选）

A. 甲作出决定即可，因甲是创始人和出资人

B. 乙作出决定即可，因乙是法定代表人

C. 应由甲的家庭成员共同决定，因甲是用家庭共有财产捐资的

D. 应由基金会法人按照程序申请，经过上级主管部门批准

[答案] ________②

---

① D

② D

考点29 《民法总则》对法人的分类☆☆☆☆☆

概述	《民法总则》在法人一章，将法人分为营利法人、非营利法人和特别法人。	
营利法人	营利法人，是指法人之目的事业为营利并使社员享受其收益之社团法人。符合以营利为目的事业并将取得利润分配给出资人的法人，都是营利法人。营利法人包括有限公司、股份公司和其他企业法人等。也就是营利法人主要指公司与其他企业法人。从这个意义上说，民法总则规定的营利法人既覆盖了民法通则规定的企业法人，其外延又大于企业法人，以"营利"概括法人，可以将各种市场交易主体囊括进去，避免出现法律漏洞。	
非营利法人	亦称公益法人，是指以非营利之社会服务为目的事业的法人。非营利法人包括：	
	事业单位法人	事业单位法人是指由国家出资的，以公益或社会服务为目的事业的非营利法人。
	社会团体法人	社会团体是指公民自愿组成，为实现社员共同意愿，按照其章程开展活动的非营利性社会组织。除法律有特别规定，社会团体须经登记设立，并有自己独立的经费来源。我国《宪法》规定了公民有"结社自由"，设立社会团体就是源于宪法对公民权利的保障。人民团体属于特别类型的社会团体，根据法律的规定担负一定的社会管理职能，且无须登记，如全国总工会、全国妇联等。
	捐助法人	基金会，在民法学分类中，属于财团法人，即以捐助财产设立之基金成立的法人，是当然的非营利法人。
特别法人	《民法总则》第96条列举了机关法人、农村集体经济组织法人、城镇农村的合作经济组织法人、基层群众性自治组织法人四类特别法人。	

真题链接

1. 根据我国法律规定，关于法人，下列哪一表述是正确的？（2010-3-04；单选）

A. 成立社团法人均须登记　　B. 银行均是企业法人

C. 法人之间可形成合伙型联营　　D. 一人公司均不是法人

[答案] ________①

2. 关于法人，下列哪一表述是正确的？（2012-3-02；单选）

A. 社团法人均属营利法人

B. 基金会法人均属公益法人

C. 社团法人均属公益法人

D. 民办非企业单位法人均属营利法人

[答案] ________②

---

① C

② B

考点 30　法人的民事权利能力☆☆

概念	法人的民事权利能力是法律赋予法人参加民事法律关系，取得民事权利、承担民事义务的资格。法人的权利能力本质上是财产能力，原则上没有身份能力。法人的民事权利能力始于成立，终于消灭（注销）。		
分类	营利法人		营利法人的成立以登记机关颁发的“法人执照”注明的日期为准；法人消灭以清算完结注销登记之日为准。
	非营利法人		为适应经济社会发展需要，提供公益服务设立的事业单位，经依法登记成立，取得事业单位法人资格；依法不需要办理法人登记的，从成立之日起，具有事业单位法人资格。
	特别法人	机关法人	有独立经费的机关和承担行政职能的法定机构从成立之日起，具有机关法人资格，可以从事为履行职能所需要的民事活动。
		经济组织	农村集体经济组织、城镇农村的合作经济组织则须根据其类型，依法取得法人资格，如成立公司、合作社的，须依法登记，以村集体经济组织存在的，则无须登记。
		自治组织	居民委员会、村民委员会具有基层群众性自治组织法人资格，无需登记，成立时起即取得法人资格。
范围	性质上的限制		名称权、名誉权、荣誉权等权利，法人和非法人组织可以享有，但是专属于自然人的民事权利能力内容，法人不能享有。如，身体权、健康权、隐私权、继承权、婚姻自主权等。
	法律上的限制		法人的权利能力范围受到法律或行政命令的限制。如为了防止国有资产的流失和保护交易安全，某些法人的民事权利能力范围受法律的直接限制，机关法人和以公益为目的的事业单位法人、社会团体法人不得为保证人。
	目的事业限制		法人的民事权利能力范围，以其目的事业为限，原则上由法人章程或设立目的决定。企业、事业单位法人的权利能力范围以登记为准；基金会的权利能力则由捐赠人的意思决定。法人超越目的事业范围，违反专营、专卖或法律禁止性规定的，属于违禁行为，该行为无效；但该行为并非法律禁止的，则属于越权行为，不当然无效。

考点 31　法人民事行为能力☆☆

概念	法人的民事行为能力，是法律赋予法人独立进行民事活动的能力。法人的民事行为能力，不仅包括法人为民事法律行为的能力，也包括承担民事责任的能力。
辨析	法人的民事行为能力与自然人的民事行为能力相比：

续表

辨析	始期与终期不同	法人的民事行为能力与民事权利能力是同时产生且同时消灭，两者的始期与终期完全一致。而自然人则随着达到法律规定的一定年龄取得限制或完全行为能力。
	范围不同	法人的民事行为能力范围始终与民事权利能力的范围相一致。自然人中的无人或限人的行为能力与权利能力范围是不一致的。
	实现不同	法人独立参与民事活动，实施民事法律行为，是由代表机构进行的。自然人的行为能力与权利能力不一定一致，该不一致以法律设立监护人或代理人制度化解。
责任承担	法人代表的职务行为给法人造成损害的，则构成法人代表与法人的内部责任关系，法人代表对法人负过错赔偿责任。若还损害第三人利益，构成法人对第三人的外部责任，由法人承担此责任的，须满足以下法律要件：①须法人机构或其工作人员为之。②须执行职务之行为。	
法人章程	内外有别	法人章程是法人设立人或法人意思机构制定的，规定法人名称、住所、财产、目的事业、机构权限及出资人权利义务等重大事项的书面文件。营利法人和非营利法人等私法人的运行、机构权限及目的事业范围由章程规定，其效力限定了法人的民事行为能力和民事权利能力，法定代表人代表法人参与民事活动，须按章程进行。但法定代表人的行为违反章程的，法人章程或者法人权力机构对法定代表人代表权的限制，不得对抗善意相对人。
法人人格否认	法人人格否认又称为“揭开公司的面纱”，指在特定的财产法律关系中缘于特定的事由，将义务或责任转由行为人负担，法人独立人格被否认之情形。法人人格否认主要适用于属于营利法人的有限公司。出资人责任的有限性，使法人资产在不足以清偿全部债务时，债权人不得请求出资人承担超出其出资范围的责任。法人人格否认的制度价值就是要遏制出资人或其他人利用法人规避自身责任，使权利义务的分配符合公平正义的要求。营利法人的出资人不得滥用法人独立地位和出资人有限责任损害法人的债权人利益。滥用法人独立地位和出资人有限责任，逃避债务，严重损害法人的债权人利益的，应当对法人债务承担连带责任。	

考点32　法人机构与法定代表人☆☆☆

意思机构	意思机构又称权力机构，是形成法人意志的机构。根据民法总则的规定，意思机构是营利法人和社会团体法人的必设机构，该机构通常是社员大会或社员代表大会，根据财团法人的性质，其不得有意思机构，其以捐助人的意思为法人的意思，如“扶贫基金会”只能以捐助人的意思将捐助财产用于扶贫，自己不得另设意思机构，决定将该扶贫财产另作他用。机关法人等公法人应是按法律宗旨行事，也不得有意思机构，如，法院须按法院组织法规定的宗旨和权限行事。国有企事业单位原则上也不得有意思机构。如，公立高等院校的宗旨、目标、主要任务等都是由教育法、高等教育法等规定的，不得任意改变。

续表

执行机关	执行机关是执行法人意思机构的决定、法人章程、捐助人意思或法律规定的法人宗旨等事项的机构。任何法人皆须有执行机构，否则法人的目的事业无法完成。社团法人的执行机构由自然人担任时，称执行董事或执行理事等，由自然人团体担任时称董事会或理事会等；财团法人的执行机构，通常是自然人团体，如理事会等；机关法人、事业单位法人的执行机构通常采用首长负责制，法人负责人担当执行机构。
监督机关	监督机关是根据法人章程和意思机构的决议对法人执行机构、代表机构实施监督的机构。捐助法人应当设监事会等监督机构。对其他法人而言，监督机构为任意机构，可设立也可不设立。
法人代表	法人代表的权限由章程或捐助人的意思决定，担任法人代表的自然人在代表法人对外为意思表示时，其自然人人格被法人吸收，不再代表自己。故代表人所作的意思表示的效力归于法人，即使代表人变更也不影响该意思的效力。若法人意思机构或章程对法人代表的权限有限制的，该限制不得对抗善意第三人。

真题链接

1. 甲公司和乙公司在前者印制的标准格式《货运代理合同》上盖章。《货运代理合同》第四条约定："乙公司法定代表人对乙公司支付货运代理费承担连带责任。"乙公司法定代表人李红在合同尾部签字。后双方发生纠纷，甲公司起诉乙公司，并要求此时乙公司的法定代表人李蓝承担连带责任。关于李蓝拒绝承担连带责任的抗辩事由，下列哪一表述能够成立？（2014-3-03；单选）

A. 第四条为无效格式条款

B. 乙公司法定代表人未在第四条处签字

C. 乙公司法定代表人的签字仅代表乙公司的行为

D. 李蓝并未在合同上签字

［答案］________①

2. 王某是甲公司的法定代表人，以甲公司名义向乙公司发出书面要约，愿以10万元价格出售甲公司的一块清代翡翠。王某在函件发出后2小时意外死亡，乙公司回函表示愿意以该价格购买。甲公司新任法定代表人以王某死亡，且未经董事会同意为由拒绝。关于该要约，下列哪一表述是正确的？（2011-3-03；单选）

A. 无效　　B. 效力待定

C. 可撤销　　D. 有效

［答案］________②

3. 下列哪些情形下，甲公司应承担民事责任？（2013-3-52；多选）

A. 甲公司董事乙与丙公司签订保证合同，乙擅自在合同上加盖甲公司公章和法定代表人丁的印章

B. 甲公司与乙公司签订借款合同，甲公司未盖公章，但乙公司已付款，且该款用于

---

① D

② D

甲公司项目建设

C. 甲公司法定代表人乙委托员工丙与丁签订合同，借用丁的存款单办理质押贷款用于经营

D. 甲公司与乙约定，乙向甲公司交纳保证金，甲公司为乙贷款购买设备提供担保。甲公司法定代表人丙以个人名义收取该保证金并转交甲公司出纳员入账

［答案］ ________①

考点33 法人的分支机构☆☆☆☆

<table>
<tr><td>概念</td><td colspan="2">法人分支机构是以法人财产设立的相对独立活动的法人组成部分。在某些情况下，为了便于拓展业务，法人可以设立分支机构，独立活动的法人分支机构也需要进行登记，如企业法人分支机构要进行营业登记。经登记的法人分支机构，可以自己名义参与民事活动，产生的债权债务，可先以该分支机构管理的财产承担，不足清偿的，再由法人承担，也可以直接由法人承担。</td></tr>
<tr><td rowspan="4">辨析</td><td colspan="2">为更好地掌握法人分支机构相关内容，考生需要从以下几个方面区分“母公司与子公司”以及“总公司与分公司”：</td></tr>
<tr><td>主体资格</td><td>子公司是独立的法人，而分公司只是一个分支机构，不是独立的法人。</td></tr>
<tr><td>责任承担</td><td>母公司作为子公司的最大股东，仅以其对子公司的出资额为限对子公司在经营活动中的债务承担责任；子公司作为独立的法人，以子公司自身的全部财产为限对其经营负债承担责任。</td></tr>
<tr><td>控制方式</td><td>母公司对子公司的控制不是直接控制，而是间接控制，即通过任免子公司董事会成员和投资决策来影响子公司的生产经营决策。而分公司则不同，其人事、业务、财产受隶属公司直接控制，在隶属公司的经营范围内从事经营活动。</td></tr>
</table>

案例索引

案例名称	麦当劳更名金拱门
更名缘由	麦当劳（中国）有限公司已于2017年10月12日正式更名为金拱门（中国）有限公司，其各地分公司也正陆续更名。麦当劳中国公司为什么可以改名？其实原因很简单：这是并购交易交割后，卖方要求买方所做的惯常行为。一般来说，当一家母公司卖方将其含有母公司名字的子公司售卖之后，会惯常的要求买方在交割完成后的一段时间内尽快完成该售卖公司名称的更改，以免在将来引发混淆。简单地说，麦当劳母公司将麦当劳中国公司卖给中信和凯雷牵头的买方团之后，麦当劳中国公司就由麦当劳母公司的亲儿子变成了干儿子（毕竟麦当劳还留着一点股权），因此需要将麦当劳中国公司改名。用中国人的话来说，这就是嫡出和庶出的区别。交易完成后被中信和凯雷所控制的麦当劳中国公司就不能在公司名字的层面使用麦当劳母公司的名称了。一般来说，买卖双方会约定在交易完成后一段时间内将售卖子公司的名字进行更改：中信和凯雷收购麦当劳中国公司的交易在8月初交割，在不到三个月内改换收购过来公司的名字，也符合并购交易中的改名一般时间要求。

① ABCD

真题链接

德胜公司注册地在萨摩国并在该国设有总部和分支机构，但主要营业机构位于中国深圳，是一家由台湾地区凯旋集团公司全资设立的法人企业。由于决策失误，德胜公司在中国欠下700万元债务。对此，下列哪一选项是正确的？（2008-3-02；单选）

A. 该债务应以深圳主营机构的全部财产清偿

B. 该债务应以深圳主营机构和萨摩国总部及分支机构的全部财产清偿

C. 无论德胜公司的全部财产能否清偿，凯旋公司都应承担连带责任

D. 当德胜公司的全部财产不足清偿时，由凯旋公司承担补充责任

［答案］ ________①

考点34　法人的一生（1）：设立与成立☆☆☆

<table>
<tr><td rowspan="2">设立</td><td colspan="2">（1）设立人为设立法人从事的民事活动，其法律后果由法人承受；法人未成立的，其法律后果由设立人承受，设立人为二人以上的，享有连带债权，承担连带债务。</td></tr>
<tr><td colspan="2">（2）设立人为设立法人以自己的名义从事民事活动产生的民事责任，第三人有权选择请求法人或者设立人承担。</td></tr>
<tr><td rowspan="4">模式</td><td>命令主义</td><td>即依照法律、法令、行政命令方式设立，自设立之日起取得法人资格。根据这一制度，需要政府命令或者根据法律特许，才能设立法人。这种设立方式适用于机关法人等公法人。</td></tr>
<tr><td>登记主义</td><td>指法律规定法人成立的设立准则，设立人仅需满足该法律要件，即可登记成立法人。对设立法人的条件原则上采取形式审查，程序简便，通常公司等营利法人采此设立方式。</td></tr>
<tr><td>强制主义</td><td>即制定特别法，规定强制设立法人的制度。这是国家为了实施对社会管理或者特定的政治目的所采取的政策。这一程序主要适用于工会、妇联等人民团体。</td></tr>
<tr><td>核准主义</td><td>也称许可主义，即法人的设立须经政府主管部门核准后方许可登记成立。与登记主义不同，核准主义有前置审查程序，审查合格，方可办理登记；审查通不过，即不予登记。</td></tr>
</table>

真题链接

1. 甲、乙、丙、丁拟设立一家商贸公司，就设立事宜分工负责，其中丙负责租赁公司运营所需仓库。因公司尚未成立，丙为方便签订合同，遂以自己名义与戊签订仓库租赁合同。关于该租金债务及其责任，下列哪些表述是正确的？（2011-3-68；多选）

A. 无论商贸公司是否成立，戊均可请求丙承担清偿责任

B. 商贸公司成立后，如其使用该仓库，戊可请求其承担清偿责任

C. 商贸公司成立后，戊即可请求商贸公司承担清偿责任

① B

D. 商贸公司成立后，戊即可请求丙和商贸公司承担连带清偿责任

［答案］ ________①

2. 黄逢、黄现和金耘共同出资，拟设立名为“黄金黄研究会”的社会团体法人。设立过程中，黄逢等 3 人以黄金黄研究会名义与某科技园签署了为期 3 年的商铺租赁协议，月租金 5 万元，押 3 付 1。此外，金耘为设立黄金黄研究会，以个人名义向某印刷厂租赁了一台高级印刷机。关于某科技园和某印刷厂的债权，下列哪些选项是正确的？（2017-3-53；多选）

A. 如黄金黄研究会未成立，则某科技园的租赁债权消灭

B. 即便黄金黄研究会未成立，某科技园就租赁债权，仍可向黄逢等 3 人主张

C. 如黄金黄研究会未成立，则就某科技园的租赁债务，由黄逢等 3 人承担连带责任

D. 黄金黄研究会成立后，某印刷厂就租赁债权，既可向黄金黄研究会主张，也可向金耘主张

［答案］ ________②

考点 35　法人的一生（2）：变更与消灭☆☆

<table>
<tr><td rowspan="10">变更</td><td rowspan="3">法人合并</td><td colspan="2">法人的合并是指两个以上的法人无须清算集合为一个法人的民事法律行为。法人合并，有新设式合并和吸收式合并两种方式：</td></tr>
<tr><td>新设合并</td><td>也称创设式合并，是两个以上的法人归并为一个新法人，原法人均告消灭的合并方式。</td></tr>
<tr><td>吸收合并</td><td>也称吞并式合并，是一个法人吸收被合并的其他法人，合并后只有一个法人存续，被吸收法人均告消灭的合并方式。</td></tr>
<tr><td rowspan="3">法人分立</td><td colspan="2">法人的分立是指一个法人分为两个以上法人的民事法律行为。法人分立，有新设式分立和存续式分立两种分立方式：</td></tr>
<tr><td>新设分立</td><td>也称创设式分立，指解散原法人，分立为两个以上新法人的分立方式。</td></tr>
<tr><td>存续分立</td><td>也称派生式分立，指原法人存续，分出部分财产设立一个以上新法人的分立方式。</td></tr>
<tr><td rowspan="2">效果</td><td>法人消灭</td><td>新设合并，原法人均告消灭；吸收合并，被吞并的法人归于消灭。新设分立，原法人消灭；存续分立，只是原法人的财产或组织机构发生变更。</td></tr>
<tr><td>概括承受</td><td>因合并而消灭的法人，其债权债务由合并后的法人概括承受。法人分立，原法人的债权债务，应依分立前缔结的合同确定的分担份额，由分立后的法人承受，除与债权人有约定，分立后的法人对分立前的债权债务享连带债权和负连带债务。</td></tr>
</table>

① AB
② BCD

续表

清算法人	指自法人解散始，至法人清算终结止，在清算的范围内享有权利能力和行为能力之法人。清算期间法人存续，但是不得从事与清算无关的活动。即在清算期间，法人人格仍视为存续，但其目的事业缩减为清算，只能处理残务，而不能兴业。
注销登记	清算事务处理完毕，清算即完结，经办理法人注销登记后，法人自注销登记之日起消灭。法人消灭是法人人格绝对消灭，民事权利能力与民事行为能力同时终止。 清算行为+注销登记=法人终止。

真题链接

甲公司、乙公司签订的《合作开发协议》约定，合作开发的A区房屋归甲公司、B区房屋归乙公司。乙公司与丙公司签订《委托书》，委托丙公司对外销售房屋。《委托书》中委托人签字盖章处有乙公司盖章和法定代表人王某签字，王某同时也是甲公司法定代表人。张某查看《合作开发协议》和《委托书》后，与丙公司签订《房屋预订合同》，约定："张某向丙公司预付房款30万元，购买A区房屋一套。待取得房屋预售许可证后，双方签订正式合同。"丙公司将房款用于项目投资，全部亏损。后王某向张某出具《承诺函》：如张某不闹事，将协调甲公司卖房给张某。但甲公司取得房屋预售许可后，将A区房屋全部卖与他人。张某要求甲公司、乙公司和丙公司退回房款。张某与李某签订《债权转让协议》，将该债权转让给李某，通知了甲、乙、丙三公司。因李某未按时支付债权转让款，张某又将债权转让给方某，也通知了甲、乙、丙三公司。

关于《委托书》和《承诺函》，下列说法正确的是：(2015-3-86；不定项)

A. 乙公司是委托人

B. 乙公司和王某是共同委托人

C. 甲公司、乙公司和王某是共同委托人

D. 《承诺函》不产生法律行为上的效果

[答案] ________①

第二节　非法人组织

导　读

非法人组织指不具有法人资格但可以自己的名义进行民事活动的社会组织，是既不同于自然人也不同于法人的另一类民事主体。非法人组织主要包括合伙组织与法人的分支机构。法人的分支机构在上述第一节已经进行了专门讲述。本节知识与商法中合伙企业法有所交织，笔者在《民法总则》部分主要介绍个人合伙。

---

① AD

考点36 个人合伙☆☆☆

概念		合伙是指两个以上自然人或法人以共同经营为目的，共同出资、共享利益、共担风险。据此可知，（1）指两个以上的自然人为了某种共同的目的相互约定共同出资、共同经营、共享利益、共担风险的一种协议。（2）指两个以上的自然人基于合伙协议为共同目的而组成的组织体。
特征		（1）个人合伙是两个以上的自然人基于出资而形成的经营体：①合伙具有团体性，而区别于单一自然人。②合伙以共同出资、共同经营为目的，也有别于家庭，后者以夫妻和亲属关系为纽带，且不以经营为目的。③合伙不具备法人资格，从而又有别于法人。④个人合伙在性质上仍然属于自然人范畴。
		（2）合伙人对于合伙债务负无限和连带责任。这里的合伙债务，指合伙资产所不足清偿的债务。对于该债务，合伙人须负个人责任，亦即不以出资为限的责任，故称无限责任。全体合伙人对于债权人，又须共同地连带负责，故称连带责任。但各合伙人之间，仍按份额或者平等地分配该责任。
财产关系		（1）合伙是因参加者出资，才形成经营体的物质条件，出资不以货币为限，实物或者技术均可。合伙人的出资，如果没有相反的约定，出资财产即发生所有权变动，成为合伙人共同财产；其次，合伙财产由合伙经营过程中增值的财产构成。
		（2）个人合伙内部合伙人对合伙财产实行共有共管。所谓共有，是指合伙财产属全体合伙人共有；所谓共管，则指共同经营，各个合伙人对于合伙事务，均有决定权、执行权和监督权。
身份确定		原则上合伙人要共同出资，共同经营。但，自然人按照协议提供资金或者实物，并约定参加合伙盈余分配，但不参与合伙经营、劳动的，或者提供技术性劳务而不提供资金、实物，约定参与盈余分配的，视为合伙人。基于此，对合伙人身份的确定，主要从是否分配盈余角度分析，即只要参与盈余分配的，就应当认定为合伙人。
事务执行		（1）合伙负责人和其他人员的经营活动，由全体合伙人承担民事责任，其他合伙人则有执行和监督的权利。（2）合伙负责人在法律上视为合伙的代表人，具体执行合伙事务，其执行合伙事务产生的法律后果，应由全体合伙人共同承担。（3）但在合伙内部，其他合伙人可以请求有过错的负责人赔偿其损失。（4）如果合伙负责人超越权限订立的合同，除相对人知道或者应当知道其超越权限的以外，该代表行为有效。
入伙	条件	有关入伙的约定，合伙人应在合伙合同中写明或另订书面合同约定，没有约定的，须经全体合伙人同意。若为合伙企业还必须签订书面入伙协议，否则入伙无效，但个人合伙不以书面协议为必要。
	责任	既存合伙新接纳的合伙人，对他加入前合伙的债务，与原合伙人负同一的责任（连带责任）。约定新合伙人对前合伙的债务不负责任的，承担了前合伙债务的新合伙人，有权就其承担数额向原各合伙人追偿。
退伙		合伙人退出合伙的，退伙人对退出合伙前原合伙的债务，仍承担连带清偿责任。

真题链接

1. 甲企业是由自然人安琚与乙企业（个人独资）各出资50%设立的普通合伙企业，欠丙企业货款50万元，由于经营不善，甲企业全部资产仅剩20万元。现所欠货款到期，相关各方因货款清偿发生纠纷。对此，下列哪一表述是正确的？（2016-3-02；单选）

A. 丙企业只能要求安琚与乙企业各自承担15万元的清偿责任

B. 丙企业只能要求甲企业承担清偿责任

C. 欠款应先以甲企业的财产偿还，不足部分由安琚与乙企业承担无限连带责任

D. 就乙企业对丙企业的应偿债务，乙企业投资人不承担责任

[答案] ________①

2. 甲、乙、丙三人签订合伙协议并开始经营，但未取字号，未登记，也未推举负责人。其间，合伙人与顺利融资租赁公司签订融资租赁合同，租赁淀粉加工设备一台，约定租赁期限届满后设备归承租人所有。合同签订后，出租人按照承租人的选择和要求向设备生产商丁公司支付了价款。

乙在经营期间发现风险太大，提出退伙，甲、丙表示同意，并通知了出租人，但出租人表示反对，认为乙退出后会加大合同不履行的风险。下列说法正确的是：（2016-3-87；不定项）

A. 经出租人同意，乙可以退出

B. 乙可以退出，无需出租人同意

C. 乙必须向出租人提供有效担保后才能退出

D. 乙退出后对合伙债务不承担责任

[答案] ________②

① C

② B

04 第四部分 民事法律行为

导 读

民事法律行为的考点主要集中在民事法律行为的生效要件、民事行为效力类别即民事行为的有效、无效、效力待定、可撤销方面。考生关键要把握以下知识点：(1) 事实行为与民事行为的区分。(2) 民事法律行为生效要件。在这部分有两个问题：一是民事法律行为成立与生效之间的关系，以及它们各自的要件；二是民事法律行为生效的法律要件，往往会考查合同是否生效的问题。(3) 立法用语的重大变化：1986 年《民法通则》上的“民事法律行为”与 2017 年《民法总则》上的“民事法律行为”的含义截然不同。前者，生造出一个“民事行为”的概念，作为民事法律行为的上位概念。从民事行为到民事法律行为，一个极其重大的变化：民事法律行为不再包含“合法性的要求”。据此，民事法律行为的效力分为四种：有效法律行为、无效法律行为、可撤销法律行为和效力未定法律行为。上述四种效力形态，完全可以适用合同这类民事法律行为，也即合同具有上述四种效力形态。因两块知识有所交织，故笔者在本书体系安排上，将《合同法总则》“合同的效力”纳入本部分“民事法律行为效力”一并讲解。需要说明的一点是，上述四种效力形态并不全部适用于其他类型的民事法律行为。具体而言：①婚姻有三种效力形态，即有效婚姻、无效婚姻与可撤销婚姻。②抛弃、订立遗嘱等单方法律行为只有两种效力形态，即有效或者无效。

第一节 民事法律行为的分类

考点 37 单方民事法律行为、双方（多方）民事法律行为与决议☆

依据	根据民事法律行为的成立是仅需一方意思表示还是必须双方或多方意思表示，民事法律行为分为单方民事法律行为、双方民事法律行为和多方民事法律行为、决议。
单方民事法律行为	单方民事法律行为是仅由一方意思表示就能成立的民事法律行为。这类行为的特点是不需要相对人的同意，该行为即告成立。单方民事法律行为有的是有相对人的，如遗嘱、代理权授予、无权代理的追认等；有的是无相对人的，如抛弃所有权等。

续表

双方（多方）民事法律行为	双方（多方）民事法律行为是当事人双方或多方意思表示一致才能成立的民事法律行为。这类行为的特点是必须有当事人双方或多方的意思表示，而且必须相互结合、彼此一致才能成立。
决议	决议行为又称组织内部行为，是指社团组织成员依照一定规则（多数决规则，偶尔采一致决规则）实施的多方民事法律行为，如股东会、董事会决议等。决议主要发生于社团内部，不直接产生对外法律效果。
区分意义	单方民事法律行为只要有一方当事人意思表示即可成立；双方及多方民事法律行为需要各方当事人意思表示一致，仅有意思表示却没有达成一致的，行为仍不成立；决议行为则通过多数决方式（偶尔采一致决方式）或程序形成意思表示的合议而成立。

考点 38　身份行为与财产行为☆

依据	依发生的效果是身份关系抑或财产关系，区分身份行为与财产行为。	
身份行为	身份行为是发生身份变动效果的民事法律行为。其中有单方行为，如辞去委托监护等；也有双方行为，如收养等。	
财产行为	财产行为是发生财产变动效果的民事法律行为。有物权行为，如抛弃、交付等；也有债权行为，如买卖合同等。	
区分意义	适用法律不同	身份行为适用身份法的规范，财产行为适用财产法的规范。如收养适用亲属法规范，买卖适用合同法规范等。
	法律限制不同	身份行为涉及伦理关系，法律有较多的限制，如收养人的年龄限制等。而财产行为自由度相对高些，只要有民事行为能力即可为之。

考点 39　有偿行为与无偿行为☆

依据	对于财产性双方民事法律行为，根据当事人是否因给付而取得对价，可以分为有偿和无偿的民事法律行为。
有偿行为	有偿行为是双方当事人各因给付而取得对价利益的行为，即约定各方当事人均需履行义务，并获得有对价利益的权利。买卖、租赁等合同是有偿行为。
无偿行为	无偿行为是当事人约定一方当事人履行义务，对方当事人不给予对价利益的行为。赠与、借用等合同是无偿行为。
区分意义	(1) 性质界定不同：有的民事法律行为就其性质来说只能是有偿的，如买卖、租赁等。而有的民事法律行为就其内容来说，既可以是有偿的，也可以是无偿的。如保管、委托等。其究竟是有偿还是无偿，须由当事人约定。如果当事人没有约定，双方发生争议的，应依法律、交易习惯进行解释。

续表

区分意义	（2）承担法律责任的要件不同：无偿行为因义务人不获对价，承担赔偿责任通常以重大过失为要件，如，保管是无偿的，保管人证明自己没有重大过失的，不承担损害赔偿责任。而有偿行为因当事人负担的义务属于取得对价利益的给付，有一般过失时就要承担损害赔偿责任。

考点40　诺成行为与实践行为☆☆☆☆

依据	在双方民事法律行为中，根据民事法律行为在意思表示之外，是否以标的物的交付为成立要件，可以把民事法律行为分为诺成性行为和实践性行为。
诺成行为	诺成性民事法律行为是当事人双方意思表示一致即可成立的行为，即“一诺即成”的行为，它不以标的物的交付为要件。
实践行为	实践性民事法律行为是除当事人双方意思表示一致之外，还需要交付标的物才能成立的行为。实践行为因为有交物这个特点，又被称为要物行为。
区分意义	实践行为，仅有意思表示，行为还不能成立，只有按照该意思表示完成标的物交付时，行为才算成立，才能发生设定民事权利义务的效果。这也是自然人之间借款合同是单务行为而不是双务行为的原理所在。因为自然人之间的借款合同，自贷款人提供借款时生效。因此，提供借款的行为不属于合同项下的义务，而属于合同的生效条件。根据我国现行法律的规定，定金合同、保管合同、借用合同、自然人之间的借款合同、代物清偿协议属于实践行为，此外的双方民事法律行为如未有约定的，应认定其为诺成行为。

考点41　要式行为与不要式行为☆

依据	根据民事法律行为是否必须依照一定方式实施，可以分为要式行为与不要式行为。	
要式行为	要式行为是必须依照法律规定的形式实施的行为。法律规定的形式常见的有书面形式、履行登记手续等。	
不要式行为	不要式行为是不拘形式的民事法律行为，即当事人可以自由决定行为的形式，只要该行为意思表示真实合法，行为即可生效。	
区分意义	要式行为须有约定或法律规定	民事法律行为是否为要式行为，必须有当事人约定或者法律规定，否则为不要式行为。如：《物权法》中规定的不动产抵押须登记；《合同法》中规定的建设工程施工合同须采用书面形式，都属于要式行为。
	要式行为的效力	要式行为如未完成特定形式，该行为不成立，但法律另有规定的除外。如《合同法》第36条规定：“法律、行政法规规定或者当事人约定采用书面形式订立合同，当事人未采用书面形式但一方已经履行主要义务，对方接受的，该合同成立。”

考点 42　负担行为与处分行为☆☆

依据	在财产行为中，依法律行为的效力区分，可分为处分行为与负担行为。
处分行为	处分行为是直接发生财产权移转或消灭效果的行为。处分行为分为物权行为与准物权行为两类。物权行为是直接变动物权效果的行为，如让与物权、抛弃物权、设定抵押权或质权等；准物权行为是直接变动物权以外支配型财产权设定、移转或消灭效果的行为，例如设定采矿权、渔业权等。
负担行为	负担行为是发生给付义务效果的行为。负担行为设定的权利不能直接实现，须经义务人的履行行为权利才能实现。如，动产买卖行为，须由出卖人交付标的物后，债权才能实现。负担行为的效力虽也设定了权利义务关系，但权利须他人协助才能实现，不像处分行为权利能直接实现，故负担行为也称非直接处分行为或债权行为，最常见的是契约行为。
区分意义	（1）两者并存时，可区分不同行为的不同法律效果，如买卖合同是负担行为，其效果使双方分别担负给付标的物和给付价款义务，而相对人要取得各自对标的物和价款所有权的则是交付或者登记行为，这个交付与登记就是处分行为。
	（2）处分行为以具备处分权为生效要件，无处分权之处分原则上不发生效力；负担行为的效力是产生给付义务，因不发生财产权之变动，负担人无需以有处分权为条件设定负担行为，对于同一标的物上设定的数个负担行为，适用“债权平等原则”。

考点 43　有因行为与无因行为☆

依据	在两个相关联的民事法律行为中，根据后一个法律行为的效力是否须以前一个法律行为为条件，法律行为可分为有因行为与无因行为。
有因行为	有因行为是以原因为条件的民事法律行为，即该民事法律行为的效力受原因行为的制约，原因行为如有欠缺、不合法的，则该行为不成立。有因行为的效果，不仅要考虑行为的法律要件，还要考虑原因行为是否有效。
无因行为	无因行为是不以原因为条件的民事法律行为，即不论原因是否欠缺、违法等，该行为自完成时起发生效力，不受原因行为的制约。如，票据行为属无因行为，有偿合同中价金以票据支付的，即使作为原因行为的合同无效，该票据行为仍然有效，不受原因行为的影响。 【特别注意】我国只承认票据行为的无因性、委托代理权授予的无因性。
拓展	德国民法承认物权行为的无因性。所谓物权行为的无因性，是指只要物权行为本身有效，物权行为的效力不受负担行为无效的影响。我国物权法不承认物权行为的无因性，采用的模式是：①有效的合同+交付=动产物权变动；②有效的合同+登记=不动产物权变动。

考点 44　主法律行为与从法律行为☆☆

依据	根据两个相互关联的法律行为的相互地位，可将民事法律行为分为主法律行为与从法律行为。
主法律行为	主法律行为是指在两个相互关联的民事法律行为中，能够独立存在的法律行为。
从法律行为	从法律行为是依附于主法律行为的存在而存在的法律行为。如：甲向乙借款 1 万元，由丙作保证人。此案例中，存在两个民事法律行为：一个是甲与乙之间的借贷合同行为，另一个是丙与乙之间的保证合同行为。保证合同行为的存在依附于借贷合同的存在（如果没有借贷合同，就不可能存在保证合同）。因此，借贷合同行为是主法律行为，保证合同行为是从法律行为。 【特别注意】从法律行为具有附随性（如：成立上的从属性、效力上的从属性等），主法律行为无效，从法律行为也无效。
区分意义	从法律行为随主法律行为的成立而成立，随主法律行为的消灭而消灭。主法律行为的变更或者撤销，在一定程度上会影响从法律行为的效力。

真题链接

1. 王某与张某签订了一份书面合同，约定由王某在签约后 3 日借给张某 1 万元，张某于半年后偿还该 1 万元并支付 7%的利息。该行为属于何种民事法律行为？（1997-3-54；多选）

A. 有偿民事法律行为　　　　B. 无偿民事法律行为
C. 单务民事法律行为　　　　D. 双务民事法律行为

［答案］________①

2. 关于民事法律行为，下列哪些选项是错误的？（2008-3-51 延考；多选）

A. 某演员将其演出收入捐赠给慈善机构的行为是单方行为
B. 陈某去世前设立遗嘱的行为是身份行为
C. 王某以自己的房屋为他人设立抵押权的行为是负担行为
D. 李某受领赵某错误交付标的物的行为是实践行为

［答案］________②

第二节　意思表示

考点 45　意思表示概述☆☆☆

概念	意思表示是指民事行为能力适格之表意人，将自主形成的效果意思表达于外部的行为。一般而言，意思表示和法律行为这两个表述被作为同义词使用。之所以选择意思表示这一表述，是因为意思表示本身居于首要地位，或者意思表示仅被作为法律行为的构成要件的组成部分予以考虑。

---

① AC
② ABCD

续表

<table>
<tr><td rowspan="4">构成要素</td><td colspan="2">意思表示有两个构成要素：第一，内心意思；第二，表示行为。内心意思又有三个构成要素：①行为意思；②表示意识；③效果意思。只有具备了上述要素，意思表示才能够成立。</td></tr>
<tr><td>行为意思</td><td>指行为人的行为须受其意志控制。欠缺行为意思，不成立意思表示。如说梦话的行为或梦游的行为就不受其意志控制，不能构成意思表示。
【特别注意】因精神强制而为的行为（如：胁迫）具有行为意思，构成意思表示。但是该意思表示可以撤销。</td></tr>
<tr><td>表示意识</td><td>指当事人意识到其行为发生法律上的效力，即行为人意识到其行为可以被理解成在法律上有意义的表示，则具有表示意识。欠缺表示意识，不成立意思表示。
【经典案例】特里尔葡萄酒拍卖案（表示意识最著名的案例）
特里尔是德国西部小城，盛产葡萄酒。甲初次到特里尔出差，晚上到一酒吧消遣。突然，甲发现多年未见的老朋友乙出现在酒吧门口，随即站起来举手跟乙打招呼。碰巧，酒吧工作人员丙正在拍卖几桶葡萄酒。按照当地的交易习惯，举手视为发出应买的要约。此时，除甲外无其他人举手，丙遂将几桶葡萄酒拍卖给了甲。
本案中，甲举手是为打招呼，内心欠缺表示意识，不具备有意识地追求设立、变更或终止某一特定民事法律关系的法律效果（参与竞拍葡萄酒的承诺）的效果意思。因此，甲举手的行为不成立意思表示，葡萄酒买卖合同不成立。此经典案例被稍加改编，成为 2005 年司法考试真题。</td></tr>
<tr><td>效果意思</td><td>指行为人欲依其表示发生特定法律效果的意思。欠缺效果意思，不成立意思表示。
【特别注意】表示意识和效果意思的区别，举例说明：
甲想把自己的一部华为 Mate30Pro 以 8000 元卖给乙。成立买卖合同的意思为表示意识，以 8000 元卖给乙的意思为效果意思。</td></tr>
</table>

真题链接

教授甲举办学术讲座时，在礼堂外的张贴栏中公告其一部新著的书名及价格，告知有意购买者在门口的签字簿上签名。学生乙未留意该公告，以为签字簿是为签到而设，遂在上面签名。对乙的行为应如何认定？（2005-3-1；单选）

A. 乙的行为可推定为购买甲新著的意思表示

B. 乙的行为构成重大误解，在此基础上成立的买卖合同可撤销

C. 甲的行为属于要约，乙的行为属于附条件承诺，二者成立买卖合同，但需乙最后确认

D. 乙的行为并非意思表示，在甲乙之间并未成立买卖合同

［答案］________①

① D

考点46 意思表示的类型（1）：明示与默示☆☆

明示形式	口头形式	口头形式即口头语言形式，如以口头语言洽谈并订立的合同等。口头形式的优点是便捷，但也具有不易保留证据的缺点。
	书面形式	书面形式即书面语言形式，主要指文字（文件、信函、电报）、电子数据等形式。书面形式的特点是不便，但却有郑重庄严和“白纸黑字，铁证如山”的优点。
	公告形式	以公告方式作出的意思表示，于公告发布时即生效。
默示形式	推定	即行为人用语言外的可推知含义的作为间接表达内心意思的默示行为。所谓可推知，是从该行为中，一般人能够容易地推知其意思的内容。如租赁合同届满，承租人继续交付租金并为出租人接受，便可推知其表示要延展租赁期间。
	沉默	即行为人依法或者依约以不作为间接表达内心意思的默示行为。不作为即缄默、沉默不语。《民法总则》第140条第2款规定：“沉默只有在有法律规定、当事人约定或者符合当事人之间的交易习惯时，才可以视为意思表示。”如相对人可以催告法定代理人在一个月内予以追认。法定代理人未作表示的，视为拒绝追认（《合同法》第47条第2款）；再如受遗赠人应当在知道受遗赠后两个月内，作出接受或者放弃受遗赠的表示。到期没有表示的，视为放弃受遗赠（《继承法》第25条第2款）等，都属法律规定的沉默形式。

考点47 意思表示的类型（2）：有相对人的意思表示与无相对人的意思表示☆☆☆

依其是否需要受领为要件，划分为有相对人的意思表示（又称为需要受领的意思表示）与无相对人的意思表示（又称为无须受领的意思表示）。 需要向他人作出的意思表示，为有相对人的意思表示，如要约与承诺、债务免除、合同解除等。 无须向他人做出的意思表示，为无相对人的意思表示，如遗嘱、捐助行为、悬赏广告等。《民法总则》第138条规定：“无相对人的意思表示，表示完成时生效。法律另有规定（如：遗嘱为死因行为，遗嘱按法定方式完成即告成立，但遗嘱须于被继承人死亡时才生效）的，依照其规定。” 有相对人的意思表示还可以作进一步的划分：	
对特定人的意思表示	须以特定人为相对人的意思表示是对特定人的意思表示，如承诺、撤销等。
对不特定人的意思表示	无需向特定人实施的意思表示是对不特定人的意思表示，如悬赏广告等。
对话表示	有相对人的意思表示，依其相对人是否处于可同步受领和直接交换意思表示的状态，而划分为对话表示和非对话表示。口头或者打电话直接订立合同是对话表示。以对话方式作出的意思表示，相对人知道其内容时生效。

续表

非对话表示	相反，通过信函交往或者经使者传达而订立合同，则属非对话表示。以非对话方式作出的意思表示，到达相对人时生效。以非对话方式作出的采用数据电文形式的意思表示，相对人指定特定系统接收数据电文的，该数据电文进入该特定系统时生效；未指定特定系统的，相对人知道或者应当知道该数据电文进入其系统时生效。当事人对采用数据电文形式的意思表示的生效时间另有约定的，按照其约定。

考点 48　欠缺意思表示的情形☆☆

好意施惠	好意施惠的本质特征在于当事人欠缺私法上的效果意思，没有受私法拘束的意思，不会发生私法上的效果，故不受民法调整。关于好意施惠，笔者在本书第一部分第二节民事法律事实中进行了详细讲解，在此不再赘述。
事实行为	事实行为虽然能够引起民事法律关系的产生、变更和消灭，但该法律后果基于法律直接规定。常见的事实行为归类： (1) 物权法上的事实行为：先占、添附、拾得遗失物、发现埋藏物、建造（拆除）房屋等。 (2) 债权法的事实行为：侵权行为、无因管理、不当得利等。 (3) 知识产权法上的事实行为：创作作品、发明创造等。

考点 49　意思表示瑕疵（1）：意思表示不真实☆☆☆☆☆

真意保留	是指行为人故意隐瞒其真意，而表示其他意思的意思表示。 通说认为基于真意保留所为的法律行为，效力不受影响即有效；但如果相对人知晓真意保留时，法律行为无效，但该无效不得对抗善意第三人。
戏谑行为	又称缺乏真意的表示行为（开玩笑），指行为人作出的意思表示并非出于真意，并且期待对方立即了解其表示并非出自真意。 法律效力： (1) 戏谑行为的意思表示一律无效； (2) 若相对人对戏谑行为信以为真，戏谑者有义务不迟延地向对方说明误会，避免对方遭受合理的信赖利益损失，否则需承担赔偿责任。
虚伪表示	又称伪装表示，指行为人与相对人通谋（行为人与相对人互相故意为非真意的表示）而为虚假的意思表示，实际上并不期待法律行为产生效力。 法律效力：虚伪表示无效，但不得对抗善意第三人。 法条依据：《民法总则》第 146 条第 1 款："行为人与相对人以虚假的意思表示实施的民事法律行为无效。"

考点 50　意思表示瑕疵（2）：意思表示不自由☆☆☆☆☆

欺诈	欺诈是指故意告知对方虚假情况或者隐瞒真实情况，使对方基于错误认识作出意思表示。 欺诈行为构成要件： （1）有欺诈他人的行为。欺诈行为是指故意不把真实情况告知对方当事人，包括虚构事实、歪曲事实或者隐匿事实。 （2）有欺诈的故意。欺诈包括积极欺诈和消极欺诈。积极欺诈是指故意告知虚假事实；消极欺诈是指故意隐瞒真实事实。消极欺诈，仅在欺诈人负有告知义务或者说明义务时，才会成立欺诈。【甲以 23 万元的价格将一辆机动车卖给乙。该车因里程表故障显示行驶里程为 4 万公里，但实际行驶了 8 万公里，市值为 16 万元。甲明知有误，却未向乙说明，乙误以为真（2015 年卷三第 2 题）。甲负有说明义务而未说明，构成欺诈】 （3）须被欺诈人因受欺诈而陷入认识错误。即被欺诈人陷入认识错误与欺诈人的欺诈行为之间具有因果关系。 （4）须被欺诈人因认识错误而作出不真实意思表示。如果被欺诈人虽然陷入错误认识，但是并没有因此而作出不真实的意思表示；或者虽有不真实的意思表示，但不是因错误认识而导致的，欺诈行为都不成立。即要求受欺诈人陷入错误认识与作出不真实的意思表示间有因果关系。 需要提醒考生注意的是，民法总则区分了当事人欺诈与第三人（此处的第三人需采狭义理解，不包括合同当事人使用的代理人、传达人等）欺诈。《民法总则》第 149 条规定："第三人实施欺诈行为，使一方在违背真实意思的情况下实施的民事法律行为，对方知道或者应当知道该欺诈行为的，受欺诈方有权请求法院或者仲裁机构予以撤销。"【齐某扮成建筑工人模样，在工地旁摆放一尊廉价购得的旧蟾蜍石雕，冒充新挖出文物等待买主。甲曾以 5000 元从齐某处买过一尊同款石雕，发现被骗后正在和齐某交涉时，乙过来询问。甲有意让乙也上当，以便要回被骗款项，未等齐某开口便对乙说："我之前从他这买了一个貔貅，转手就赚了，这个你不要我就要了。"乙信以为真，以 5000 元买下石雕（2017 年卷三第 3 题 B 选项）。乙可向齐某主张撤销其购买旧蟾蜍石雕的行为，因为乙是受到第三人甲的欺诈才购买的，且齐某知道该欺诈行为。】 【特别注意】因第三人欺诈订立的"利益第三人"合同，若受欺诈人的合同相对人或者利益第三人在订立合同时知道或者应当知道第三人欺诈的，受欺诈人享有撤销权；相反，若受欺诈人的合同相对人或者利益第三人在订立合同时不知道或者不应当知道第三人欺诈的，受欺诈人不享有撤销权。【甲患癌症，其妻乙和医院均对甲隐瞒其病情。经与乙协商，甲投保人身保险，指定身故受益人为乙。保险公司有权以乙欺诈为由撤销合同（2011 年卷三第 53 题 D 选项）】
胁迫	以给公民及其亲友的生命健康、荣誉、名誉、财产等造成损害，或者以给法人的荣誉、名誉、财产等造成损害为要挟，迫使对方作出违背真实的意思表示的，可以认定为胁迫行为。 胁迫行为构成要件： （1）一方或第三人故意预告实施危害； （2）受胁迫方因此陷入恐惧； （3）受胁迫方因恐惧作出意思表示； （4）胁迫具有不正当性。

续表

胁迫	胁迫的本质在于对表意人的自由意思加以干涉，所以胁迫应具有不正当性。常见的类型有： （1）目的不正当。如甲对乙说：“若不帮我行贿，我就举报你逃税。” （2）手段不正当。如甲对乙说：“若不按期还款，打断你的腿。” （3）目的不正当，手段也不正当。如甲对乙说：“若不答应继续维持婚外情，我就公布你裸照。” （4）目的正当，手段亦正当，但二者的结合不正当，即手段与目的不具有牵连性。如甲对乙说：“若不借钱给我，我就举报你逃税。” 《民法总则》第150条：“一方或者第三人以胁迫手段，使对方在违背真实意思的情况下实施的民事法律行为，受胁迫方有权请求法院或者仲裁机构予以撤销。”据此可知，来自相对人的胁迫与来自第三人的胁迫效果是一样的，都是可撤销的民事法律行为。【甲向乙银行借款，乙银行要求甲提供担保。丙为帮助甲借款，以举报丁偷税漏税相要挟，迫使其为甲借款提供保证，乙银行对此不知情。丁有权以其受到胁迫为由撤销保证（2011年卷三第53题C选项）】
重大误解	行为人因对①行为的性质【甲入住乙宾馆，误以为乙宾馆提供的茶叶是无偿的，并予以使用（2012年卷三第3题C选项）】、②对方当事人、③标的物的品种、④质量、⑤规格和⑥数量等（此处的“等”如：误写、误说）的错误认识，使行为的后果与自己的意思相悖，并造成较大损失的，可以认定为重大误解。即重大误解限缩为对行为的类型、相对人、标的等重要因素产生错误认识，并且造成较大损失。反之，虽有误解，但不重大，或者没有较大损失的，则不能认定为重大误解。 需要提醒考生注意的是：重大误解须为对法律行为所形成的法律关系要素的错误，动机不属于法律行为的内容，若意思表示的内容没有错误，仅是意思表示作出的内心起因（动机）发生错误，属于狭义的动机错误，不构成重大误解。【甲在商场购买了一台液晶电视机，回家后发现其妻乙已在另一商场以更低折扣订了一台液晶电视机。甲不构成重大误解，无权撤销买卖（2011年卷三第53题A选项）】

真题链接

下列哪一情形下，甲对乙不构成胁迫？（2013-3-03；单选）

A. 甲说，如不出借1万元，则举报乙犯罪。乙照办，后查实乙构成犯罪

B. 甲说，如不将藏獒卖给甲，则举报乙犯罪。乙照办，后查实乙不构成犯罪

C. 甲说，如不购甲即将报废的汽车，将公开乙的个人隐私。乙照办

D. 甲说，如不赔偿乙撞伤甲的医疗费，则举报乙醉酒驾车。乙照办，甲取得医疗费和慰问金

［答案］________①

① D

第三节 民事法律行为的效力

考点 51 民事法律行为的成立与生效☆☆☆☆

<table>
<tr><td>概念</td><td colspan="3">（1）成立的含义：意思表示的完成即为民事法律行为的成立（事实判断）
（2）生效的含义：当事人的意思表示具有合法性（价值判断）
【特别注意】成立与生效的关系：
①一般关系：成立即生效。民事法律行为自成立时生效，但是法律另有规定（如：遗嘱按照法定形式作成即告成立，但是在被继承人死亡时才生效）或者当事人另有约定（如：当事人约定附生效条件的民事法律行为）的除外。
②特殊情况：
A. 成立在先生效在后
a. 须办理批准或登记才会生效的三个涉外合同（《合同法》第 44 条第 2 款）
b. 附延缓条件的（《合同法》第 45 条）
c. 附始期的（《合同法》第 46 条）
B. 成立但不能生效
a. 无效的行为
b. 被撤销的行为
c. 被拒绝追认的效力待定行为
d. 附条件未实现的行为</td></tr>
<tr><td rowspan="5">要件</td><td colspan="3">法律行为的生效条件，包括意定条件和法定条件。意定条件即当事人约定附条件或附期限；法定条件：（1）行为人具有相应的民事行为能力；（2）意思表示真实；（3）不违反法律、行政法规的强制性规定。</td></tr>
<tr><td>行为人具有相应的民事行为能力</td><td colspan="2">民事法律行为以行为能力适格为其首要条件。对于自然人，应具有完全民事行为能力。限制民事行为能力人，实施的与其行为能力相适应的民事法律行为或纯获利益的行为为有效。对于法人，在权利能力范围内实施的民事法律行为有效。</td></tr>
<tr><td>意思表示真实</td><td colspan="2">意思表示真实指内心的效果意思须与表示意思一致，如因内心有保留、认识错误、误传、误解、受欺诈或胁迫、显失公平等，表示意思与内心的效果意思不一致的，则会发生无效或被撤销的法律后果。</td></tr>
<tr><td rowspan="2">不违反法律或行政法规的强制性规定</td><td>内容须合法</td><td>即意思表示之内容须合法。合法，指不违反法律、行政法规的强制性效力规范。强制性规定，系指当事人无条件实施一定行为或不得实施一定行为的规定。</td></tr>
<tr><td>符合法定要求</td><td>在法律对某些行为有特别要求的，必须满足该要求时，民事法律行为方能生效。例如，婚姻行为、收养行为需要登记才能生效。</td></tr>
</table>

续表

实例	法考中，几类常考的特殊情况下的有效民事法律行为： (1)《买卖合同司法解释》第3条：无权处分人订立的买卖合同，若无其他效力瑕疵（如：买卖合同双方当事人恶意串通的，买卖合同无效）的，该买卖合同有效。 【特别注意】此法条还可用于互易、股权转让、出资、债权转让等其他有偿合同（《买卖合同司法解释》第45条）。【甲与乙签署股权转让协议，约定甲将其对丙公司享有的90%股权转让给乙，乙支付1亿元股权受让款。但此前甲已将该股权转让给丁（2011年卷三第58题B选项），甲、乙之间签订的合同有效】 (2)一物多卖、一物数租的合同，原则上都有效，除非出现《合同法》第52条所规定的无效情形。【甲与乙签订相机买卖合同，相机尚未交付，也未付款。后甲又就出卖该相机与丙签订买卖合同（2011年卷三第58题C选项），甲、乙之间签订的合同有效】 (3)侵害优先购买权人（房屋承租人、按份共有人）的同等条件下的优先购买权的买卖合同有效。【甲将商铺出租给丙后，将该商铺出卖给乙，但未通知丙（2011年卷三第58题D选项），甲、乙之间签订的合同有效】 (4)法人超越经营范围订立的合同，只要不违反国家限制经营（如文物买卖）、特许经营（食盐批发）以及法律、行政法规禁止经营（如枪支买卖）的，有效。

真题链接

甲、乙之间的下列哪些合同属于有效合同？（2013-3-53；多选）

A. 甲与丙离婚期间，用夫妻共同存款向乙公司购买保险，指定自己为受益人

B. 甲将其宅基地抵押给同村外嫁他村的乙用于借款

C. 甲将房屋卖给精神病人乙，合同履行后房价上涨

D. 甲驾车将流浪精神病人撞死，因查找不到死者亲属，乙民政部门代其与甲达成赔偿协议

[答案] ________①

考点52　无效民事法律行为的概念、特征☆☆☆

概念	无效民事法律行为是指欠缺法律行为根本生效要件，自始、确定和当然不发生行为人意思之预期效力的民事法律行为。	
特征	自始无效	无效民事法律行为之无效，自行为开始起无效。该行为之意思，从开始起就不被法律所认可。 法条依据：《民法总则》第155条规定："无效的或者被撤销的民事法律行为自始没有法律约束力。"
	当然无效	无效民事法律行为，无需任何人主张，也不待法院或仲裁机构宣告即无效。该行为无效不以主张、确认和宣告为要件。

① AD

续表

<table>
<tr><td rowspan="5">部分无效</td><td colspan="2">法条依据：《民法总则》第156条规定："民事法律行为部分无效，不影响其他部分效力的，其他部分仍然有效。"具体体现：</td></tr>
<tr><td>格式条款</td><td>《合同法》第40条："格式条款具有本法第五十二条和第五十三条规定情形的，或者提供格式条款一方免除其责任、加重对方责任、排除对方主要权利的，该条款无效。"
①【甲与乙公司订立美容服务协议，约定服务期为半年，服务费预收后逐次计扣，乙公司提供的协议格式条款中载明"如甲单方放弃服务，余款不退"（并注明该条款不得更改）协议订立后，甲依约支付5万元服务费。在接受服务1个月并发生费用8000元后，甲感觉美容效果不明显，单方放弃服务并要求退款，乙公司不同意。甲起诉乙公司要求返还余款（2017年卷三第11题）。"如甲单方放弃服务，余款不退"的条款因为排除对方主要权利，所以无效】
②【甲与乙教育培训机构就课外辅导达成协议，约定甲交费5万元，乙保证甲在接受乙的辅导后，高考分数能达到二本线。若未达到该目标，全额退费。结果甲高考成绩仅达去年二本线，与今年高考二本线尚差20分（2012年卷三第11题A选项）。该格式条款由于并未出现无效情形（《合同法》第40条），所以该格式条款虽违背教育规律但属有效】</td></tr>
<tr><td>定金合同</td><td>《担保法》第91条："定金的数额由当事人约定，但不得超过主合同标的额的百分之二十。"超过20%的，超过部分无效。</td></tr>
<tr><td>房屋租赁</td><td>租赁期限不得超过20年。超过20年的，超过部分无效。</td></tr>
<tr><td>流押条款</td><td>《物权法》第186条："抵押权人在债务履行期届满前，不得与抵押人约定债务人不履行到期债务时抵押财产归债权人所有。"此条款为流押条款，因为违反公平原则，所以该条款无效。</td></tr>
</table>

考点53　民事法律行为无效的类型☆☆☆☆☆

欺诈、胁迫，损害国家利益	欺诈、胁迫行为，《民法总则》与《合同法》的规定不一致。《合同法》区分损害国家利益和非国家利益，该法第52条规定，一方以欺诈、胁迫的手段订立且损害国家利益的合同，应属无效；该法第54条第2款规定，一方以欺诈、胁迫的手段订立且损害非国家利益的合同，应可撤销。而《民法总则》不再区分损害国家利益和非国家利益，该法第149条和第150条规定，欺诈、胁迫行为皆属可撤销行为。如果按照新法优于旧法适用规则，欺诈、胁迫行为，皆属可撤销民事法律行为，而不再属于无效民事法律行为之列。
恶意串通，损害国家、集体或者第三人利益	行为人与相对人恶意串通，损害他人合法权益的民事法律行为无效。表意人与相对人通谋实施虚伪的意思表示，是专为侵害他人合法权益的，而他人不是表意人，既无从阻遏，又无权补救，甚至还可能"蒙在鼓里"，故法律直接干预，使其无效。 【特别注意】恶意串通与恶意的不同。只有恶意串通才会让民事法律行为无效，恶意并不影响民事法律行为的效力。【甲公司员工唐某受公司委托从乙公司订购一批空

续表

<table>
<tr><td rowspan="4">恶意串通，损害国家、集体或者第三人利益</td><td colspan="2">气净化机，甲公司对净化机单价未作明确限定。唐某与乙公司私下商定将净化机单价比正常售价提高 200 元，乙公司给唐某每台 100 元的回扣。商定后，唐某以甲公司名义与乙公司签订了买卖合同（2016 年卷三第 4 题 D 选项）。唐某与乙公司恶意串通损害甲公司的利益，应对甲公司承担连带责任】
该行为须具备下列条件：</td></tr>
<tr><td>（1）须表示与内心不一致</td><td>即外部表示与内心意思不一致，所表示的并不是行为人的真实意思，行为人内心存在牟取不正当利益或损害他人的意思，但是却故意制造某种进行民事法律行为的虚假现象。例如，为逃避强制执行而假装把财产赠与相对人，事实上当事人并没有赠与和受赠的意思。</td></tr>
<tr><td>（2）须有恶意通谋</td><td>即表意人与相对人恶意串通。不但表意人单方面了解自己的表示是虚伪的，而且相对人也了解这一情况。串通指他们之间有勾结，有意思联络。而恶意则指对于该串通是完全了解的，表意人自己了解其表示与意思的不一致，不一致是恶意造成的，而不是出于认识上的错误。</td></tr>
<tr><td>（3）须损害他人的合法权益</td><td>恶意串通的意思表示，必须具有损害他人合法权益的目的。</td></tr>
<tr><td>以合法形式掩盖非法目的</td><td colspan="2">虚假行为，亦称伪装行为，是以虚假行为作表、以隐蔽行为作里的复合行为。这一行为的特点是显露于表的意思表示是虚假的、不真实的，违反了意思表示须真实的生效要件，该虚假行为无效；而遮盖、隐蔽于里的民事法律行为却是真实的，其是否有效，不能一概而论。
法条依据：《民法总则》第 146 条规定：“行为人与相对人以虚假的意思表示实施的民事法律行为无效。以虚假的意思表示隐藏的民事法律行为的效力，依照有关法律规定处理。”
【甲乙双方为了在办理房屋过户登记时避税，将实际成交价为 100 万元的房屋买卖合同价格写为 60 万元（2012 年卷三第 52 题 B 选项）。60 万元的房屋买卖合同作为阳合同，应该无效；100 万元的房屋买卖合同作为阴合同，由于可以体现当事人之间的真实意思表示，所以合法有效】</td></tr>
<tr><td>违反社会公共利益</td><td colspan="2">“公共利益”，指任何不特定第三人的利益，包括公共秩序和善良风俗两个方面。如：违反性道德的合同（换妻合同）；违反家庭伦理的合同（夫妻关于禁止子女随母姓的合同）；贬损人格尊严的合同（雇佣合同中规定雇员离开工作场地必须接受搜身检查的条款）；等等。
【有妇之夫甲委托未婚女乙代孕，约定事成后甲补偿乙 50 万元（2012 年卷三第 52 题 C 选项），此合同由于损害社会公共利益，违背公序良俗，所以无效】</td></tr>
</table>

续表

违反法律、行政法规强制性规定	相对于任意性规定而言，所谓强制性规定是指法律关系必须适用，不能因当事人意思予以变更和排除适用的规定。对于强制性规定的范围，《合同法解释（二）》第14条对此又作了限缩性解释："'强制性规定'，是指效力性强制性规定。"即法律行为只有违反效力性强制性规定，才直接归于无效。所谓效力性规定是与管理性规定相对应的概念，是指法律直接规定法律行为不发生意思表示效果的规定；而管理性规定，又称取缔性规定，是指仅规定法律行为应当遵守的公法秩序却未规定其私法效果的规定。例如：要求企业须在核准登记的经营范围内经营，即属管理性规定，违反此规定超范围经营的，其行为不当然无效；但违法经营需要许可证的烟草等，即违反取缔性规定，其行为当然、绝对无效；反之，超范围经营一般产品的，其行为在民法上有效，因违反管理性规定可能会受到工商行政部门警告、罚款甚至吊销营业执照的处罚。

以上为《合同法》第52条中的无效民事法律行为的事由；以下为《民法总则》中的无效民事法律行为的事由：

法条依据

《民法总则》第144条 无民事行为能力人实施的民事法律行为无效。

《民法总则》第146条 行为人与相对人以虚假的意思表示实施的民事法律行为无效。

以虚假的意思表示隐藏的民事法律行为的效力，依照有关法律规定处理。

《民法总则》第153条 违反法律、行政法规的强制性规定的民事法律行为无效，但是该强制性规定不导致该民事法律行为无效的除外。

违背公序良俗的民事法律行为无效。

《民法总则》第154条 行为人与相对人恶意串通，损害他人合法权益的民事法律行为无效。

真题链接

甲欠乙30万元到期后，乙多次催要未果。甲与丙结婚数日后即办理离婚手续，在《离婚协议书》中约定将甲婚前的一处住房赠与知悉甲欠乙债务的丙，并办理了所有权变更登记。乙认为甲侵害了自己的权益，聘请律师向法院起诉，请求撤销甲的赠与行为，为此向律师支付代理费2万元。下列哪些选项是正确的？（2017-3-58；多选）

A.《离婚协议书》因恶意串通损害第三人利益而无效

B. 如甲证明自己有稳定工资收入及汽车等财产可供还债，法院应驳回乙的诉讼请求

C. 如乙仅以甲为被告，法院应追加丙为被告

D. 如法院认定乙的撤销权成立，应一并支持乙提出的由甲承担律师代理费的请求

［答案］________①

① BD

考点 54　无效民事法律行为的效果☆☆☆

对于被确认无效和被撤销而无效的民事法律行为，尚未履行或者已经履行的，其效果如下：

（1）如果这类行为所约定的义务尚未履行，那么就无需再去履行。因为他们根本不能使义务人负担义务。	
（2）如果这类行为所约定的义务正在履行中，那么应中止履行。对于已经履行的部分，应按下面的原则去处理：	
①返还财产	在给付了财产的情况下，受领财产的一方应将该财产返还相对人。这是因为民事法律行为被确认为无效之时，受领财产的一方继续占有该项财产就丧失了法律依据，因而有义务将财产返还给相对人（不当得利）。如果仅仅是当事人一方取得了财产，那么该当事人负返还义务；如果当事人双方对等地取得了财产，那么双方应当相互返还财产。如果财产已不存在，无法返还的，应折价补偿。
②赔偿损失	如果民事法律行为无效后给对方或者第三人造成了损失，还应当赔偿损失。如果损失是一方的过错造成的，则仅过错一方赔偿；如果双方都有过错，则由双方承担各自相应的责任。

考点 55　可撤销民事法律行为概述☆☆☆

概念	可撤销民事法律行为，是因行为有法定的重大瑕疵而须以诉讼或仲裁撤销的民事法律行为。《民法总则》取消了“可撤销可变更的民事法律行为”的概念，今后只可使用“可撤销民事法律行为”的概念。基于意思自治原则，对于只涉及当事人而不涉及国家或第三人利益的意思有缺陷的民事法律行为，其有效还是无效的选择权被赋予给行为人自己，即赋予当事人撤销权，其若选择有效则放弃行使撤销权，若选择无效则可行使撤销权。一旦当事人行使了撤销权，则被撤销部分的行为，就视同无效民事法律行为，自始不发生效力。	
可撤销民事法律行为与无效民事法律行为	瑕疵原因	可撤销民事法律行为大多属于意思表示瑕疵；而无效民事法律行为既有意思表示瑕疵的，也有主体不适格的，还有违法的。
	行使方式	可撤销民事法律行为必须以诉讼或仲裁的方式行使；无效民事法律行为前已述及，是当然确定的无效，无需宣告。法院或仲裁机构发现民事法律行为属无效时，可以不经当事人请求，径行认定无效。
	效力不同	无效民事法律行为从行为开始就确定地不能发生法律行为的固有效力。可撤销民事法律行为却只有经过审判或者仲裁程序确定之后，才属无效，在当事人不申请撤销或者虽然申请，但法院或者仲裁机构尚未作出撤销判决时，则依然有效。
	结局不同	无效民事法律行为自始就当然确定的无效，不会因为时间的经过，变为有效。可撤销民事法律行为，因须行使撤销权才会归于无效，法律对于当事人主张撤销是有时间限制的，即过了法律规定的期限，撤销权即归于消灭，可撤销民事法律行为就变为完全有效的民事法律行为。

考点56 可撤销民事法律行为撤销事由☆☆☆☆☆

欺诈	(1) 第三人欺诈与恶意串通不同。前者是第三人欺诈一方当事人，让另一方当事人受益。如第三人当“托”使受欺诈人与相对人为意思表示，损害的是法律行为当事人一方的利益；而后者是民事法律行为的双方当事人合谋损害第三人利益，行为主体与受害人皆不同。 (2) 欺诈与重大误解不同。①引起错误的原因不同。欺诈系“引起的错误”，须表意人的错误系欺诈行为的结果；重大误解系“自发的错误”，表意人自己引起的错误。②动机错误的性质不同。狭义的动机错误不成立重大误解；因欺诈陷入动机错误并因此作出不真实的意思表示，仍可成立欺诈。【甲以23万元的价格将一辆机动车卖给乙。该车因里程表故障显示行驶里程为4万公里，但实际行驶了8万公里，市值为16万元。甲明知有误，却未向乙说明，乙误以为真（2015年卷三第2题C选项）。乙只能以欺诈为由而不能以重大误解为由向法院或者仲裁机构请求撤销该合同】
胁迫	以给公民及其亲友的生命健康、荣誉、名誉、财产等造成损害，或者以给法人的荣誉、名誉、财产等造成损害为要挟，迫使对方作出违背真实的意思表示的，可以认定为胁迫行为。【某校长甲欲将一套住房以50万元出售。某报记者乙找到甲，出价40万元，甲拒绝。乙对甲说：“我有你贪污的材料，不答应我就举报你。”甲信以为真，以40万元将该房卖与乙。乙实际并无甲贪污的材料（2010年卷三第5题B选项）。乙存在胁迫行为，属于可撤销合同】
重大误解	行为人因对行为的性质、对方当事人、标的物的品种、质量、规格和数量等的错误认识，使行为的后果与自己的意思相悖，并造成较大损失的，可以认定为重大误解。即重大误解限缩为对行为的类型、相对人、标的等重要因素产生错误认识，并且造成较大损失。反之，虽有误解，但不重大，或者没有较大损失的，则不能认定为重大误解。【甲要购买电动车，误以为精神病人乙是完全民事行为能力人，并与之签订买卖合同（2012年卷三第3题D选项）。甲的行为不构成重大误解，因为对行为能力的认识错误不构成重大误解】
显失公平	特别强调：《民法通则》与《合同法》都规定了“乘人之危”，作为一种独立的可撤销民事法律行为的类型。但《民法总则》将其纳入到“一方利用对方处于危困状态、缺乏判断能力等情形，致使民事法律行为成立时显失公平的”的情形中，也即纳入到显失公平的情形中去，不再作为一种独立的可撤销民事法律行为的类型。 法条依据：《民法总则》第151条规定：“一方利用对方处于危困状态、缺乏判断能力等情形，致使民事法律行为成立时显失公平的，受损害方有权请求人民法院或者仲裁机构予以撤销。” 显失公平的构成要件： (1) 当事人双方的权利义务明显不对等，违反公平、等价有偿原则； (2) 显失公平的事实发生在合同订立之时； (3) 显失公平的原因系因一方当事人利用自己的优势或者利用对方没有经验、轻率、缺乏判断力等不利境地。 【甲手机专卖店门口立有一块木板，上书“假一罚十”四个醒目大字。乙从该店购买了一部手机，后经有关部门鉴定，该手机属于假冒产品，乙遂要求甲履行其“假一罚十”的承诺（2008年卷三第7题C选项）。“假一罚十”是甲自愿作出的真实意思表示，不构成显失公平】 【甲父患癌症急需用钱，乙趁机以低价收购甲收藏的1幅名画，甲无奈与乙签订了买卖合同（2012年卷三第52题D选项）。乙的行为构成显失公平，该买卖合同为可撤销合同】

真题链接

1. 陈老伯考察郊区某新楼盘时，听销售经理介绍周边有轨道交通 19 号线，出行方便，便与开发商订立了商品房预售合同。后经了解，轨道交通 19 号线属市域铁路，并非地铁，无法使用老年卡，出行成本较高；此外，铁路房的升值空间小于地铁房。陈老伯深感懊悔。关于陈老伯可否反悔，下列哪一说法是正确的？（2017-3-10；单选）

A. 属认识错误，可主张撤销该预售合同

B. 属重大误解，可主张撤销该预售合同

C. 该预售合同显失公平，陈老伯可主张撤销该合同

D. 开发商并未欺诈陈老伯，该预售合同不能被撤销

[答案] ________①

2. 潘某去某地旅游，当地玉石资源丰富，且盛行“赌石”活动，买者购买原石后自行剖切，损益自负。潘某花 5000 元向某商家买了两块原石，切开后发现其中一块为极品玉石，市场估价上百万元。商家深觉不公，要求潘某退还该玉石或补交价款。对此，下列哪一选项是正确的？（2016-3-3；单选）

A. 商家无权要求潘某退货

B. 商家可基于公平原则要求潘某适当补偿

C. 商家可基于重大误解而主张撤销交易

D. 商家可基于显失公平而主张撤销交易

[答案] ________②

3. 某旅游地的纪念品商店出售秦始皇兵马俑的复制品，价签标名为“秦始皇兵马俑”，2800 元一个。王某购买了一个，次日，王某以其购买的“秦始皇兵马俑”为复制品而非真品属于欺诈为由，要求该商店退货并赔偿。下列哪些表述是错误的？（2015-3-52；多选）

A. 商店的行为不属于欺诈，真正的“秦始皇兵马俑”属于法律规定不能买卖的禁止流通物

B. 王某属于重大误解，可请求撤销买卖合同

C. 商店虽不构成积极欺诈，但构成消极欺诈，因其没有标明为复制品

D. 王某有权请求撤销合同，并可要求商店承担缔约过失责任

[答案] ________③

4. 甲与乙教育培训机构就课外辅导达成协议，约定甲交费 5 万元，乙保证甲在接受乙的辅导后，高考分数能达到二本线。若未达到该目标，全额退费。结果甲高考成绩仅达去年二本线，与今年高考二本线尚差 20 分。关于乙的承诺，下列哪一表述是正确的？（2012-3-11；单选）

A. 属于无效格式条款

B. 因显失公平而可变更

---

① D

② A

③ BCD

C. 因情势变更而可变更

D. 虽违背教育规律但属有效

［答案］________①

考点57 可撤销民事法律行为撤销权的行使☆☆☆☆☆

谁来撤	撤销权享有人	(1) 欺诈：仅受欺诈一方享有撤销权； (2) 胁迫：仅受胁迫一方享有撤销权； (3) 显失公平：仅受有不公平的一方享有撤销权。
		重大误解：仅误解方享有撤销权；双方都有过错的，双方都享有撤销权。
何时撤	除斥期间	(1) 受欺诈方、显失公平的受害方自知道或者应当知道撤销事由之日起一年内行使。
		(2) 受胁迫方自胁迫行为终止之日起一年内行使。
		(3) 重大误解的当事人自知道或者应当知道撤销事由之日起三个月内行使。
		(4)【最长除斥期间】自民事法律行为发生之日起五年内未行使，撤销权消灭。
		【法条依据】《民法总则》第152条规定："有下列情形之一的，撤销权消灭： (一) 当事人自知道或者应当知道撤销事由之日起一年内、重大误解的当事人自知道或者应当知道撤销事由之日起三个月内没有行使撤销权； (二) 当事人受胁迫，自胁迫行为终止之日起一年内没有行使撤销权； (三) 当事人知道撤销事由后明确表示或者以自己的行为表明放弃撤销权。 当事人自民事法律行为发生之日起五年内没有行使撤销权的，撤销权消灭。" 【齐某扮成建筑工人模样，在工地旁摆放一尊廉价购得的旧蟾蜍石雕，冒充新挖出文物等待买主。甲曾以5000元从齐某处买过一尊同款石雕，发现被骗后正在和齐某交涉时，乙过来询问。甲有意让乙也上当，以便要回被骗款项，未等齐某开口便对乙说："我之前从他这买了一个貔貅，转手就赚了，这个你不要我就要了。"乙信以为真，以5000元买下石雕（2017年卷三第3题D选项）。乙的撤销权自购买行为发生之日起2年内不行使则消灭是错误的。因为最长除斥期间是民事法律行为发生之日起五年】
怎么撤	方式	请求法院或者仲裁机构予以撤销，即"或诉或裁"。
后果	(1) 可撤销民事法律行为在被撤销之前有效，可以追究对方的违约责任。	
	(2) 可撤销民事法律行为被撤销后自始无效，可以追究对方的缔约过失责任。	

真题链接

1. 甲房产开发公司在交给购房人张某的某小区平面图和项目说明书中都标明有一个健身馆。张某看中小区健身方便，决定购买一套商品房并与甲公司签订了购房合同。张某收房时发现小区没有健身馆。下列哪些表述是正确的？（2014-3-51；多选）

① D

A. 甲公司不守诚信，构成根本违约，张某有权退房

B. 甲公司构成欺诈，张某有权请求甲公司承担缔约过失责任

C. 甲公司恶意误导，张某有权请求甲公司双倍返还购房款

D. 张某不能滥用权利，在退房和要求甲公司承担违约责任之间只能选择一种

［答案］________①

2. 甲隐瞒了其所购别墅内曾发生恶性刑事案件的事实，以明显低于市场价的价格将其转卖给乙；乙在不知情的情况下，放弃他人以市场价出售的别墅，购买了甲的别墅。几个月后乙获悉实情，向法院申请撤销合同。关于本案，下列哪些说法是正确的？（2016-3-59；多选）

A. 乙须在得知实情后一年内申请法院撤销合同

B. 如合同被撤销，甲须赔偿乙在订立及履行合同过程当中支付的各种必要费用

C. 如合同被撤销，乙有权要求甲赔偿主张撤销时别墅价格与此前订立合同时别墅价格的差价损失

D. 合同撤销后乙须向甲支付合同撤销前别墅的使用费

［答案］________②

考点58 效力待（未）定民事法律行为概述☆☆☆☆☆

概念	效力待定民事法律行为，是指民事法律行为之效力有待于第三人意思表示，在第三人意思表示前，效力处于不确定状态的民事法律行为。	
辨析	效力待定与可撤销	可撤销民事法律行为在撤销前是有效的民事法律行为，只是在撤销后溯及开始发生无效后果，其效力有效或无效有待表意人定夺；效力待定民事法律行为的法律效力处于不确定状态，在确定前既非有效亦非无效，究竟是有效或无效有待第三人定夺。
	效力待定与无效	无效民事法律行为自始无效，不可能起死回生；效力待定民事法律行为，效力既可能向有效发展，也可能归于无效。
类型	限制民事行为能力人	限制民事行为能力人实施的与其年龄、智力、精神健康状况不相适应的合同行为，经法定代理人同意或者追认后有效。
	无权代理人	行为人没有代理权、超越代理权或者代理权终止后以被代理人名义订立的合同，未经被代理人追认，对被代理人不发生效力，由行为人承担责任。（表见代理除外）
	无权处分人	原则：无权处分人订立的合同效力待定； 例外：无权处分人订立的买卖合同，若无其他效力瑕疵的，则该买卖合同有效。【前面已经阐述，此处不再赘述】

① AB

② ABCD

续表

类型	无权处分人	【法条依据】 《合同法》第 51 条规定："无处分权的人处分他人财产，经权利人追认或者无处分权的人订立合同后取得处分权的，该合同有效。" 《最高人民法院关于审理买卖合同纠纷案件适用法律问题的解释》第 3 条规定："当事人一方以出卖人在缔约时对标的物没有所有权或者处分权为由主张合同无效的，人民法院不予支持。出卖人因未取得所有权或者处分权致使标的物所有权不能转移，买受人要求出卖人承担违约责任或者要求解除合同并主张损害赔偿的，人民法院应予支持。" 【甲公司将 1 台挖掘机出租给乙公司，为担保乙公司依约支付租金，丙公司担任保证人，丁公司以机器设备设置抵押。乙公司欠付 10 万元租金时，经甲公司、丙公司和丁公司口头同意，将 6 万元租金债务转让给戊公司。之后，乙公司为现金周转将挖掘机分别以 45 万元和 50 万元的价格先后出卖给丙公司和丁公司，丙公司和丁公司均已付款，但乙公司没有依约交付挖掘机（2012 年卷三第 86 题）。乙公司与丙公司、丁公司签订的挖掘机买卖合同都是有效的】 【无权处分与无权代理】 ①名义不同。无权处分人以自己的名义实施法律行为；无权代理人以被代理人的名义实施法律行为。 ②效力不同。无权处分人订立的合同原则上效力待定；例外：无权处分人订立的买卖合同，若无其他效力瑕疵的，则该买卖合同有效。无权代理人订立的合同效力待定。

考点 59　效力待（未）定民事法律行为的效力☆☆☆☆

追认权	追认行为完成若使效力待定民事法律行为生效要件补足，效力待定民事法律行为溯及自始发生效力。除非追认权人有特别声明。
催告权与拒绝权	相对人可以催告权利人自收到通知之日起 1 个月内予以追认。权利人未作表示的，视为拒绝追认。(1) 此处的权利人，包括限制民事行为能力人超出行为能力的法定代理人、无权代理中的被代理人等。(2) 权利人追认的意思表示需要在善意相对人撤销之前行使。
撤销权	(1) 撤销权的发生须在追认权人未予追认前，追认权一旦行使，效力待定民事法律行为即生效，相对人不得行使撤销权。
	(2) 撤销之意思必须以明示的方式作出，通知到达对方即可撤销。
	(3) 相对人须为善意，即对效力待定民事法律行为欠缺生效要件没有过失。如明知对方行为人能力欠缺而为之，则不得享有撤销权。

真题链接

1. 甲用伪造的乙公司公章，以乙公司名义与不知情的丙公司签订食用油买卖合同，以次充好，将劣质食用油卖给丙公司。合同没有约定仲裁条款。关于该合同，下列哪一表述是正确的？（2013-3-04；单选）

A. 如乙公司追认，则丙公司有权通知乙公司撤销

B. 如乙公司追认，则丙公司有权请求法院撤销

C. 无论乙公司是否追认，丙公司均有权通知乙公司撤销

D. 无论乙公司是否追认，丙公司均有权要求乙公司履行

[答案] ________①

2. 甲委托乙采购一批电脑，乙受丙诱骗高价采购了一批劣质手机。丙一直以销售劣质手机为业，甲对此知情。关于手机买卖合同，下列哪些表述是正确的？(2012-3-54；多选)

A. 甲有权追认　　B. 甲有权撤销

C. 乙有权以甲的名义撤销　　D. 丙有权撤销

[答案] ________②

第四节　附条件民事法律行为与附期限民事法律行为

考点 60　附条件民事法律行为☆☆☆☆

概念	附条件民事法律行为，是指民事法律行为效力的开始或终止取决于将来不确定事实发生与否的民事法律行为。	
条件特征	(1) 应是将来发生的事实	客观事实是不依当事人的意思决定的客观存在的事实。同时，条件须为将来发生的客观事实。已经发生的客观事实，则不能成为条件。
	(2) 应是发生与否不确定的事实	条件应是将来可能发生也可能不发生的事实，即是否发生具有或然性。如果是肯定能发生或肯定不能发生的事实，就不能作为民事法律行为所附的条件。
	(3) 应是由行为人约定的事实	民事法律行为所附的条件，只能是当事人特别约定的客观事实。由法律规定或者行为性质决定的限制民事行为效力的事实，不能作为条件。
	(4) 应是合法的事实	作为附条件的事实，须不违反法律规定，不违反社会的公序良俗。违法的事实，不能作为条件。
条件类型	生效条件	也称延缓条件，法律行为只有当约定的事实出现时，才发生效力的条件。附生效条件的民事法律行为，自条件成就时生效。
	解除条件	解除条件的作用，在于使条件所附的已生效的民事法律行为的效力归于消灭。如，甲、乙订立房屋租赁合同，约定出租人甲的儿子一旦留学归国并需要住房，就终止合同。附解除条件的民事法律行为，自条件成就时失效。如条件不成就，上例租赁合同就继续有效。

① B

② ABC

续表

<table>
<tr><td rowspan="2">条件类型</td><td>积极条件</td><td>是以所设事实发生为内容的条件。简言之，积极条件以设定事实的发生为条件成就。生效条件与解除条件，均可设定积极条件。</td></tr>
<tr><td>消极条件</td><td>是以所设事实不发生为内容的条件。条件的积极与消极，其区别仅在设定的角度不同。前述“留学归国并需要住房，就终止合同”，属积极条件，而反过来约定“如留学后定居不归国，就续租合同”，则属消极条件。两者条件内容并无不同，但条件的性质，却有积极与消极之分。</td></tr>
<tr><td rowspan="3">效力</td><td colspan="2">（1）条件作为意思表示的组成部分，当然地具有意思表示的效力，对于当事人具有约束力。</td></tr>
<tr><td colspan="2">（2）附生效条件的民事法律行为，在条件成就时，就会使当事人一方取得权利，而他方则负担义务；附解除条件的民事法律行为，在条件成就时，就会使当事人一方丧失权利，他方则解除义务。
【法条依据】《民法总则》第158条规定：“民事法律行为可以附条件，但是按照其性质不得附条件的除外。附生效条件的民事法律行为，自条件成就时生效。附解除条件的民事法律行为，自条件成就时失效。”
【郭某意外死亡，其妻甲怀孕两个月。郭某父亲乙与甲签订协议：“如把孩子顺利生下来，就送十根金条给孩子。”当日乙把八根金条交给了甲。孩子顺利出生后，甲不同意由乙抚养孩子，乙拒绝交付剩余的两根金条，并要求甲退回八根金条（2015年卷三第60题B选项）。“如把孩子顺利生下来，就送十根金条给孩子”为附生效条件的民事法律行为，现在孩子已经顺利出生，意味着条件成就，条件成就意味着协议生效。所以乙不得拒绝赠与】
【特别提醒】在做题的时候，在题干中出现了“如”这样的字眼，一定要特别注意，大概率是在考察附条件或者附期限的民事法律行为。做题很多时候是需要定势思维的。在此多强调一句，大家一定要明白到2020年法考考试之前我们努力学习的目的是为了通过法考考试，而不是为了把法律学好，当然能够同时把法律学好那自然是极好的!!! 送给大家一句话：法考是眼前的事，学习是一辈子的事。</td></tr>
<tr><td colspan="2">（3）条件拟制效力。条件必须要自然成就，当事人负有必须顺应条件的自然发展而不是加以不正当地干预的义务，亦即不作为义务。如果当事人违背此项义务，恶意促成或者阻止作为条件的事实发生，法律就要加以干预，拟制条件成就或不成就的效力。
【法条依据】《民法总则》第159条规定：“附条件的民事法律行为，当事人为自己的利益不正当地阻止条件成就的，视为条件已成就；不正当地促成条件成就的，视为条件不成就。”（适得其反）
【甲打算卖房，问乙是否愿买，乙一向迷信，就跟甲说：“如果明天早上7点你家屋顶上来了喜鹊，我就出10万块钱买你的房子。”甲同意。乙回家后非常后悔。第二天早上7点差几分时，恰有一群喜鹊停在甲家的屋顶上，乙正要将喜鹊赶走，甲不知情的儿子拿起弹弓把喜鹊打跑了，至7点再无喜鹊飞来（2008年卷三第6题C、D选项）。“如果明天早上7点你家屋顶上来了喜鹊，我就出10万块钱买你的房子”为附生效条件的民事法律行为。“甲不知情的儿子拿起弹弓把喜鹊打跑了，至7点再无喜鹊飞来”是当事人之外的第三人阻止条件成就的，其并不发生“适得其反”的法律效果。所以至7点再无喜鹊飞来意味着条件没有成就，协议没有生效，所以乙有权拒绝履行该合同】</td></tr>
</table>

真题链接

甲、乙两公司约定：甲公司向乙公司支付5万元研发费用，乙公司完成某专用设备的研发生产后双方订立买卖合同，将该设备出售给甲公司，价格暂定为100万元，具体条款另行商定。乙公司完成研发生产后，却将该设备以120万元卖给丙公司，甲公司得知后提出异议。下列哪一选项是正确的？(2017-3-13；单选)

A. 甲、乙两公司之间的协议系承揽合同

B. 甲、乙两公司之间的协议系附条件的买卖合同

C. 乙、丙两公司之间的买卖合同无效

D. 甲公司可请求乙公司承担违约责任

[答案] ________①

考点61 附期限民事法律行为☆☆☆☆

<table>
<tr><td>概念</td><td colspan="2">期限是表意人选定的、作为意思表示效果发生或者消灭控制手段的、将来确定发生的事实。附期限的民事法律行为，是在意思表示中含有期限的民事法律行为。期限是构成民事法律行为意思表示的组成部分，并且用来决定民事法律行为效力发生或存续的时间。</td></tr>
<tr><td rowspan="2">期限特征</td><td colspan="2">(1) 须属将来事实，已经发生的事实不能被设定为期限。</td></tr>
<tr><td colspan="2">(2) 须发生为确定的事实。不可能发生的事实（如千年后赠与），不能被设定为期限。</td></tr>
<tr><td rowspan="3">期限类型</td><td>生效期限</td><td>这是使民事法律行为效力发生的期限，也称始期或停止期限。在生效期限届至之前，民事法律行为的效力是停止的，在期限到来时，民事法律行为的效力方始发生。如签订合同注明“自2019年10月1日生效”，该日期就是该合同的生效期限。</td></tr>
<tr><td>终止期限</td><td>这是使民事法律行为效力终止的期限，在终期届至时，既有的效力便告解除，故也称终期或解除期限。如合同条款中约定“本合同于2019年12月30日终止”，12月30日就是该合同所附的终止期限。</td></tr>
<tr><td>法条依据</td><td>《民法总则》第160条规定：“民事法律行为可以附期限，但是按照其性质不得附期限的除外。附生效期限的民事法律行为，自期限届至时生效。附终止期限的民事法律行为，自期限届满时失效。”</td></tr>
<tr><td rowspan="2">区分条件与期限</td><td colspan="2">(1) 条件是不确定的偶然性事实，期限是确定的必然性事实。时期确定，到来不确定，为条件。如：“到80大寿送电视一台”，80岁虽确定，但人之寿命不可测，是否能活到80岁不可知，具有偶发性。时期不确定，到来也不确定，为条件。如：“研究生考试通过之日”，能否考得上，已属不确定，至于哪一年考得上，则更加不确定，故显然属于条件。</td></tr>
<tr><td colspan="2">(2) 条件之事实成就与否是不确定的，期限是肯定会到来的。时期确定，事实的发生也确定，如：“今年9月9日”是期限。时期不确定，到来确定，为期限。如：“临终时将物送给你”，何时死虽难预料，但人必有一死，死期终会到来。</td></tr>
</table>

① D

续表

区分条件与期限	刘某欠何某100万元货款届期未还且刘某不知所踪。刘某之子小刘为替父还债，与何某签订书面房屋租赁合同，未约定租期，仅约定："月租金1万元，用租金抵货款，如刘某出现并还清货款，本合同终止，双方再行结算。"（2014年卷三第59题C、D选项）。该房屋租赁合同属于附条件的合同。
区分条件与义务	附条件和附义务最核心的区别：附条件是对法律行为效力附加的限制，只有条件成就才会让民事法律行为生效；附义务没有对法律行为效力附加限制，民事法律行为成立就生效。 【甲公司员工魏某在公司年会抽奖活动中中奖，依据活动规则，公司资助中奖员工子女次年的教育费用，如员工离职，则资助失效（2014年卷三第61题A、B选项）。甲公司与魏某成立附条件赠与，而不成立附义务赠与。因为只有员工魏某离职，协议才会发生效力，而不是成立就生效】

05 第五部分 代理

导读

代理部分，考生关键要把握以下主要知识点：(1) 代理概念和特征。考生首先应当重点掌握代理的法律特征和要件，学会判断一项法律行为是否构成了代理。其次要掌握代理的各种类型，尤为重要的是本代理与复代理的区分，明确复代理的法律要件及其法律效力，同时需要结合《合同法》中的委托合同来全面把握。(2) 狭义无权代理。考生应当掌握狭义无权代理的法律后果，明确被代理人的拒绝权和追认权以及相对人的催告权和撤销权行使的要件和效力。(3) 表见代理。它是考试中的热点问题。考生一定要掌握表见代理的构成要件及其法律效力，学会判断一项代理行为究竟是狭义的无权代理还是表见代理，然后根据其不同的类型适用不同的法律规则。

第一节 代理概述

考点 62 代理的概念☆☆

概述	代理是代理人于代理权限内，以本人（被代理人）名义向第三人（相对人）为意思表示或受领意思表示，而该意思表示直接对本人生效的民事法律行为。
狭义代理	仅指代理人以本人的名义进行的代理，即直接代理，也称显名代理。
广义代理	除了上述的直接代理外，还包括间接代理，即代理人以自己的名义实施民事法律行为，而后将该行为效果间接归于本人的代理，也称隐名代理。我国《民法总则》规定的是直接代理。

考点 63 代理的特征☆☆☆☆☆

(1) 代理人是以被代理人的名义在代理权限范围内进行民事活动	①代理的这一特点把它与行纪活动区别开来。行纪活动是指行纪人受委托人的委托，由行纪人负担费用和委托人给付一定报酬，为了实现委托人的利益而以行纪人的名义，去进行一种或多种民事法律行为。【甲将10吨大米委托乙商行出售。双方只约定，乙商行以自己名义对外销售，每公斤售价两元，乙商行的报酬为价款的5%（2009年卷三第61题A、B）。甲与乙商行之间成立行纪合同关系；乙商行为销售大米支出的费用应由自己负担】代理人是以本人的名义进行民事活动。

续表

<table>
<tr><td>(1) 代理人是以被代理人的名义在代理权限范围内进行民事活动</td><td colspan="2">②代理人与法人代表地位也不同。法人代表在代表法人时，人格被法人吸收，代表人的行为就是法人的行为，行为后果直接归属于法人；代理人在代理时，仍是以自己的意思独立实施行为，只是该行为的法律效果归属于本人。</td></tr>
<tr><td>(2) 代理实施的行为必须是有法律效果的行为</td><td colspan="2">代理人所进行的代理活动，能够在被代理人和第三人之间设立、变更或终止某种民事法律关系。如果实施的行为不是具有法律效果的行为，虽然在形式上是受人委托进行某项活动，但不是民法上规定的代理。如人际关系行为不构成代理；受托人所接受的委托事项属于事实行为（代理只能代理民事法律行为；委托既可以委托民事法律行为，也可以委托事实行为）的，也不构成代理。</td></tr>
<tr><td rowspan="2">(3) 代理人进行代理活动时独立地进行意思表示</td><td>代理不同于传达（使者）</td><td>①传达人仅是向第三人转告本人已作出的意思表示，简言之，本人只是借传达人的“嘴”作媒介而已，若有传达错误由传达人负过失赔偿责任；而代理人是自己为意思表示，即本人是借代理人的“脑袋”为自己服务，代理人行为就是本人的行为。
②传达人传达的意思表示形成双方结构，传达人并未进入该法律关系中；代理形成三方结构（被代理人与代理人的内部关系、代理人与第三人的代理关系、被代理人与第三人的法律效果归属关系）。
③传达人不需要具有相应的民事行为能力，无民事行为能力人也可以作为传达人；代理人需要具有相应的民事行为能力，无民事行为能力人不能担任代理人。
④不得代理的行为，仍可通过传达人传达意思表示（如代书遗嘱）；不得代理的行为，代理行为无效。</td></tr>
<tr><td>代理不同于居间</td><td>①居间人只是在当事人之间进行“牵线搭桥”，促使双方当事人缔约或交易，而双方成立民事法律行为中并无居间人自己的意思。②而代理人则是以自己的意思表示在授权范围内为本人设定权利义务。</td></tr>
<tr><td>(4) 代理行为产生的法律效果直接由被代理人承担</td><td colspan="2">代理是被代理人经由代理人进行的民事法律行为，是为了设定本人自己的民事权利并负担民事义务。所以，代理人与第三人进行的一切民事法律行为所产生的民事权利义务，直接归属于被代理人，即由被代理人与第三人发生法律关系。【甲去购买彩票，其友乙给甲 10 元钱让其顺便代购彩票，同时告知购买号码，并一再嘱咐甲不要改变。甲预测乙提供的号码不能中奖，便擅自更换号码为乙购买了彩票并替乙保管。开奖时，甲为乙购买的彩票中了奖，二人为奖项归属发生纠纷（2015 年卷三第 9 题）。乙应获得该奖项，因乙是委托人。
特别注意：在做题时，如果题干中出现了“擅自”的字眼，大概率是在考察无权处分或无权代理。教给同学们一个做题的小技巧，无权处分或者无权</td></tr>
</table>

续表

(4) 代理行为产生的法律效果直接由被代理人承担	代理如果经过追认了，就变成了有权处分或者有权代理。以此题为例，甲的行为构成了无权代理，“甲为乙购买的彩票中了奖，二人为奖项归属发生纠纷”这句话说明乙已经进行了追认，否则也不可能发生纠纷，此时甲的行为构成了有权代理。有权代理产生的法律效果直接归属于被代理人，所以乙应获得该奖项。】

考点 64 代理权的终止

法定代理权的终止	根据《民法总则》第 175 条规定，有下列情形之一的，法定代理终止：
	①被代理人取得或者恢复完全民事行为能力；
	②代理人丧失民事行为能力；
	③代理人或者被代理人死亡；
	④法律规定的其他情形。
委托代理权的终止	根据《民法总则》第 173 条规定，有下列情形之一的，委托代理终止：
	①代理期间届满或者代理事务完成；
	②被代理人取消委托或者代理人辞去委托；
	③代理人丧失民事行为能力；
	④代理人或者被代理人死亡；
	⑤作为代理人或者被代理人的法人、非法人组织终止。
例外	根据《民法总则》第 174 条第 1 款规定，被代理人死亡后，有下列情形之一的，委托代理人实施的代理行为有效：
	①代理人不知道并且不应当知道被代理人死亡；
	②被代理人的继承人予以承认；
	③授权中明确代理权在代理事务完成时终止；
	④被代理人死亡前已经实施，为了被代理人的继承人的利益继续代理。
	根据《民法总则》第 174 条第 2 款规定，作为被代理人的法人、非法人组织终止的，参照适用前款规定。

【特别提醒】委托代理权来源于被代理人的授权行为，授权行为有“两性”：单方性和无因性。☆☆☆☆☆

单方性	授权行为是一种由被代理人实施的有相对人的单方法律行为。

续表

无因性	授权行为的效力不受基础关系的影响。只要授权行为有效，即使基础关系不成立、无效、被撤销，授权行为的效力不受影响。【原因：委托代理权来源于被代理人的授权行为，而不是来源于基础关系!!!】 【甲公司与 15 周岁的网络奇才陈某签订委托合同，授权陈某为甲公司购买价值不超过 50 万元的软件。陈某的父母知道后，明确表示反对（2015 年卷三第 4 题 D 选项）。代理权授予是单方法律行为，无需追认即有效。特别注意：此题中的委托合同因为陈某的父母明确表示反对，所以委托合同由效力待定变为无效。委托合同作为基础关系虽然无效，但是并不影响授权行为的效力。】

第二节　代理的分类

考点 65　直接代理与间接代理☆☆☆

依据	以是否以本人名义为标准划分的代理类型。
直接代理	就是代理人以被代理人的名义在授权范围内从事代理活动，代理效果直接由本人承担。 【甲请乙代购茶叶，乙将甲写好茶叶名称的纸条交给销售员，告知其是为自己朋友买茶叶（2012 年卷三第 53 题 B 选项）。乙构成代理中的直接代理。】
间接代理	就是代理人以自己的名义处理委托事务，其效果间接或者直接归属于委托人的代理。 【甲请乙从国外代购 1 套名牌饮具，乙自己要买 2 套，故乙共买 3 套一并结账（2012 年卷三第 53 题 A 选项）。乙构成代理中的间接代理。】
法条依据	间接代理又可以分为显名的间接代理和隐名的间接代理
	《合同法》第 402 条　受托人以自己的名义，在委托人的授权范围内与第三人订立的合同，第三人在订立合同时知道受托人与委托人之间的代理关系的，该合同直接约束委托人和第三人，但有确切证据证明该合同只约束受托人和第三人的除外。【显名的间接代理】 《合同法》第 403 条　受托人以自己的名义与第三人订立合同时，第三人不知道受托人与委托人之间的代理关系的，受托人因第三人的原因对委托人不履行义务，受托人应当向委托人披露第三人，委托人因此可以行使受托人对第三人的权利，但第三人与受托人订立合同时如果知道该委托人就不会订立合同的除外。 受托人因委托人的原因对第三人不履行义务，受托人应当向第三人披露委托人，第三人因此可以选择受托人或者委托人作为相对人主张其权利，但第三人不得变更选定的相对人。 委托人行使受托人对第三人的权利的，第三人可以向委托人主张其对受托人的抗辩。第三人选定委托人作为其相对人的，委托人可以向第三人主张其对受托人的抗辩以及受托人对第三人的抗辩。【隐名的间接代理】 【甲委托乙购买一套机械设备，但要求以乙的名义签订合同，乙同意，遂与丙签订了设备购买合同。后由于甲的原因，乙不能按时向丙支付设备款。在乙向丙说明了自己是受甲

续表

法条依据	委托向丙购买机械设备后，关于丙的权利，下列哪一选项是正确的（2008 年卷三第 3 题 C 选项）？可选择要求甲或乙支付。此题属于“受托人因委托人的原因对第三人不履行义务”的情形，此时为了保护第三人丙的利益，赋予丙享有选择权。】 【甲委托乙销售一批首饰并交付，乙经甲同意转委托给丙。丙以其名义与丁签订买卖合同，约定将这批首饰以高于市场价 10%的价格卖给丁，并赠其一批箱包。丙因此与戊签订箱包买卖合同。丙依约向丁交付首饰，但因戊不能向丙交付箱包，导致丙无法向丁交付箱包。丁拒绝向丙支付首饰款（2011 年卷三第 4 题 C、D 选项）。丙应向甲披露丁，甲可以行使丙对丁的权利。此题属于“受托人因第三人的原因对委托人不履行义务”的情形，作为受托人需承担披露义务。】

考点 66 委托代理与法定代理☆☆

依据	以代理权产生的原因划分的代理类型。委托代理之代理权基于本人的意思表示发生；法定代理之代理权由法律规定产生。 【特别注意】此次《民法总则》立法取消了指定代理这一种代理分类。 【法条依据】《民法总则》第 163 条：“代理包括委托代理和法定代理。委托代理人按照被代理人的委托行使代理权。法定代理人依照法律的规定行使代理权。”
委托代理	委托代理是代理人根据被代理人授权而进行的代理，即委托代理的代理权产生于本人的授权行为。需要指出的是：①委托合同是双方法律行为，基于委托人（被代理人）和受托人（代理人）双方的意思表示一致而成立，内容是关于由受托人处理委托人事务的约定，故委托合同仅针对委托人和受托人具有约束力，不涉及第三人。②代理权授予是单方法律行为，依据授权人的独立意思表示而使代理人取得代理权。
法定代理	法定代理是指以法律的直接规定为根据而产生的代理。法定代理主要是为民事法律行为能力欠缺者设计的，法律根据自然人之间的亲属关系，如父母对未成年子女法定监护、夫妻日常家事代理等。法定代理人原则上应代理被代理人的有关财产方面的一切民事法律行为和其他允许代理的行为，在性质上属于全权代理。

考点 67 本代理与复代理☆☆☆☆

依据	这是按由谁选任代理人来区分的。由本人选任代理人的代理，称本代理；由代理人基于复任权选任代理人的代理，称复代理，又称再代理或转委托代理。下文主要介绍复代理。
特征	（1）代理人负有以自己的名义选任（针对复代理人的人品道德）并指示复代理人的义务。若尽到以上两项义务，代理人无需承担责任。
	（2）复代理人是代理人基于复任权而选任的。复代理以本代理为基础，故复代理权不得大于本代理权，大于部分构成无权代理。 ①法定代理人当然享有复任权。

续表

特征	②委托代理人原则上无复任权，但在下列三种情况下，享有复任权：本人事先授权的；本人事后追认的；紧急情况下，为了维护被代理人利益需要转委托他人代理的（由于疾病、通信联络中断等特殊原因，委托代理人不能自己办理代理事项，又不能与被代理人及时取得联系，如不及时转托他人代理，会给被代理人利益造成损失或者扩大损失的，属于“紧急情况”）【甲委托乙销售一批首饰并交付，乙经甲同意转委托给丙。丙以其名义与丁签订买卖合同，约定将这批首饰以高于市场价10%的价格卖给丁，并赠其一批箱包。丙因此与戊签订箱包买卖合同。丙依约向丁交付首饰，但因戊不能向丙交付箱包，导致丙无法向丁交付箱包。丁拒绝向丙支付首饰款（2011年卷三第4题A选项）。乙的转委托行为有效】
	（3）复代理人是被代理人的代理人，而不是代理人的代理人。基于此，复代理人的代理行为后果直接由本人承担。
复代理之效力	因委托代理人转托不明，给第三人造成损失的，第三人可以直接要求被代理人赔偿损失；被代理人承担民事责任后，可以要求委托代理人赔偿损失，转托代理人有过错的，应当承担连带责任。

第三节　无权代理

考点68　狭义的无权代理☆☆☆☆☆

概述	狭义无权代理，是不属于表见代理的未授权之代理、越权代理、代理权终止后的代理的情形。	
特征	（1）行为人欠缺代理权。即行为人没有代理权、超越代理权或者代理权终止后实施代理行为的无权代理。 （2）客观上没有被赋予代理权的假象（表象）。	
效力	本人有追认权和拒绝权	追认，是本人接受无权代理行为之效果的单方意思表示；拒绝追认，是指不接受无权代理行为之效果的单方意思表示。无权代理经追认，溯及行为开始时对本人生效，行为人之代理因追认成为有权代理，代理效果由本人承担；本人拒绝追认的，无权代理效果由行为人自己承担。追认权与拒绝权只需本人一方意思表示即生效，故属于形成权。相对人可以催告被代理人自收到通知起一个月内予以追认。被代理人未作表示的，视为拒绝追认。亦即追认权的除斥期间为自收到通知起一个月，须以明示方式表示，拒绝追认则可以默示方式表示。
	相对人有催告权和撤销权	催告是相对人请求本人于确定的期限内作出追认或拒绝的意思表示；撤销是善意相对人在本人追认前，撤销其法律行为效力的意思表示。撤销须以通知的方式作出，撤销权旨在保护善意相对人利益，故须是善意相对人才得享有，若是相对人恶意，就有“串通”之嫌，适用滥用代理权的规定。

续表

效力	在本人与无权代理人之间	行为人之无权代理行为如确是为“本人利益”，且符合无因管理法律要件时，在本人与行为人之间可构成无因管理之债；反之，如造成本人损害的，在本人与行为人之间发生损害赔偿之债。
	在无权代理人与相对人之间	（1）行为人实施的行为未被追认的，善意相对人有权请求行为人履行债务或者就其受到的损害请求行为人赔偿，但是赔偿的范围不得超过被代理人追认时相对人所能获得的利益。 （2）相对人知道或者应当知道行为人无权代理的，相对人和行为人按照各自的过错承担责任。
参考法条	《民法总则》第171条	行为人没有代理权、超越代理权或者代理权终止后，仍然实施代理行为，未经被代理人追认的，对被代理人不发生效力。 相对人可以催告被代理人自收到通知之日起一个月内予以追认。被代理人未作表示的，视为拒绝追认。行为人实施的行为被追认前，善意相对人有撤销的权利。撤销应当以通知的方式作出。 行为人实施的行为未被追认的，善意相对人有权请求行为人履行债务或者就其受到的损害请求行为人赔偿，但是赔偿的范围不得超过被代理人追认时相对人所能获得的利益。 相对人知道或者应当知道行为人无权代理的，相对人和行为人按照各自的过错承担责任。 【图示】 甲（被代理人）→乙（无权代理人）→丙（相对人） 甲↓ 追认权 丙↓ （1）催告权（一个月） （2）撤销权 ①前提是善意相对人 ②通知即可 ③追认之前行使 （3）被代理人未追认的，善意相对人有权要求无权代理人履行债务或赔偿损失。 （4）若为恶意相对人，无权代理人和恶意相对人按各自过错承担责任。 ①【甲用伪造的乙公司公章，以乙公司名义与不知情的丙公司签订食用油买卖合同，以次充好，将劣质食用油卖给丙公司。合同没有约定仲裁条款。关于该合同，下列哪一表述是正确的？（2013年卷三第4题） A. 如乙公司追认，则丙公司有权通知乙公司撤销 B. 如乙公司追认，则丙公司有权请求法院撤销 C. 无论乙公司是否追认，丙公司均有权通知乙公司撤销 D. 无论乙公司是否追认，丙公司均有权要求乙公司履行 特别注意：可撤销合同中的撤销权，只能以诉讼或者仲裁的方式行使；效力待定合同中善意相对人的撤销权，行使方式没有限制，可以以通知的方式

续表

参考法条	《民法总则》第171条	行使，也可以以诉讼或者仲裁的方式行使。由此可知此题中的A、C由于都是通知的方式行使，所以只能是效力待定合同中善意相对人的撤销权。如果乙公司追认，甲、丙之间的合同就由效力待定变为有效，此时就无法行使效力待定合同中善意相对人的撤销权了，所以A、C两个选项都错误。但是丙可以以甲欺诈为由向法院起诉行使可撤销合同中的撤销权，所以B选项正确。此题出的非常好，就是在考你撤销权的行使方式，所以需要大家好好地去理解!!!】 ②【甲委托乙采购一批电脑，乙受丙诱骗高价采购了一批劣质手机。丙一直以销售劣质手机为业，甲对此知情。关于手机买卖合同，下列哪些表述是正确的？（2012年卷三第54题） A. 甲有权追认　　B. 甲有权撤销 C. 乙有权以甲的名义撤销　　D. 丙有权撤销 此题的B、C两个选项有一定的难度！考察的是乙、丙之间的合同因为丙的欺诈而可撤销，而没有考察乙、丙之间的合同因为乙的无权代理而效力待定，这一步的判断非常重要！有同学一定会问，根据合同的相对性原则，为什么不是乙行使撤销权而是甲行使撤销权呢?!原因是甲、乙之间构成代理，而"代理行为产生的法律效果直接由被代理人承担。"，所以只能是甲有权撤销，当然甲可以授权乙以甲的名义去撤销。】

真题链接

张某到王某家聊天，王某去厕所时张某帮其接听了刘某打来的电话。刘某欲向王某订购一批货物，请张某转告，张某应允。随后张某感到有利可图，没有向王某转告订购之事，而是自己低价购进了刘某所需货物，以王某名义交货并收取了刘某货款。关于张某将货物出卖给刘某的行为的性质，下列哪些说法是正确的？（2010-3-51；多选）

A. 无权代理　　B. 无因管理

C. 不当得利　　D. 效力待定

［答案］________①

考点69　表见代理☆☆☆☆☆

概念	表见代理是指虽无代理权但表面上有足以使人相信其有代理权，为保护善意相对人的合理信赖利益，该代理行为有效。 【公式表述】表见代理=无权代理+权利外观+被代理人有过错 【特别说明】此公式表述对于做题非常有帮助，因为单从表见代理的概念上是看不出"被代理人有过错"这个条件的，但是这个条件在做题中又是一个非常重要的判断标准，所以希望同学们会运用此条件。

① AD

续表

概念	【甲公司业务经理乙长期在丙餐厅签单招待客户，餐费由公司按月结清。后乙因故辞职，月底餐厅前去结帐时，甲公司认为，乙当月的几次用餐都是招待私人朋友，因而拒付乙所签单的餐费（2007年卷三第3题）。】甲公司应当付款，因为对于乙辞职这件事情甲公司需要告知丙餐厅，而甲公司并未告知应认定为有过错，所以构成表见代理。	
要件	（1）以本人名义为民事法律行为	以本人名义实施意思表示或受领意思表示。因为如果不是以本人名义为民事法律行为，纵有为本人利益着想的意思，只能适用无因管理或隐名代理的规定。所以表见代理只适用于显名代理。
	（2）行为人无代理权	表见代理是广义无权代理，行为人若有代理权，适用有权代理的规定，即使代理权有瑕疵，也只能适用狭义无权代理的规定，与表见代理无涉。
	（3）须有使相对人信其有代理权的表征	这一点是表见代理与狭义无权代理最大的不同，也是表见代理之所以发生有权代理效果的根本理由。有代理权的外观包括但不限于：①代理人持有被代理人的介绍信或者盖有被代理人公章的空白合同书；②法人或者非法人组织对其工作人员职权范围有限制，但相对人不知情。
	（4）须相对人为善意且无过失	善意，是指相对人在与行为人为民事法律行为时，并不知其无代理权且无从得知。无过失，是指相对人尽了必要的审查注意义务。①行为人伪造他人的公章、合同书或者授权委托书等，假冒他人的名义实施民事法律行为的；②被代理人的公章、合同书或者授权委托书等遗失、被盗，或者与行为人特定的职务关系已经终止，并且已经以合理方式公告或者通知，相对人应当知悉的。以上两种情形不构成表见代理。
效果	发生有权代理的效果	《民法总则》第172条："行为人没有代理权、超越代理权或者代理权终止后，仍然实施代理行为，相对人有理由相信行为人有代理权的，代理行为有效。" 《合同法解释（二）》第13条规定："被代理人依照合同法第四十九条的规定承担有效代理行为所产生的责任后，可以向无权代理人追偿因代理行为而遭受的损失。"
	相对人有撤销权	表见代理旨在保护善意相对人利益，相对人对于表见代理应享有选择权，既可以按狭义无权代理享有撤销权；亦可以按表见代理，接受与本人的民事法律行为，与本人之间发生权利义务关系。

真题链接

1. 下列哪些情形下，甲公司应承担民事责任？（2013-3-52；多选）

A. 甲公司董事乙与丙公司签订保证合同，乙擅自在合同上加盖甲公司公章和法定代表人丁的印章

B. 甲公司与乙公司签订借款合同，甲公司未盖公章，但乙公司已付款，且该款用于甲公司项目建设

C. 甲公司法定代表人乙委托员工丙与丁签订合同，借用丁的存款单办理质押贷款用于经营

D. 甲公司与乙约定，乙向甲公司交纳保证金，甲公司为乙贷款购买设备提供担保。甲公司法定代表人丙以个人名义收取该保证金并转交甲公司出纳员入账

［答案］________①

2. 吴某是甲公司员工，持有甲公司授权委托书。吴某与温某签订了借款合同，该合同由温某签字、吴某用甲公司合同专用章盖章。后温某要求甲公司还款。下列哪些情形有助于甲公司否定吴某的行为构成表见代理？（2014-3-52；多选）

A. 温某明知借款合同上的盖章是甲公司合同专用章而非甲公司公章，未表示反对

B. 温某未与甲公司核实，即将借款交给吴某

C. 吴某出示的甲公司授权委托书载明甲公司仅授权吴某参加投标活动

D. 吴某出示的甲公司空白授权委托书已届期

［答案］________②

3. 甲公司、乙公司签订的《合作开发协议》约定，合作开发的 A 区房屋归甲公司、B 区房屋归乙公司。乙公司与丙公司签订《委托书》，委托丙公司对外销售房屋。《委托书》中委托人签字盖章处有乙公司盖章和法定代表人王某签字，王某同时也是甲公司法定代表人。张某查看《合作开发协议》和《委托书》后，与丙公司签订《房屋预订合同》，约定："张某向丙公司预付房款 30 万元，购买 A 区房屋一套。待取得房屋预售许可证后，双方签订正式合同。"丙公司将房款用于项目投资，全部亏损。后王某向张某出具《承诺函》：如张某不闹事，将协调甲公司卖房给张某。但甲公司取得房屋预售许可后，将 A 区房屋全部卖与他人。张某要求甲公司、乙公司和丙公司退回房款。张某与李某签订《债权转让协议》，将该债权转让给李某，通知了甲、乙、丙三公司。因李某未按时支付债权转让款，张某又将债权转让给方某，也通知了甲、乙、丙三公司。

关于《房屋预订合同》，下列说法正确的是：（2015-3-87；不定项）

A. 无效

B. 对于甲公司而言，丙公司构成无权处分

C. 对于乙公司而言，丙公司构成有效代理

D. 对于张某而言，丙公司构成表见代理

［答案］________③

考点 70 代理权滥用☆☆☆

类型	定义	效力
自己代理	代理人以被代理人的名义与自己实施民事法律行为。在这种情形下，交易双方实际只有一方的意思表示，而代理人出于自己的利益考虑，往往会损害被代理人的利益。	《民法总则》第 168 条第 1 款规定："代理人不得以被代理人的名义与自己实施民事法律行为，但是被代理人同意或者追认的除外。"

① ABCD

② CD

③ B

续表

类型	定义	效力
双方代理	代理人同时代理双方实施同一民事法律行为。双方代理因在一个双方的行为中只有代理人一人的意思表示，既谈不上合意，也难以顾及双方的利益，会损害某一被代理人的利益。	《民法总则》第 168 条第 2 款规定：“代理人不得以被代理人的名义与自己同时代理的其他人实施民事法律行为，但是被代理的双方同意或者追认的除外。”
恶意代理	这是代理人与相对人恶意串通，损害被代理人利益之代理。代理本应为被代理人利益，而代理人却不履行代理职责，与相对人合谋损害被代理人利益，当然为法律所禁止。	《民法总则》第 164 条第 2 款规定：“代理人和相对人恶意串通，损害被代理人合法权益的，代理人和相对人应当承担连带责任。” 【甲公司员工唐某受公司委托从乙公司订购一批空气净化机，甲公司对净化机单价未作明确限定。唐某与乙公司私下商定将净化机单价比正常售价提高 200 元，乙公司给唐某每台 100 元的回扣。商定后，唐某以甲公司名义与乙公司签订了买卖合同（2016 年卷三第 4 题 D 选项）。】唐某与乙公司恶意串通损害甲公司的利益，应对甲公司承担连带责任。
利己代理	这是代理人利用地位之便，实施利于自己却不利于被代理人的代理。利己代理也为法律所禁止。	《民法总则》第 35 条第 1 款规定：“监护人除为被监护人的利益外，不得处分被监护人的财产。”

06 第六部分 诉讼时效与除斥期间

导 读

2008年8月，颁布了《诉讼时效若干规定》，对诉讼时效的基本处理原则、起算、中断中止、时效效力等进行了较全面的规定，近年来一直在考试中显现。考生关键要把握以下主要知识点：(1) 诉讼时效的期间。《民法总则》将普通诉讼时效期间由2年改为3年。(2) 诉讼时效的起算点。(3) 诉讼时效中止和中断。考生应当掌握诉讼时效中止和中断的不同的构成要件，学会区分在哪种情形下构成了诉讼时效的中断，哪种情形下构成了诉讼时效的中止。这一点请大家尤其要关注上述《诉讼时效若干规定》。(4) 诉讼时效与除斥期间。

第一节 诉讼时效概述

考点71 诉讼时效期间概述☆☆☆☆☆

<table>
<tr><td>概念</td><td colspan="2">又称消灭时效，权利主体在法定期间内不行使权利，以致该权利效力减损之制度。</td></tr>
<tr><td>性质</td><td colspan="2">(1) 法定性：
《民法总则》第197条第1款规定：“诉讼时效的期间、计算方法以及中止、中断的事由由法律规定，当事人约定无效。”
(2) 强行性：
《民法总则》第197条第2款规定：“当事人对诉讼时效利益的预先放弃无效。”
《诉讼时效若干规定》第2条规定：“当事人违反法律规定，约定延长或者缩短诉讼时效期间、预先放弃诉讼时效利益的，人民法院不予认可。”
(3) 可变性：诉讼时效可以中止、中断、延长，所以诉讼时效期间又被称为可变期间。</td></tr>
<tr><td>适用范围</td><td>《民法总则》第196条</td><td>下列情形不适用诉讼时效：
(1) 请求停止侵害、排除妨碍、消除危险；
(2) 不动产物权和登记的动产物权的权利人请求返还财产；
【特别注意】未登记的动产物权的权利人请求返还财产受3年普通诉讼时效期间的限制。切记!!!</td></tr>
</table>

续表

适用范围	《民法总则》第196条	【举例】 (1) 我的手机（未办理登记）借给你了，借期一年。一年期限届满之后我要求你还回手机受3年普通诉讼时效的限制。 (2) 我的汽车（已办理登记）租给你了，租期一年。一年租期届满之后我要求你还回汽车不受3年普通诉讼时效的限制。 (3) 请求支付抚养费、赡养费或者扶养费。 (4) 依法不适用诉讼时效的其他请求权。
	《诉讼时效若干规定》第1条	下列情形不适用诉讼时效： (1) 支付存款本金及利息请求权； (2) 兑付国债、金融债券以及向不特定对象发行的企业债券本息请求权； (3) 基于投资关系产生的缴付出资请求权。
种类	普通	3年，从权利人知道或者应当知道权利被侵害以及义务人之日起计算。
	特殊	(1) 国际货物买卖合同和技术进出口合同纠纷的诉讼时效期间为4年。(《合同法》第129条)
		(2) 人寿保险合同的被保险人或者受益人请求支付保险金的，自其知道或者应当知道保险事故发生之日起5年。(《保险法》第26条)
	最长	20年，自权利受到损害之日起计算。
		因产品存在缺陷造成损害要求赔偿的请求权，在造成损害的缺陷产品交付最初消费者满10年丧失；但是，尚未超过明示的安全使用期的除外。

真题链接

下列哪些请求不适用诉讼时效？(2014-3-53；多选)

A. 当事人请求撤销合同　　B. 当事人请求确认合同无效

C. 业主大会请求业主缴付公共维修基金　　D. 按份共有人请求分割共有物

[答案] ________①

考点72　诉讼时效期间的起算☆☆☆☆

(1) 同一债务分期履行	《民法总则》第189条规定："当事人约定同一债务分期履行的，诉讼时效期间自最后一期履行期限届满之日起计算。"
(2) 未约定履行期限的合同	未约定履行期限的合同，依照《合同法》第61条、第62条的规定，可以确定履行期限的，诉讼时效期间从履行期限届满之日起计算；不能确定履行期限的，诉讼时效期间从债权人要求债务人履行义务的宽限期届满之日起计算，但债务人在债权人第一次向其主张权利之时明确表示不履行义务的，诉讼时效期间从债务人明确表示不履行义务之日起计算。(《诉讼时效若干规定》第6条)

① ABCD

续表

（3）人身损害赔偿请求权	对于因人身受伤害而发生的损害赔偿请求权，伤害明显的，从受伤害之日起算；伤害当时未曾发现，后经检查确诊并能证明是由侵害引起的，从伤势确诊之日起算。
（4）无民事行为能力和限制民事行为能力的特殊保护	①《民法总则》第190条规定："无民事行为能力人或者限制民事行为能力人对其法定代理人的请求权的诉讼时效期间，自该法定代理终止之日起计算。"
	②《民法总则》第191条规定："未成年人遭受性侵害的损害赔偿请求权的诉讼时效期间，自受害人年满十八周岁之日起计算。"

考点73 诉讼时效期间的效力☆☆☆☆

（1）发生时效抗辩权	①《民法总则》第192条第1款规定："诉讼时效期间届满的，义务人可以提出不履行义务的抗辩。"诉讼时效期间届满，债务人享有对抗债权人请求权的时效抗辩权，以阻止债权人请求权的行使。 ②《民法总则》第193条规定：" 人民法院不得主动适用诉讼时效的规定。" 即不得对诉讼时效问题进行释明及主动适用诉讼时效的规定进行裁判。因为诉讼时效抗辩是私权利，而人民法院代表公权力，作为公权力的法院不得干涉私权利的行使。 ③当事人在一审期间未提出诉讼时效抗辩，在二审期间提出的，法院不予支持，但其基于新证据能够证明对方当事人的请求权已过诉讼时效期间的情形除外。
（2）实体权利不消灭	①起诉权还存在。诉讼时效期间届满，债权人起诉的，人民法院应予受理。 ②胜诉权还有机会存在。人民法院受理后，若债务人提出诉讼时效抗辩，人民法院经审理查明诉讼时效的确已经经过，此时应判决驳回原告的诉讼请求；若债务人未提出诉讼时效抗辩，人民法院应判决债权人胜诉。 ③自然权利还存在。《民法总则》第192条第2款规定："诉讼时效期间届满后，义务人同意履行的，不得以诉讼时效期间届满为由抗辩；义务人已自愿履行的，不得请求返还。"

真题链接

某公司因合同纠纷的诉讼时效问题咨询律师。关于律师的答复，下列哪些选项是正确的？（2010-3-52；多选）

A. 当事人不得违反法律规定，约定延长或者缩短诉讼时效期间、预先放弃诉讼时效利益

B. 当事人约定同一债务分期履行的，诉讼时效期间从最后一期履行期限届满之日起计算

C. 当事人在一审期间未提出诉讼时效抗辩的，二审期间不能提出该抗辩

D. 诉讼时效届满，当事人一方向对方当事人作出同意履行义务意思表示的，不得再以时效届满为由进行抗辩

［答案］________①

① ABD

第二节　诉讼时效的中止与中断

考点 74　诉讼时效中止☆☆☆

<table>
<tr><td>概述</td><td colspan="2">(1) 诉讼时效中止是指在诉讼时效期间的最后6个月内，因法定事由而使权利人不能行使请求权的，诉讼时效期间的计算暂时停止。
(2) 中止时效的法定事由必须在诉讼时效期间的最后6个月内发生，或法定事由虽发生于6个月前但持续至最后6个月内的，才能发生中止时效的法律效果。
(3) 诉讼时效中止适用于最长诉讼时效期间以外的诉讼时效期间类型。
(4) 诉讼时效中止的功能，是把导致权利人不能行使权利的法定障碍经过的期间排除于时效期间之外，使诉讼时效期间所含的事实状态要素，真正能限定于权利人主观不行使权利的情形，以提高时效期间的“含金量”。</td></tr>
<tr><td rowspan="2">事由</td><td>不可抗力</td><td>指的是不能预见、不能避免并且不能克服的客观情况。包括自然灾害和非出于权利人意思的“人祸”，如瘟疫、暴乱等。</td></tr>
<tr><td>其他障碍</td><td>下列情形应当认定为引起诉讼时效中止的“其他障碍”：
(1) 无民事行为能力人或者限制民事行为能力人没有法定代理人，或者法定代理人死亡、丧失民事行为能力、丧失代理权；
(2) 继承开始后未确定继承人或者遗产管理人；
(3) 权利人被义务人或者其他人控制；
(4) 夫妻之间或者家庭成员之间的请求权，因夫妻关系或者家庭成员关系不能行使的，时效中止；(《婚姻法解释（三）第11条》)
(5) 其他导致权利人不能行使请求权的障碍。</td></tr>
<tr><td rowspan="2">效力</td><td colspan="2">(1) 法定事由发生前已经过的时效期间仍为有效，消除法定事由经过的期间为时效中止期间，不发生时效期间的效力，法定事由消除后，时效期间继续进行。</td></tr>
<tr><td colspan="2">(2) 法定事由发生在最后6个月内，如法定事由消除后，剩下时效期间不足6个月，应该从中止时效的事由消除之日起继续计算6个月。</td></tr>
<tr><td>结论</td><td colspan="2">(1) 中止事由发生在6个月之前，消除在6个月之前——等于没发生；
(2) 中止事由发生在6个月之前，消除在6个月之内——自中止时效的事由消除之日起继续计算6个月；
(3) 中止事由发生在6个月之内，消除在6个月之内——自中止时效的事由消除之日起继续计算6个月（同第二种情形）。</td></tr>
</table>

考点 75　诉讼时效中断☆☆☆☆☆

概念	诉讼时效中断是指由于权利人怠于行使权利以外的事实，使已经过的时效期间失去效力，而须重新起算时效期间的制度。

续表

<table>
<tr><td>概念</td><td colspan="2">【特别注意】中断只能发生在诉讼时效期限之内
①【甲公司开发的系列楼盘由乙公司负责安装电梯设备。乙公司完工并验收合格投入使用后，甲公司一直未支付工程款，乙公司也未催要。诉讼时效期间届满后，乙公司组织工人到甲公司讨要。因高级管理人员均不在，甲公司新录用的法务小王，擅自以公司名义签署了同意履行付款义务的承诺函，工人们才散去。其后，乙公司提起诉讼（2017年卷三第4题B选项）。
A. 甲公司仍可主张诉讼时效抗辩
B. 因乙公司提起诉讼，诉讼时效中断
C. 法院可主动适用诉讼时效的规定
D. 因甲公司同意履行债务，其不能再主张诉讼时效抗辩
由于题干中已经告知诉讼时效已经届满，所以不可能再出现中断问题，所以B选项错误！】
②【甲公司与乙银行签订借款合同，约定借款期限自2010年3月25日起至2011年3月24日止。乙银行未向甲公司主张过债权，直至2013年4月15日，乙银行将该笔债权转让给丙公司并通知了甲公司。2013年5月16日，丁公司通过公开竞拍购买并接管了甲公司。下列哪一选项是正确的（2013年卷三第5题B、C选项）？
A. 因乙银行转让债权通知了甲公司，故甲公司不得对丙公司主张诉讼时效的抗辩
B. 甲公司债务的诉讼时效从2013年4月15日起中断
C. 丁公司债务的诉讼时效从2013年5月16日起中断
D. 丁公司有权向丙公司主张诉讼时效的抗辩
特别说明：此题为2013年真题，当时按照《民法通则》规定，普通诉讼时效为两年，所以无论是2013年4月15日还是2013年5月16日都已过两年普通诉讼时效，都不可能存在诉讼时效中断的问题，所以B、C都错误。按照“旧题新做”的标准，现在《民法总则》规定，普通诉讼时效为3年，所以把2013年4月15日和2013年5月16日改为2014年4月15日和2014年5月16日就可以了！有同学会不理解，为什么这样一道“旧题”还要放在讲义里?!实际上我就是想通过历年真题考过的次数去告诉您这个知识点的重要性!!!】</td></tr>
<tr><td rowspan="2">事由</td><td>权利人主张权利</td><td>《诉讼时效若干规定》第10条规定：“具有下列情形之一的，应当认定为‘当事人一方提出要求’，产生诉讼时效中断的效力：（一）当事人一方直接向对方当事人送交主张权利文书，对方当事人在文书上签字、盖章或者虽未签字、盖章但能够以其他方式证明该文书到达对方当事人的；（二）当事人一方以发送信件或者数据电文方式主张权利，信件或者数据电文到达或者应当到达对方当事人的；（三）当事人一方为金融机构，依照法律规定或者当事人约定从对方当事人账户中扣收欠款本息的；（四）当事人一方下落不明，对方当事人在国家级或者下落不明的当事人一方住所地的省级有影响的媒体上刊登具有主张权利内容的公告的，但法律和司法解释另有特别规定的，适用其规定。”</td></tr>
<tr><td>义务人同意履行</td><td>《诉讼时效若干规定》第16条规定：“义务人作出分期履行、部分履行、提供担保、请求延期履行、制定清偿债务计划等承诺或者行为的，应当认定为当事人一方“同意履行义务。”</td></tr>
</table>

续表

事由	提起诉讼或仲裁	《诉讼时效若干规定》第13条规定："下列事项之一，法院应当认定与提起诉讼具有同等诉讼时效中断的效力：（一）申请仲裁；（二）申请支付令；（三）申请破产、申报破产债权；（四）为主张权利而申请宣告义务人失踪或死亡；（五）申请诉前财产保全、诉前临时禁令等诉前措施；（六）申请强制执行；（七）申请追加当事人或者被通知参加诉讼；（八）在诉讼中主张抵销；（九）其他与提起诉讼具有同等诉讼时效中断效力的事项。"
效力	(1)《诉讼时效若干规定》第11条规定："权利人对同一债权中的部分债权主张权利，诉讼时效中断的效力及于剩余债权，但权利人明确表示放弃剩余债权的情形除外。" 【结论】部分溯及剩余原则	
	(2)《诉讼时效若干规定》第17条规定："对于连带债权人中的一人发生诉讼时效中断效力的事由，应当认定对其他连带债权人也发生诉讼时效中断的效力。对于连带债务人中的一人发生诉讼时效中断效力的事由，应当认定对其他连带债务人也发生诉讼时效中断的效力。" 【结论】连带之债，要断都断 【甲对乙享有10万元货款债权，丙是连带保证人，甲对丙主张权利，会导致10万元货款债权诉讼时效中断（2012年卷三第5题B选项）。 特别注意：此选项当年的出错率是非常高的，主要的原因就是审题不仔细。请大家看清楚"丙是连带保证人"不是"连带债务人"！如果丙是连带债务人，应适用《诉讼时效若干规定》第17条的规定即"连带之债，要断都断"；如果丙是连带保证人，应适用《担保法司法解释》第36条规定。一定要切记啊！ 附：《担保法司法解释》第36条规定："一般保证中，主债务诉讼时效中断，保证债务诉讼时效中断；连带责任保证中，主债务诉讼时效中断，保证债务诉讼时效不中断。一般保证和连带责任保证中，主债务诉讼时效中止的，保证债务的诉讼时效同时中止。"】	
	(3)《诉讼时效若干规定》第18条规定："债权人提起代位权诉讼的，应当认定对债权人的债权和债务人的债权均发生诉讼时效中断的效力。" 【结论】代位权之诉，要断都断	
	(4)《诉讼时效若干规定》第19条规定："债权转让的，应当认定诉讼时效从债权转让通知到达债务人之日起中断。债务承担情形下，构成原债务人对债务承认的，应当认定诉讼时效从债务承担意思表示到达债权人之日起中断。 【结论】债权让与、债务承担的诉讼时效都从通知到达对方之时中断	

真题链接

1. 关于诉讼时效中断的表述，下列哪一选项是正确的？（2011-3-05；单选）

A. 甲欠乙10万元到期未还，乙要求甲先清偿8万元。乙的行为，仅导致8万元债务诉讼时效中断

B. 甲和乙对丙因共同侵权而需承担连带赔偿责任计10万元，丙要求甲承担8万元。丙的行为，导致甲和乙对丙负担的连带债务诉讼时效均中断

C. 乙欠甲8万元，丙欠乙10万元，甲对丙提起代位权诉讼。甲的行为，不会导致丙对乙的债务诉讼时效中断

D. 乙欠甲10万元，甲将该债权转让给丙。自甲与丙签订债权转让协议之日起，乙的10万元债务诉讼时效中断

［答案］________①

2. 关于诉讼时效，下列哪一选项是正确的？（2012-3-05；单选）

A. 甲借乙5万元，向乙出具借条，约定1周之内归还。乙债权的诉讼时效期间从借条出具日起计算

B. 甲对乙享有10万元货款债权，丙是连带保证人，甲对丙主张权利，会导致10万元货款债权诉讼时效中断

C. 甲向银行借款100万元，乙提供价值80万元房产作抵押，银行实现对乙的抵押权后，会导致剩余的20万元主债务诉讼时效中断

D. 甲为乙欠银行的50万元债务提供一般保证。甲不知50万元主债务诉讼时效期间届满，放弃先诉抗辩权，承担保证责任后不得向乙追偿

［答案］________②

第三节　诉讼时效与除斥期间

考点76　诉讼时效与除斥期间☆☆☆

	除斥期间	诉讼时效
价值定位	除斥期间的规范功能旨在维持原事实状态，除斥期间届满原事实状态之法律关系状态得到维持。	诉讼时效的规范功能则是为了维护新事实状态，诉讼时效期间届满，新法律关系状态得到法律肯定。
客体不同	除斥期间的客体是形成权。	诉讼时效的客体是债权请求权。
效果不同	除斥期间届满，消灭的是实体权利，即形成权因除斥期间届满而消灭。	诉讼时效期间届满，相对人发生拒绝履行义务抗辩权，即请求权因诉讼时效届满而丧失公力救济权，而实体权利并不消灭。
弹性不同	除斥期间是不变期间，期间经过不能中断、中止、延长。	诉讼时效是可变期间，期间可因中止、中断或延长而得以延展。
始期不同	除斥期间一般自权利人知道或者应当知道权利产生之日起计算。	诉讼时效期间一般自权利人知道或者应当知道权利受到损害以及义务人之日起计算。

真题链接

1. 甲为自己的车向乙公司投保第三者责任险，保险期间内甲车与丙车追尾，甲负全责。丙在事故后不断索赔未果，直至事故后第3年，甲同意赔款，甲友丁为此提供保证。再过1年，因甲、丁拒绝履行，丙要求乙公司承担保险责任。关于诉讼时效的抗辩，下

① B
② C

列哪些表述是错误的？（2013-3-54；多选）

A. 甲有权以侵权之债诉讼时效已过为由不向丙支付赔款

B. 丁有权以侵权之债诉讼时效已过为由不承担保证责任

C. 乙公司有权以侵权之债诉讼时效已过为由不承担保险责任

D. 乙公司有权以保险合同之债诉讼时效已过为由不承担保险责任

［答案］ ________①

2. 甲公司向乙公司催讨一笔已过诉讼时效期限的 10 万元货款。乙公司书面答复称："该笔债务已过时效期限，本公司本无义务偿还，但鉴于双方的长期合作关系，可偿还 3 万元。"甲公司遂向法院起诉，要求偿还 10 万元。乙公司接到应诉通知后书面回函甲公司称："既然你公司起诉，则不再偿还任何货款。"下列哪一选项是正确的？（2014-3-05；单选）

A. 乙公司的书面答复意味着乙公司需偿还甲公司 3 万元

B. 乙公司的书面答复构成要约

C. 乙公司的书面回函对甲公司有效

D. 乙公司的书面答复表明其丧失了 10 万元的时效利益

［答案］ ________②

① ABCD

② A

图书在版编目（CIP）数据

2020年国家统一法律职业资格考试民法攻略．精讲卷：全2册／曹兴明著．—北京：中国民主法制出版社，2019.11

ISBN 978-7-5162-2112-9

Ⅰ．①2… Ⅱ．①曹… Ⅲ．①民法—中国—资格考试—自学参考资料 Ⅳ．①D923

中国版本图书馆CIP数据核字（2019）第237632号

图书出品人：刘海涛

出 版 统 筹：乔先彪

责 任 编 辑：姚丽娅　贾永青

书名／2020年国家统一法律职业资格考试民法攻略·精讲卷（上册）

作者／曹兴明　著

出版·发行／中国民主法制出版社

地址／北京市丰台区右安门外玉林里7号（100069）

电话／010-63292534　63057714（发行部）　63055259（总编室）

传真／010-63292534

Http：// www. npcpub. com

E-mail：mzfz@ npcpub. com

经销／新华书店

开本／16开　787毫米×1092毫米

印张／6.25　**字数**／156千字

版本／2019年11月第1版　2019年11月第1次印刷

印刷／三河市华润印刷厂

书号／ISBN 978-7-5162-2112-9

定价／88.00元（全2册）